Statistics 21世纪统计学系列教材

# Economic and Social Statistics

# 经济社会统计

## （第三版）

李静萍　高敏雪　编著

中国人民大学出版社

· 北京 ·

**图书在版编目（CIP）数据**

经济社会统计/李静萍，高敏雪编著．—3 版．—北京：中国人民大学出版社，2015.3
21 世纪统计学系列教材
ISBN 978-7-300-20979-1

Ⅰ.①经… Ⅱ.①李… ②高… Ⅲ.①社会经济统计-高等学校-教材 Ⅳ.①F222

中国版本图书馆 CIP 数据核字（2015）第 053928 号

21 世纪统计学系列教材
**经济社会统计（第三版）**
李静萍　高敏雪　编著
Jingji Shehui Tongji

| | | | | |
|---|---|---|---|---|
| **出版发行** | 中国人民大学出版社 | | | |
| **社　　址** | 北京中关村大街 31 号 | **邮政编码** | 100080 | |
| **电　　话** | 010－62511242（总编室） | 010－62511770（质管部） | | |
| | 010－82501766（邮购部） | 010－62514148（门市部） | | |
| | 010－62515195（发行公司） | 010－62515275（盗版举报） | | |
| **网　　址** | http://www.crup.com.cn | | | |
| | http://www.ttrnet.com(人大教研网) | | | |
| **经　　销** | 新华书店 | | | |
| **印　　刷** | 北京昌联印刷有限公司 | **版　　次** | **2003 年 5 月第 1 版** | |
| **规　　格** | 185 mm×260 mm　16 开本 | | **2015 年 5 月第 3 版** | |
| **印　　张** | 20 插页 1 | **印　　次** | **2018 年 1 月第 3 次印刷** | |
| **字　　数** | 430 000 | **定　　价** | **36.00 元** | |

# 总序

改革开放以来，高等统计教育有了很大的发展。随着课程设置的不断调整，有不少教材出版，同时也翻译引进了一些国外优秀教材。作为培养我国统计专门人才的摇篮，中国人民大学统计学系自 1952 年创建以来，走过了风风雨雨，一直坚持着理论与应用相结合的办学方向，培养能够理论联系实际、解决实际问题的高层次人才。随着新知识经济和网络时代的到来，我们在教学科研的实践中，深切地感受到，无论是自然科学领域、社会科学领域的研究，还是国家宏观管理和企业生产经营管理，甚至人们的日常生活，信息需求量日益增多，信息处理技术更加复杂，作为信息技术支柱的统计方法，越来越广泛地应用于各个领域。

面对新的形势，我们一直在思索，课程设置、教材选择、教学方式等怎样才能使学生适应社会经济发展的客观需要。在反复酝酿、不断尝试的基础上，我们决定与统计学界的同仁，共同编写、出版一套面向 21 世纪的统计学系列教材。

这套系列教材聘请了中科院院士、中国科技大学陈希孺教授，上海财经大学数量经济研究院张尧庭教授，中国科学院数学与系统科学研究所冯士雍研究员等作为编委。他们长期任中国人民大学的兼职教授，一直关心、支持着统计学系的学科建设和应用统计的发展。中国人民大学应用统计科学研究中心 2000 年已成为国家级研究基地，这些专家是首批专职或兼职研究人员。这一开放性研究基地的运作，将有利于提升我国应用统计科学研究的水平，也必将进一步促进高等统计教育的发展。

这套教材是我们奉献给新世纪的，希望它能促进应用统计教育水平的提高。这套教材力求体现以下特点：

第一，在教材选择上，主要面向经济类统计学专业。选材既包括统计教材也包括风险管理与精算方面的教材。尽管名为统计学系列教材，但并不求大、求全，而是力求精选。对于目前已有的内容较为成熟、适合教学需要、公认的较好的教材，并未列入本次出版计划。

第二，每部教材的内容和写作，注意广泛吸收国内外优秀教材的成果。教材力求简明易懂、内容系统和实用，注重对统计方法思想的阐述，并结合大量实际数据和实例说明统计方法的特点及应用条件。

第三，强调与计算机的结合。为着力提高学生运用统计方法分析解决问题的能力，教材所涉及的统计计算，要求运用目前已有的统计软件。根据教材内容，选择使用 SAS、SPSS、TSP、STATISTICA、EViews、MINITAB、Excel 等。

感谢中国人民大学出版社的同志们，他们怀着发展我国应用统计科学的热情和提高统计教育水平的愿望，经过反复论证，使这套教材得以出版。感谢参与教材编写的同行专家、统计学系的教师。愿大家的辛勤劳动能够结出丰硕的果实。我们期待着与统计学界的同仁，共同创造应用统计辉煌的明天。

易丹辉

# 再版前言

《经济社会统计》于 2003 年出版，2009 年进行了第一次修订，倏忽又是 5 年过去了。在过去的 5 年中，全世界以及中国的经济社会都发生了巨大的变化，尤其是 2008 年全球金融危机的爆发，促使人们更理性地看待金融与经济的关系、政府与市场的关系、国内经济与经济全球化的关系。与新的经济社会现实相适应，统计体系也发生了很多变化。本次修订力求把鲜活的经济社会现实以及统计体系的新变化体现在教材中，希望本教材在培养学生经济社会统计素养的同时，也能帮助学生更密切地关注国内与国际的经济社会形势，并找到分析经济社会问题的视角与工具。

本次修订仍然延续了前两版的总体框架、体例和内容安排，更新主要体现在：在第 5 章介绍了近年来建立的社会融资规模统计，并更新了金融发展统计体系的内容；第 6 章以专栏形式介绍了贸易增加值的概念；第 7 章根据国家统计局对住户调查方案的修订更新了住户收支统计的内容；第 9 章根据联合国开发计划署《人类发展报告》的最新进展，更新了人类发展指数体系及其编制方法。此外，更新了教材中所有的案例数据，并对以前版本教材中的错误和疏漏进行了修正。

我们期待与旧版教材相比，新版教材能够更上一层楼。当然，由于我们学识浅陋，疏忽和错误之处在所难免，再版文责由我们承担，敬请同行和读者不吝指正。

# 前　言

撰写一本经济社会统计教科书的初衷，形成于多年来校内和校外的教学实践。

传统统计学科和课程设置总是区分出各种具体对象的统计，比如社会统计与经济统计，而经济统计还常常区分宏观国民经济核算和微观企业统计，以及工业统计、农业统计、投资统计、消费统计等等。但在现实应用中，这些统计内容却是共同存在、共同应用于经济社会管理实践的，在一些理论性分析著作中，这些内容也同样难以明确区分开来。由此，我形成了这样的想法：能否打破以往学科和课程设置的限制，着眼于实用，将经济统计与社会统计的内容糅合为一体提供给学生和读者，使之对经济社会生活中经常应用的统计内容和统计方法有一综括性的认识。现在完成的这本书稿，就是落实这种想法的尝试。

这几年，我一直从事国民经济核算的教学工作。国民经济核算是按照特定的方法对一国经济总体进行的宏观统计描述。在教学中，我常常会面对以下两种情况：一是学生对围绕国民经济核算的经济社会统计缺乏必要的基础知识，以至于不得不花费一定的课时为学生补充讲解这些基础知识，以帮助他们更好地理解国民经济核算的内容；二是有些经济社会统计内容无法容纳在国民经济核算之中，需要对有关内容作延伸性的讲述，配合国民经济核算的内容，达到较好的应用效果。鉴于这些情况，我也倾向于有一本经济社会统计的基础教科书，以配合国民经济核算课程的学习和应用。

如何构造这样的经济社会统计是进一步面临的问题。显然不能套用经济统计和社会统计的路子，将二者简单地堆放在一起，而是要对有关内容进行整合，形成系统的逻辑框架。在这方面，国民经济核算将整个经济区分为不同机构部门的思路对我们颇有启发：整个经济社会系统的活动不就是这些组成单位各自的活动所共同构成的吗？于是，我们打破了过去习惯的按照经济再生产过程以及社会活动不同领域构造内容框架的做法，试图以人为中心，从人口出发，按照企业、政府、住户以及国外的顺序分别叙述相关经济社会统计内容，最后是关于整个经济的总体核算和整个社会发展的总体统计描述。最终形成了本书目前的内容框架。

本书在写作风格上也有一些特点：第一，尽量引用新的材料，体现经济社会统计的最新进展，其中不乏国际前沿研究成果和国内最新应用成果；第二，各章内容的构造以全面为主，体现基础教科书的特点，注重基本原理的讲述，不强调更复杂的方法的应用，但尽量为进一步的分析应用提供思路；第三，在具体写作时，将基本理论方法叙述与实际案例应用结合起来，这样，一方面保持正文叙述的完整性，同时可以使整个叙述保持生动的风格，使读者通过案例更好地理解正文的原理和应用结果；第四，适应现代化教学方法需要，本书依照教材内容为教学配制了幻灯片，同时还配备了不同层次的练习题和综合分析应用题，以辅助教学的实施，为学生学习应用提供便利。

本书主要由我和李静萍博士执笔完成。按照初稿分工，由我负责第1、4、8、9章，李静萍负责第3、5、6章，李颖俊负责第2章，何静负责第7章。在初稿的基础上，我对一些章节的内容提出了修改意见，对另一些章节作了较大的修改，以保证各章内容的完整和风格的统一。在书稿完成之后，由李明明、叶茂盛、李飞燕和李艳丽制作了教学幻灯片和配套的教学练习题。这是一次愉快的合作过程，这些年轻人以饱满的热情、认真的态度和全新的知识结构投入其中，对我不仅是感染，更是激励。正是依靠这样的精诚合作，才有本书的圆满完成。

要特别感谢袁寿庄教授和尹德光教授。他们不仅参与了本书大纲内容的讨论，并且认真审阅了全部书稿。可以说，从本书内容的构造到具体行文，都渗透着两位老教师的丰富知识和辛勤劳动。还要感谢王琪延教授，他所提供的日本同类教科书对本书框架的构造很有启发。最后要感谢中国人民大学出版社和本书的责任编辑，有了他们的支持，才有本书的顺利出版。我代表所有作者，欢迎来自读者和同行们的批评指教。

高敏雪

# 目　录

# 第1章 经济社会统计概述

Chapter 1

经济社会统计是以经济社会领域的现象和过程为对象所进行的统计描述和分析。和以往教材区分经济统计和社会统计的方式不同，本书力图将以人为中心的经济与社会过程作为统一的对象，讨论其间的统计问题，既为经济社会统计的一般应用提供脉络，又为更进一步的经济统计、社会统计研究提供基础。为达到此目的，以下将分别说明经济社会统计的功能、对象，以及现实应用的统计调查和统计描述体系。通过这些问题的叙述，本书的立意和基本思路将随之凸显。本章应该掌握的基本要点包括：

- 经济社会统计的基本功能；
- 经济社会统计与一般统计学的关系；
- 经济社会统计描述的基本技术；
- 经济社会系统及其组成的基本理解；
- 政府统计的基本特征；
- 中国经济社会统计调查的组织和方法。

## 1.1 经济社会统计的功能与特点

将统计方法运用于经济社会领域，对经济社会现象和过程进行统计描述与分析，提供数量化信息，从中认识经济社会的现状和发展，这就是经济社会统计。为什么要进行经济社会统计？如何进行经济社会统计？这些问题构成了本节的主题。

### 一、经济社会统计的功能

经济社会统计是一个泛称，常常区分为经济统计与社会统计。实际上，正如下面将要说明的，以人为中心，社会系统和经济系统之间不是截然分开的。广义来说，经济系统也是社会系统的组成部分，经济系统里存在的活动单位同时也是构成社会系统的活动单位，经济活动在某种程度上总是具有社会意义，同时经济活动又构成了社会系统不可缺少的内容。这样，经济系统的运作必须考虑其社会效应，社会系统管理也必须将经济活动纳入其中。因此，所谓经济统计和社会统计，在内容上是相互联系的，从应用角度看也是相互补充的，它们共同服务于经济与社会管理的目的。因此，本书试图打破既往做法，将经济统计与社会统计糅合为一体，在经济社会综合意义上建立统计框架，为日常管理中应用统计数据、进行数量分析提供帮助。

在日常应用中，经济社会统计的含义常常具有不同的侧重。有时，经济社会统计被视为一套统计实务，即对经济社会进行统计描述和分析的工作，尤其是政府部门的统计工作；另一些场合，经济社会统计被等同于一套系统描述经济社会现状和变化的统计数据体系，政府统计数据体系是其中的核心部分；还有的时候，经济社会统计是指进行经济社会统计描述与分析的方法论体系，是对经济社会统计中有关方法的研究与表述。实际上，不同理解强调了经济社会统计的不同侧面，而这些不同侧面之间则是相互联系的。在整个经济社会统计过程中，统计方法是经济社会统计实务所赖以进行的工具或手段，而经济社会统计数据体系既是统计实务中描述经济社会现状的结果，又是进行经济社会统计分析的基本依据。作为教材，本书显然不会是经济社会统计数据汇编（尽管会演示各种统计数据），也不可能是统计实务过程的再现（尽管会适当介绍各种统计数据的资料来源和核算方法），而是要将叙述重点放在经济社会统计方法上，结合现实讨论在经济社会领域进行统计描述与分析的方法。

进行经济社会统计是人类经济与社会发展的现实要求。随着人类生活的演进，整个经济社会过程呈现出越来越复杂的局面，对经济社会管理的要求也越来越高。适应这种情况，经济社会统计越来越重要。一方面，经济社会管理要求经济社会统计提供详细的统计数据，来描述经济社会的现实状况和发展进程；另一方面，还要求经济社会统计依据现实的和历史的统计数据进行系统分析，以获得关于经济社会发展进程规律性的认识。这些要求反过来构成了经济社会统计的功能。

第一，经济社会统计要对经济社会的现状和动态过程予以统计描述。这种描述应该具有全面性和针对性，为此，需要设计相应的统计指标和指标体系，据此在特定时间和空间上进行数据收集，以达到用数据反映经济社会现实的目的。

第二，经济社会统计要对经济社会的现状和动态过程予以统计分析。以当期和历史统计数据为基础进行分析，可以是全面的，也可以是专题的；可以是反映现状的，也可以是有关未来预测的。

显然，上述两个功能是相互衔接的。描述功能是要通过统计数据针对现实状况形成基本认识；分析功能则是在描述基础上对统计数据做进一步加工，凸显指标间的关系和规律性，以获得对现实的进一步认识。在统计描述中，重要的是统计指标及其体系的设计；在统计分析中，重要的是分析框架的建立和统计分析方法的选择。相比较而言，统计分析是具有综合性、个体性的工作，需要结合现实要求灵活应用，难以在教材中提供现成的、固定的格式；而统计描述的内容则是相对稳定的，可以根据经济社会领域的不同方面分解为不同部分，许多用于描述的统计指标已成为通用的“语言”，指标体系的构造也具有大体一致的模式。有鉴于此，本书将主要着眼于统计描述来介绍经济社会统计的内容，同时将统计分析的思路和方法贯穿于其中。

## 二、经济社会统计的基础

人类没有一种能够直接观察和感觉并精确表述经济社会领域总体现象的器官，但通过经济社会统计却达到了从数量方面了解和认识经济社会现实的目的。在此意义上，经济社会统计具有人体器官中眼睛的功能。要保证这双“眼睛”能够有效地发挥作用，需要将经济社会统计建立在以下两个基础之上：一是统计方法论基础；二是经济社会管理理论基础。①

### （一）统计学为经济社会统计提供了方法论基础

一般而言，统计是有关数据收集、整理和分析的技术，统计学就是关于这些数据收集、整理和分析方法论的学科。在统计前面冠以“经济社会”的定语，形成经济社会统计，就是要将统计技术应用于经济社会领域，探讨收集数据和分析数据的具体方法。

经济社会统计作为应用性统计，与统计学关于数据收集和分析技术的专门研究不同。它不是在一般意义上探讨统计方法，而是要结合经济社会领域的特定内容和问题，具体探讨解决经济社会统计描述和分析问题的方法，所涉及的是具体的统计指标及其关系。当然，对这些特定指标的描述与分析仍然使用一般的统计分析方法。

具体来说，统计学是在一般意义上讨论数据的计量尺度问题，指出针对不同类型的事物，分别采用定类尺度、定序尺度或定量尺度予以计量。而经济社会统计则要针对具体的经济社会现象，设计出具体的统计指标，这些指标无疑仍然是采用如上四个尺度加以计量。例如，对人口规模的度量，需要采用人口数这一指标，该指标是定量尺度的测量，而在分析人口的社会特性时，采用了“年轻型人口”、“壮年型人口”和“老年型人口”的分类，该指标则为定类尺度的测量。

针对不同计量尺度的数据，一般的统计学进一步研究可以采用的数据处理、分析方法，包括如何对数据进行初步整理形成频数分布，如何确定数据的集中趋势和离散趋势，如何根据样本数据估计总体数据，如何利用相关和回归方法分析不同现象间的关系，等等。而经济社会统计则是要以特定的经济社会指标为基础，选择适当的方法进行相应的统计分析，比如，围绕人均收入，可以以样本数据推算总体数据，可以进行相关分析确定与人均收入具有密切联系的其他变量，可以进行回归分析确定哪些因素对人均收入具有影响以及影响的程度，可以进行时序分析来凸显人均收入的动态变化特征，等等。

---

① 彼得·冯德利普：《经济统计学》，34 页，波恩，德国联邦统计局，1997。

总结二者关系，包含两个方面。首先，统计学为经济社会统计提供了方法论基础，经济社会统计所应用的方法来自统计学，经济社会统计所应用的方法必须符合统计学所提供方法的一般原理；其次，经济社会统计不是对一般方法的讨论，而是这些方法在经济社会领域的应用，是进行经济社会统计描述和分析时对一般统计方法技术的灵活选择。

### （二）经济与社会各学科为经济社会统计提供了理论与实践基础

如果说经济社会统计是观察现实的“眼睛”，那么经济社会及其管理理论就是指挥眼睛的“大脑”。对经济社会加以统计描述和分析，前提是对经济社会系统及其过程的理论认识和对其具体管理操作过程的把握。其中，经济学和社会学各学科为我们提供了经济系统与社会系统运行的机理，经济管理和社会管理各学科则为我们解释了经济系统与社会系统运行的实际模式及其流程。比如，经济学通过以市场为中心的供求关系及其价格确定，从理论上解释了经济过程中不同角色进行经济决策的机理，通过对劳动市场、资本市场、货币市场、产品市场的相互作用以及政府干预的理论叙述，确立了宏观经济运行的理论；进而，企业管理、国民经济管理、财政金融管理等学科则具体展示了现实经济管理的具体过程，展示了其间为调节经济过程各单位之间的经济利益关系而运用的具体管理工具和具体操作流程。可以说，前者是理解、认识经济社会系统及其过程的理论基础，后者是进行具体统计描述和分析的现实依据。

经济社会统计就是在上述理论指导下针对具体管理过程而进行的统计描述和分析，其中，不仅描述的对象、分析的对象要由这些领域的理论实践决定，而且各种具体概念的确定、不同变量之间关系的确定，都离不开这些理论的指导。例如，为何要按照经济类型对经济社会活动予以分类描述？这是由现实管理需求决定的。为什么要设计国内生产总值（GDP）这样一个指标以及如何确定其基本含义？这是由经济理论决定的。没有理论与实践的指导，经济社会统计就无法有效地描述经济社会现实的状况及其内在联系；如果不能阐述统计信息的内在联系，统计数据就失去了存在的价值。

## 三、经济社会统计的基本技术

经济社会统计不同于一般的理论认识和管理设计，它是通过统计数据这种特有的“语言”来描述经济社会现实并揭示其间数量联系和规律性的。特定的方法技术是实现这种功能的保证。

### （一）统计测量的技术

统计测量是指对研究对象赋予数值的过程。如果是定量变量，其数值表现为数字；如果是定类和定性变量，其数值表现为文字。

统计指标是测量经济社会现象数量特征的主要方法。在测量经济社会现象时，首先需要将各种现象抽象为不同的术语，而且这些术语具有特定的内涵，即概念及其定义。对概念的定义可以采用多种方式，如果其定义指出了对概念进行量化的方法，即为概念的操作化定义。例如，如果为了反映经济运行的成果，提出一个名为“生产成果”的概念，并将这一概念界定为“一定时期内经济主体在生产过程中生产的各种产品的总价值”，则该定义就是一个操作化定义。对概念进行定义的最终产物就是指标，例如根据上述对“生产成果”概念的定义，就可以得到“总产出”指标。具体来看，所谓统计指标，从概念上理解，是指反映事物现象特定方面数量特征的词语，比如 GDP、人口出生率、城镇居民收入水平等，每个指标都具有明确的测量方法；从应用上理解，则是指该项指标在特定时间和空间条件下所达到的实际数值，比如，2012 年中国 GDP 为 534 123 亿元，2012 年中国人口出生率为 12.1‰，2012 年中国城镇居民人均可支配收入为24 564.7元，等等。

统计指标在形式上可分为总量指标、相对指标、平均指标。总量指标用绝对数表示，是测量总体规模数量多少的指标，比如 GDP 指标反映某一时期生产总成果，人口总数指标则反映在某时点上的人口总数量；相对指标又称相对数，是通过对比而形成的指标，用于测量某现象总体的结构、变化程度以及不同总体的差异和对比关系，比如，人口总数中男性人口所占的比例就是一个表示结构的相对指标，人口出生率就是一个描述变动幅度的相对指标，城镇人均收入与农村人均收入的比值可以表达城乡居民的收入差异，等等；平均指标又称平均数，也要通过对比计算求得，是反映事物总体在某特征上达到的一般水平，比如用城镇居民总人口去除城镇居民总收入，所得城镇居民人均收入就是一个平均指标，反映城镇居民收入平均达到的水平。在实际统计中，这些指标都是结合应用的。

统计指标应用于经济社会的统计测量，大体有两种场景。一是就特定时期的活动进行测量，比如，GDP 是对一段时期（比如 2013 年全年）的生产活动成果的计量，出生人口数也是指一段时期内新出生的婴儿数，这种指标通常称为流量指标；二是就特定时点的状态予以测量，比如，人口总数是指截至某时间点（比如 2013 年末）所拥有的人口总数，这类指标通常称为存量指标。就同一现象总体来说，测量存量的指标与测量流量的指标是相互联系的，需要结合应用。一般来说，如果说存量指标表达的是事物总体的总规模，流量指标则是要表达该总体在一段时期内的变动量，比如期末或期初的人口总数（存量）和期内出生人口数（流量），后者是前者变化的原因之一。

需要注意的是，在实际应用中，一定要指明流量指标所对应的时期和存量指标所对应的时点，否则难以对指标的数据进行正确解读。例如，如果简单地说：“某人收入为 5 000 元”，则很难正确判断其收入水平。显然，月收入 5 000 元和年收入 5 000 元是截然不同的两种收入水平。又如，（2014 年）3 月 26 日报，目前，（全国社保基金）理事会管理的基金规模 11 943 亿元，去年基金投资收益 696 亿元，收益率 6.29%。“目前”一词就非常含糊，不知其所指。是截至报道日，还是截至 2013 年末？

一项统计指标只能显示事物（或概念）的一个方面的特征，要围绕一个主题全面测量事物的状态和活动过程，需要相互联系的多个指标方能达到目的。这样的在特定主题下形成的指标群称为统计指标体系。在后面各章的内容中，将体现不同主题的经济社会指标体系。从方法上看，经济社会统计测量所面临的基本问题之一就是统计指标体系的设计。

除了统计指标，统计分类（组）也是实现经济社会统计测量的方法之一。所谓统计分类（组），是指按照一定标识将描述对象区分为不同类别的方法。比如，将人口按性别分为男性人口和女性人口两类，或按居住地区（或户籍所在地）是城镇还是农村而分为城镇人口和农村人口两类，或按人均收入水平区分为低收入组、中等收入组、高收入组，等等。分类（组）是认识经济社会现象的总体结构、比较其差异、凸显其关系的前提，在经济社会统计中是不可缺少的测量技术。在现实应用中，许多分类（组）已作为通用标准被广泛使用，比如国民经济行业分类、经济类型分类、职业分类、企业大中小规模划分等。

**（二）统计分析的技术**

统计分析是要在统计测量提供的统计数据的基础上，通过描述统计表现事物的基本属性（如绘制统计图和统计表，计算平均水平和离散程度等），并进一步使用统计分析工具（如方差分析、相关和回归分析等），揭示事物的内在规律和不同事物间的内在联系。

为适应不同分析目的的需要，统计学提供了不同统计分析方法，其中最常用的包括描述统计方法、参数估计和假设检验方法、方差分析方法、相关与回归分析方法、时间序列分析方法、多元统计分析方法，等等。有关这些方法的原理，读者可参阅有关教材，这里不做叙述；在以后各章，将结合具体的经济社会研究课题来演示这些方法的应用，进行实际经济社会统计分析。

## 1.2 经济社会统计的对象

经济社会统计的对象是经济社会领域的各种现象和活动过程。但是，统计是具体的，仅仅笼统的定义还远远不够，必须对经济社会领域及其过程作出清楚、明确的界定和认识，才能在此基础上了解经济社会统计的对象和内容。

### 一、经济社会统计的对象：以人为中心的经济社会系统

对经济社会系统，可以在社会系统和经济系统两个层次上加以认识。

社会系统是以人为中心的。首先，社会是人类的生存环境，人类在此环境中达到一种生存状态。社会是有形的，它提供了人类生存的物质基础；社会更是无形的，它表现为人与人之间的相互关系，这种个人间的关系继而可以放大为人类群体间的关系、区域间的关系和国家间的关系。同时，社会又是一个由人类活动构成的

动态过程，人们从事各种活动，结果是改变了社会环境，进而改变了人的生存状态，这一过程便体现为社会发展。因此，针对整个社会系统进行统计描述和分析，既要表现社会在特定时点上所达到的状态和水平，又要表现在特定时期内所发生的各种社会活动及其所引起的社会发展和社会进步。

社会系统包括哪些方面？我们可以设想一个具有一定规模人口的共同体作为起点，对社会生活的内容加以概括。首先，该人口总体是按照特定结构组成的，不仅有性别、年龄等自然特征，还有不同种族（民族）、不同宗教和不同社会经济地位而形成的不同阶层，并通过一定机制组合在一起。为了满足人类生存的需要，该社会中一定年龄段内的大部分成员要用一部分时间以及自然资源（比如土地）来生产各种物品，供全体成员消费使用；在生产出有用的产品的同时，也可能生产出诸如肮脏的空气等有害的东西。也就是说，人类首要的活动是进行生产，获得粮食、衣物等基本生活用品，与此同时放弃了一部分起初拥有的闲暇和洁净环境。进一步来看，人类科学技术的进步对社会发展发挥了重要作用：一定面积的土地能够供养更多的人口，于是人口变得更加稠密；医疗水平的提高会延长人口寿命，改变人口的年龄构成；教育事业的发展使得许多人离开体力劳动队伍。同时，通过市场机制进行生产和生活制度的安排，一方面提高了效率，另一方面却导致了收入分配的不平等，由此使社会中持续存在贫困；为解决贫困所引发的问题，社会要提供各种各样的福利服务；个人和家庭环境的差别，又在经济不平等之上再加上社会的不平等；无论何时何地，人们总能看到不同程度的压迫、歧视和犯罪，等等。此外，作为一个共同体，还存在与其他共同体之间的关系，即所谓对外关系问题。这样，围绕整个社会系统及其发展所进行的统计至少应包括以下方面：人口以及家庭和各种社会组织状况，经济活动所决定的人类物质生活状况，人类生存的环境状况，社会分配及其他方面所造成的社会不平等状况，人们的教育、就业状况和健康状况，人们对社会的参与、社会安全感和国际安全感，等等。

从广义上讲，经济活动包含在社会系统之中，经济活动的目的是满足人的物质生活需求。但是，随着社会的发展，经济过程变得越来越复杂，膨胀成了一个独立的系统。在这样一个系统中，经济表现为一个不断循环的过程。首先是利用各种资源所进行的生产活动，其成果是提供了满足人们需求的各种产品；这些产品要经过一系列的分配活动为社会的不同角色所占有；人们将所得到的产品一部分用于当期消费，另一部分则积累起来形成资产用于下一时期的生产。在市场经济条件下，整个经济系统以交换为一般的存在形式，通过货币和金融体系，将生产、分配、消费和积累连为一体。由于科学技术和社会分工的发展，经济系统加快了演化的步伐，不仅在规模上扩张到前所未有的程度，而且相互间的关系也呈现出极为复杂的局面：生产分工为不同的产业，在各产业间必须保持协调的关系；经济过程分化为产品运动过程、收入分配过程、金融过程等不同侧面，相互之间密切联系；参与经济过程的主体不仅是单个的人，更有各种法律和政治实体；经济利益关系不仅存在于不同人之间，还存在于不同集团之间，这些经济利益关系将体现在收入、消费、财产等各个层面。为了完整地反映经济系统的状况，形成了以国民经济核算（SNA）

为中心的经济统计体系。

现实过程中，在空间意义上定义经济社会系统具有重要意义。人类在整个世界范围内形成了经济社会巨系统，而且由于科技发展所造成的空间便利，加强了世界各区域之间的联系，世界日益成为一个整体，形成了所谓的全球化发展趋势。但是，到目前为止，经济社会系统的管理依然是以国家为中心的。所谓经济社会系统的管理，是指国家经济社会管理，其中包括国家内部经济社会活动和该国与世界其他国家之间的经济社会活动往来。与此相对应，所谓经济社会统计，一般是在国家层面上进行统计，一方面是该国经济社会活动的总体统计，同时还要针对该国的对外经济社会关系进行统计，将该国放到整个世界经济社会格局中加以统计。

## 二、经济社会统计的对象：经济社会系统中的不同主体及其活动

经济社会系统以人为主体，所有活动都是围绕人发生的：由“人”完成，为“人”服务。但是，在特定国家的经济社会管理中，人不是一个抽象的名词，而是一个个具体的存在。他们通过血缘关系组成了一个个家庭住户；进而，在现代社会经济生活中，人的概念也得到了扩展，不仅仅局限于自然人以及家庭这样的自然单位，还出现了大量的法律与社会实体，即所谓的“法人”。对这些具体存在加以定义，就形成了经济社会系统中的不同主体类别。

首先，如果把人理解为单个的个体，那么，在一国范围内，人首先表现为一定数量的人口。这些人口分布在不同的区域，具有不同的自然和社会特征，构成了经济社会系统的基础。在单个人基础上，主要依据血缘关系，形成了主要以家庭为单位的住户；通过一定法律程序，组成了各种法律和政治实体，按照性质和功能，这些法律政治实体可以区分为企业和政府两个主要类别（此外还有政府以外的非营利机构）。可以说，住户、企业、政府三者构成了经济社会系统的基本主体。下面对这些主体的性质及其所从事的经济社会活动予以说明。

（1）住户。在经济社会系统中直接体现了以人为中心的特征。在经济系统中，住户是各种生产要素的主要拥有者，以各种方式参与经济过程，同时是各种物质产品和服务的消费者，体现了经济社会的根本目的；在社会系统中，住户以自身的生活质量体现了社会发展的成果，其中，不仅包括住户及其成员在物质生活需要满足方面所达到的水平，还包括成员在教育、就业、健康方面所达到的水平，以及在社会参与、安全等方面的整体状态。

（2）企业。主要职能是汇集各种生产要素进行经济生产，通过市场为整个经济社会系统提供产品，同时将生产过程中创造的价值以不同方式分配给生产的参与者和其他方面，在分配过程中体现了社会不同角色之间按照市场交换原则所建立的经济利益关系和社会关系。

（3）政府。主要职能是对一国经济社会系统实施宏观管理。一方面，政府要向住户、企业和整个社会公众提供教育、卫生保健、司法、国防等各种公共服务；另一方面，政府要充当中介者调节社会的经济占有关系，进行收入和财富的再分配，

保障社会的公平和均衡发展。

综上所述，整个经济社会系统就是由这些单位自身的活动以及这些单位之间的关系所组成的。以住户为例，为了维持家庭生计，家庭中那些具有劳动能力的成员要通过就业参与生产活动，并以此获得收入，同时还可能通过其他分配渠道（比如持有资产或依赖社会救济）获得收入；这些收入将用于购买各种物品和服务，以满足家庭成员的消费需求，消费的节余将通过投资形成住户的资产。在消费过程中，通过生活消费品的获得满足了家庭成员的物质生活需求；通过教育提高了各成员的文化水平；通过卫生保健保证了各成员的健康，等等。在此过程中，住户要和企业发生关系，比如从企业获得劳动报酬，从企业购买消费品；要和政府打交道，比如向政府纳税，接受政府提供的公共服务，从政府那里获得社会救济；还可能会从事一些金融活动，比如将节余的现金存入银行，从银行获得贷款，在股票市场上买卖股票；当然，也有可能与国外发生关联，比如，到国外旅游，或持有外币。如果我们站在企业的角度或政府的角度，也可以叙述其所从事的不同活动以及与其他单位之间发生的关系。事实上，正是不同单位之间和不同活动之间的相互联系、相互作用，才构成了经济社会过程，使整个经济社会形成一个完整的体系。

基于上述认识，经济社会统计要描述整个经济社会现状和过程，不仅要着眼于一国整体，更重要的是要立足于企业、政府、住户等不同主体，从不同角度描述这些经济社会主体的行为和状态，由此也就描述了经济社会的不同方面。其结果是，通过各种统计指标和统计分组，形成了系统的经济社会统计数据体系。

## 1.3 经济社会统计调查体系

一般来讲，统计数据的直接来源渠道有两个：一是统计调查；二是科学实验。在经济社会统计中，统计数据主要是调查数据，可以是直接调查获得，也可以是别人调查的结果。那么，经济社会统计调查是如何组织的？具体调查方法有哪些？中国统计调查的现状如何？本节将就此做简要介绍。

### 一、经济社会统计调查的职能和组织体系

经济社会统计调查涉及被调查者、调查和数据加工者、数据使用者三个方面的当事者。被调查者可以是自然人，可以是家庭住户，也可以是企业、行政事业等法人单位，它要根据调查者的要求提供自己的信息；调查和数据加工者是经济社会统计调查的实施者，它要根据数据使用者的要求，向被调查者收集信息，并对所收集的信息进行加工（包括整理、综合和分析），最终提供各种描述经济社会现状和发展的统计数据；数据使用者是经济社会统计调查的最终用户，最大的用户是政府部门，其次是各种学术、私人机构或者个人，目的是要通过统计数据了解经济社会某

一方面的情况，作为分析和决策的依据。显然，调查和数据加工就是统计。其间关系可用图1—1表示，其中，统计信息是沿着被调查者、调查和数据加工者、数据使用者的方向流动的。

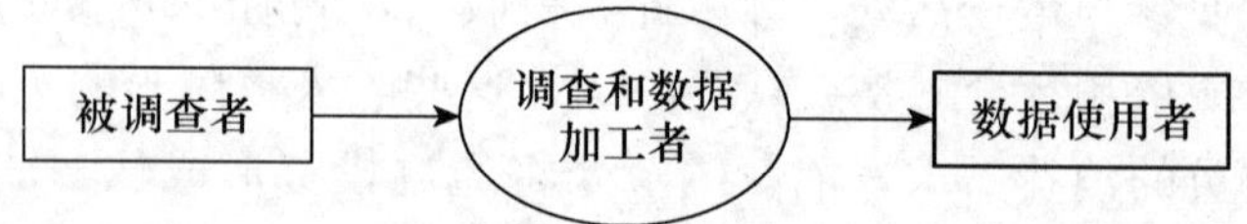


图1—1　经济社会统计调查的组织结构

可以看出，统计在其中起着两方面的作用。一是中介作用，即将来自经济社会各主体单位的各种微观信息传递给统计数据使用者；二是“制造”作用，即对来自被调查者的各种微观的、个体的、零散的信息进行加工，形成宏观的、总体的、系统的经济社会统计数据。这样的统计调查、数据加工和分析构成了统计的主要职能。

谁来承担统计的职能？首先是政府统计部门，包括政府中的专业统计机构（如统计局）和政府各职能部门（比如农业部、财政部等）中的统计机构，由这些部门进行的统计称为政府统计或官方统计。政府统计在经济社会统计中具有重要的作用，这与政府在经济社会管理中承担的角色密切相关。第一，政府统计所提供的统计数据是整个经济社会统计的主要部分，其统计内容涵盖了经济社会的各主要方面；第二，政府统计可以依法要求被调查者提供有关信息，因此数据来源具有保障；第三，政府统计提供的统计数据大多属于“公共产品”，其数据是公开发布、免费使用的。

除了政府统计，还存在由各种社团、新闻媒体、学术机构以及商业性调查公司所进行的统计，这些可以统称为非政府统计（或称非官方统计）。与政府统计相比，非政府统计不具有对被调查者的约束，其调查统计内容往往具有专题性，调查和加工的数据具有特定的使用用户，且常常是有偿提供的。非政府统计是政府统计的重要补充。整个统计组织结构如图1—2所示。

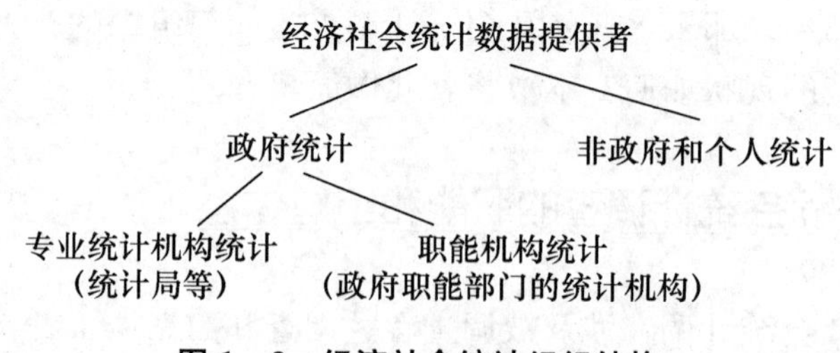


图1—2　经济社会统计组织结构

资料来源：彼得·冯德利普：《经济统计学》。

## 二、经济社会统计调查的方法

经济社会统计调查的方法涉及以下问题。第一，针对调查主题所覆盖的对象，如何确定实际被调查者，即统计调查方式的选择；第二，针对所确定的实际被调查者，如何取得相应信息，即数据信息收集方法的选择；第三，与调查的连续性和详细性有关的问题。

一般来说，经济社会调查中应用的调查方式包括以下几种。一是普查，即对调查主题所覆盖的全部经济社会单位进行调查，通过所获得信息来加总、分类，形成总体统计数据；二是抽样调查，即从调查对象总体中随机抽取一部分单位作为样本进行调查，并根据样本调查结果来推断表达总体数量特征的统计数据；三是重点调查，即从调查对象的全部单位中确定重点单位进行调查，以此判断总体的状况和趋势。显然，后两种调查属于非全面调查。

在政府统计中，上述调查方式是结合应用的。一般，通过普查可以获得较完整、详尽的统计资料，但调查成本较高，因此适用于重大的国情国力状况调查，比如人口普查；抽样调查可以节约调查成本，时效性较强，虽然是非全面调查，却能推断出总体统计数据，因此在经济社会实践中应用很广。在非政府统计中，一般难以组织全面性调查，而主要依靠抽样调查等非全面统计调查方式。

对被调查单位的信息收集一般包括以下几种方法。一是访员调查，即由调查人员与被调查者通过面对面交谈来获得调查信息，这种方法还可以扩展为由多个被调查者参加的座谈会方式；二是邮寄调查，即通过邮寄或其他宣传媒体将调查表或调查问卷送达被调查者，经被调查者填写后再收集回来，以此获得调查信息；三是电话调查，即调查人员利用电话与被调查者进行语言交流以获得信息。随着通信技术的进步，数据信息收集方法在不断变化，开始出现以电脑和网络为媒介的调查方法，包括利用磁盘寄送数据信息、通过远程传输提供数据、通过报告员在电脑支持下获得数据、电脑支持的个人采访、电脑支持的电话采访等。此外，在官方统计中，由于统计部门是依法调查，被调查者有义务提供调查信息，经常采用由被调查单位定期上报数据的做法。

针对同一调查主题，有时是一次性进行调查，有时则是连续地、定期地进行调查；在连续调查中，有时间隔时间较短，比如月度调查，有时则间隔时间较长，比如每隔十年进行一次人口普查。一般，上述一次性进行的调查和间隔时间较长的连续调查都称为一次性调查，而按照年度、季度、月度等周期进行的调查称为经常性调查或定期调查。官方统计大多属于定期连续调查和间隔较长的一次性调查，用于提供描述经济社会基本状况的各类统计数据；在非官方统计中，尽管也可能存在定期、连续的调查，但多数是应特定用户需要而完成的一次性调查。为保证不同时间上统计数据的可比性，定期调查的内容、方式等应该保持相对稳定。

## 三、中国经济社会统计调查体系

在不同的经济社会体制下，统计调查的组织方式常常具有差别。比如，在中央集权计划经济模式下，代表中央政府的统计部门对经济社会各单位的调查具有更大的强制性，可以建立一套自下而上的全面统计报告制度；而在市场经济模式下，统计部门与被调查的经济社会单位之间的关系则要相对松散，统计调查一般难以按照全面统计报告制度实施。

与中国经济社会结构的转型相适应，中国的经济社会统计调查体系也具有一个转型的过程，从目前状态看，既保留了一些计划经济时代的传统做法，又形成了一些市场经济条件下的新方法。

### （一）中国经济社会统计调查的组织体系

中国统计体系的组织结构基于中央国家级的集中领导以及各级政府机构的职能而建立。作为国务院领导下的执行机构，国家统计局履行中央领导的职能，负责决定统计优先项目、标准、方法以及具体部署，指导并要求省市县等下级实体收集统计信息，对全国统计工作予以协调。省统计局代表国家统计局执行任务，但也承担省政府决定和资助的其他统计任务。地方政府的统计局收集来自报告单位的报表数据，在其各自的管辖范围内执行统计程序，然后将这些报表汇总数据报送省统计局，再由省局汇总报送国家统计局，最后由国家统计局进行国家级的统计。

同时，中央一级的职能部门（包括财政部、中国人民银行和其他专业部委）也发挥着重要的统计作用，这些部门所属的统计机构在省级和地方也有其下属统计单位。这些非统计局统计机构的数据采集调查活动类似于统计局的统计系统，虽然这些统计单位分别由各职能部门资助和管理，但国家统计局对这些部门的各级统计机构人员负有专业和技术指导的责任。

上述统计组织结构如图1—3所示。

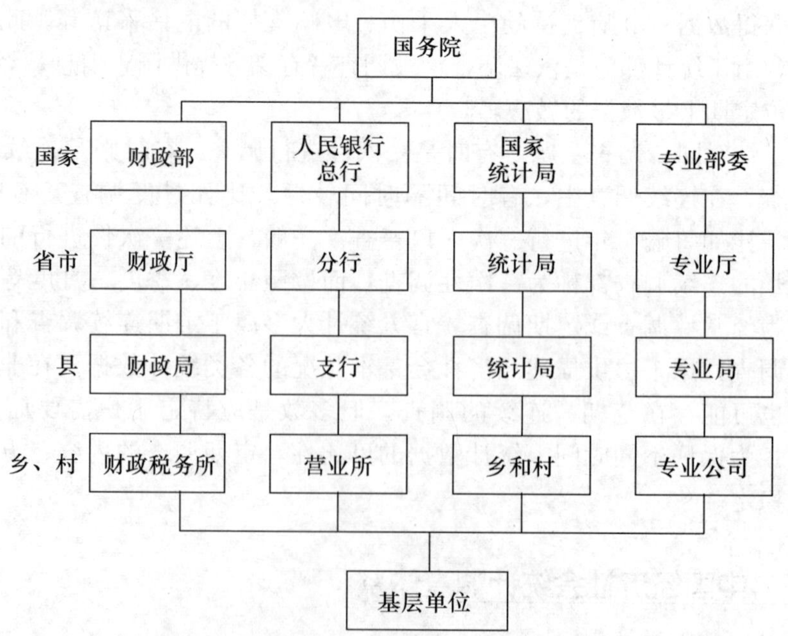


**图1—3　中国经济社会统计调查组织结构图**

资料来源：世界银行：《转换中的中国统计体系》，内部刊印，1994。

这样，通过覆盖经济社会各方面的统计网络，可以及时获得中国经济社会及其发展状况的统计数据。

### （二）中国经济社会统计调查方法

中国经济社会统计调查采用了多种方法。

对重要的国情国力，采用普查方式获得详细、全面的统计数据。目前，中国通过普查进行的统计调查内容和时间周期已经基本规范化、制度化，具体包括：(1) 人口普查，每十年进行一次，逢“0”的年份进行，2010 年是中国第六次人口普查年；(2) 经济普查，每十年进行两次，逢“3”和“8”的年份进行，2003 年中国进行了第一次经济普查，2013 年是第三次经济普查年；(3) 农业普查，每十年进行一次，逢“6”的年份进行，1997 年 1 月中国进行了第一次农业普查，2006 年进行了第二次农业普查。此外，针对一些关系重大的问题，国家还会组织某些专题的普查，例如中国于 2008 年进行了第一次全国污染源普查。

统计报表制度是按照国家有关法规规定，由国家统计部门自上而下统一布置、由被调查单位自下而上逐级提供统计数据的调查制度，报送时具有统一的表式、统一的内容、统一的报送时间和程序。这种调查方法是在过去中央计划管理体制下形成的，至今在官方统计的经常性调查中依然发挥着重要的作用。其中，按照报送范围，统计报表有全面报表和非全面报表之分，前者要求调查对象中的每一个单位均要填报，后者则只要求一部分调查单位填报；按照报送周期，统计报表主要由月报、季报、年报组成，月报内容简单，时效性强，年报则内容比较全面。目前针对基层调查单位付诸实施的统计报表制度包括：基本单位调查统计报表制度、企业单位调查统计报表制度、企业集团统计报表制度。

应该说，对于大型国有企业来说，利用统计报表制度收集数据，具有时间快、成本低的优点，但对于迅速发展的小型非国有经济社会单位，则难以全面采用统计报表制度。因此，近年来，中国官方统计调查体系进行了大规模的改革，力图在适当保持统计报表制度的同时，更多地应用抽样调查方法来收集经济社会统计数据。目前已经制度化应用抽样调查方法的调查包括：农产量抽样调查、农村住户调查、城镇住户调查、人口变动情况调查、城镇劳动力调查等；此外，对规模以下工业企业①、规模以下投资项目②、限额以下批发零售住宿餐饮业单位③以及个体工商户等，也均开始应用抽样调查方法取得相应数据。在非官方统计中，抽样调查更是最经常应用的方法。

---

① 1998 年，国家统计局将工业统计范围划分为规模以上和规模以下两部分。“规模以上工业企业”，1998—2006 年，是指全部国有企业和年主营业务收入 500 万元及以上的非国有企业；2007—2010 年，统计范围调整为年主营业务收入 500 万元及以上的工业企业；2011 年至今，统计范围为年主营业务收入 2 000 万元及以上的工业企业。

② 2011 年至今，规模以上固定资产投资项目统计标准由项目计划总投资 50 万元提高到 500 万元。

③ 限额以下批发零售住宿餐饮业单位是指年主营业务收入低于 2 000 万元的批发企业、年主营业务收入低于 500 万元的零售企业和年主营业务收入低于 200 万元的住宿和餐饮企业。

## 1.4 经济社会统计的基本内容与本书结构

由于经济社会系统的复杂性，对经济社会统计的基本内容予以概括十分必要。但同时，进行这样的概括又具有很大难度，或者说，对经济社会统计基本内容的概括并不是唯一的，实际上，从不同角度可以进行不同概括。下面先就经济统计和社会统计的内容予以说明，而后结合本书的结构来概括经济社会统计的基本内容。

### 一、经济统计的基本内容

经济统计的对象是一国国民经济过程，其统计内容是相对完整和稳定的。一般将经济统计的内容分为国民经济核算与其他经济统计两个部分。

国民经济核算将国民经济视为生产、分配、消费、积累的循环过程，是以货币单位计量、按照复式记账方法，对核算期间内的经济循环过程及其资产存量所进行的系统核算，由此提供了有关国民经济宏观状况的系统描述。其中包括：(1) GDP核算，以GDP为中心，对当期货物、服务生产总量及其使用进行核算；(2) 投入产出核算，着眼于产业活动，核算各产业之间的投入产出关系，以此系统描述各产业之间的技术经济关联；(3) 资金流量核算，着眼于对国民经济的收入分配和金融活动进行核算，描述各部门之间的收入分配占有关系和资金往来；(4) 资产负债核算，对一国所拥有的资产和所承担的负债进行核算，描述了该国的经济存量状况；(5) 国际收支核算，着眼于一国对外经济活动进行的系统核算，可以描述该时期对外经济活动的规模及其收支平衡状况。

国民经济核算的内容构成了经济统计的中心，然而，它并不是经济统计的全部，因为受其方法所限，它对国民经济的描述体现了其特殊性，或者说体现了一个特定的角度，是以特定方法将整个国民经济纳入核算范围加以描述。在其之外，或者说转换角度，还有其他经济统计的内容，是国民经济核算内容的扩展。这些内容通常包括：(1) 产业统计，以企业为中心，具体包括制造业统计、农业统计和服务业统计；(2) 财政统计，是以政府财政职能为中心的统计；(3) 金融统计，是关于金融业、货币市场和资本市场的统计；(4) 居民收入及消费、资产等状况统计；(5) 价格及其变动统计。此外，对外经济活动也不仅限于国际收支的统计方法和内容。

### 二、社会统计的基本内容

按照广义看法，经济系统是社会系统的组成部分，由此很容易形成这样的印象：经济统计也应属于社会统计的组成部分。但是，由于经济系统的相对独立性，经济统计已经形成相对完整的内容，日常所说的社会统计实际上是按狭义理解的，

即针对经济活动以外的社会活动内容所构造的社会统计。

与经济统计相比，社会统计的内容比较松散，其统计的完备程度也较差。20 世纪 80 年代，联合国经济和社会事务部统计处曾形成关于社会和人口统计体系的研究报告，对社会统计的内容做了系统的整合，对此后社会统计内容的构造产生了巨大影响。

社会系统是以人为中心的，人具体体现为住户家庭及其成员，整个社会状况将在很大程度上体现为住户及其成员的生活质量（包括个人生活质量和社会生活质量）。这样，如何概括社会统计的内容，有两个角度。一是施与角度，根据社会过程及其不同方面来构造社会统计，反映社会所处的状态；二是接受角度，根据社会成员（个人或住户）活动的不同方面来构造社会统计，反映社会状况。

将这两方面联系起来，综述社会统计的基本内容，大体包括以下方面：(1) 人口统计，描述一国人口的规模、构成和变动；(2) 家庭住户及社会结构统计，描述家庭构成以及个人、家庭在社会中的分层状况；(3) 住户收入、消费、积累及财产统计，是从经济方面描述社会及其成员生活状况和社会特征；(4) 时间分配与闲暇统计，是从时间分配及其活动节奏方面描述社会生活状况；(5) 社会保险和福利服务，是从社会风险及其应付能力方面描述社会状况；(6) 教育和文化体育统计，描述社会为其成员提供的教育、文体活动规模，以及其成员接受教育、获得知识娱乐的水平；(7) 健康和保健服务统计，描述社会为其成员所提供的卫生保健服务状况以及这些成员所达到的健康水平；(8) 社会秩序与公共安全统计，描述社会环境状况。以上述统计为基础，最后是立足社会状况及其发展的综合评价和立足社会成员的生活质量评价。

## 三、本书对经济社会统计内容的构造

尽管在学科上通常总是将经济统计和社会统计作为两个独立的部分，统计教材总是分别编写，但实际上二者在对象上并没有严格的界限，因为经济活动与社会活动都是以人为中心的活动，整个社会系统就是各种经济的和非经济的因素之间种种相互依赖的关系。一方面，社会系统中必然包括各种经济活动，经济活动总在某种意义上具有社会性质，体现社会不同主体之间的关系，比如收入分配活动既是经济统计的对象，也是社会统计的内容；另一方面，社会活动的发生也要遵循经济法则，体现投入产出关系，因而在一定意义上可以作为经济活动加以统计。比如，教育活动肯定是社会统计的内容，但从经济意义看，教育活动是一种产业活动，教育服务的生产和消费是整个国民经济生产和消费的组成部分。事实上，经济发展是社会发展的重要组成部分。

在管理应用中，经济统计与社会统计也是综合应用的。比如，GDP 首先是一个经济统计指标，用于反映当期国民经济活动的总成果并以此为基础度量某一时期的经济增长，是经济管理中的核心指标。然而，GDP 同时也是一个重要的社会统计指标，代表了整个社会可以用于消费的福利总量，在此基础上计算的人均 GDP

常常被用于衡量一国的社会发展程度、国民富裕程度，反映其社会生活质量的物质方面。

正是基于这样的认识，本书试图打破既往惯例，着眼于经济社会管理实践，对经济与社会做综合考虑，介绍有关统计内容。这样的统计当然不能替代经济统计和社会统计，但可以作为进一步理解经济统计和社会统计的基础，同时也有助于在综合意义上统一理解经济统计和社会统计的内容。

如何构造这样的经济社会统计的内容？如 1.2 节所述，经济系统和社会系统都是以人为中心的，系统中存在住户、企业、政府这样三类主要的主体，可以说所有的经济社会活动都是由这三类主体完成的，体现为三者相互之间的互动关系。如果我们再将企业这类主体中的金融机构区分出来，并将与该国发生经济社会联系的国外考虑在内，就可以将整个经济社会过程分化为以下主体单位所代表的不同领域的活动过程。第一，以人口为中心的自然再生产和社会结构变化活动过程；第二，以企业为中心的产业活动过程；第三，以政府为中心的分配与公共活动过程；第四，以金融机构为中心的金融活动过程；第五，着眼于国外的对外经济社会活动过程；第六，以住户为中心的人的生存和发展活动过程。当然，不同的经济社会单位与社会经济活动之间并不能完全对应，比如，从事产业活动的不仅是企业，对社会加以管理调节的也不仅限于政府，但这样的基本对应关系还是存在的。

这样的认识构成了本书内容的基础。以下第 2 至第 7 章分别对应上述六个方面，是关于不同方面的统计；随后两章是将整个经济社会过程综合起来加以描述分析的统计，其中第 8 章是就整个经济过程进行系统核算，第 9 章则是对整个社会发展进行系统描述和评价。从全书整个内容构造来看，有关经济统计的内容要多于社会统计的内容，但社会统计的基本思想也已经包括在其中。

## 思考题

1. 经济社会统计的基本功能有哪些？如何看待它对经济社会管理的重要性？

2. 如何理解一般统计学对经济社会统计的基础作用？经济社会统计中所运用的基本统计方法包括哪些？

3. 概述统计指标和统计指标体系对于经济社会统计的意义，并举例说明。

4. 经济系统和社会系统是何关系？其主要经济社会活动包括哪些？

5. 在经济社会系统中存在的基本活动主体有哪些？举例说明它们之间的关系。

6. 政府统计是经济社会统计的全部吗？为什么？

7. 经济社会统计中常用的调查方法有哪些？各种方法在实际调查中是如何结合应用的？

8. 如何把握经济社会统计的基本内容？

# 第2章 人口与人力资源统计

Chapter 2

人口以及在人口基础上形成的人力资源是经济社会的第一构成要素，在社会经济发展中扮演着双重角色。作为生产者，在人口基础上形成的人力资源是经济活动不可或缺的条件之一；作为消费者，人口处于社会消费主体的地位，体现着经济社会活动的终极目的，是人类物质文化生活需要的承载者。经济社会的许多问题以人口和相应的人力资源为前提，一国人口状况和人力资源的特征构成了经济社会特征的重要方面，并且是其他方面特征的决定因素，比如收入分配问题、就业问题、生产率问题等。对中国来说，人口更是一个关系到经济社会发展的基本问题。因此，人口统计和与此关联的人力资源统计是经济社会统计首先需要描述的内容。通过本章学习，读者应该掌握以下内容：

- 人口数的不同概念与指标；
- 人口密度指标的含义及其应用；
- 各种人口构成统计的内容与方法及其与经济社会发展的关系；
- 人口变动统计的指标及其与经济社会发展的关系；
- 反映人力资源数量、素质的统计指标及其对经济社会发展的影响；
- 人力资源利用和劳动生产率统计及其对经济社会发展的影响程度。

## 2.1 人口规模与构成统计

人口是指在特定空间里存在的人的整体，通常总是在一定区域范围内进行人口统计，或者是一国的人口统计，或者是就省、市等更小的区域进行人口统计。进一步看，人口又是一个具有一定结构的总体，可以按照不同的标志划分为不同的组成部分，这种构成状况本身就是经济社会及其发展特征的体现。对人口状况进行统计描述，首先是从静态上进行人口规模统计和人口构成统计。

## 一、人口规模统计

人口规模首先是由人口总数表达的；其次是联系人口所存在的区域面积大小，用人口密度予以描述。在特定国家或地区，人口规模的大小与该区域经济社会发展具有密切关系：必要规模的人口是经济社会发展的基本先决条件，而过多的人口又会制约经济社会发展的进程。

### （一）人口数概念及其统计

所谓人口数，是指一定时点、一定地区范围内有生命的个人总数。要了解人口总体的特征，首先要统计其人口数，它是其他各项人口和劳动力统计指标的基础，也是反映国情的基本指标。

如何统计人口数量？这个问题并不像初看起来那样简单。首先，人口数是一个存量指标，因此在统计人口数时，必须明确统计的时点；其次，人口总是在特定区域范围内活动，因此在统计人口数时，必须明确统计的地域范围。然而，人口群体存在出生、成长、死亡等生理性变化，同时还具有择业、居住、迁移等社会性变化，这些变化导致人口数量总是处于时点和空间的不断变化之中，由此给人口数的统计带来巨大的困难。从理论上说，要统计人口数，必须明确统计人口数量时所应遵循的时间标准、地域范围、人口范畴等原则；从应用来看，使用各种人口数统计资料时，也应注意其所属的时间、范围和不同人口范畴。结合具体应用，下面介绍不同人口数概念和统计方法。

1. 户籍人口数、现有人口数和常住人口数

人口数据可分为户籍人口、现有人口和常住人口三种。

户籍人口是某一时点户口在某地的全部人口。户籍人口以户口为统计依据，不管人在何处，都统计为其户口所在地的人口。目前公安部门的人口统计就是按户籍统计的。

现有人口是指在一定时点上在某地的全部人口，它包括外来暂住人口，不包括本地暂时外出的人口。从理论上说，在制定商业、旅游、公共设施和交通等建设规划时，应以现有人口为参考，但是由于人口的流动性大加之统计上的时间差，对现有人口数目前没有进行统计。不过，随着通信技术的发展，基于手机定位数据来识别和统计现有人口已经取得很大进展。

常住人口是经常或久居某地的人口，包括居住本地暂时外出的人口，不包括外地人在本地暂时居住的人口。常住人口统计必须明确时间标准和空间标准。对于时间标准，第五次人口普查时以半年为界。

在中国，由于实行严格的户籍管理制度，在过去很长时间里，经常居留地与户口所在地具有高度的一致性，人们常常将常住人口视同为户籍人口。但伴随经济发展和地域区间的开放，越来越多的人离开户籍所在地选择常住地，成为另一个地区的常住人口。因此，在现阶段，不能将一地区的户籍人口简单等同于常住人口。正

因为如此，在2000年中国第五次人口普查中，明确区分了户籍人口和常住人口。

在实际管理与分析过程中，应该注意正确使用不同的人口数概念及其统计数据，否则就可能出现应用偏误，在衡量经济社会发展上导致错误的结论（见相关链接2—1）。

**相关链接2—1　关于地区人均GDP的计算方法**

人均GDP是一定时期内GDP与同期人口平均数的比值。按照国际标准，人口平均数应该是同期平均常住人口。我国在核算制度中也规定，无论是国家还是地区，人口数都采用常住人口。

但是，由于种种原因，在实际工作中，各地区在计算人均GDP时，使用的人口数据的口径不尽相同，一些地区采用户籍人口，一些地区采用常住人口。在改革开放初期，由于户籍管理比较严格，流动人口比较少，常住人口与户籍人口之间差距不大，采用户籍人口计算人均GDP对客观地反映一个地区的发展水平和富裕程度影响不大。随着改革开放的发展，地区间人口流动日趋频繁，一个地区的户籍人口与常住人口之间的差距越来越大，采用户籍人口计算人均GDP，难以客观地反映一个地区的实际情况，人口大量流入的地区，人均GDP容易被高估；人口大量流出的地区，人均GDP又往往被低估。此外，由于不同地区所采用的人口数据的口径不同，部分流动人口在计算地区人均GDP时被遗漏，也影响了地区人均GDP的可比性和准确性。

为了准确地计算各省、自治区、直辖市人均GDP，保证省、区、市之间数据的可比性，决定各省、区、市要统一使用人口统计中的常住人口计算人均GDP，并对历史数据做同口径调整。过去采用户籍人口计算人均GDP的地区，作为过渡性措施，可在两年内同时计算两种口径的人均GDP（数据后面必须注明是什么口径），两年后取消按户籍人口计算的人均GDP。

资料来源：《国家统计局关于改进和规范地区GDP核算的通知》（国统字［2004］4号）。

2. 普查人口数与经常统计的人口数

统计一地区的人口数，可以运用不同方法。一种方法是人口普查，即对该地区的人口统计对象予以直接调查登记，通过计数汇总获得人口数资料，这样的人口数称为普查人口数。这样的人口数隔较长时间才能取得一次。在中国，到目前为止，一共进行过六次全国规模的人口普查（分别在1953年、1964年、1982年、1990年、2000年和2010年）。在非普查年份，需要利用人口变动平衡关系来推算期末人口数，这样获得的人口数就是经常统计的人口数，即

$$\begin{aligned}\text{期末人口数}=&\text{期初人口数}+(\text{本期内出生人数}-\text{本期内死亡人数})\\&+(\text{本期内迁入人数}-\text{本期内迁出人数})\end{aligned}\qquad(2—1)$$

此外，还可应用抽样调查方法获得人口数资料。从20世纪80年代起，为了及时掌握人口变动情况，国务院决定在每两次人口普查中间，进行一次1%人口抽样

调查。目前，已经于 1987 年、1995 年和 2005 年完成了三次 1%人口抽样调查。同时，每年还要进行 1‰人口抽样调查，不过，此项抽样调查只对国家和省级有代表性，对县及以下地区没有代表性。抽样调查方法比普查方便、快捷，花费较少，同时可以弥补平衡推算中关于当期变动统计中的数据质量问题。

3. 时点人口数与平均人口数

人口数首先是指在特定时点上的人口数，反映在该时点上的人口规模。在社会经济管理过程中，常常需要了解一段时期内的人口规模，这就要根据相应的时点人口数资料计算平均人口数，用以代表计算期内任一时点的人口数。比如，要计算某年份的人均 GDP、人均收入，就需要用年平均人口数去分摊；计算人口出生率、死亡率、迁入率、迁出率等指标，其基数也是该时期的平均人口数。

人口数是不断变化的。从理论上说，一时期的平均人口应该是该时期所有时点人口数的平均值。但是在现实中，既不可能掌握所有时点的人口资料，也没有必要如此烦琐地计算。因此，在具体计算时，一般是根据所掌握的资料，采用时间序列分析中的简单平均方法和序时平均方法。如果已知期初、期末两个时点的人口数，可以对这两个时点数据做简单平均求该时期平均人口数，即

$$\overline{P}=\frac{P_0+P_1}{2} \tag{2—2}$$

如果掌握更详细的时点资料，比如期内各相应时点人口数，则求该时期平均人口数可以采用序时平均法，比如：

$$\overline{P}=\frac{\frac{P_0}{2}+P_1+P_2+\cdots+P_{n-1}+\frac{P_n}{2}}{n} \tag{2—3}$$

式中，$P_0$，$P_1$，$P_2$，…，$P_n$ 为各个时点人口数；$n$ 为时点个数。

## （二）人口密度统计

不同区域在人口数多少上具有很大的差别，但是，这种差别常常与各自地域的大小有关。因此，衡量一地区人口规模的大小，不能仅仅看该地区人口绝对数量的多少，还要结合地域面积的大小来考虑，即用一地区人口的稠密程度来反映人口的规模。反映一区域人口稠密程度的指标就是人口密度，一般用平均每平方公里土地上拥有的人口数表示。即

$$人口密度=\frac{某地区人口数}{该地区土地面积} \tag{2—4}$$

由于该指标将人口数和一定的地域面积相联系，反映了各地区人口相对数量规模的大小，因此，可以据此进行横向比较，观察各区域人口规模及其疏密程度；进行纵向比较，观察一区域人口规模的动态变化。

过去，人口密度一般是就行政区划计算，但在地理信息系统等现代技术的支持下，人口密度统计已经发展到可以按照地理区域予以统计，即用一个均匀的方格网

覆盖整个国家（或地区），就每个方格提供详细的人口密度资料。这样的资料将弥补按行政区域计算人口密度的不足，可大大增加人口密度数据的信息量。

虽然人口密度这一概念现在应用比较广泛，但它考虑的只是陆地土地的面积，并未考虑土地的质量与土地生产情况。如果考虑土地的质量及其对人口的承载力，可改用其他测量人口密度的方法，而将前面以面积计的人口密度，称为人口的数学密度（arithmetic density）。

以某地区的总人口数除以该地区的可耕地面积，得到的指标是人口的生理密度（physiological density），该指标反映了人口对生产食物的土地的需要和人口与食物的生产的关系。

以某地区的农村人口数除以该地区的农用地面积，得到的指标是人口的农业密度（agricultural density），该指标反映了一个地区的农业生产效率。

此外，还有居住密度（=城区居住地总人口/城市的居住用地面积）、城市密度（=城区居住地总人口/城市土地总面积）以及生态最优密度（即可由自然资源支撑的人口密度）等指标。在实际应用中，应根据分析和研究对象来选择适当的人口密度指标。

### （三）人口规模与经济社会发展水平关系的统计分析

人口规模与经济社会发展的关系是发展经济学和经济社会管理中的基本问题。首先，一定规模的人口既是经济社会发展的前提，又是经济社会发展达到一定水平的表现，因为经济社会的发展进步归根结底是靠人来推动的，而该区域人口规模的大小又反映了经济社会发展所达到的承载水平，比如，对不同历史时期经济社会发展水平的评判，常常以人口数的上升或下降以及人口稠密与否这样的字眼和数字来论证和刻画。然而，在现代经济社会发展过程中，发展中国家所面对的却是问题的另一方面，即过多的人口给经济社会发展带来了压力，其结果是影响了这些区域经济社会发展的进程：人均 GDP 很低，住房、医疗卫生和教育服务供应短缺，存在大量贫困人口，迫于压力不得不过度开采自然资源并导致环境质量恶化，导致发展在低水平上徘徊，在一些特殊情况下甚至还产生了水平下降的征兆。

要对人口规模与经济社会发展水平之间的关系予以统计分析，需要就这两方面选择变量，通过统计技术来显示其关系，并获得对二者间关系的规律性认识。其中，有关人口规模的变量包括人口总数、人口密度等，有关经济社会发展水平的变量包括人均 GDP、贫困人口占总人口的比重、人均住房面积、成人识字率或文盲率等。

**例 2—1　　北京市的人口统计结果及其差异**

北京有多少人口？由图 2—1 可以看到，自 1978 年以来，北京市的常住人口始终多于其户籍人口，而且二者之间的差异呈现不断扩大的趋势。1978 年，北京市的常住人口与户籍人口基本相当，常住人口与户籍人口的比率为 1.03，到 2012 年，这一比率扩大到 1.59。截至 2012 年底，北京的户籍人口为 1 297.5 万人，常住人口为 2 069.3 万人。

在实际分析中，常常会使用各种人均社会经济指标，如人均 GDP、人均储蓄存款、每千人拥有医生数、每千人拥有公共汽车数等，通过这些相对指标从不同角度反映社会经济发展水平。但是，过去，中国各地区公布的这些人均指标常常简单地以户籍人口为基数计算，由此导致分析结论的偏差。实际上，应该根据不同人均指标的实际含义来选择人口基数，比如，计算人均 GDP 的人口不应该是户籍人口，而应该是常住人口，因为无论 GDP 的生产还是 GDP 的消费，都不仅限于户籍人口。图 2—2 给出了北京市采用两种不同人口基数得到的人均地区生产总值结果的比较，从图中可以看出，由于北京常住人口和户籍人口的差异，这两种结果也有较大差异，而且差异不断扩大。显然，如果不加选择地使用人口数指标，会对有关人均指标的估计带来严重的偏差。

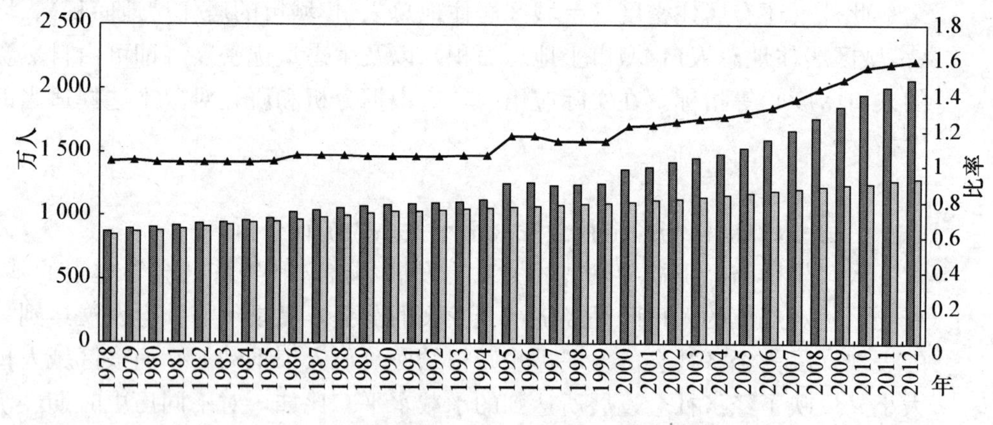


**图 2—1　1978—2012 年北京市的户籍人口与常住人口**

说明：左轴为常住人口与户籍人口；右轴为常住人口与户籍人口比率。
资料来源：北京市统计局：《北京统计年鉴（2013）》，北京，中国统计出版社，2013。

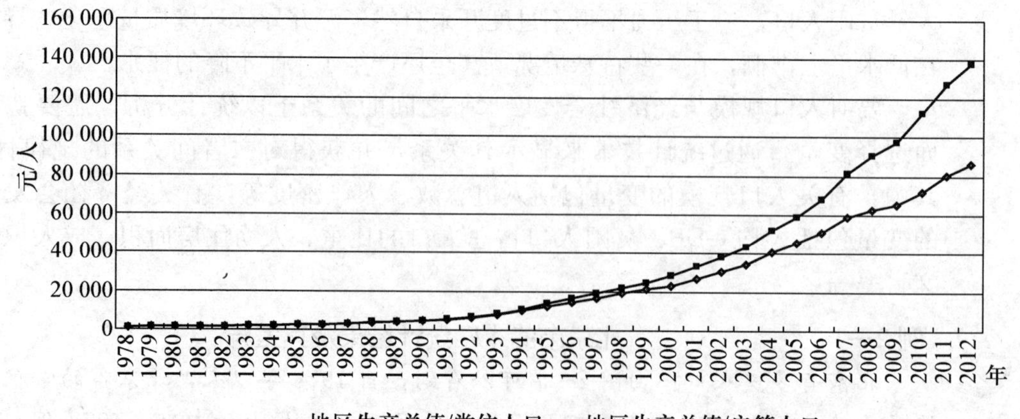


**图 2—2　1978—2012 年以两种人口数口径计算的北京市人均地区生产总值**

资料来源：同图 2—1。

**例 2—2　世界各国人口密度差异及其与经济社会发展的关系分析**

世界银行把全世界 200 多个国家按照人均收入水平，分为低收入、中低收入、中高收入和高收入国家四大类。通过表 2—1 所列示的数据，可以显示出这四类国家在人口密度和经济社会发展程度方面的差异。可以看到，人口密度和社会经济发展程度在全球范围内呈现非线性关系。一方面，和高收入、中高收入国家相比，低收入、中低收入国家出生预期寿命相对较低，文盲率水平相对较高，社会经济发展程度较低，而与之对应的却是相对较高的人口密度，其中低收入国家人口密度是高收入国家的 2 倍多，中低收入组国家人口密度是高收入国家的近 5 倍。这一鲜明对比揭示了低收入、中低收入国家发展过程中普遍面临的人口压力，对很多发展中国家而言，人口密度大意味着同样一平方公里土地需要承载更多的人口，过于庞大的人口规模成为其社会经济发展中的重要制约因素。另一方面，与中低收入国家相比，低收入国家的人口密度更小，而其他经济社会指标表现更差。人口密度偏低限制了需求的多样性以及信息传播的效率，从这个意义上说，人口密度又是低收入国家发展的制约因素。

**表 2—1　2013 年不同收入组国家人口密度和社会经济发展指标**

| | 人口密度 | 人均国民收入 | 出生预期寿命 | 文盲率 | 大学入学率 |
|---|---|---|---|---|---|
| 高收入组 | 25 | 39 344 | 79 | 0 | 75 |
| 中等收入 | 78 | 4 745 | 70 | 17 | 28 |
| 中高收入 | 56 | 7 594 | 74 | 6 | 34 |
| 中低收入 | 123 | 2 067 | 66 | 29 | 23 |
| 低收入组 | 57 | 664 | 62 | 40 | 9 |

资料来源：世界银行数据库，data. worldbank. org。

## 二、人口构成统计

描述人口构成情况的前提是按照不同标志对该人口总体予以分组。人口总体在特定时间上的构成状况，是该总体所在经济社会系统基本特征的体现，它既是该系统经济社会活动的结果，又作为决定因素影响到未来时期的经济社会特征。

如何对人口总体予以分组？分组标志取决于特定经济社会系统中的单个人所具有的特征。有些特征具有自然属性，比如性别、年龄，有些则属于经济社会属性，比如就业状况、收入状况、所处的阶层、所具有的教育水平、所居住的区域、家庭组成状况、所归属的宗教和民族，等等。下面介绍经常运用的几种人口构成统计。

### （一）人口性别与年龄构成统计

人口性别构成是指特定人口总体中男性人口与女性人口之间的比例；人口年龄构成则是该人口总体在不同年龄段上的分布状况。从个人来说，性别和年龄是自然属性，但一个人口总体的性别构成与年龄构成却具有明显的经济社会含义，其实际构成状况不仅与人口总体自身的再生产有关，还会对经济社会过程及其发展产生制约。

1. 人口性别与年龄构成统计

人口性别分组是男女两分法，由此表示人口性别结构的指标比较简单。一是分别计算男性人口或女性人口占总人口的比重；一是计算男性人口相对于女性人口的比例。一般后者更加常用，通常称为性比例或性别比，表示相对于100位女性人口的男性人口数，即

$$性比例=\frac{男性人口数}{女性人口数}\times 100 \tag{2—5}$$

人口年龄构成建立在对人口按年龄进行分组的基础上，用各年龄组人口占总人口的比重表示。一个总体中的人口可以分布在从0岁到很大年龄（甚至超过100岁）的各个年龄上，但除非特殊需要（比如编制人口年龄“金字塔”或寿命表），人口年龄构成不会按照1岁一组的方式表示，而是通过扩大组距、减少组数来概略地描述人口年龄分布，比如按照每5岁或每10岁一个年龄段进行等距分组看各组人口比例。

此外，还可以将性别与年龄结合起来进行交叉分组，对人口总体构成做进一步揭示。即使在自然状态下，不同年龄组人群的性别结构、不同性别人群的年龄结构也是有差别的。一般来说，受平均寿命和死亡率方面差别的影响，在少儿组，性比例一般会大于100，但在老年组，性比例会小于100；和女性人口的年龄构成相比，男性人口年龄构成分布的峰度较高，其右偏的尾部较短。如果在特定时期发生了重大的经济社会事件，比如战争，就会影响到人口总体性别和年龄特征的形态。

为了描述上述交叉构成状态，可以利用有关统计资料绘制人口年龄金字塔。图形分左右两部分，一般男性在左，女性在右，中间纵轴按年龄分别由下向上排列，向左右两方延伸的横坐标按人口数或者占总人口的比重标出。根据某一时点上各个年龄组的男性和女性人口数或者年龄构成比重资料，在图上标出各点并连接成线，即得到所谓的人口金字塔。

2. 人口年龄构成统计应用：人口类型的确定

在人的成长过程中年龄是很重要的特征，相应地，一个人口总体的年龄构成也体现了该总体的特征。经济社会管理通常很关注以下问题：第一，从社会特性看，该人口总体属于何种类型：年轻型、壮年型还是老年型？第二，从经济角度看，该人口总体对劳动力的供应状况如何：处于劳动年龄的人口有多少，其经济负担程度如何？为了观察这些方面的特征，通常按0～14岁、15～64岁、65岁及以上对人口总体做不等距分组，分别作为少年人口、壮年人口（或称劳动年龄人口）、老年人口，以人口总数为基数计算少年人口系数、壮年人口系数和老年人口系数，还可以以壮年人口数为基础计算抚养系数（或负担系数），即

$$抚养系数=\frac{少年人口+老年人口}{劳动年龄人口}\times 100\% \tag{2—6}$$

按照联合国的人口类型划分标准，如果老年人口系数在5%以下或少年人口系数在40%以上，则可确定该人口总体为年轻人口型；如果老年人口系数在10%以上或少年人口系数在30%以下，则可确定该人口总体为老年人口型；如果老年人口系数在

5%～10%之间或少年人口系数在 30%～40%之间，则可确定该人口总体为壮年人口型。显然，不同年龄类型的人口总体，所面临的经济社会管理问题将具有差别。

**例 2—3　　中国人口的年龄构成统计及人口类型**

图 2—3 是中国六次人口普查的老年、壮年、少年人口系数柱形图，直观地展示了新中国成立以来人口年龄构成的状况和变动态势。可以看出，60 年间，中国人口年龄结构的变化可以分为两个阶段：20 世纪五六十年代，由于较高的人口出生率，少年人口系数不断提高，老年人口系数下降，人口年龄结构明显呈现年轻型特征；60 年代后期到现在，中国人口年龄结构的变化则呈现相反的趋势特征，壮年人口系数和老年人口系数基本呈上升趋势，少年人口系数则明显下降。其原因一方面在于中国人口的老龄化趋势，同时还在于新中国建立以来两次人口出生高峰（1950—1957 年和 1962—1970 年）到 80 年代以后造成了壮年人口的大幅增加。如果依据联合国的人口类型划分标准，中国人口目前已经步入老年人口型。

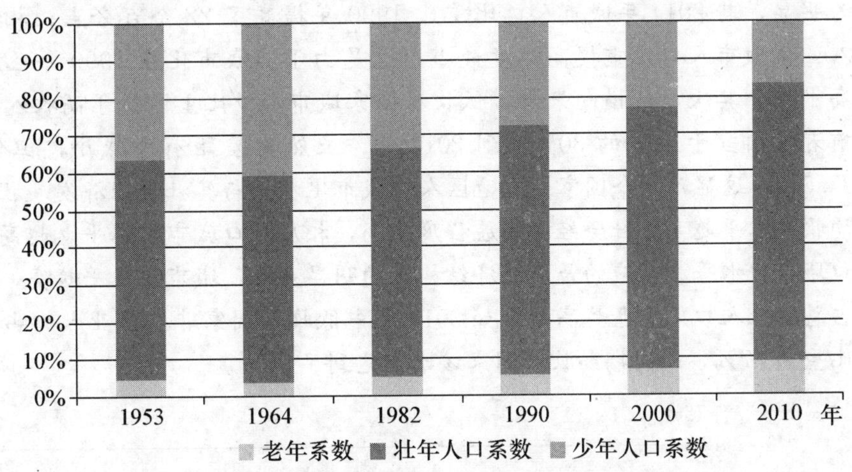


**图 2—3　中国历次人口普查的人口年龄结构**

资料来源：http://data.stats.gov.cn/workspace/index?m=hgnd.

### （二）人口城乡构成和经济产业构成统计

人口城乡构成是一种特殊的地区构成，即按人口常住地是城镇还是乡村对人口总体予以分组，计算城镇人口和乡村人口各自所占的比重，以此描述人口的城乡构成。

城乡人口构成状况和社会经济发展程度密切相关。各国经验证明，随着经济发展和工业化过程的推进，会出现城市化的趋势，即人口由农村向城镇流动从而城镇人口比重不断增长的过程。因此，城镇人口占人口总体的比重是一个很引人注目的指标，用于衡量一国或者地区城市化的进程和程度，是现代化的重要标志。进一步地，还可以对城市人口按照城市规模加以区分，计算大城市（甚至特大城市）人口所占的比重。

与人口城乡构成相似的另一种构成是经济产业构成，用农业人口和非农业人口在总人口中各自占有的比重表示。所谓农业人口，是指以农业作为基本产业的人口，而以农业以外的产业为基本产业的人口就是非农业人口。由于农业活动主要存在于乡村，商业化、工业化是定义城市的重要依据，因此，以农业人口和非农业人口所占比重表示的人口经济产业构成与人口城乡构成具有很强的相关性。伴随人口城市化进程，也存在人口非农产业化的过程。但是，二者之间又是有区别的①，各国人口管理政策的差异会导致这两种构成之间的不一致，在统计上以及在应用上不能混为一谈。

**例 2—4　世界各国人口城市化状况统计及其与经济社会发展程度的关系的分析**

图 2—4 说明了不同类型国家在人口城市化和经济结构上的差异和变动态势。首先，从纵向来看，2014 年不同类型国家城市人口占总人口比重和 1990 年相比，都有不同程度的提高，显示了随着经济发展和工业化过程的推进出现的城市化，其中，中等收入国家和低收入国家人口城市化趋势快于高收入国家，中高收入国家尤为明显，其 2014 年城市人口比重比 1990 年提高了 22 个百分点；相比之下，高收入国家城市人口比重提高幅度最小，这是由于其城市化在 1990 年已经达到一个较高水平。其次，从横向来看，低收入国家城市人口比重远低于高收入国家，1990 年前者仅相当于后者的 30%，到 2014 年，虽然其差距有所减小，但仍只有后者的 37.5%，这显示一个国家或者地区人口城市化水平与其社会经济发展程度正相关，人均收入水平越高、社会经济发展程度越高，相应人口城市化水平也越高。与不同的人口城市化水平相对应的是其经济结构上的明显差异，城市化水平越高，非农产业人口占总就业人口比重也越高，比如 2014 年中低收入国家非农产业人口占总就业人口的比重为 57%，而同期高收入国家该比重达到了 97%。

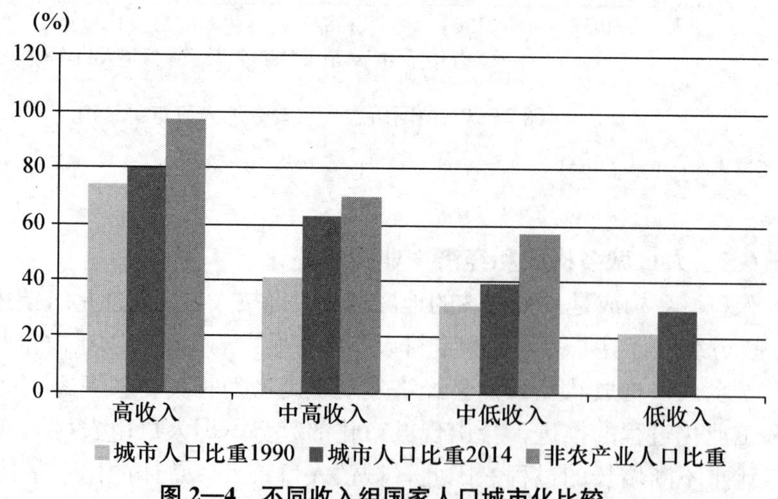


**图 2—4　不同收入组国家人口城市化比较**

资料来源：城市人口比重来自联合国：*World Urbanization Prospects The* 2014 *Revision*：*Highlights*；非农产业人口比例来自世界银行数据库，data. worldbank. org。

① 有分析表明，在 19 世纪的欧洲，工业化速度比城市化速度快得多，但在发展中国家，工业化步伐则比城市化步伐慢得多。参见迈克尔·P·托达罗：《经济发展（第六版）》，245 页，北京，中国经济出版社，1999。

例 2—5　　中国人口城市化状况统计与分析

图 2—5 描述了中国六次人口普查的城镇和乡村人口比重及其变化情况。总体上看，随着社会经济的不断发展，中国存在明显的城市化趋势，表现在城镇人口比重不断上升，从 1953 年的 13.26%上升到 2010 年的 49.7%，而且，从 2011 年起这一比重超过了 50%。但是，相比世界其他地区，中国人口城市化进程还比较缓慢，从数据可看出，1964—1982 年近 20 年间，城市人口所占比重仅仅上升了 2.6 个百分点，基本处于停滞状态。究其原因，显然与中国的经济发展速度有关，同时对人口实施强制性的户籍管理模式也具有重要作用。与此对比，1990—2010 年的 20 年间，城市人口所占比重则提高了 20 多个百分点，其间既包括大量从乡村到城市的人口迁移，又包括小城市建设所带来的结果。与此相对应，中国非农产业人口的比重也在不断提高。1990 年，非农人口比重为 20.89%；到 2012 年这一比重已经上升到 35.3%，非农人口比重较大幅度增长的背后则是整个经济社会的非农产业化态势。

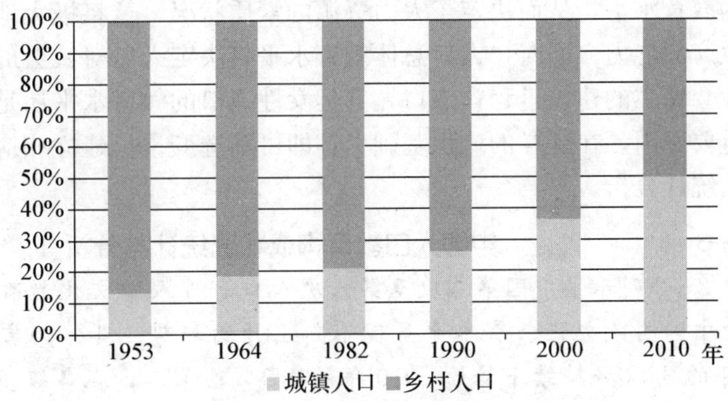


图 2—5　我国历次人口普查的城镇和乡村人口比重

### (三) 人口教育水平构成统计

1. 人口教育水平构成统计

进行人口教育构成统计有两种方式。一是将人口总体按照文盲者与识字者分组，计算文盲率与识字率。考虑到文盲和识字的确定与年龄有关，是指在一定年龄(国际上一般使用的临界点是 15 岁）以上人群中的文盲者和识字者（在此临界值之下的人口属于待教育人口），因此所谓文盲率和识字率的前面应该冠以成人之定语。其中，文盲率的表达式如下，成人识字率的表示与此相似。

$$文盲率=\frac{15\text{ 岁以上文盲人数}}{15\text{ 岁以上人口数}}\times 100\% \tag{2—7}$$

成人识字率只反映一个人口总体的识字程度，但不反映在识字人口群体中不同教育水平的结构状况，因此有了进一步描述人口教育构成的另一种统计方式：就人口中各级教育水平分组计算各组人数比重，通常使用百分数和每万人中具有各类文化教育程度人数两个指标来表示。

2. 人口教育水平构成统计的应用

国民的教育水平反映了一个国家或地区的国民素质高低以及文化教育普及程度，是该国或地区经济社会发展现代化程度的重要体现，同时又是实现未来可持续发展的重要基础。因此关于人口教育构成的统计结果具有广泛的应用。

由于识字以及不同的受教育程度代表了读写和理解信息的能力，因此，识字率、文盲率以及各种教育水平构成指标是描述国民教育水平和国民素质的基本指标，作为发展的成果应用于各种经济社会发展评价中，比如，它是衡量居民生活质量评价的重要方面（见第 7 章），是衡量社会发展水平的重要方面（见第 9 章）。一般来讲，在较低发展阶段，经常应用识字率或文盲率指标；在更进一步的应用中，就会涉及不同教育水平构成指标，比如每万人中受高等教育的人口所占比重。

另一方面，人口教育水平又是经济社会发展的基本条件，不同的人口教育水平构成将在很大程度上决定经济社会发展的进程。比如，人口总体教育水平决定了劳动力的教育水平，从而决定了人力资源的素质状况，这将极大地影响人力资源参与经济生产的能力。同时，人口总体教育水平将决定人口对社会的参与程度，从而影响到社会民主的建设进程；人口尤其是女性人口的教育水平还是决定生育率水平高低的重要原因。在这样的认识基础上，即可筛选变量，建立相应的统计模型，进行相应的统计分析。

**例 2—6　　中国人口教育构成状况统计与分析**

表 2—2 列示了中国第二次至第六次人口普查人口文化教育构成情况，从中可以看出中国国民文化教育水平呈现不断上升的趋势。具体而言，第一，文盲率从 1964 年的 33.6%持续下降为 2010 年的 4.1%；第二，在各级受教育人口中，大专及以上、高中和中专、初中水平人口数也在上升，而小学水平人口数则先升后降。由此体现出人口总体中从文盲人口和低级受教育人口占主体向较高受教育人口占主体转变，1964 年，每 10 万人口中高中及以上教育水平的人口不足 2 000 人，2010 年超过 20 000 人。当然，应该注意到，中国国民文化教育整体水平仍然较低，主要表现在人口中接受过学校教育的人数大多数只有初中及以下文化，到 2010 年，有初中及以下文化的人口占 15 岁以上人口比重仍然接近 80%。

表 2—2　　中国第二次至第六次人口普查人口文化教育构成状况

| 指标 | 2010 年 | 2000 年 | 1990 年 | 1982 年 | 1964 年 |
|---|---|---|---|---|---|
| 每十万人口中受大专及以上教育人口数（人） | 8 930 | 3 611 | 1 422 | 615 | 416 |
| 每十万人口中受高中和中专教育人口数（人） | 14 032 | 11 146 | 8 039 | 6 779 | 1 319 |
| 每十万人口中受初中教育人口数（人） | 38 788 | 33 961 | 23 344 | 17 892 | 4 680 |
| 每十万人口中受小学教育人口数（人） | 26 779 | 35 701 | 37 057 | 35 237 | 28 330 |
| 文盲人口数（万人） | 5 466 | 8 507 | 18 003 | 22 996 | 23 327 |
| 文盲率（%） | 4.1 | 6.7 | 15.9 | 22.8 | 33.6 |

资料来源：国家统计局：《中国统计年鉴（2013）》。

**例 2—7　　　　受教育之性别差异的分析**

表 2—3 列示了世界各地区男女在成人识字率、入学率等方面的差异。由表中数据可以清晰地看到，与高收入国家相比，低收入国家普遍存在女性受教育程度低于男性的情况，而且收入越低，性别差异越突出。在 4 个反映教育水平的指标中，高等教育入学率所表现出来的性别差异最大，中高收入以上国家的这一指标的性别比率高于 1，而其他两组国家则低于 1，在低收入国家中，这一指标只有 0.64。

**表 2—3　　　世界各地区教育水平的性别差异：女性相对于男性的比率**

| | 成人识字率（2010 年） | 初等教育入学率（2012 年） | 中等教育入学率（2012 年） | 高等教育入学率（2012 年） |
|---|---|---|---|---|
| 高收入国家 | 1.00 | 0.85 | 0.99 | 1.25 |
| 中等收入国家 | 0.89 | 1.00 | 0.97 | 1.04 |
| 　中高收入国家 | 0.96 | 1.00 | 1.02 | 1.19 |
| 　中低收入国家 | 0.78 | 1.02 | 0.94 | 0.88 |
| 低收入国家 | 0.78 | 1.00 | 0.89 | 0.64 |

资料来源：世界银行数据库，databank.worldbank.org。

### （四）人口民族、种族和宗教构成统计

民族、种族和宗教构成是人口总体的重要社会性特征。即使在进入 21 世纪的今天，尽管经济全球化的趋势势不可当，尽管人们越来越认识到各种文化交融的重要性，但是民族、种族、宗教问题甚至冲突仍然在国际和国内不同范围内存在，构成社会学、国际关系与国际政治领域的重要课题。因此，关于人口民族、种族和宗教构成的统计具有重要意义。

人口民族、种族和宗教构成统计的基础是对人口总体按不同民族、种族和宗教属性所做的分组，其构成的表示方式有两种，一是以各组人口占总体人口的比重表示；如果各组分布极不均匀，出现某组特别突出的情况，则可采用两分法，将其他组做归纳处理，而后计算其比重。比如，在中国，描述人口民族构成，可以用各民族人口占总人口的比重表示，其结果是 56 个民族人口各自所占比重数据；也可以用汉族和少数民族各自所占比重表示，以突出汉族人口与其他少数民族人口的构成状况。新中国建立以来六次人口普查数据显示，中国人口民族构成尽管一直是汉族占绝大比重，但少数民族比重则有上升趋势，从 1953 年的 6.06%上升到了 2010 年的 8.5%。

## 2.2 人口变动统计

人口是一个不断变动的总体，变动的结果不仅会引起人口数量的变化，还会引起人口构成的变化。变动的原因可以归结于两个方面，一是因为出生、死亡而形成的自然变动；二是因为人口迁移而引起的机械变动。人口变动统计首先就是对出

生、死亡、迁入、迁出等引起人口发生变化的现象和结果进行统计，进而还要从与经济社会发展的关系角度考虑这些人口变动数据的应用领域。

## 一、人口自然变动统计

**（一）人口自然变动统计**

人口自然变动包含出生和死亡两个方面。人口自然变动统计的任务首先是反映特定时期（一般为一年）内的人口出生和死亡情况，进而反映对人口总数的影响结果。下面是常用的统计指标。

（1）出生人口数和出生率。前者是指在当期内出生的、出生后具有生命现象的活产婴儿总数；后者亦称粗出生率，是指在一定时期内（通常为一年）平均每千人所出生的人数。除了这样总括性的指标，还可以联系女性人口数、年龄构成、婚姻状况和生育胎数提供更详细的统计资料，比如，就处于育龄期内的女性人口计算育龄女性生育率（又称一般生育率，是当期出生人数与育龄女性人口数的比值），以更确切地反映人口出生的频率；将处于育龄期内各年龄别女性的生育率相加计算总和生育率，可以表明，以当期女性生育率水平为前提，女性一生平均生育的婴儿数。

（2）死亡人口数和死亡率。前者是指当期内因各种原因死亡的人口总数；后者亦称粗死亡率，是指在一定时期（通常为一年）平均每千人中死亡的人口数。为了更详细地描述人口死亡情况，可以进一步计算下述指标：各年龄别人口死亡率，在此基础上计算加权平均数获得所谓标准死亡率；婴儿死亡率，是指未满 1 岁婴儿的死亡率。

（3）人口自然增长量和增长率。前者是指一时期因出生、死亡原因而导致人口自然增减的人数，表现为出生人口数减去死亡人口数后的净结果；后者是以一时期自然增加人口与同期平均人口总数计算的比率，反映平均每千人基础上人口自然增加的强度。

将上述指标的有关公式列示如下：

$$\text{人口出生率}=\frac{\text{年出生人口数}}{\text{年平均总人口数}}\times 1\,000‰ \tag{2—8}$$

$$\text{育龄女性生育率}=\frac{\text{年出生人口数}}{\text{育龄女性年平均人数}}\times 1\,000‰ \tag{2—9}$$

$$\text{总和生育率}=\sum \text{各年龄别女性生育率} \tag{2—10}$$

$$\text{人口死亡率}=\frac{\text{年死亡人口数}}{\text{年平均总人口数}}\times 1\,000‰ \tag{2—11}$$

$$\text{婴儿死亡率}=\frac{\text{年内死亡的未满周岁婴儿数}}{1/3\,\text{上年出生婴儿数}+2/3\,\text{本年出生婴儿数}}\times 1\,000‰ \tag{2—12}$$

$$\begin{aligned}\text{人口自然增长率}&=\frac{\text{当年人口自然增长量}}{\text{年平均总人口数}}\times 1\,000‰\\&=\text{人口出生率}-\text{人口死亡率}\end{aligned} \tag{2—13}$$

### （二）人口自然变动统计的应用：人口自然增长类型的转化

人口自然增长是人口出生和死亡两者相互抵消的结果。面对人口过多的局面，人口发展所面临的是两个目标：控制出生率以防止人口过度膨胀；降低死亡率以尽力延长人的寿命。因此，当我们使用人口自然增长统计资料分析问题时，应注意其中所包含的出生与死亡之间的对比关系。从世界各国人口发展史来看，出生率、死亡率和自然增长率的对比关系大体经历了三个阶段①：

（1）高出生率、高死亡率和低人口自然增长率组成的“高高低”型，是经济社会现代化前存在的情形：无法控制的生育和死亡，较高的死亡率在很大程度上抵消了较高的出生率，以此形成人口的低增长率，保证了人口增长的稳定性。

（2）高出生率、低死亡率和高人口自然增长率组成的“高低高”型，是在经济社会现代化过程中出现的情形：伴随更为先进的公共卫生方法、更为健康的饮食、更高的收入和其他进步，死亡率显著降低，但却没有带来出生率的同时下降，二者之间日益拉大的差异导致了人口的高速增长。

（3）低出生率、低死亡率和低人口自然增长率组成的“三低”型，是在经济社会现代化较高发展阶段出现的情形：发展的结果造成生育观念的转变，最终导致生育率的下降，人口增长在一个新的层次上实现协调。

这三种类型目前在世界各地区依然不同程度地存在。通过相应的统计数据进行分析，即可判断特定国家或地区的人口增长类型及其所处的阶段。

**例2—8　　中国人口自然增长状况统计与分析**

图2—6描绘了中国1980—2013年间出生率、死亡率和自然增长率的对比情况。应注意自然增长率曲线随时间的走向，可以看到，20世纪80年代波动起伏，到20世纪90年代后则持续下降，由此可以判断中国目前人口的自然增长态势是趋缓的。和低增长对应的是较低的出生率和死亡率，中国人口自然增长正在逐渐接近“三低”型。

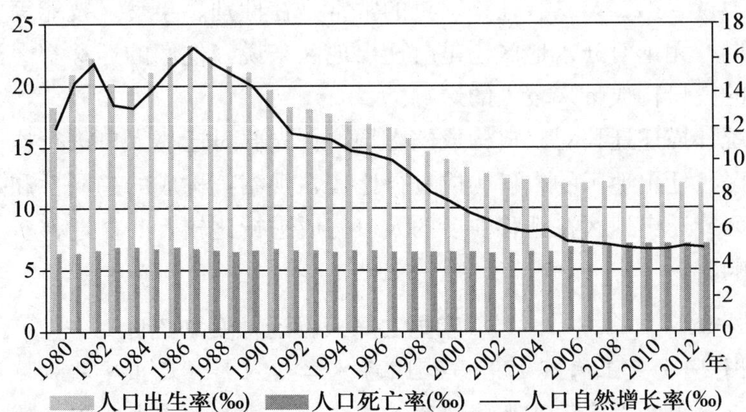


**图2—6　我国1980—2013年出生率、死亡率和自然增长率**

说明：左轴为出生率和死亡率；右轴为自然增长率。

① 参见迈克尔·P·托达罗：《经济发展（第六版）》，199页，其中描述了西欧国家人口转变三个阶段的具体情形。

## 二、人口机械变动统计

人口机械变动即人口迁移变动，是指人口在地理空间上的移动，在人口统计中指人们改变常住地，从一个国家或地区迁入另一个国家或地区所引起的人口数变动。人口迁移按移动的范围，分为国家间迁移和国内各地区间迁移。就一国人口统计看，国家间人口迁移会改变一国的人口数量和构成，国内迁移则只影响其人口的地区分布和构成；对一地区人口统计来说，迁移将会同时影响一地区的人口数量和构成。从迁移的原因来看，有些迁移是由经济开发所造成的，比如三峡大坝建设过程所造成的移民，大庆市就是伴随石油开发而形成的移民城市，可以说这种人口迁移与资源的发现和开发具有密切联系；另一些迁移则体现出如下特征：从不发达地区向发达地区的迁移，从闭塞地区向开放地区的迁移，其中既包含提高个人收入水平等经济动机，也包含更好的发展机会、更宽松的社会环境等各种社会动机。在所有迁移中，从乡村到城镇的迁移最为引人注目，它几乎包括上述所有动机，对迁入地区和迁出地区的人口总体均产生了重要影响。

反映人口机械变动的统计指标与人口自然变动统计类似。一是当期人口迁入数和人口迁出数统计，反映一时期迁入和迁出的人口总数；二是以当期平均总人口数为基础计算人口迁移率，包括迁入率和迁出率，反映迁移的强度；三是将迁入与迁出两者相互抵消，计算人口机械增长量和增长率，反映因迁移对人口所造成的净影响。

但是，这些指标只描述了迁移对人口数量所造成的后果，并没有涉及迁移对人口构成的影响。实际上，迁移对人口总体的最重要影响恰恰是其构成方面。第一，对迁入地区来说，迁入者常常是一个“另类”的群体，他们往往具有特定的民族、种族、社会阶层等特征，具有不同的出生率和死亡率，可能会相对集中地居住在某个区域，其就业也可能会相对集中于某些行业和职业，因此是改变当地人口构成的重要力量。第二，具有迁移动机的常常是在性别、年龄、技能等方面具有一定优势的人群，无论对迁入地区还是对迁出地区来说，他们的迁移都会对经济层面、社会层面的人口构成带来较大的影响。

统计描述迁移对人口构成的影响，首先要对迁移人口进行构成统计，进而与迁入地区、迁出地区的人口构成进行比较，观察其构成的趋同性和差异性；或者就迁入地区或迁出地区在迁移前后的人口构成进行比较，凸显迁移对这些地区人口构成的影响。

**例 2—9　　中国上海人口迁移变动统计**

图 2—7 是上海市 1990—2012 年人口迁入率、迁出率和机械增长率的情况。从中可以看出，上海近年来虽然迁入率、迁出率波动较大，但是迁入率一直明显高出迁出率，使得机械增长率始终为正数；进入 21 世纪以来，迁入率和迁出率之间的差距明显拉大，使得净迁移率出现上升趋势。这一方面体现上海作为中国的经济中心，对其他省区人口有着强大“吸引力效应”；另一方面，随着上海经济的高速增

长，对人力资源的需求也趋于增加，表现出"拉力效应"。根据经济学的观点，随着社会经济的发展，各种资源的流动也越来越频繁，人口迁移的加速是必然趋势。人口的迁移一方面有利于劳动力资源的优化配置，提高了人力资源的利用效率，促进了经济的发展；另一方面，也引发了众多的社会问题，诸如人口的盲目流动引发的对城市基础设施的压力、流动人口的犯罪等。因此，对迁移人口要加强管理，使之朝着合理化方向发展。近年来，上海严格落实以积分制为主体的居住证制度，严格控制人口规模，从图中可以看到，2010年以来的净迁移人口已经得到了控制。

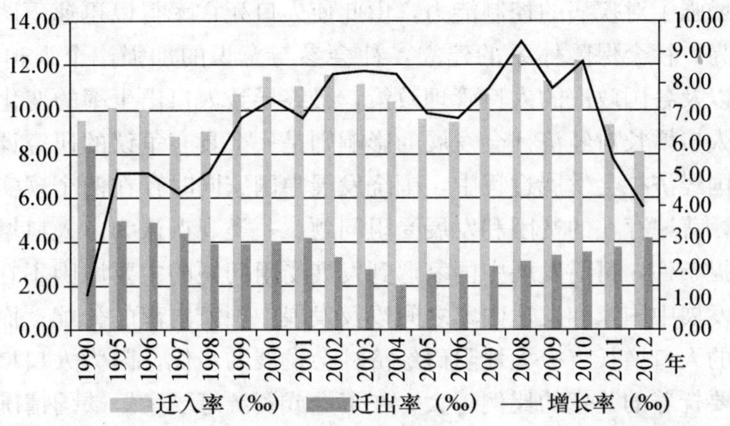


**图2—7　上海市1990—2012年人口迁入率、迁出率和净迁移率**

说明：左轴为迁入率和迁出率；右轴为净迁移率。

资料来源：上海市统计局网站，http://www.stats-sh.gov.cn/tjnj/nj13.htm?d1=2013tjnj/C0204.htm。

## 三、人口总变动统计

### （一）人口增长统计

对特定国家或地区来说，人口总变动是当期人口自然变动与迁移变动的叠加。由于从整体上看，人口是处于不断增加的进程之中的，因此人口总变动统计也可以称为人口增长统计。

衡量人口总变动的指标与上述相似：将自然增长人数与净迁移人数加总求得人口增长数，同时以此为基础计算人口增长率。

$$\begin{aligned}\text{人口增长数} &= (\text{出生人口数}-\text{死亡人口数})+(\text{迁入人口数}-\text{迁出人口数}) \\ &= \text{期末人口总数}-\text{期初人口总数} \qquad (2\text{—}14)\end{aligned}$$

$$\begin{aligned}\text{人口增长率} &= \frac{\text{人口增长数}}{\text{期初人口总数}} \\ &= \frac{\text{人口增长数}}{\text{当期平均人口总数}} \qquad (2\text{—}15)\end{aligned}$$

### （二）人口增长统计的应用：人口增长与经济社会发展的关系

人口增长与经济社会发展之间的关系，可以从两个方面设定。一是经济社会发展对人口增长率的影响和决定；一是人口增长对经济社会发展的影响和决定。从统计分析角度看，前者是以经济社会发展为自变量、人口增长为因变量进行研究分析；后者则正好相反，经济社会发展是因变量，人口增长被视为会对经济社会发展产生影响的自变量。

经济社会发展对人口增长的影响，不同分析具有大体一致的认识。比如，上述人口增长类型的演变在很大程度上就是经济社会发展的结果：经济产品的增加，卫生条件的改善，医疗水平的提高，这些经济社会发展因素改善了人口的食品供应状况，增强了对疾病的控制能力，由此使人口死亡率得以迅速下降；进而，教育水平的提高，社会保障体系的建立，社会参与意识的加强，个人追求高质量生活的愿望，以及各国政府的人口管理政策，最终导致人口出生率的变化。

人口增长对经济社会发展的影响则是一个具有争议的研究课题，原因在于在近代各国经济社会发展过程中，围绕发展中国家同时存在两个现实：普遍的人口高增长率，普遍存在的贫困和发展受阻问题。一类观点认为，人口增长是经济社会发展的前提条件，目前发展中国家遇到发展受阻问题的主要原因不在于人口的增长，而在于发展中国家和发达国家之间以及发展中国家内部的分配；而另一类观点则强调过快的人口增长将极大地阻碍经济社会发展的步伐，因为人口增长率越高，总人口中需要抚养的儿童的比例越大，在资金或资源等要素短缺的情况下就会导致较大的就业压力，最终导致对经济社会发展的负面影响：降低人均收入水平从而影响到经济增长，加剧了贫困和不平等，限制了相当一部分人接受教育的机会，损害了女性和儿童的健康，加大了对粮食的需求，对资源和环境形成了较大压力，有可能造成国际移民，等等。尽管存在认识上的分歧，但是无论如何，迅速增长的人口确实加剧了发展中国家的欠发达问题，使得发展的前景更为遥远，并且在一些特定国家和地区，确实构成了不发达的主要原因。

上述结论均是建立在大量经验统计分析的基础上的①，例 2—11 就是一个这样的统计模型。需要注意的是，对发展中国家来说，国际移民（即下面将要涉及的人口机械变动）对人口增长的影响很小，同时人口死亡率也相对稳定，因此，通常在有关人口增长与经济社会发展关系的研究中，主要关注的变量是人口出生率或者女性生育率。

**例 2—10　　人口增长与经济发展关系的统计分析：以中国为例**

人口的增长和经济发展之间具有什么样的关系？发展经济学认为，人口增长之于经济发展的作用力方向既可能是正向的，也可能是负向的，最终结果取决于人口增长和经济发展是否适应，两者相适应则是正向的推动促进作用，反之则成为反向的阻碍因素。对此，经济学家提出了很多理论和实证模型，其中一个比较简单的分析思路就是通过人均 GDP 的增长速度来综合反映二者是否相适应。人均 GDP 增长速度的公式如下：

---

① 参见迈克尔·P·托达罗：《经济发展（第六版）》。

人均GDP增长速度≈GDP增长速度－人口增长速度

显然，如果人口增长和经济增长较为适应，GDP增长速度应该快于人口增长速度，从而人均GDP增长速度应该为正，而且这一数值越大越好。

表2—4给出了中国进入21世纪以来人口、GDP和人均GDP的增长速度。可以看出，进入21世纪以来，中国人口增长速度明显趋于下降，同时GDP保持持续增长，结果导致人均GDP的增长速度均为正。这种状况表明，中国人口增长和经济发展的关系正逐渐步入良性作用的轨道，人口增长基本上和经济发展相适应。不过，中国的经济发展在一定程度上还受到人口基数太大所带来的约束。

**表2—4　　2000年以来中国人口增长与经济发展（%）**

| 年份 | 人口 | GDP | 人均GDP |
|---|---|---|---|
| 2000 | 0.76 | 8.43 | 7.58 |
| 2001 | 0.70 | 8.30 | 7.52 |
| 2002 | 0.65 | 9.08 | 8.35 |
| 2003 | 0.60 | 10.03 | 9.34 |
| 2004 | 0.59 | 10.09 | 9.43 |
| 2005 | 0.59 | 10.43 | 9.79 |
| 2006 | 0.53 | 11.60 | 11.00 |
| 2007 | 0.52 | 11.90 | 11.40 |
| 2008 | 0.51 | 9.60 | 9.10 |
| 2009 | 0.49 | 9.20 | 8.70 |
| 2010 | 0.48 | 10.40 | 9.90 |
| 2011 | 0.48 | 9.30 | 8.80 |
| 2012 | 0.50 | 7.70 | 7.10 |
| 2013 | 0.49 | 7.70 | 7.10 |

**例2—11　　表现人口迅速增长负面影响的模型：简化的索罗新古典增长方程①**

用简化的标准索罗新古典增长方程可以显示人口迅速增长对经济增长的负面影响，该模型的基本形式和经济含义表述如下。

根据标准的生产函数，产出是资本、劳动、资源和技术的函数。也就是说，$Y=f(K, L, R, T)$，其中，$Y$，$K$，$L$，$R$和$T$分别代表产出、资本、劳动、资源和技术。假设在规模报酬不变的情况下，通过一定的数学推导，我们就可以得出如下形式的生产函数模型：

$$y-l=\alpha(k-l)+e$$

式中，$y$为国民生产总值增长率；$l$为劳动力（人口）增长率；$k$为资本存量增长率；$\alpha$为资本产出弹性（通常是不变的）；$e$为技术进步因素的影响（实证模型中表

① 迈克尔·P·托达罗：《经济发展（第六版）》，191～217页。

现为方程的残差）。方程式左边的 $y-l$ 即人均国民生产总值增长率。

根据该模型，在不考虑技术进步因素（$e=0$）的情况下，人均国民生产总值增长率（$y-l$）与资本存量的增长率和人口增长率之差（$k-l$）直接成比。因而，为了保持人均国民生产总值水平不变，人口增长率（$l$）越高，资本存量的增长率（$k$）就必须越高，最终，伴随的储蓄和投资率也必须越高。但经济现实与此恰好背道而驰：人口迅速增长，平均家庭规模变大，意味着更高的抚养负担，储蓄率降低，从而投资率和资本存量的增长率也随之降低。也就是说，$k$ 和 $l$ 在现实中更可能是反向联系的，$l$ 增加，$k$ 反而减少，其结果便是人均国民生产总值增长率（$y-l$）不断降低，从而导致人均收入水平难以提高甚至下降。通过该简化模型可以看到人口的迅速增长对经济增长所表现出来的负面效应。

## 2.3 人口存量—流量统计矩阵

以上分别介绍了与人口存量（规模和构成）和人口流量（自然和迁移变动）统计有关的内容。实际上，在一个特定的时期，人口存量与流量之间具有紧密的联系，期初时点存量代表了一种初始状态，当期流量在期初存量基础上发生，又改变期初存量导致期末存量的形成。因此，将流量与存量予以系统表示，是人口统计的重要任务，不仅可以形成系统的数据体系，而且有助于系统地开发数据，推动数据的全面应用分析。

单纯从数量上看，人口存量与流量之间的关系可以用以下公式简单地表述：

期末总人口＝期初总人口＋当期人口净变化

＝期初总人口＋当期人口自然变化＋当期人口迁移变化　（2—16）

但是，人口存量不仅是一个总数量的问题，而且具有丰富的结构性含义；人口变化也不仅是一个简单的人数增减问题，还需要揭示其中的增减原因、增减方式、增加与减少的对应关系以及增加或减少所对应的人口群体。因此，人口存量与流量的关系要比式（2—16）所表述的更加复杂和丰富。为了系统地表述其间关系，下面引入人口流量—存量矩阵，基本表式如表 2—5 和表 2—6 所示。①

表 2—5 是一个综合示意表。表中，A，B，D，S 四个部分均为流量矩阵，其中，B 部分描述期末人口中的本期新增人口，包括本期出生又存活到期末的人口和本期迁入又保留到期末的人口，显然，它不属于期初人口存量；D 部分填列构成期初人口但在本期内减少的人口，包括期初存活但期内死亡的人口和期初存在但在本期内迁出的人口，它已不可能计入期末人口存量；A 部分描述本期新增又在本期内减少的人口，如期内出生又在期内死亡的人口，期内迁入又在期内迁出的人

① 转引自联合国经济社会事务部统计处：《社会和人口统计体系》（113 页，北京，中国财政经济出版社，1985），并参考了蒋萍：《社会统计学》（23～26 页，北京，中国统计出版社，2001）的处理和叙述。

口，它既不计入期初存量也不计入期末存量；S 部分记录由期初人口保留下来变为期末人口的部分，既包括在期初存量中又包括在期末存量中。$K_0$ 和 $K_1$ 则是两个人口存量矩阵，分别填列期初、期末两个时点的人口总量。其间平衡关系可用下式表示：

期末人口 $K_1$ ＝期初人数 $K_0$＋期内增加人数（B＋A）－期内减少人数（D＋A）

＝期初保留到期末人数 S＋期内增加保留到期末人数 B　(2—17)

期初人口 $K_0$＝期初保留到期末人数 S＋期初人口中的本期减少人口 D　(2—18)

**表 2—5**　**人口流量—存量矩阵**

| | 期内增加（出生和迁入） | 期初状态 | 期末人口 |
|---|---|---|---|
| 期内减少（死亡和迁出） | A | D | |
| 期末状态 | B | S | $K_1$ |
| 期初人口 | | $K_0$ | |

**表 2—6**　**人口流量—存量矩阵**　单位：万人

| | | 出生和迁入本地区 | 期初状态 | | 期末人口 |
|---|---|---|---|---|---|
| | | | 城市 | 乡村 | |
| 死亡和迁出本地区 | | 42 | 210 | 441 | |
| 期末状态 | 城市 | 504 | 32 888 | 5 054 | 38 446 |
| | 乡村 | 1 315 | 38 | 65 245 | 66 598 |
| 期初人口 | | | 33 136 | 70 740 | |

表 2—6 也是一个综合示意表，但其中加入了反映人口构成的分组。作为示意，本表中仅仅列示了城乡分组，其他分组比如性别分组同样可以在其中体现，甚至可以并列体现。结合表中数据可见，该人口总体期初人口为 103 876 万人（33 136＋70 740），期初人口中有 651 万人（210＋441）在当期死亡或迁出，另有 1 819 万人（504＋1 315）在当期出生和迁入并保留到期末，还有 42 万人在当期出生、迁入又在当期死亡和迁出，这样，有 103 225 万人（32 888＋5 054＋38＋65 245）从期初保留到了期末，使期末总人口达到 105 044 万人。进一步考虑城市人口和乡村人口，城市人口期初为 33 136 万人，当期出生或迁入并保留到期末者为 504 万人，期初存在但在本期内死亡和迁出者为 210 万人，此外还有由乡村转入城市的人口 5 054 万人，由城市转入乡村的人口 38 万人，结果，期末城市人口为 38 446 万人（33 136＋504＋5 054－210－38）。乡村人口的数量关系与上述城市人口类似。

## 2.4　人力资源统计

人力资源是人口总体中的组成部分，代表了最具经济社会能力的一群。这是因为人力资源是经济体系中最为活跃、最为重要的资源，一个社会只有具备相应数量和质量的人力资源，并实现与其他资源的协调适应，该经济体系才能正常运转，经济社会发展才能获得必要的经济基础：获得足够的经济产品，保证人口的基本物质需求和福利水平。本节将讨论人力资源统计及其应用的基本内容。

## 一、人力资源及其统计的内容

人力资源，也叫劳动力资源，是指具有智力和体力劳动能力的人口的总和。① 作为经济社会体系中的特殊资源，人力资源有其自身的特点，由此决定了人力资源统计的特点。

第一，人力资源既有量的规定性，也有质的规定性。从数量上看，它是指一个国家或者地区中具有劳动能力的总人口数；从质量角度看，人力资源是劳动人口所具有的体质、智力、知识和技能水平以及劳动态度的总和。由此决定了人力资源统计的内容也应包括数量统计和质量统计两个方面。在理论上，一国所拥有的人力资源存量应该是人力资源数量和质量的乘积。

第二，人力资源具有生物性和社会性的双重属性。人力资源存在于人体之中，与人的自然生理特征相联系，这就是生物性；个人的劳动都处于不同的集体之中，其形成和分配要通过社会，其使用要处于经济社会的分工体系之中，由此具有社会性。人力资源统计比较关注其社会性，比如，按照社会性来定义人力资源的形成，用经济产业分组来描述人力资源的应用状况。

第三，人力资源具有能动性。人脑具有观察力、思维力、记忆力和想象力，由此使得人力资源在社会生产中处于主体地位，具有主观能动性。但是，这种能动性只有在利用过程中才能发挥出来，即通过运用劳动手段，有意识地作用于劳动对象，引发和控制社会生产过程，达到为人类社会提供经济产品的目的。由此，人力资源统计在进行数量和质量统计的同时，还比较重视其利用状况和利用效果的统计。

第四，人力资源具有可再生性。作为可再生性资源，人力资源的可再生性形成于人口的再生产和劳动力的再生产，通过人口、劳动力总体中各个体的不断替换（出生或死亡，进入或退出劳动年龄等）以及各种教育活动，保证了人力资源的更新和积累。由此，人力资源统计与人口统计是密切联系的。

对以上予以总结，可以获得有关人力资源统计的基本内容：人力资源数量统计、质量统计、变动统计、利用统计和利用效率统计。

---

① 这一概念与日常所说的人力资本概念有所不同，后者是立足于“投资—回报”思路而提出的对应于物质资本的概念，通常是指将投资形成、凝结在劳动者身上，体现为知识、智慧、技能和健康等，可以被用来提供未来收入的资本形式。一般来说，人力资本是对人力资源进行开发性投资而形成的结果，人力资源的开发过程就是人力资本形成的投资过程。

## 二、人力资源数量和构成统计

### (一) 人力资源范畴的定义

理论上，人力资源是就一国或者地区具有劳动能力的人口而言的。如何确定单个人是否具有劳动能力？一般以年龄作为有无劳动能力的替代标准，将法定劳动年龄作为有无劳动能力的界限。所谓法定劳动年龄，是指国家立法规定的劳动年龄，一般指法律容许参加社会劳动的最低年龄。世界各国大多规定有大体一致的法定劳动年龄，如美国、日本以及联合国向各国推荐使用的法定劳动年龄为 15 岁及以上，中国则规定为 16 周岁及以上。由此，我们可以把人力资源定义为：16 周岁及以上劳动年龄人口的总和。这是 1996 年我国劳动统计制度改革以后的人力资源（劳动力资源）统计口径。

由于人力资源中的不同部分对经济活动的参与程度不同，因此有必要对人力资源进行分组，从而更加准确地反映对人力资源的利用程度。图 2—8 列示了目前应用的人力资源统计的不同概念，结果，围绕人力资源统计构成了一个完整的概念体系。

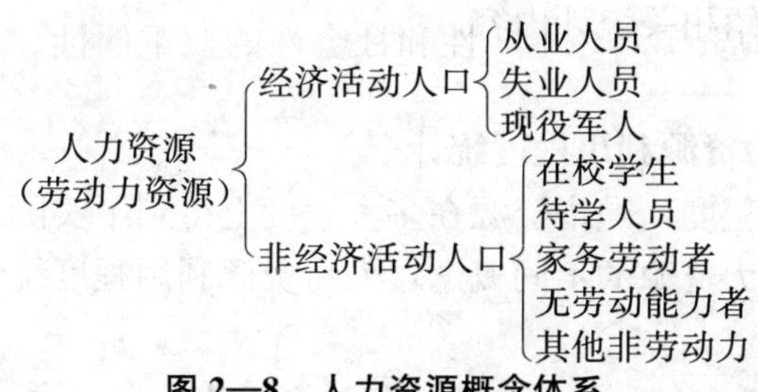


**图 2—8　人力资源概念体系**

在这个概念体系中，经济活动人口概念具有重要意义，构成了劳动力资源的主体部分。所谓经济活动人口（economically active population），也叫劳动力（labor force），是指在 16 周岁及以上，有劳动能力，参加或要求参加社会经济活动的人口。该指标是按实际或者可能参加社会经济活动来定义的，因此将处于学习状态的人口、从事志愿活动的人口、家务劳动者等均剔除在外，它是国际上通行的反映一个国家或者地区劳动力市场总供给状况的重要指标，也是联合国和国际劳工组织向各国推荐使用的指标。在国家层面进行统计时，可按照是否包括现役军人具体区分为两种口径，其中不包括军人在内的口径称为民用经济活动人口（economically active civilian population）。进一步地，根据是否实际参加社会经济活动，经济活动人口可再区分为就业人口和失业人口，具体内容见下文。

### (二) 人力资源总数和构成统计

依据上述人力资源范畴的界定，即可进行相应的总数统计，其中包括：

(1) 人力资源（劳动力资源）总数；

(2) 经济活动人口总数及其各分项总数；

（3）非经济活动人口总数及其各分项总数。

在对各总数予以分组的前提下，可以进行人力资源构成统计，目的之一是通过内部组成从不同角度反映人力资源的素质状况；之二是就不同资源概念中不同内部构成情况进行比较，研究其中所包含的社会差异，比如经济活动人口和非经济活动人口在构成上的差异。其中最重要的分组和构成包括：

（1）性别构成，即男性与女性之间的比例；

（2）年龄构成，是人力资源在各年龄段上的分布结构；

（3）城乡构成，即城市劳动力与乡村劳动力之间的比例；

（4）教育水平构成，即劳动力的识字水平及其在不同受教育层次上的比例，是反映人力资源素质的重要方面。

## 三、人力资源利用状况统计

从宏观上看，人力资源只有得到实际利用才能发挥其作用，构成经济社会系统中的能动力量；从微观上看，劳动者只有实际就业才能获得相应的经济社会地位，为自己和家庭奠定生存和发展的经济基础。下面分别从人力资源的利用程度、利用方式等方面介绍相关统计内容。

### （一）人力资源利用程度统计

所谓利用程度，是指资源在多大程度上得到了实际利用，一般要以相对比例来表示。鉴于人力资源的不同概念，人力资源利用程度统计可以在不同层次上计算比例指标。

#### 1. 经济活动人口与经济活动参与率统计

经济活动参与率，又称劳动参与率，是指经济活动人口在所在的总体中所占的比例。具体计算时可以有两种口径：一是经济活动人口数占总人口的比例；二是经济活动人口数占人力资源总数的比例。通过经济活动参与率，可以反映某一人口（或人力资源）总体中人们参加社会劳动的普遍程度。

由图2—8可以看出，一时期经济活动参与率水平高低取决于经济活动人口与非经济活动人口之间的对比关系。从一时期劳动力供应角度看，非经济活动人口中具有较高弹性的主要是两类人员：第一是家务劳动者；第二是16岁以上的在校以及待学人员。他们完全具有劳动能力，随时可以进入劳动市场；同时，现有经济活动人口也可以随时退出劳动市场转入家务劳动者和就学者行列。因此，就这两部分人口计算在总体中所占比例也很有必要。而且，16岁以上就学人口正是接受高中和高等教育的年龄，这部分人口所占比例的大小还可在一定程度上说明该国或者地区未来人力资源的素质水平，是社会进步水平的标志。比如，中国2012年有经济活动人口78 894万人，占总人口的58.3%，这一参与率比发达国家要高出很多，但其原因之一就是中国16岁以上的在校学生比例相对较低，青年较早进入劳动力市场而失去了接受高中和高等教育的机会。

2. 就业人口、失业人口和相关比率统计

如果不考虑现役军人，经济活动人口由就业人口和失业人口组成。就业人口和失业人口是两个对应存在的概念，其定义具有重要的经济社会意义，既涉及劳动力市场供应问题，又具有人口生存的社会性意义。在这两个概念中，定义的重点是失业人口，它通常是指那些处于劳动年龄内（16 周岁及以上）、有劳动能力、调查周内未从事有收入的劳动（具体指劳动时间不到 1 小时）、当前有就业可能（具体指如有适合的工作两周内可以上班），并正以某种方式在寻找工作的人口。如果在劳动年龄之外，或没有劳动能力，或从事没有收入的劳动（比如志愿活动或家务劳动），或没有寻找工作，那么该人口个体就不属于失业人口，而且也不属于经济活动人口。如果正在从事有收入的劳动，那么该人口个体就是就业人口。

以经济活动人口（严格来说是就业人口和失业人口之和的民用劳动力）为基础，可以计算就业率和失业率指标，即就业者和失业者在经济活动人口中各自所占的比重，以此反映一个国家或者地区在特定时间劳动力资源的实际利用水平。由于就业率与失业率计算结果的互补性，实际上只计算一个即可，通常比较关注的是失业率，将其作为反映劳动力市场的供求状况、劳动力利用程度的基本指标，同时还应用于经济景气状况、社会发展状况的统计与分析方面。具体来说，失业率有两种计算方法，比较粗略的计算方法是：

$$失业率=\frac{失业人员数}{经济活动人口数} \tag{2—19}$$

如果考虑就业不足（即劳动者的不完全失业）的情况，可以依据劳动时间计算失业率，得到的计算结果将更为精确，这是国际劳工组织推荐的计算方法，即

$$失业率=\frac{就业不足劳动时间+失业人员法定劳动时间}{经济活动人口法定劳动时间总量} \tag{2—20}$$

在实际应用中，要注意将失业率与劳动参与率结合起来进行分析。比如，在经济景气状况下，对劳动的需求不一定全部反映在当期失业率的下降上，因为需求的上升会吸引一定的就学者和家务劳动者从非经济活动人口转化为经济活动人口，也就是说，经济景气对劳动需求的增加一方面会表现在失业率的下降上，另一方面还会表现在劳动参与率的提高上。在经济衰退时也是如此，对劳动需求的减少一方面会导致失业率的上升，另一方面也会体现在劳动参与率的下降上。

中国的失业统计正在建设之中，目前最常用的指标是城镇登记失业率，而将上文定义的失业率称为调查失业率。所定义的城镇登记失业人口，一个基本标志是按有关规定在劳动部门办理了失业登记。结合中国的实际情况，这样统计的失业人口及计算的失业率存在一定问题：第一，它只涉及城镇，不覆盖农村，因此那些户口不在城镇但在城镇工作了很长时间且目前符合失业特征的农村籍人口，不作为登记失业的对象；第二，即使是城镇，也不能全面地反映失业情况，因为它未将没有到劳动部门登记的失业人口包括在内，同时也无法将虽然登记了失业但是实际上已经就业的人口剔除出去。

2012年，中国的城镇登记失业率为4.1%，但是登记失业统计方法决定了这一统计数据存在一定程度的低估。目前，中国正在建立劳动力调查制度（见相关链接2—2）。

**相关链接2—2 中国的劳动力调查制度**

为及时、准确地反映中国城乡劳动力资源、就业和失业人口的总量和结构情况，为政府准确判断就业形势、制定和调整就业政策、改进宏观调控提供依据，中国正在建立劳动力调查制度。

劳动力调查的范围为中国大陆地区的城镇和乡村的16岁及以上人口。城镇是按《关于统计上划分城乡的暂行规定》（国统字［2006］60号）中划定的城市和镇，其余地域为乡村。

劳动力调查的对象为被抽中调查小区内的全部16岁及以上的常住人口。调查以户为单位进行，既调查家庭户，也调查集体户。应在被抽中户中登记的人是：

1. 住本户，户口在本乡、镇、街道（含户口在本户，外出不满半年的人）；
2. 住本户半年以上，户口在外乡、镇、街道；
3. 住本户不满半年，户口在外乡、镇、街道，离开户口登记地半年以上；
4. 住本户，户口待定。在调查时点前死亡的人口，不调查。

资料来源：《国务院办公厅关于建立劳动力调查制度的通知》（国办发［2004］72号）。

需要注意的是，从社会发展的内在要求看，不仅需要计算整个经济活动人口的参与率和失业率，还需要考虑就业对不同性别、不同种族或民族、不同阶层的不同压力，分别计算各自的参与率和失业率，并观察其差异状况。比如，女性参与率是否低于男性，女性失业率是否高于男性，等等，这些都是经济社会发展状况的重要特征。

### （二）就业人口的行业、产业和职业构成统计

在就业基础上，现实分析中需要进一步描述被利用的人力资源的利用方式，即在哪些领域就业，以何种职业就业。从宏观上看，就是要对就业人口进行行业、产业和职业构成统计。

1. 就业人口行业构成和产业构成统计

首先是就业人口行业构成统计，即依据国民经济行业分类标准，对就业人口进行分组统计，而后计算各组所占比重，以此描述就业人口的行业分布。按照中国的行业分类，共包括20个行业类别。这样的构成比较全面、详细，但组别较多，难以直观明确地获得就业人口行业构成的总体印象和规律性认识。要达到后一目的，需要在行业构成基础上进行产业构成统计。

将20个行业类别加以归纳，可得到三次产业分类，即以农业为中心的第一产业，以采掘、制造和建筑业为中心的第二产业，以流通和服务部门为中心的第三产业。就业人口的产业构成就是据此对就业人口进行分组所计算的比例。

经济统计分析表明，一时期就业人口在不同行业和产业之间的分布状况，作为

社会分工的结果，是由国民经济产业结构决定的。伴随一国或地区的经济发展，产业结构处于不断升级之中，相应地，就业结构也会呈现有规律的变化；反过来，通过劳动力在行业和产业上的分布状况，也可以映射一国或地区的经济结构情况以及经济社会发展的程度。其中应用最为广泛的就是所谓的配第-克拉克定理，其结论是，随着人均收入水平的提高，劳动力就业首先从第一产业向第二产业转移，然后从第二产业向第三产业转移。

2. 就业人口职业构成统计

就业人口职业构成统计的前提是职业分类，在此基础上对就业人口予以分组并计算各组所占比重，其结果即可体现就业人口的职业构成状况。依据目前应用的职业分类标准，从业人员的职业包括 8 个大类，64 个中类，301 个小类。其中的大类包括：各类专业技术人员，国家机关、党群组织、企事业单位负责人，办事人员和有关人员，商业工作人员，服务性工作人员，农林牧渔劳动者，生产工人、运输工人和有关人员，其他不便分类的人员。

从业人员的职业分布是社会分工的重要标志，其构成状况在一定程度上体现了当期的经济社会发展水平，与上述产业构成也有一定关联。比如，如果经济社会发展处于较低阶段，表现在就业职业构成上，必然是农林牧渔劳动者等初级产业就业者占有较大比重，而在以知识经济和高新技术产业为主导的经济结构中，专业技术人员必然占有较大的比重。

**例 2—12　　美国就业人口的职业结构及其演变分析**

美国劳工统计局将职业分为 22 个大类，图 2—9 给出了美国 2001 年和 2013 年的劳动力职业分布情况。从图 2—9 可见：(1) 美国从事农林牧渔活动的劳动力比重微乎其微，而且仍然在下降，从 2001 年的 0.35%降到 2013 年的 0.33%；(2) 从事办公室与行政后勤的劳动力最多，同时这个职业的就业人员比重下降幅度最大；(3) 生产、

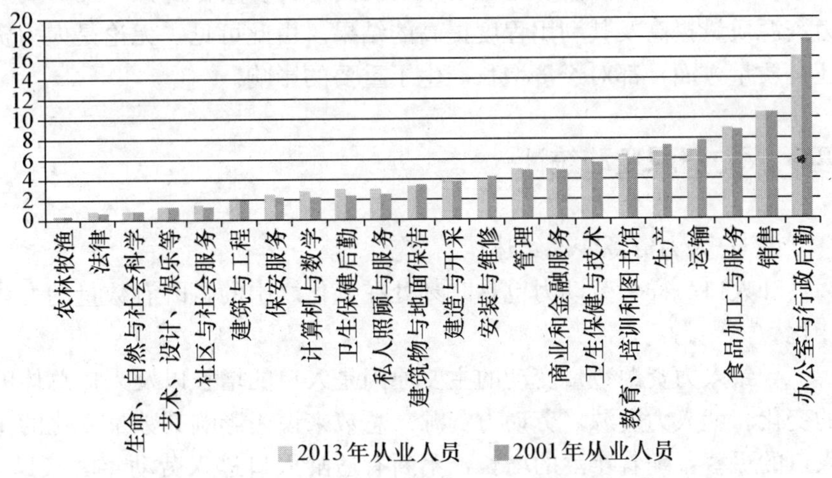


**图 2—9　美国劳动力的职业分布**

资料来源：美国劳工统计局，http://www.bls.gov/oes/tables.htm。

运输、安装与维修以及建筑物与地面保洁等体力劳动职业的比重也在下降；（4）从就业比重上升的职业来看，与医疗服务有关的职业以及与信息技术有关的职业的就业人员比重上升幅度最大，前者从2001年的10.4%上升到2013年的11.8%，后者则从2.2%上升至2.8%。总的来看，美国的职业分布日益向智力密集的高端服务演进。

### （三）人力资源利用效果与经济增长关系的统计分析

人力资源是国民经济发展中的必要资源，具有推动物质资源的能力，并且通过与物质资源的结合，实现经济产出的增长。因此，人力资源的利用效果是用经济产出及其增长来表现的。

统计度量人力资源利用效果的指标首先是劳动生产率，它是一时期产出与就业人数的比值，表明单位从业者所带来的产出。可以按不同实物产出量计算，在综合意义上则需要按货币产出量（即产值）指标计算。

然而，在劳动生产率计算中，只考虑了劳动力一种资源投入，没有顾及资金、自然资源等其他生产要素，因此其计算结果有夸大人力资源利用效率的倾向，因为产出是多种资源共同运用的综合结果。为克服这种夸大的倾向，可以引入资金等其他要素，计算综合要素生产率（或称全要素生产率）指标，即将不同生产要素资源投入综合在一起，计算单位资源投入的产出成果。这样计算的结果尽管仍然不是纯粹的人力资源利用效果，但却是对劳动生产率的改进。不过，和全要素生产率相比，劳动生产率计算简单，易于理解，在实践中仍然有广泛的应用。①

依据国际上通用的索洛增长方程的观点，经济增长是一个宏观生产的扩张过程。增长主要来源于两大类因素：一类是投入的增加；另一类是生产率的提高。其中，投入因素又包括资金投入和劳动投入，而劳动投入就是指参加社会劳动的劳动力数量，也就是人力资源的数量方面；生产率因素是指综合要素生产率，包括劳动效率的提高、规模经济、管理水平的提高等许多具体因素，而劳动效率提高就是人力资源质量提高及其利用程度提高的结果。由此可见，无论是人力资源的数量方面还是质量方面，都对经济增长产生了重要的影响。

## 四、人力资源变动统计

### （一）人力资源变动综述

和人口一样，劳动力也是时刻处在变化之中的，既有数量的变化，又有质量的变化。

导致人力资源数量变动的主要原因是人口的增长以及人口总体的年龄结构状况的变化。就人力资源（劳动力资源）总数来说，影响其数量变化的主要是劳动年龄人口的更替：随着年龄的增长，不断有适龄人口进入劳动年龄（16岁），进入人力资源的行列；同时，不断有人因死亡而退出这个行列。就特定国家和地区来看，处

① 有关生产率统计的内容，可参见本书第3章的叙述。

于劳动年龄的人口的迁移也是导致人力资源数量变动的原因。

经济社会发展水平和一时期经济景气状况对经济活动人口、就业人口等范畴的数量变化具有很重要的决定作用。从供应角度看，在一定的发展水平上，处于劳动年龄的人口可以在就业和从事家务之间（尤其对女性劳动力）、就业和继续受教育之间（尤其对年轻劳动力）、退休和继续就业之间（尤其对年长的劳动力）作出选择，使得人口在经济活动人口和非经济活动人口之间流动，造成数量的变动；从需求角度看，在一定的景气状况下，经济社会发展对劳动力就业具有不同的需求强度，由此会导致失业者人数和失业水平的变化。

### （二）人力资源变动统计

在特定时期统计劳动力资源数量的变动，主要考虑一些短期原因来建立指标。首先，要对新劳动力增加和原有劳动力减少两个方面予以统计。其次，要区分增减变动的性质和原因予以统计，包括自然增减变动和机械增减变动。自然增减变动是指按自然规律使劳动力总量发生的增减变化，如达到劳动年龄的人口增减，退出劳动年龄的人口增减，在劳动年龄内丧失劳动能力，等等；机械增减变动是由人为原因造成的增减，如辞退、开除、调入、录用毕业生、招聘社会劳动力，等等。从一国宏观层面看，劳动力变动的主要原因是自然因素，但对特定部门或单位，劳动力变动则主要取决于机械变动。

## 思考题

1. 人口统计包括哪些基本内容？
2. 如何统计一地区人口的绝对规模和相对规模？
3. 区分常住人口、现有人口和户籍人口有何实际意义？
4. 如何用人口构成统计反映一个人口总体的素质状况？
5. 试分析各种人口构成指标中的社会意义。
6. 有哪些统计指标反映人口的自然变动和迁移变动？
7. 在未来一段时期内，人口过多依然是制约中国经济社会发展的重大因素，因此，应该努力控制人口自然增长速度。这种说法对吗？为什么？
8. 如何看待人口增长与经济发展之间的关系？如何运用统计手段分析二者关系？
9. 如何确定人力资源概念？这样确定的人力资源对分析劳动力的利用状况有何意义？
10. 如何计算失业率？如何将失业率与经济活动参与率结合应用？
11. 如何建立人力资源与经济增长之间的统计分析框架？

# 第3章 Chapter 3 企业活动与产业活动统计

企业是组成国民经济的基本细胞之一。在市场经济条件下，绝大多数生产活动都是由企业完成的，它执行供应产品、创造收入、进行投资和提供就业的功能。以企业为基础，考虑各自的生产性质，可以形成不同产业，并在宏观上形成一定的产业结构。进行企业经济活动和产业经济活动统计，就是要分别从企业和产业的基本性质出发，对其投入、产出、效益以及结构关联等状况进行系统描述，既满足微观管理的需求，又为宏观管理和分析提供数据支持。通过学习本章，读者可以了解如下内容：

- 企业经济活动与产业分类；
- 企业与产业的投入统计；
- 企业与产业的产出统计；
- 企业与产业的经济效益统计；
- 市场结构统计；
- 投入产出统计；
- 产业结构统计。

## 3.1 企业活动与产业分类

### 一、企业与企业经济活动

企业是指以盈利为目的，利用各种生产要素，生产货物或服务并提供给市场的经济单位。企业的组织形式多种多样，既可以是法人单位，也可以是非法人单位，公司制企业是现代企业中最典型的组织形式。

企业的经济活动可以从两个角度来考察。第一，从实际经济活动的角度来看，创办企业的目的是为市场生产产品。简单地说，“企业只不过是一个专业化的生产单位而已”①，这个定义明确了企业的基本经济活动是专业化的生产活动，即企业投入一定的人力和物力，而后将两方面结合起来生产出产品，并最终在市场上销售。第二，从资产运作和经营过程的角度来看，企业要在拥有资产、承担负债基础上进行企业经营活动，包括产品生产销售活动和资本运作经营，通过经营收入抵补经营成本获得利润，并向其所有者提供利润或其他财务收益。

根据产品形态、特征与生产过程的差异，产品可以分为货物和服务。所谓货物，是指有形的产品，其生产与随后的销售或使用可以分离开来。所谓服务，是指无形的产品，其生产过程与消费过程往往是同一的。显然，企业的生产活动可分为货物生产活动和服务生产活动。

现代企业的一个显著特点是规模很大，业务多样化，即每个企业从事不止一种生产活动。例如，一些非金融企业可能会从事一些金融活动（如货物生产企业可能直接向消费者提供消费信贷），一些货物生产企业可能会提供一些服务（如货物生产企业的车辆可能对外提供运输服务）。在对企业进行分类时，应依据企业的主要活动来划分。

## 二、产业及其分类

产业概念有狭义和广义之分。狭义的产业概念是在企业概念基础上形成的，是指“具有某种同一属性的企业的集合”②。而广义产业概念的基础则不仅仅限于企业，还涉及国民经济中的其他单位，包括住户、政府和非营利机构（如慈善机构等），因为这些单位也具有生产的功能，提供了不同种类的产品。

在产业组织研究中，通常采用狭义产业概念；在产业联系和产业结构研究中，则通常采用广义产业概念。

产业分类是根据企业及其他生产单位的生产性质所进行的分组。由于产业并不是一个像企业那样实际存在的实体，而是一个出于管理或研究目的设计的概念，因此产业的分类服务于管理和分析目的，即产业分类具有“产业规定的实用性”。一般，狭义产业分类比较细致，往往根据研究目的把产业细化到生产具有某些特征的具体产品的企业，如家用汽车产业、碳酸饮料产业等，而广义产业分类则相对较粗，概括性较高，而且有一些惯用的、公认的分类法。下面介绍几种广义产业分类法。

### （一）三次产业分类法

三次产业分类法的依据是经济活动在历史上形成的先后层次，把全部的经济活

① ［美］哈罗德·德姆塞茨：《企业经济学》，11 页，北京，中国社会科学出版社，1999。

② 杨治：《产业经济学导论》，16 页，北京，中国人民大学出版社，1985。

动划分为第一产业（primary industry）、第二产业（secondary industry）和第三产业（tertiary industry）。一般，第一产业包括农业、林业、牧业和渔业；第二产业包括采矿业、制造业、建筑业和供水供电煤气业；第三产业包括除第一产业和第二产业以外的所有行业，即广义的服务业。

三次产业分类法尚存在一些问题。例如，划分第一产业和第二产业的依据是第一产业的属性是取自于自然，第二产业则是对取自于自然的物质进行加工，采矿业分明是取自于自然的产业，但把它与农林牧渔业并列却并不协调，其属性更接近制造业。又如，划分第二产业和第三产业的依据是产品是货物还是服务，供水供电煤气业既向用户提供水电煤气等物质产品，同时也提供了一种服务，因此各国在统计实践中其归属并不统一。中国的三次产业分类中，采矿业和供水供电煤气业都划入第二产业。

### （二）标准产业分类法

《全部经济活动的国际标准产业分类》（ISIC）是联合国制定并推荐各国使用的产业分类标准，始建于1948年，在1958年、1968年和1989年分别做了三次修订，形成了三个修订版，2002年又做了微小调整，形成了3.1版，第4版于2008年正式发布（简称ISIC/Rev. 4）。该分类根据作为经济活动的主要产品的性质，即物理构成、制作程度以及它所能满足的需要，再结合货物和服务的用途以及生产的投入、过程和技术，对全部经济活动采用四级分类标准，即小类（class）、中类（group）、大类（division）和门类（section）。ISIC/Rev. 4将全部经济活动划分为21个门类、88个大类、238个中类和419个小类。由于世界各国经济发展水平和产业结构不同，各国的国家标准产业分类几乎没有相同的。为了国际比较的需要，联合国统计委员会要求各成员国的国家分类能够与ISIC进行转换。

中国在ISIC/Rev. 3的基础上，于1984年发布了《国民经济行业分类和代码》（GB4754—1984），建立了中国国民经济行业分类的国家标准，并分别于1994年、2002年和2011年进行了三次修订。GB/T4754—2002包括20个门类、96个大类、432个中类和1 094个小类，其与三次产业的对应关系如表3—1所示。

**表3—1　三次产业分类与行业分类**

| 三次产业分类 | 国民经济行业分类 | |
|---|---|---|
| | 门类代码 | 类别名称 |
| 第一产业 | A | 农、林、牧、渔业 |
| 第二产业 | B | 采矿业 |
| | C | 制造业 |
| | D | 电力、热力、燃气及水生产和供应业 |
| | E | 建筑业 |

续前表

| 三次产业分类 | 国民经济行业分类 | |
|---|---|---|
| | 门类代码 | 类别名称 |
| 第三产业 | F | 批发和零售业 |
| | G | 交通运输、仓储和邮政业 |
| | H | 住宿和餐饮业 |
| | I | 信息传输、软件和信息技术服务业 |
| | J | 金融业 |
| | K | 房地产业 |
| | L | 租赁和商务服务业 |
| | M | 科学研究和技术服务业 |
| | N | 水利、环境和公共设施管理业 |
| | O | 居民服务、修理和其他服务业 |
| | P | 教育 |
| | Q | 卫生和社会工作 |
| | R | 文化、体育和娱乐业 |
| | S | 公共管理、社会保障和社会组织 |
| | T | 国际组织 |

**（三）资源密集度产业分类法**

根据不同的产业在生产过程中对资源依赖程度的差异，可以把产业划分为资本密集型产业和劳动密集型产业。这种产业划分是一种相对的划分，一般来说，钢铁工业、石油化学工业等被认为是资本密集型产业，机械工业、纺织工业等被认为是劳动密集型产业。此外，根据生产过程的技术投入，还可以把一些产业视为技术密集型产业，但它不是与资本密集型产业和劳动密集型产业并列的分类，如计算机产业既是技术密集型产业，又是劳动密集型产业。

此外，还可以就某个产业领域进行细分类，如工业化过程研究中就采用工业结构产业分类法。其中比较有代表性的分类法是霍夫曼分类，即把工业划分为消费资料工业、资本资料工业和其他工业。

## 三、企业活动统计与产业活动统计

如上所述，企业是一个微观概念，而产业则是介于企业与经济总体之间的一个中观概念，二者服务于不同的管理需求，因此决定了各自统计内容的差异性。另一方面，产业概念来自于对多个企业的归纳与综合，企业经济活动是产业经济活动的主要部分，由此决定了企业统计和产业统计内容上又具有一定的趋同性。

**（一）企业活动统计**

企业活动统计的目的是描述企业经济活动及其结果。企业活动统计的主要用户包括企业自身、投资者（股东）以及宏观管理部门，由于不同的用户对企业活动统计有不同的要求，因此设计企业活动统计框架时应同时考虑到各类用户的要求。一般，企业自身对企业活动统计的要求比较细致，涉及企业活动的各个环节，包括物料统计、人事统计、生产统计、销售统计以及财务统计等；另外，由于企业统计要服务于企业自身的管理决策，因此在指标设计上，不仅要有价值量的统计指标，还要有实物量的统计指标。相比之下，投资者对企业财务状况更为关注，而宏观管理部门的要求较粗略，主要涉及总量指标，而且出于加总的需要，侧重价值量的统计。由此可见，从投资者的角度所要求的企业统计蕴涵在从企业自身角度要求的企业统计中，而从宏观管理的角度所要求的企业统计则往往可以通过加总个体企业的统计数据获得，因此从三个角度设计的企业统计指标具有内在的一致性（参见相关链接 3—1）。

**相关链接 3—1　中国的企业统计**

长期以来，中国的企业统计工作大部分是在计划经济体制下，为适应国家统计制度和统计调查方法的要求建立起来的，从统计内容上看，更多地侧重于对生产和物资的统计，而没有兼顾不同类型用户的需求。

随着社会主义市场经济的深化，中国企业统计也面临市场化改革的必要。目前，中国国家统计制度中与企业统计有关的部分包括工业统计报表制度，建筑业统计报表制度，运输邮电业统计报表制度，批发和零售业、住宿和餐饮业统计报表制度，部分服务业抽样调查统计报表制度，以及房地产开发统计报表制度。

从统计内容来看，目前的企业统计逐渐摆脱了生产统计一头重的局面，财务统计成为企业统计体系中的重要内容，而且其重要性在一定程度上已经超越了生产统计。

不同的企业关心的问题不同，但是无论何种企业，其主要目的有两个，一是完成生产活动，二是实现盈利，因此企业活动统计的主要内容包括生产统计和财务统计两部分。其中，由于生产活动本质上是一个投入—产出过程，因此生产统计的基本内容包括企业投入统计和企业产出统计。此外，把企业生产统计与财务统计结合起来可以得到企业经济效益统计。

企业活动统计的数据来源有直接来源和间接来源两种。直接来源是由企业统计部门和相关岗位人员在企业生产经营现场，按照一定表式，如领料单、加工单、产量记录、工时记录、发票和收据等，直接记录的数据。间接来源包括企业的会计核算和业务核算，会计核算资料由企业财务会计部门提供，业务核算资料由企业其他相关职能部门提供。

### （二）产业活动统计

狭义产业是企业的集合，因此狭义产业统计的内容与企业统计的内容基本一致，即产业统计也包括产业投入统计、产出统计、经济效益统计和财务统计。对于广义产业，我们更关心的是产业的生产方面，即不包括财务统计。此外，由于产业是由同类企业或其他经济活动单位所形成的系统，因此具有一些凌驾于个体之上的系统特征，如在产业管理和研究中，出现了同一产业内部的企业关系问题，即所谓产业组织问题，还出现了产业之间的关系问题，即所谓产业联系和产业结构问题。针对这些特殊问题进行的统计是产业统计有别于企业统计之处。因此，产业统计的基本内容包括两个方面：一方面是产业内统计，包括产业的投入统计、产出统计和产业组织统计；另一方面是产业间统计，包括投入产出统计和产业结构统计。

由于每个产业包含了大量经济活动单位，而这些经济活动单位的投入与产出的实物量单位有差异，因此在产业统计中以价值量指标为主。

鉴于狭义产业的投入统计、产出统计和经济效益统计就是产业内所有企业的投入统计和产出统计的汇总，因此3.2节到3.5节针对企业介绍的有关统计内容同样适用于狭义产业统计，住户和政府的生产统计放在投入产出统计中介绍，从而使得广义产业统计完整起来；3.6节介绍产业特有的统计，即产业组织统计和产业间统计。

## 3.2 企业投入统计

一般而言，企业生产过程中的投入包括劳动力投入、中间投入和固定资产投入。另外，鉴于科技进步对于企业发展和经济增长的重要意义，企业投入统计还应当突出科技投入统计的内容。对企业投入，既可以从实物量的角度统计，也可以从价值量的角度统计。

### 一、劳动力投入统计

企业劳动力投入是指企业在生产与管理过程中所使用的劳动力。

#### （一）劳动力投入的实物量指标

企业劳动力投入的实物量指标既可以从投入的人数来设置，即从业人员数，也可以从投入的劳动时间来设置，即工作工时数。

一定时期内企业全部从业人员数，即企业中从事一定社会劳动并取得劳动报酬或经营收入的全部劳动力，包括在岗职工和其他从业人员。所谓在岗职工，是指在一企业工作并由该企业支付劳动报酬的职工，以及有工作岗位，但由于学习、病伤产假等原因暂未工作，仍由单位支付工资的人员。所谓其他从业人员，是指劳动统计制度规定不统计为职工，但实际参加各单位生产或工作并取得劳动报酬的人员。此外，为了满足企业提高劳动投入质量的需要，还应依据从业人员的受教育程度和专业技术职称等进行分组统计。

反映企业劳动时间投入的统计指标主要有：（1）制度工作工日，即按照国家（或企业）规定，报告期员工应该工作的工日总数，等于报告期规定的工作天数乘以员工平均人数；（2）出勤工日，即报告期内在制度工作工日的轮班内上班的工日总数，等于报告期内每日出勤员工人数之和；（3）实际工作工日数，即员工在报告期内实际参加生产的工日总数，等于每日实际参加生产的员工数之和。

在工日的基础上，可以进一步计算工时指标。（1）以制度工作工日乘以8，即得到制度内工作工时；（2）以出勤工日乘以8，即得到出勤工时；（3）以制度内实际工日（即出勤工日减去全日停工工日和全日非生产工日）乘以8，再减去非全日缺勤工时、非全日停工工时和非全日非生产工时，即得到制度内实际工作工时；（4）以制度内实际工作工时加上加班加点工时，即得到实际工作工时。

利用上述劳动投入的总量指标，可以计算下述几个重要的相对指标，以反映劳动投入的实际利用程度。

$$\text{出勤率}=\frac{\text{制度内出勤工时(工日)数}}{\text{制度内工作工时(工日)数}}\times 100\% \tag{3—1}$$

$$\text{缺勤率}=1-\text{出勤率} \tag{3—2}$$

$$\text{出勤工时(工日)利用率}=\frac{\text{制度内实际工作工时(工日)数}}{\text{制度内出勤工时(工日)数}}\times 100\% \tag{3—3}$$

$$\begin{aligned}\text{制度工时利用率}&=\frac{\text{制度内实际工作工时数}}{\text{制度内工作工时}}\times 100\%\\&=\frac{\text{实际工作工时数}-\text{加班加点工时数}}{\text{制度内工作工时}}\times 100\%\end{aligned} \tag{3—4}$$

上述指标既可以以天为单位计算，也可以在较长的时期（如周、月、季和年等）内计算；既可以就企业总体计算，也可以分工作岗位来计算。信息的细分程度越高，对于企业准确评估劳动力的使用效率以及改进企业的人力资源管理越有参考价值。

用下文将要介绍的企业产出指标（实物产量、总产值或增加值）除以从业人员数或实际工作工时数，可得到各种企业劳动生产率指标。该指标用来反映企业劳动投入的效率，是衡量企业竞争力的重要方面。

**相关链接3—2　缺勤率的深层含义**

缺勤率是企业人力资源管理中的重要指标。对于一个企业来说，如果员工不能按时出勤，那么企业要顺利、有效地运转并发挥其应有的组织功能是很困难的。因此，评估缺勤造成的损失，对任何一个企业来说都很重要。根据缺勤率，企业可以判断是否出现了如下问题：

- 如果在某一部门内部出现了一些难以解决的问题，其缺勤率会明显高于其他部门；
- 可以清楚地显示员工在哪些天最不愿意工作；
- 在整个企业内部员工的工作士气是不是出现了问题；
- 是否因为较高的缺勤率而导致员工的绩效和劳动生产率受到一定程度的影响；
- 员工对当前的工作量是否满意，如何激励员工承担更多的工作量。

资料来源：休·巴克纳尔、郑伟：《人力资源量化管理》，4～6页，北京，中信出版社，2007。

### （二）劳动力投入的价值量指标

企业劳动力投入的价值量指标是劳动报酬总额。劳动报酬总额是企业根据劳动者向企业提供的劳动贡献的大小，向劳动者支付的回报，既包括工资，也包括奖金、津贴、福利以及社会保障缴款等。需要注意的是，劳动报酬不一定都以现金形式支付，也可能以实物形式支付，如企业提供给员工的实物福利。

用劳动报酬总额除以企业全部从业人员，可得到企业从业人员平均报酬。企业从业人员平均报酬是反映企业对人才的吸引力的重要指标，其增长率可用来衡量企业的生产经营效益。

目前，虽然中国大多数企业都统计上述劳动投入指标，但是公布的汇总后的企业劳动投入统计数据则只有从业人员数和劳动报酬数。

**例 3—1　2009—2012 年中国城镇私营企业和国有单位劳动力投入的基本状况**

改革开放以来，中国国有企业在国民经济中适度退出，私营企业获得长足发展。从劳动力投入来看（见表 3—2），2009 年中国城镇就业人员中，国有单位的就业人员是私营企业就业人员的 1.16 倍，但是由于两类单位员工人数的增长速度存在显著差异——城镇国有单位的就业人员年均增长率仅为 2%，而私营企业的就业人员则以 10.9%的速度增长，因此到 2012 年，私营企业的就业人员已经超过国有单位。同时，私营企业就业人员的平均工资水平的增长速度也高于国有单位，前者年平均增长 16%，后者则为 12%。不过也要看到，国有单位员工的平均工资水平仍然远高于私营企业，2012 年，前者是后者的 1.68 倍。

**表 3—2　　2009—2012 年中国城镇私营企业和国有单位的劳动力投入**

| 指标 | 2009 年 | 2010 年 | 2011 年 | 2012 年 |
|---|---|---|---|---|
| 城镇私营企业就业人数（万人） | 5 544.3 | 6 070.9 | 6 911.9 | 7 557.4 |
| 城镇私营企业就业人员平均工资（元） | 18 199 | 20 759 | 24 556 | 28 752 |
| 城镇国有单位就业人数（万人） | 6 420 | 6 516 | 6 704 | 6 839 |
| 城镇国有单位就业人员平均工资（元） | 34 130 | 38 359 | 43 483 | 48 357 |

资料来源：国家统计局网站，http://data.stats.gov.cn/workspace/index?m=hgnd。

## 二、原材料和能源投入统计

中间投入是指企业在当期生产过程中消耗的各种非耐用货物与服务，包括原材料、燃料、动力等和外购的服务。其中，原材料和能源投入是企业中间投入的主要部分。

### （一）原材料投入统计

原材料按其在生产过程中的作用不同，可以分为两类，一是原料及主要材料，是指构成产品实体的原材料，比如制造机器设备用的各种钢材、生产家具用的木材等；二是辅助材料，是指不构成产品实体但在生产过程中对产品的形成起辅助作用的原材料，如机械工业在加工产品过程中使用的冷却剂、生产设备消耗的润滑剂等。燃料属于辅助材料，但由于它是动力和热能的来源，在生产中地位重要，因此一般从辅助材料中划分出来，作为能源进行单独管理与核算。

企业原材料统计既要考虑流量指标，也要考虑存量指标。流量指标反映一定时期原材料的来源与使用，主要包括原材料购进数量（或总额）、原材料出库数量（或总额）以及实际消耗数量（总额）等指标。显然，从生产过程考虑，原材料实际消耗数量（总额）统计最为重要。存量指标反映一定时点上储备的原材料，主要指标是储备数量。储备数量过高会造成企业资金的占用，而储备数量过低则可能无法保证企业生产经营的需要。因此有必要对储备数量进行科学规划。

由于企业生产规模的差异，简单比较原材料消耗总量并不能反映企业产出的消耗水平的差异，为此应当计算企业的原材料单耗。所谓单耗，是指企业生产的符合规定质量标准的货物或服务平均消耗的原材料数量，其计算方法是用原材料消耗总量除以产品产量。单耗指标值越小，表明企业产出对原材料的消耗水平越低，对成本的控制越有效。需要注意的是，单耗应当针对特定产品进行统计，不同产品的单耗不能相加。

在企业管理中，降低原材料消耗是降低成本的重要方面。为了分析原材料消耗变动及其具体原因，可以将生产对某种原材料的消耗总量分解为以下三个要素，即

$$\text{原材料的消耗总量}=\frac{\text{使用该原材料的}}{\text{产品的产量}}\times\text{产品单耗}\times\text{原材料价格} \tag{3—5}$$

在此基础上可以构造指数体系，即

$$\text{原材料消耗指数}=\text{产量指数}\times\text{单耗指数}\times\text{原材料价格指数}$$

或

$$\frac{\sum Q_1 m_1 P_1}{\sum Q_0 m_0 P_0}=\frac{\sum Q_1 m_0 P_0}{\sum Q_0 m_0 P_0}\times\frac{\sum Q_1 m_1 P_0}{\sum Q_1 m_0 P_0}\times\frac{\sum Q_1 m_1 P_1}{\sum Q_1 m_1 P_0} \tag{3—6}$$

式中，$Q$ 为产品产量；$m$ 为产品单耗；$P$ 为原材料价格；下标 1 表示报告期，0 表示基期。

在式（3—6）的基础上，可以分析原材料消耗变动原因，即

$$\begin{aligned}\sum Q_1 m_1 P_1-\sum Q_0 m_0 P_0 &=\left(\sum Q_1 m_0 P_0-\sum Q_0 m_0 P_0\right)\\&\quad+\left(\sum Q_1 m_1 P_0-\sum Q_1 m_0 P_0\right)\\&\quad+\left(\sum Q_1 m_1 P_1-\sum Q_1 m_1 P_0\right)\end{aligned} \tag{3—7}$$

在式（3—7）中，等式左边即报告期原材料消耗相对于基期的总变动，等式右边则反映了三种原因所导致的原材料消耗变动，其中，第一项反映由于产量变动导致的原材料消耗变动，第二项反映由于产品单耗变动导致的原材料消耗变动，第三项则反映由于原材料价格变动导致的原材料消耗变动。用三种原因导致的原材料消耗变动分别除以原材料消耗的总变动，即可了解原材料消耗变动的主要原因。

例 3—2

某种原材料基期价格为 450 元/公斤，报告期价格为 480 元/公斤，某企业生产的两种产品使用该种原材料，有关资料如表 3—3 所示。

表 3—3　　原材料消耗表

| | 产量（吨） | | 单耗（公斤/吨） | | 消耗总额（元） | |
|---|---|---|---|---|---|---|
| | 报告期 | 基期 | 报告期 | 基期 | 报告期 | 基期 |
| 产品 1 | 65 | 60 | 27 | 30 | 842 400 | 810 000 |
| 产品 2 | 20 | 17 | 20 | 21 | 192 000 | 160 650 |

由表中数据计算可得

$$\sum Q_1 m_1 P_1 = 1\,034\,400 \qquad \sum Q_0 m_0 P_0 = 970\,650$$

$$\sum Q_1 m_0 P_0 = 1\,066\,500 \qquad \sum Q_1 m_1 P_0 = 969\,750$$

因此，报告期与基期相比，该企业对该种原材料的消耗增加了 63 750 元（1 034 400—970 650），其中，由于产量增加导致原材料消耗增加了 95 850 元（1 066 500—970 650），由单耗变动导致原材料消耗减少了 96 750 元（—(969 750—1 066 500)），由原材料价格上涨导致原材料消耗增加了 64 650 元（1 034 400—969 750）。由此可见，该企业对该原材料消耗的增加主要是由产量提高引起的，而原材料价格上涨所引起的消耗增加则通过降低单耗在企业内部全部吸收了，表明该企业对于该种原材料的利用效率取得了较好的成绩。

### （二）能源投入统计

能源是指能产生热能、电能、光能和机械能等各种形式能量的自然资源和物质资料，统计时通常采用符合各种能源的物理化学性能、外观特征和经济用途的实物单位来计量。如煤炭、原油用吨计量，天然气、煤气按立方米计量，电力按千瓦小时计量，等等。由于企业使用的能源品种多种多样，它们的实物形态各异，即使是同种能源所提供的能量也不一定相同，因此，在能源投入统计中，既要按能源品种分别统计生产过程所消耗的实物量，又要按热值统计折算为标准燃料的消耗量。国际上采用的标准燃料有两种，一是标准煤；一是标准油。我国采用标准煤进行折算，即规定以每千克热值 7 000 千卡的煤作为标准能源。各类能源折合标准煤的折算系数为：

$$\text{标准煤折算系数} = \frac{\text{某种能源每千克热值(千卡)}}{\text{每千克标准煤热值(7 000 千卡)}} \tag{3—8}$$

在实际工作中，能源投入通常按下列三种口径统计。一是企业收入能源消费量，是指企业为了完成一定时期的生产经营任务，根据能源消费情况计算的需要供应的全部能源量；二是企业综合能源消费量，是指企业为了完成一定时期的生产经营任务，在生产经营过程中实际已经消费的能源量；三是企业能源最终消费量，是企业直接使用于生产经营活动及非生产经营活动的能源数量，目的是观察企业能源最终消费的使用方向与使用构成情况。

与原材料统计类似，用某种产品对某种能源的消耗量除以产品产量，得到单位产量能耗。该指标可以用来反映产品的能源消耗水平。同样可利用能源消耗量、产品产量和单位产量能耗之间的指数体系分析企业某种能源消耗的变动情况。

用企业综合能源消费量除以企业总产值（或增加值）得到万元产值综合能耗，该指标可用来反映企业在一定时期内能源消耗的总效果。

**例 3—3　　2005—2010 年间中国制造业节能情况分析**

《中华人民共和国国民经济和社会发展第十一个五年规划纲要》提出“十一五”时期要实现单位国内生产总值能源消耗降低20%左右的约束性指标。作为能源消耗的主要行业，制造业企业采取了有力的节能措施，实现了能源消耗强度的大幅下降：2005 年，全国制造业万元产值综合能源消耗为 0.494 吨标准煤，2010 年降为 0.279 吨标准煤，降幅超过 40%。

对制造业万元产值能源消耗的变动进行指数分解。记万元产值能源消耗为 $e$，各行业总产出比重为 $w$，则制造业万元产值能源消耗的变动可以进行如下的指数分解：

$$\frac{e_1}{e_0}=\frac{\sum_i e_{1i}w_{1i}}{\sum_i e_{1i}w_{0i}}\times\frac{\sum_i e_{1i}w_{0i}}{\sum_i e_{0i}w_{0i}}=I_{结构}\times I_{效率}$$

式中，下标 $i$ 表示第 $i$ 个行业；1 表示报告期；0 表示基期；$I_{结构}$ 是由产业结构变动所影响的万元产值能源消耗变动；$I_{效率}$ 则是由各行业能源使用效率提高所导致的万元产值能源消耗变动。计算结果表明，2005—2010 年间，$I_{结构}=1.01$，$I_{效率}=0.56$。显然，这一时期内制造业万元产值能源消耗的下降主要是由制造业企业能源利用效率的提高所造成的，产业结构并未朝着有利于能源消耗降低的方向变动。

## 三、固定资产投入统计

固定资产是指企业可在一年以上的生产时间内持续使用的、为企业带来收益的、单位价值在规定标准以上的耐用性物质资产。企业所拥有的固定资产的数量和质量是影响企业生产能力的重要因素。与中间投入相比，固定资产具有价值高、使用时间长的特点，其价值不是一次性地转移到产品价值中，而是在使用期内逐渐转移到产品的价值中。固定资产的主要形态是建筑物和机器设备。

### （一）固定资产总量统计

固定资产可以按实物量统计，比如拥有建筑物面积、设备台数等，同时也需要通过价值量统计所拥有的企业固定资产总量。价值量统计包括固定资产总额和固定资产净额两个指标。

固定资产总额就是一定时点上企业所拥有的各种固定资产的价值之和。由于固定资产的市场价格不断变化，固定资产总额的统计涉及计价问题。一种方法是采用历史成本价格对固定资产进行估价，求得固定资产原值，它是现实中企业核算时提取折旧的依据；另一种方法是采用现行市场价格对固定资产进行估价，即现价固定资产总额。现价固定资产总额更能反映企业固定资产价值的真实水平，但在统计上有难度。实践中通常按固定资产原值进行统计，然后利用价格指数来推算现价固定资产总额。

固定资产净额是指企业固定资产总额减去历年已提取折旧的余额，它考虑了固定资产磨损、效率降低的事实，可以反映企业实际所拥有的固定资产价值。如果用净额除以总额，可以计算固定资产净值率，用来反映企业固定资产更新的快慢和可持续发展的能力。不过要注意应用这一指标进行横向或纵向对比时，一定要考虑到不同折旧方法对指标数值的影响。

用企业产出指标除以固定资产总额，可得到反映企业固定资产生产效率的指标，例如百元固定资产总产值或增加值。用企业固定资产总额除以企业从业人员数，可得到劳动技术装备率指标，用来反映人力投入与资本投入之间的关系。

### 例 3—4　2012 年中国各地区大中型工业企业的固定资产投入状况

由图 3—1 可以看到，2012 年，中国大中型工业企业的固定资产原值与净值的规模存在巨大的地区差异，东部沿海地区的固定资产规模普遍较大，西部地区的固定资产规模较小。多数地区的固定资产净值率在 0.6 上下波动，只有极少数地区的固定资产净值率超过了 0.7。一个值得注意的现象是，固定资产规模与净值率大体上呈反向变动的关系，即对于那些固定资产投入较少的地区，其企业的固定资产的折旧计提也较少。

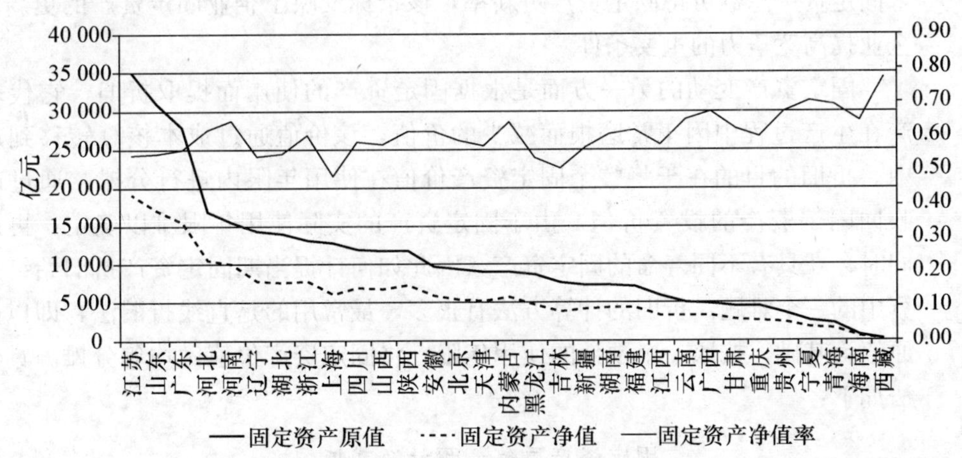


**图 3—1　2012 年中国各地区大中型国有企业的固定资产投入**

说明：图中左轴为固定资产原值与净值；右轴为固定资产净值率。

资料来源：国家统计局：《中国统计年鉴（2013）》。

此外，由图 3—2 可以看到，企业固定资产净值率与固定资产的使用效率呈明显的反向变动的关系，即固定资产折旧计提越多的地区，其固定资产的使用效率越高。结合图 3—1 可知，经济较发达的东部地区，固定资产投入的规模更大，更新更快，从而使用效率也较高。

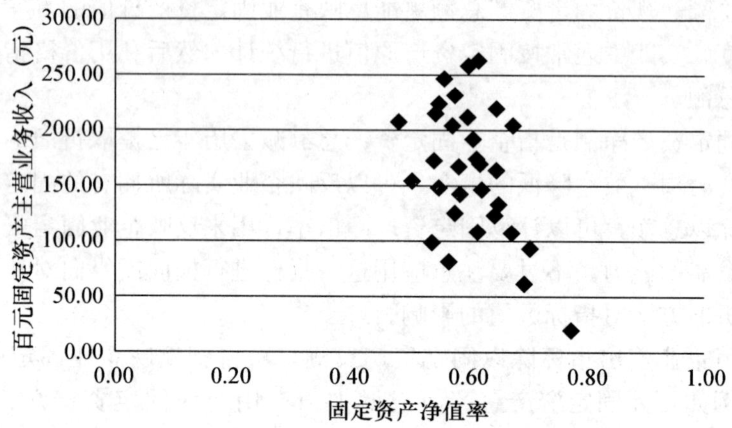


**图 3—2　固定资产净值率与使用效率**

资料来源：同图 3—1。

### （二）固定资产变动统计

固定资产变动首先是指企业固定资产的更新活动，包括原有固定资产的报废、新固定资产的购置、固定资产的改建和扩建以及固定资产的大修理。用期初与期末固定资产总额的差额就可以反映固定资产的变动。科技进步要求固定资产升级换代，因此固定资产的更新对企业具有重要意义。用报告期新增固定资产除以报告期末固定资产总额可得固定资产更新率，该指标反映了企业固定资产的更新程度，是企业提高竞争力的重要条件。

固定资产变动的另一方面是根据固定资产的使用而提取折旧，它代表固定资产在生产过程中因正常磨损而减少的价值，该价值通过成本核算转移到产品价值中。折旧的目的在于将整个固定资产价值在使用年限内进行分摊，通过产品出售收回固定资产的投资价值。由于固定资产的实际使用年限难以确定，再加上企业同时存在具有不同寿命的固定资产，因此如何计提当期固定资产折旧始终是企业核算中的一个难题。折旧的计算方法有很多，最常用的是直线折旧法，即以固定资产原值为基础，按照一个预计的使用年限，将固定资产价值做均匀分摊。具体计算方法如下：

$$\text{年折旧额}=\frac{\text{固定资产原值}-\text{预计净残值}}{\text{预计使用年限}} \tag{3—9}$$

在实际管理中，企业常常不是针对每一项固定资产单独提取折旧，而是按照一个综合折旧率统一计提，计算公式为：

$$\text{年折旧额}=\text{固定资产原值}\times\text{综合折旧率} \tag{3—10}$$

## 四、科技投入统计

当代企业竞争力在很大程度上取决于产品的科技含量以及生产过程的技术水平。对科技投入进行统计可以从科技人力投入和科技经费投入两个方面进行。

### (一) 企业科技人力投入

企业科技人力投入是指企业中从事科技活动的人员与从事研究和开发活动(R&D)的人员的总和。所谓从事科技活动的人员，是指在企业中直接从事科技活动或为科技活动提供直接服务，即从事研究与开发的成果应用且领取劳动报酬的人员。所谓从事 R&D 的人员，是指在企业中主要从事基础研究、应用研究与实验发展活动且领取劳动报酬的人员。国际上通用的科技人力投入指标是从事 R&D 的人员。

在科技人力投入总量的统计中，一般采用自然人数统计和约当（折合）全时人数统计两种方式。其中约当（折合）全时人数的计算公式如下：

$$\text{约当全时科技人员平均人数} = \begin{matrix}\text{报告期全时科技}\\\text{人员平均人数}\end{matrix} + \frac{\text{报告期非全时科技人员制度工作工时总数}}{\text{报告期制度工作工日数}\times 8} \tag{3—11}$$

### (二) 企业科技经费投入

企业科技经费投入用企业科技经费支出来反映。企业科技经费支出总量包括内部支出总量和外部支出总量两部分。内部支出总量是指报告期内企业内部开展科研活动而实际支付的全部费用，包括日常支出和资产购建两部分。外部支出是指报告期内企业从科技经费中转拨给外单位从事科技活动的经费，包括委托外单位或与外单位合作进行科研活动而拨付给对方使用的经费。

R&D 投入是企业科技经费投入中的一个重要组成部分。R&D 经费支出占企业销售额（或主营业务收入）的比重常用来衡量企业产品的技术含量，是确定企业是否属于高技术产业的一个重要指标。通常认为，只有 R&D 经费投入达到其销售收入 5%以上的企业，才有较强的竞争力，达到 2%的企业只能维持基本生存，达到 1%的企业极难生存。

在企业科技经费投入的统计中，还要对科技经费的来源进行统计。科技经费来源的结构反映企业自主创新的动机与能力，是企业规划科技投资的重要依据。

**例 3—5**

表 3—4 列出了中国规模以上制造业企业 R&D 经费投入的主要指标。根据表 3—4 分析制造业企业的科技投入。

表 3—4　　2013 年规模以上制造业企业 R&D 经费情况

| 行业 | R&D 经费（亿元） | 投入强度（%） | 行业 | R&D 经费（亿元） | 投入强度（%） | 行业 | R&D 经费（亿元） | 投入强度（%） |
|---|---|---|---|---|---|---|---|---|
| 制造业 | 7 959.8 | 0.88 | 有色金属冶炼和压延加工业 | 301.1 | 0.64 | 酒、饮料和精制茶制造业 | 82.7 | 0.54 |
| 计算机、通信和其他电子设备制造业 | 1 252.5 | 1.59 | 金属制品业 | 230 | 0.69 | 纺织服装、服饰业 | 69.3 | 0.36 |
| 电气机械和器材制造业 | 815.4 | 1.32 | 非金属矿物制品业 | 215 | 0.41 | 化学纤维制造业 | 66.8 | 0.95 |
| 汽车制造业 | 680.2 | 1.14 | 橡胶和塑料制品业 | 199.5 | 0.72 | 文教、工美、体育和娱乐用品制造业 | 49.6 | 0.38 |
| 化学原料和化学制品制造业 | 660.4 | 0.86 | 农副食品加工业 | 173 | 0.29 | 皮革、毛皮、羽毛及其制品和制鞋业 | 33.9 | 0.27 |
| 黑色金属冶炼和压延加工业 | 633 | 0.83 | 纺织业 | 158.5 | 0.44 | 印刷和记录媒介复制业 | 30.4 | 0.51 |
| 通用设备制造业 | 547.9 | 1.26 | 仪器仪表制造业 | 149.3 | 1.99 | 木材加工和木、竹、藤、棕、草制品业 | 27.2 | 0.23 |
| 专用设备制造业 | 512.3 | 1.57 | 食品制造业 | 98.5 | 0.53 | 家具制造业 | 22.5 | 0.34 |
| 铁路、船舶、航空航天和其他运输设备制造业 | 372.1 | 2.41 | 石油加工、炼焦和核燃料加工业 | 89.3 | 0.22 | 烟草制品业 | 22.1 | 0.27 |
| 医药制造业 | 347.7 | 1.69 | 造纸和纸制品业 | 87.8 | 0.68 | | | |

资料来源：科技部网站，http://www.most.gov.cn/kjtj/tjbg/201411/t20141102_116442.htm。

由表 3—4 可见，2013 年中国规模以上制造业企业的 R&D 经费投入为 7 959.8 亿元，同年，全国共投入 R&D 经费 11 846.6 亿元，规模以上制造业企业所占比重为 67%，可见规模以上制造业企业是中国科技投入的主体。

从行业分布来看，制造业的 R&D 经费投入呈现出明显的行业集中性，表 3—4 中的前三个行业即占据了制造业 R&D 经费投入的 1/3，前七个行业占据了 2/3。

从投入强度（R&D 经费投入/主营业务收入）来看，在所有制造业行业中，除了铁路、船舶、航空航天和其他运输设备制造业的投入强度超过 2%以外，其他行业的投入强度都不足 2%，表明现阶段中国制造业企业的科技投入尚需进一步提高。

## 3.3 企业产出统计

产出是企业生产经营活动的成果，表现为各种形态、性能各异的物品和服务，以满足社会生产和人们生活的不同需要。不同企业的活动成果互不相同，彼此千差万别，但它们之间的区别不外表现在三个方面，即品种、质量和数量。企业生产产出统计首先是对产出数量进行统计。关于产出数量，有不同的计量方法，一是用实物量计量，称为产出实物量统计，简称产量统计；二是用货币量计量，称为产出价值量统计，简称产值统计。

在进行企业产出统计时，应当明确以下几点：第一，企业产出统计是针对企业生产的产品的统计，因此转售的未经企业加工的自然资源或原材料不属于产出统计的对象；第二，企业产出统计是对有效生产成果的统计，因此废品不属于产出统计的对象，对于虽然达不到质量标准但尚能在原用途上使用并能取得折价收入的产品，可作为次品或等外品进行产出统计；第三，企业产出统计原则上应当按照市场价格（即出厂价格）计价；第四，企业产出的统计时间应当按照权责发生制的原则确定，即应在生产发生的时点记录产出，而不是按照收到货款或支付货款的时点记录。

## 一、企业产出的实物量统计

企业产出统计的实物量指标是以实物形态计量的企业产出，即通常所说的产量，它以适合产品的基本物理化学性能或外部特征并能体现产品使用价值的实物单位计算，衡量了一定时期企业生产的实际成果。由于不同产品的实物形态和计量单位存在明显差异，因此企业产出的实物量统计依企业产品的不同而异。

对于货物生产企业，由于货物有实际的形态，可以计数，有相应的计量单位，因此实物量统计比较简单，如机器按“台”计算，钢铁、煤炭按“吨”计算，等等。由于企业产品可以千万计，不可能就所有的产品进行实物产量统计；即使是可以统计的产品，在如何统计方面也需要一定的规范。因此，在向上级报送实物产量统计时，必须严格按照国家统计部门指定的《产品目录》的规定填报。在企业内部，进行实物量统计应结合企业实际，尽可能详细地统计各种产品的实物量，以满足企业管理需要。

统计产品产量的指标有两类，一类是混合产量；另一类是标准实物产量。混合产量表明当期完成的该产品的自然量，它是同一产品但不同品种、规格、含量的产品实物量的直接加总；标准实物产量是一种折合量，它是将名称、用途相同，但规格和含量不同的产品产量按标准规格或标准含量进行折合统计所得到的产品产量。比如，不同能源（不同品位的煤、石油等）产量均按标准发热量折算为标准能源产量，不同品种的化肥产量均按其含氮量折算为标准化肥产量。与混合产量相比，标准实物产量能够比较准确地反映某类产品的生产规模和使用价值量，但理解起来比较抽象，因此，除了特定产品，实际统计大多按产品混合产量统计。

对于服务生产企业，由于服务是无形的，无法直接对其实物量进行计量，因此多采用服务工作量指标，即对服务加于其上的实物对象进行统计，如运输企业产出可按运输量进行统计，邮电企业产出可按函件投递量和电话机数等进行统计，商业企业产出可按售出货物的数量进行统计，生活服务企业的产出可按服务人数进行统计。

实物产出指标在经济生活中具有广泛的应用，其最大的特点是直观、具体，能够形成鲜明的认识。在国民经济管理中常常要关注那些关系国计民生的重要产品的实物产出状况，以描述经济运行状况。但是，实物产出指标也有其固有的缺陷，即不同产品的产出不能直接相加总，无法对一个企业或产业当期生产的产出进行总计量，因此还需要进行产出价值量统计。

**例 3—6　　2013 年化工行业运行情况分析**

2013 年，化工行业主要产品中，初级形态的塑料、合成橡胶、合成纤维产量分别为 5 837 万吨、409 万吨和 3 739 万吨，分别增长 11%，6.2%和 7.1%。乙烯产量 1 623 万吨，增长 8.5%。烧碱产量 2 854 万吨，增长 6.6%；纯碱产量 2 429 万吨，增长 0.6%。化肥产量 7 154 万吨，增长 4.9%；其中，氮肥、钾肥产量分别增长 5.9%和 16.3%，磷肥下降 1.4%。农药产量 319 万吨，增长 1.6%。橡胶轮胎外胎产量 96 504 万条，增长 7.2%。电石产量 2 234 万吨，增长 16.2%。

资料来源：http://www.ndrc.gov.cn/jjxsfx/201401/t20140129_578090.html.

## 二、企业产出的价值量统计

### （一）企业产值的概念

企业产出价值量简称企业产值，是指以货币形态计量的企业产出。产值统计是以产量统计为基础的，通过产品价格，实现了不同产品产量的加总，但是，按照现行价格计价，价格只代表产品的名义价值，由此企业产值衡量的是一定时期内企业的名义生产成果，而不是实际生产成果。和实物产量相比，产值的含义要更加抽象。

按照产品价值中所包含的内容，常用的产值指标有总产值、增加值和净产值。

总产值是指企业在一定时期内所生产的全部货物和服务的总价值，其中既包括中间投入的价值，也包括在生产过程中使用的由各种生产要素——包括劳动、土地和资本——所投入的价值。通过总产值，可以衡量一时期企业产出的总成果，但由于中间投入是其他生产过程的产出，属于转移价值，因此总产值并不能反映一个企业在核算期内新创造的价值。

从总产值中扣除中间投入的价值，就得到增加值。由于不包括中间投入的价值，增加值体现了企业当期运用各种生产要素在生产过程中新创造的价值。从增加值中扣除固定资产折旧，即得到所谓净增加值（过去曾称为净产值）。从理论上说，净增加值不包括任何物质消耗转移价值，是对由劳动力和资本投入带来的增值部分的计量，可以更准确地衡量企业在一定时期内新创造的价值。

### （二）企业总产值统计

企业总产值统计的基本思路是将企业当期各种产品实物产量与价格相乘而后进行加总。但是，不同类型的企业具有不同的生产特点和生产组织形式，因此总产值统计的具体方法也各具特色。下面介绍一些主要产业部门企业总产值的计算方法。

（1）工业企业总产值。工业企业总产值采用“工厂法”统计，即以生产经营单位为主体进行统计，具体包括三部分：成品价值、完工的工业性作业、自制半成品和在制品期末期初价值差额。“工厂法”的基本原则包括：首先，总产出必须是企业的工业生产活动成果，非工业生产活动的价值不得计入；第二，必须是核算期内的工业活动成果，非本期成果不得计入；第三，必须是企业内工业活动的最终成果，即本期内企业不再进一步加工的产品，以防止企业内部重复计算价值。

（2）农业企业总产值。农业企业总产值是企业当期生产的各种农林牧渔产品的价值总和，其统计采用“产品法”，即各种农产品产量乘以各自价格而后加总。

（3）建筑企业总产值。根据建筑业活动内容，建筑企业总产值由建筑工程产值、设备安装工程产值、建筑物大修理产值、与建筑安装过程有关的勘察设计产值构成。其统计是工厂法与产品法的结合，即针对各建筑安装生产单位，分别计算上述各项建筑产品的总产值。

（4）服务企业总产值。考虑到服务生产与消费同时发生的特点，服务企业总产值就按照企业的营业收入来统计。

### （三）企业增加值和净增加值统计

企业增加值有两种统计方法：生产法和收入法。

用生产法统计增加值，体现增加值形成的过程。这时，增加值是从总产值中扣除中间投入后的余额。为了保证企业增加值计算的准确性，用生产法计算增加值，必须注意保持总产值与中间消耗之间在内容和统计范围上的一致性，所计算的中间消耗应该是包含在总产值之中（或者说是为得到总产值而发生）的消耗。

用收入法统计增加值，体现增加值的要素构成。这时，增加值是由各种生产要素投入所对应的收入的总和，包括劳动报酬、生产税净额、固定资产折旧和营业盈余。其中，生产税净额是指企业向政府缴纳的生产税与政府向企业支付的生产补贴相抵后的净额；营业盈余是除上述项目以外的应计入本期企业增加值的项目，其主体是企业当期实现的营业利润。

从理论上说，上述两种计算方法应该具有相同的结果，但在实际核算时，由于两种方法均要利用会计资料予以估算，因而估算结果常常具有一定差异。如果有条件，应该同时采用上述两种方法计算企业增加值，这样不仅可以验证计算结果，将差异控制在允许范围之内，还可以利用计算过程的资料分析不同问题：利用生产法核算资料分析企业生产过程的投入产出效率，利用收入法核算资料分析企业范围内的分配关系。

从企业增加值中扣除固定资产折旧便得到企业净增加值。

### （四）与企业总产值相关联的其他指标

在市场经济下，企业生产活动的目标是在市场上销售产品，因此产品销售收入是衡量企业价值的重要指标。产品销售收入是企业当期在市场上出售产品而取得的收入。由于销售行为与生产行为之间往往存在时滞，因此产品销售收入不同于企业总产值，二者的差异在于库存变动。统计实践中通常由销售收入来推导总产值，计算公式如下：

$$总产值=产品销售收入+成品和在制品、半成品库存变动的价值 \tag{3—12}$$

把当期生产的产品中实现销售的部分与企业总产值结合起来可以得到产品销售率，计算公式如下：

$$产品销售率=\frac{产品销售产值}{企业总产值}\times 100\% \tag{3—13}$$

该指标从生产的角度反映产品生产适销对路状况，是衡量企业经济效益的主要指标。指标值越高，表明产品越畅销。

把总产值与增加值结合起来可以得到增加值率，计算公式如下：

$$产品增加值率=\frac{企业增加值}{企业总产值}\times 100\% \tag{3—14}$$

该指标反映了核算期内企业生产的产品全部价值中，企业新创造价值所占的比例，指标值越高，表明企业对国民经济所作的净贡献越大。

**例 3—7　　2013 年北京市工业企业运行情况分析**

2013 年，北京市规模以上工业企业增加值比上年同期增长 8.0%。分经济类型看，2013 年，国有企业增加值比上年同期增长 7.0%，股份制企业增长 5.2%，“三资”企业增长 12.4%。分轻重工业看，2013 年，轻工业增加值比上年同期增长 5.3%；重工业增长 8.8%。分行业看，2013 年，在 39 个工业大类行业中，29 个行业增加值同比增长，10 个行业同比下降。

2013 年，北京市工业企业产品销售率 99.15%，同比提高 0.1 个百分点。工业企业实现销售产值 17 062.1 亿元，比上年同期增长 7.0%。其中，实现出口交货值 1 512.4 亿元，比上年同期增长 0.3%；实现内销产值 15 549.7 亿元，增长 7.7%。

资料来源：http://yxj.ndrc.gov.cn/dfyx/cyyx/201403/t20140317_602639.html.

## 3.4 企业财务统计

企业是以盈利为目的的经营单位。要达到此目的，需要正确运用所掌握的资产，在生产经营和资本运作中获得收益和利润。企业财务统计就是要对企业资产负债状况、收益和利润状况以及资金流动状况进行统计，以反映企业的经营状况及成果。

企业会计尤其是财务会计，是以货币单位综合记录、汇集企业生产经营财务状况的核算工具，其核算结果是为社会公众和企业管理提供有关企业特定时期的财务信息。企业财务统计与财务会计具有密切联系。前者以后者为基本资料基础，所利用的主要是通过日常账户记录汇集的会计报表，主要包括资产负债表和损益表；许多统计指标是财务会计资料的直接转化，还有一些指标是对财务会计资料进行重新分类或调整后得到的。因此，进行企业财务统计，离不开财务会计资料；搞好这部分统计，必须熟悉财务会计。

## 一、企业资产负债统计

掌握一定数量的资金并把这些资金转化为各种资产，是企业进行生产经营的必要条件。资金筹措首先来源于所有者投资，其次是对外借贷，形成企业的所有者权益和负债；资金运用则体现为不同形式的资产。一个经济实体的财务状况主要表现为在某时点上资产的不同组合、权益与负债的不同组合。企业资产负债统计就是要通过资产、负债、权益来反映企业有关资本筹集和运用的状况。

### （一）资产、负债、权益的基本概念

资产、负债和所有者权益是反映企业财务的基本概念，其间关系用公式表示如下：

$$资产=负债+所有者权益 \tag{3—15}$$

资产（assets）是指企业过去的交易或者事项所形成的、由企业拥有或者控制的、预期会给企业带来经济利益的资源，包括各种财产、债权和其他权利。资产是企业资金运用的结果，不同形式的资产表示资金运用的不同方式，在企业生产经营活动中发挥不同的作用。最基础的资产分类是沿用会计根据资产流动性所做的分类。所谓流动性，是指企业资产的变现能力和支付能力。按照流动性的强弱，资产分为流动资产和非流动资产。

负债（liabilities）是指企业过去的交易或者事项所形成的、预期会导致经济利益流出企业的现时义务。负债按其流动性（即偿还期长短），区分为流动负债和非流动负债。

所有者权益（owner's equity）是指企业资产扣除负债后由所有者享有的剩余权益，它包括实收资本、资本公积、盈余公积和未分配利润。一般而言，实收资本和资本公积是由所有者直接投入的，而盈余公积和未分配利润则是由企业在生产经营过程中实现的利润留存在企业所形成的。

从企业的角度来看，负债和所有者权益代表了企业资金的两个不同来源：负债是企业以各种方式借入的资金，所有者权益则代表投资者直接投入企业的资金。

### （二）企业资产统计

按照资产的流动性区分，企业资产是企业所拥有的流动资产和非流动资产诸项目金额的总和，通常在核算期末加以统计，其资料可直接由会计资产负债表中资产方取得。

1. 流动资产

满足下列条件之一的资产应归类为流动资产：（1）预计自一个正常营业周期①中变现、出售或耗用；（2）主要为交易目的而持有；（3）预计自资产负债表日起一年内（含一年）变现；（4）自资产负债表日起一年内，交换其他资产或清偿负债的能力不受限制的现金或现金等价物。流动资产主要包括各种现金、银行存款、短期投资、应收及预付款项、存货等。在各项资产中，流动资产的流动性最强，它参加生产经营时，形态转化很快，其价值总是一次性转移到产品成本费用中。其中，现金是指企业持有的货币；银行存款是指企业存入银行或其他金融机构的货币资金；短期投资是指企业持有的各种能随时变现或转卖的有价证券以及不超过一年的其他投资；应收及预付款项是指企业在日常生产经营过程中发生的各项债权，包括应收账款和预付账款等；存货是指企业在生产经营过程中为销售或耗用而储备的各种实物资产，包括产成品、半成品、在产品以及各类材料、燃料、包装物、低值易耗品等。

2. 非流动资产

流动资产以外的资产应当归类为非流动资产。按其性质，非流动资产包括固定资产、长期投资、无形资产以及其他资产。其中，固定资产的定义如上一节所述；长期投资是企业对外投入的不准备随时变现、持有时间在一年以上的投资，包括购置股票和长期债券以及对其他单位联营投资等形式；无形资产是指企业为生产商品、提供劳务、出租给他人，或为管理目的而持有的没有实物形态的非货币性长期资产，具体包括专利权、商标权、著作权、土地使用权、非专利技术、商誉等；其他资产是指除上述资产以外的资产，如长期待摊费用。

在企业资产统计中，将企业拥有的上述各种资产分类加总就得到企业流动资产总量和非流动资产总量，二者之和即为企业的资产总量。资产通常是在一个核算期的期末予以统计，称为期末占有数。对于流动资产，考虑到其在核算期内经常处于变动之中，还有必要计算企业在该时期对流动资产的平均占有额，即平均余额，它是指企业每天（或每个时期）占用流动资产的平均数，按序时平均法计算，最简单的方法是用期初占有额加期末占有额除以 2。

### （三）企业负债统计

企业负债是企业在生产经营业务中占有和使用其他企业和单位的资金而形成的债务。用负债筹集的资金，其所有权并不属于企业，也不属于企业的所有者，企业需要在未来以现金或资产偿还，不仅偿还负债的本金，还常常要支付相应的利息。债权人对企业的生产经营不承担任何责任，所以负债只是企业的暂时性资金来源。

企业负债总量是指企业在核算期末所承担的债务总额，它是流动负债额与长期负债额之和，有关资料可从资产负债表取得。

---

① 营业周期是指从外购承担付款义务到收回因销售商品或提供劳务而产生的应收账款的这段时间。其计算公式为：营业周期＝存货周转天数＋应收账款周转天数。

1. 流动负债

满足下列条件之一的负债，应归类为流动负债：（1）预计在一个正常营业周期中清偿；（2）主要为交易目的而持有；（3）自资产负债表日起一年内到期应予以清偿；（4）企业无权自主地将清偿推迟至资产负债表日后一年以上。流动负债包括短期借款、各种应付账款以及各种预提费用。

2. 非流动负债

流动负债以外的负债为非流动负债。它一般数额较大，偿还期限较长，是企业向债权人筹集的可供长期使用的资本来源，其发生常常与企业扩大经营规模、增加固定资产投资相联系。具体包括长期借款、应付债券和长期应付款项。

与企业资产统计相类似，应当统计企业流动负债总量、非流动负债总量和负债总量。

### （四）企业所有者权益统计

企业所有者权益包括投资者对企业直接投入的资本以及由资本派生、由经营形成的其他权益，具体由实收资本、资本公积金、盈余公积金和未分配利润等项目构成。其中，实收资本是指企业实际收到的投资人投入的资本。在股份制企业，该实收资本就是企业通过发行股票所筹集的股本。资本公积金是通过资本（或股票）溢价、法定财产重估增值和接受捐赠资本等形成的所有者权益。盈余公积金是企业按国家有关规定从税后利润中提取的积累资金，包括用于企业生产发展基金、风险基金的公积金和用于企业职工集体福利设施支出的公益金。未分配利润是企业实现的净利润经过弥补亏损、提取盈余公积金和向投资者分配利润后留存在企业的、历年结存的利润，它也属于所有者共有的权益。

统计所有者权益总量就是统计核算期末企业上述四个项目余额的总和，其资料直接取自资产负债表。

## 二、利润统计

企业筹措和运用资金的目的在于进行各种实际生产经营活动，并通过这些活动产生盈利，为投资者带来好处。因此，企业财务状况统计应包括与利润形成和分配相关联的统计内容。

### （一）利润形成统计

利润是指企业在一定时期内的经营成果，包括收入减去费用后的净额、直接计入当期利润的利得和损失等。其中，收入是指企业在日常活动中形成的、会导致企业所有者权益增加的、与所有者投入资本无关的经济利益的总流入；费用是指企业在日常活动中发生的、会导致所有者权益减少的、与向所有者分配利润无关的经济利益的总流出；直接计入当期利润的利得和损失是指应当计入当期损益的、会导致所有者权益发生增减变动的、与所有者投入资本或者向所有者分配利润无关的利得或者损失。

利润额反映一时期企业利润的数额，它是一个具有多层次含义的概念。相关资料可由损益表取得。

（1）产品销售利润，是指企业在一定时期内销售自制产品和劳务所得利润，表明企业由主营活动而得到的利润，它构成企业利润的主要部分。其形成过程可由下式表示：

$$\text{产品销售利润}=\text{产品销售收入}-\text{产品销售成本}-\text{产品销售税金及附加} \quad (3—16)$$

可以看出，企业要实现较高的产品销售利润，必须或者提高销售收入，或者降低生产成本。

（2）营业利润，是指企业进行有目的的经营活动（包括主营业务和其他业务）所获取的利润，其形成过程可用下式表示：

$$\text{营业利润}=\text{产品销售利润}+\text{其他业务利润}-\text{财务费用}-\text{管理费用}-\text{销售费用} \quad (3—17)$$

可以看出，营业利润较之产品销售利润，能够更加全面、准确地反映企业生产经营成果。它既考虑了企业主营经济活动，又包含了其他经营活动，还反映了企业的经营费用。显然，企业要取得较高的营业利润，除了从主营活动入手努力增加产品销售利润，还应适当开展其他业务；除了努力降低生产费用，还应注意降低管理和财务费用。

（3）利润总额，是反映企业在一定时期内实现的全部利润的指标，它是在营业利润基础上加减投资净收益和营业外收支而形成的，即

$$\text{利润总额}=\text{营业利润}+\text{投资净收益}+\text{营业外收入}-\text{营业外支出} \quad (3—18)$$

如果说产品销售利润、营业利润反映的是企业直接经营业务的财务成果，是阶段性核算结果，那么利润总额就是对企业最终财务成果的全面、综合的反映。正是在利润总额基础上，产生了利润分配过程。对利润进行分层次核算对于分析企业财务经营状况十分必要，它有助于人们认识企业利润的形成过程，把握影响利润的主要因素，从而有助于进一步加强企业管理，提高盈利水平。

### （二）利润分配统计

企业利润作为企业生产经营的最终成果，是国家财政收入的重要来源，也是投资者获取投资收益的源泉，还是企业自身发展的保证。所以企业实现的利润要求在国家、投资者及企业三者之间进行合理的分配。

利润分配的基础是当期企业利润总额，整个分配要按照一定先后顺序进行，因而呈现出不同分配层次。根据会计利润分配提供的资料，首先要按照国家所得税法的有关规定计算应纳所得税，由此将利润总额划分为所得税和税后利润两部分。然后，要按照政府有关法规和企业董事会决定，对由税后利润和以前年度未分配利润构成的可供分配利润依照下述顺序进行分配：弥补以前年度亏损，提取公积金，向投资者分配利润，最后，未分配利润被结转下期。

企业利润分配的统计数据主要来自企业的利润分配表，具体包括以下利润分配流量。

（1）应纳所得税。它是依据企业应纳税所得额和相应税率计算的当期应向政府缴纳的税收，体现了政府以社会管理者身份凭借国家权力对企业利润分配的参与。

（2）税后利润。又称净利润，是企业利润总额减去应纳所得税后的余额，是进一步进行利润分配的基数，体现了由企业及其所有者占有的利润额。

（3）盈余公积金提取。它是从当期净利润中提取归入企业盈余公积金的部分。

（4）应付利润。它是按照协议或分配方案应向投资者实际分配的利润，也就是投资者当期从该企业经营中获得的报酬。

（5）未分配利润。它指当期可供分配利润经上述分配后被结转到下期的余额。

利润分配统计的主要目的是分析利润分配的结构，研究企业利润分配是否有利于保证投资者的权益，是否有利于企业积累必要的资金，增强企业实力，促进企业进一步发展，为企业决策者或董事会决定利润分配方案提供依据。

**相关链接 3—3　会计计量模式变化对企业利润统计的影响**

自 2007 年 1 月 1 日起，中国在上市公司实行新会计准则，特别是公允价值计量的适度引入，对上市公司业绩将产生重要影响。所谓公允价值，即“熟悉情况的交易双方在公平交易中自愿进行资产交换或债务清偿的金额”，简单地说，就是在公平市场上的实际交易价格。和会计传统坚持的历史成本计价原则相比，引入公允价值，相当于中国会计计量模式的一场“革命”。这是因为原来按历史成本计量的资产，如果采用公允价值计量，其价值总额可能会发生重大变化，由此改变资产负债表的面貌；把公允价值变化带来的资产升值（或减值）合并计入企业损益，可能会对损益表产生严重影响。

从投资者角度看，根据全面收益观，将所持资产因价格波动引起的有关收益（如公允价值变动、投资收益等）纳入利润或所有者权益，具有其合理性。但是，这些收益毕竟具有非主营、非持续的特点，与公司主营业务增长带来的业绩增长是有根本区别的。所以投资者和上市公司都应该审慎对待这些非经常性损益，警惕其可能带来的业绩泡沫。对投资者而言，不能只关注公司的净利润和每股收益——认为只要利润大幅增长就是其经营状况发生了好转，而应仔细研究所有者权益和净利润的组成，区分经常性损益和非经常性损益，着重考察主营业务的成长状况。对于上市公司而言，与非经常性收益的昙花一现相比，在主营业务上做大做强，不断创造财富，实现稳健经营，无论是对企业、对投资者，还是对整个经济，都是更为可取的态度。

资料来源：高敏雪、张芳：《会计计量模式变化对上市公司业绩的“贡献”》，载《中国统计》，2008（4）。

## 三、企业财务统计分析

在企业财务统计的基础上，可以构造一些财务比率指标对企业的盈利能力进行统计分析。财务统计分析的经典方法是利用几种主要的财务比率之间的关系来综合分析企业的财务状况，这种分析方法最早由美国杜邦公司使用，故名杜邦分析法。其基本原理如下：

首先，用权益收益率（return on equity，ROE）来衡量企业盈利能力，它是杜邦分析系统的核心，计算公式为：

$$ROE=\frac{净利润}{权益总额} \tag{3—19}$$

然后，按照因素分解的思想，将ROE分解为资产收益率（ROA）和财务杠杆比率的乘积，公式如下：

$$ROE=ROA\times 财务杠杆比率=\frac{净利润}{资产总额}\times\frac{资产总额}{权益总额} \tag{3—20}$$

进一步地，可以将资产收益率和财务杠杆比率进行逐级分解，从而全面分析企业财务状况和经营业绩的影响因素。

**（一）资产收益率（ROA）分析**

进一步地，可以把ROA分解为净利润率（也称为销售收益率，ROS）和资产周转率的乘积，公式如下：

$$ROA=ROS\times 资产周转率=\frac{净利润}{销售收入}\times\frac{销售收入}{资产总额} \tag{3—21}$$

（1）净利润率（ROS）分析。ROS表明企业运营活动的盈利能力，对ROS的详细分解有助于评价企业的运营管理效率。ROS取决于两个因素，一是企业产品的市场价格溢价；二是企业采购、生产与运营管理过程的效率。产品溢价程度受市场竞争强度和企业战略的影响：如果市场竞争激烈，则企业很难取得价格溢价；如果企业采取差异化战略①，则企业容易获得价格溢价。生产成本取决于两个方面，一是企业以较低成本购进各种投入的能力；一是企业以较高效率完成生产过程的能力。如果企业采取低成本战略②，则企业容易降低生产成本。运营费用取决于企业完成企业战略的活动和企业管理员工的活动。一般，采取差异化战略的企业的运营费用比采取低成本战略的企业要高。

（2）资产周转率分析。资产周转率表明企业的全部资产对销售收入的贡献，对资产周转率的详细分解可用来评价企业的投资管理效率。常用的分析指标包括：流动资产周转率，应收账款周转率，存货周转率，财产、工厂与设备（PP&E）周转率等。计算公式如下：

---

① 所谓差异化战略，是指企业向客户提供独特而优异的价值，经由产品的质量、专业功能或售后服务等方面表现出来。差异化战略能使产品卖个好价钱，进而提高获利，以与竞争者抗衡。

② 所谓低成本战略，是指企业以极低的成本，雇用低工资、高生产率的工人，再加上运用先进生产技术，生产出极具竞争力的产品。关于企业战略，参见迈克尔·波特：《国家竞争优势》，北京，华夏出版社，2002。

$$流动资产周转率=\frac{报告期销售收入}{报告期流动资产平均余额} \quad (3—22)$$

$$应收账款周转率=\frac{报告期销售收入}{报告期应收账款平均余额} \quad (3—23)$$

$$存货周转率=\frac{报告期销售成本}{报告期存货平均余额} \quad (3—24)$$

$$PP\&E周转率=\frac{报告期销售收入}{报告期 PP\&E 平均余额} \quad (3—25)$$

### （二）财务杠杆比率分析

通过借入资金，企业可以运营比所有者权益大得多的资产，从而产生了财务杠杆。只要借入资金的成本低于把这些资金用于投资所得的回报，财务杠杆比率就可以提高企业的ROE。另一方面，由于借入资金有预先规定的支付条款，因此一旦企业不能履行这些条款，就会面临金融风险。对企业财务杠杆是否合理的评价可以从短期偿债能力和长期偿债能力两个方面进行，常用的分析指标包括流动比率、速动比率、现金比率和债务权益比率。前三个指标反映企业偿还短期债务的能力，最后一个指标反映企业偿还长期债务的能力。计算公式如下：

$$流动比率=\frac{报告期平均流动资产}{报告期平均流动负债} \quad (3—26)$$

$$速动比率=\frac{报告期平均速动资产}{报告期平均流动负债} \quad (3—27)$$

式中，速动资产＝现金＋短期投资＋应收账款。

$$现金比率=\frac{报告期平均现金+短期投资}{报告期平均流动负债} \quad (3—28)$$

$$债务权益比率=\frac{报告期平均短期债务+长期债务}{报告期所有者权益} \quad (3—29)$$

**例3—8**

表3—5给出了某上市公司在2004年和2013年的主要财务指标，根据这些数据对该公司的经营状况进行对比分析。

**表3—5　　某上市公司2004年和2013年主要财务指标　　单位：百万元**

| 指标 | 2013年 | 2004年 | 指标 | 2013年 | 2004年 |
|---|---|---|---|---|---|
| 资产总额 | 226 668.34 | 64 255.42 | 主营业务收入 | 189 688.38 | 58 638.05 |
| 流动资产 | 78 056.50 | 15 953.58 | 利润总额 | 8 009.76 | 13 586.46 |
| 负债总额 | 106 602.41 | 22 241.85 | 所得税 | 1 969.43 | 4 146.77 |
| 流动负债 | 94 634.05 | 12 136.12 | 净利润 | 6 040.33 | 9 439.69 |
| 所有者权益 | 120 065.93 | 42 013.58 | | | |

根据表3—5中的数据，可以得到该公司的有关财务分析指标，如表3—6所示。

表 3—6　　主要财务分析指标

| 指标 | 2013 年 | 2004 年 | 指标 | 2013 年 | 2004 年 |
|---|---|---|---|---|---|
| ROE | 0.050 | 0.225 | ROS | 0.032 | 0.161 |
| ROA | 0.027 | 0.147 | 资产周转率 | 0.837 | 0.913 |
| 财务杠杆比率 | 1.888 | 1.529 | 流动比率 | 0.825 | 1.315 |

由表 3—5 可以看到，2013 年与 2004 年相比，该公司的资产规模、所有者权益以及主营业务收入均有翻倍的增长，但是利润水平则明显下降。因此，从表 3—6 来看，2013 年该公司的 ROE，ROA 和 ROS 都大幅下降。进一步分析可以发现，该公司在 ROA 下降的同时，财务杠杆比率有所提高，意味着该公司更加注重应用债务融资。对 ROA 进行分析，可以看到该公司不仅 ROS 下降，而且其资产周转率也有所降低，表明该公司的资产运营能力有所下降。另外，从流动比率这一财务杠杆比率来看，2013 年明显低于 2004 年。

综上可知：(1) 该公司的盈利能力下降；(2) 该公司更多地借力于债务资金，对盈利能力下降有一定程度的弥补；(3) 该公司对资产的管理效率降低；(4) 该公司在更多地借助债务融资的同时，其流动比率降低，表明其面临的金融风险较高。

## 3.5 企业经济效益统计

企业经济效益是指企业经济活动中，以最小投入实现最大产出、以最小成本获得最大收益的实现程度。

### 一、企业经济效益指标的构造

根据经济效益的含义，最基本的企业经济效益指标有如下两种形式：

$$\text{企业经济效益指标}=\frac{\text{企业产出}}{\text{企业投入}} \tag{3—30}$$

$$\text{企业经济效益指标}=\frac{\text{企业收益}}{\text{企业成本}} \tag{3—31}$$

式中，产出可以采用实物量指标，也可以采用价值量指标，如采用价值量指标，既可以采用总产值，也可以采用增加值；投入可以采用不同类型的投入，如劳动力投入和资本投入等，也可以采用各种投入的总和；收益可以采用销售收入，也可以采用各种利润指标；成本既可以采用不同类型的生产成本，如人工成本和材料成本，也可以采用生产总成本。

应当指出的是，式 (3—30) 所定义的经济效益指标实质上就是通常所说的生产率指标：如采用劳动投入，得到的是劳动生产率；如采用资本投入，得到的是资本生产率；如采用各种投入的综合投入，得到的是全要素生产率。但是经济效益统计的内涵比生产率统计更为丰富，在生产率之外，还需要考虑企业生产经营活动的各个方面，系统反映企业经济效益的整体状况，通常设置各种具体的经济效益指标形成一个比较全面的指标体系。

常用的企业经济效益指标体系包括总资产贡献率、资产负债率、流动资产周转次数、成本费用利润率以及产品销售率等指标。

（1）总资产贡献率，该指标反映企业全部资产的获利能力，是评价企业盈利能力的核心指标。其计算公式为：

$$总资产贡献率=\frac{报告期利润总额+税金总额+利息支出}{报告期全部资产平均余额} \tag{3—32}$$

式中，税金总额为产品销售税金及附加与应纳增值税之和。

（2）资产负债率，该指标反映了企业经营风险的大小，又反映了企业利用债权人提供的资金从事经营活动的能力，是评价企业资本扩张能力的核心指标。其计算公式为：

$$资产负债率=\frac{报告期末总负债}{报告期末总资产} \tag{3—33}$$

（3）流动资产周转次数，该指标反映投入工业企业的流动资金的周转速度。其计算公式为：

$$流动资产周转次数=\frac{产品销售收入}{全部流动资产平均余额} \tag{3—34}$$

（4）成本费用利润率，该指标反映了企业生产成本及费用投入的经济效益，是评价企业生产要素投入效率的核心指标。其计算公式为：

$$成本费用利润率=\frac{报告期利润总额}{报告期产品销售成本+销售费用+管理费用+财务费用} \tag{3—35}$$

（5）产品销售率。该指标反映了企业产品已实现销售的程度，是评价企业市场竞争能力的核心指标。其计算公式为：

$$产品销售率=\frac{工业销售产值}{工业总产值} \tag{3—36}$$

## 二、企业经济效益的综合评价

在实际统计工作中，常常出现一些指标值得到改善，而另一些指标值发生恶化的情况，这样就很难判断企业经济效益总体的变动状况。这种情况在横向比较中也经常遇到。为了解决这个问题，通常在企业主要经济效益指标统计的基础上，采用一定的综合评价方法得到一个单一的经济效益指数。

所谓综合评价，是指通过对多个指标进行加权汇总，得到一个评价值。假定评价指标共有 $p$ 个，记为 $X_1$，$X_2$，…，$X_p$。如果给定每个指标所对应的权数分别为

$w_1$，$w_2$，…，$w_p$，则综合评价值为：

$$I=w_1X_1+w_2X_2+\cdots+w_pX_p \tag{3—37}$$

设有 $n$ 个待评价对象，则对于其中某个评价对象，将其评价指标值记为 $x_{i1}$，$x_{i2}$，…，$x_{ip}$，则其综合评价值为：$I_i=w_1x_{i1}+w_2x_{i2}+\cdots+w_px_{ip}$。

通过计算不同企业、不同时期的综合得分，可以进行企业的横向和纵向比较。

在进行综合评价时，有如下几个关键点：

（1）评价指标的选择。确定评价指标体系是综合评价的第一步。在确定评价指标时，需要遵守若干准则：首先是指标与评价目标的相关性，即所选取的指标应从不同维度和角度测量评价对象的内涵；其次要注意评价指标体系的全面性，即所选取的指标应当覆盖评价对象的各个主要方面；此外，还要注意评价指标的数据可获得性及其质量。

（2）原始数据的变换。由于各个评价指标的量纲不同，常常出现各个指标数值的数量级相差较大的现象，如果直接采用式（3—37）进行计算，则数量级较大的指标将会控制最终的评价结果。为此，在综合评价之前，通常要对指标进行变换，目的是将各个指标的取值变换到同一个取值范围，常用的方法有功效系数法和标准化法等。此外，对于逆指标（即指标值越大，表明评价对象表现越差），还需要进行正向化处理，常见的方法是取倒数或者取相反数。

（3）权数的确定。在综合评价中，指标权数的确定是一个难点。最简单的办法是对各个指标赋予相同的权重，但是不同的指标对于评价目标往往具有不同的重要性，因此需要对不同的指标赋予不同的权重。权数可以通过咨询专家意见来确定，也可以利用统计方法、根据数据中的变异程度来确定。当然，最好结合两种方法确定最终权重。

有关综合评价方法的具体内容可参见有关综合评价的统计专著。

**例 3—9**

表 3—7 给出了 2003—2012 年中国国有及国有控股工业企业的主要经济效益指标数值。根据表 3—7 中的数据分析中国国有及国有控股企业经济效益的变动。

**表 3—7　2003—2012 年中国国有及国有控股工业企业主要经济效益指标数值**

| 年份 | 总资产贡献率（%） | 资产负债率（%） | 流动资产周转次数（次/年） | 成本费用利润率（%） | 产品销售率（%） |
|---|---|---|---|---|---|
| 2003 | 10.09 | 59.24 | 1.69 | 7.25 | 98.87 |
| 2004 | 11.00 | 56.52 | 1.90 | 8.43 | 98.86 |
| 2005 | 11.87 | 56.66 | 2.10 | 8.44 | 99.25 |
| 2006 | 12.92 | 56.24 | 2.28 | 9.35 | 99.03 |
| 2007 | 13.79 | 56.50 | 2.39 | 9.90 | 99.01 |
| 2008 | 11.77 | 58.99 | 2.34 | 6.71 | 98.83 |
| 2009 | 11.29 | 60.30 | 2.05 | 6.73 | 98.58 |
| 2010 | 13.63 | 60.31 | 2.14 | 8.43 | 98.78 |
| 2011 | 13.69 | 61.17 | 2.23 | 7.66 | 98.57 |
| 2012 | 12.77 | 61.31 | 2.21 | 6.52 | 98.54 |

资料来源：国家统计局：《中国统计年鉴（2013）》。

由表3—7可见，受2008年全球金融危机的影响，各项指标在2008年都出现了不同程度的恶化。从总的趋势来看，总资产贡献率和流动资产周转次数呈现出不断提升的趋势，表明中国国有及国有控股工业企业在盈利能力和资产经营管理能力方面不断改善。产品销售率始终保持在99%左右，表明国有及国有控股工业企业能较好地把握市场需求。成本费用利润率在2008年以后一直没有得到改善，表明企业的要素生产效率有待提升。对于资产负债率的解读要慎重，因为该指标具有双向含义：该指标值过高，表明债务风险偏高，而指标值过低，又可能意味着企业难以获得债务融资。1997年，当时的国家经济贸易委员会、国家计划委员会和国家统计局曾经设立了一套工业经济效益评价指标体系，其中资产负债率的标准值定为60，可以看到，2008年以前，中国国有及国有控股工业企业的这一指标略低于标准值，其后则略高于标准值，表明中国国有及国有控股工业企业应当开始注意规避债务风险。总的来看，中国大中型工业企业需要在未来继续注重提升生产效率，并注意控制债务风险。

## 3.6 产业活动统计

以上各节介绍了企业的生产和财务等方面的统计内容。如3.1节所述，狭义产业概念产生于企业概念，因此企业投入和产出统计的内容与狭义产业的投入产出统计具有一致性。但是，作为企业集合的中观概念，产业统计不仅是单一产业的投入统计和产出统计，而且要考虑产业内各企业之间的关系和不同产业之间的关系，从而形成了企业统计所无法包容的统计内容。此外，在对产业间关系予以统计时，不仅涉及企业的生产活动，还要考虑企业以外的生产单位发生的生产活动，因此，需要就广义产业概念建立投入产出统计。

### 一、产业组织统计

产业组织是指某一产业内的企业关系结构。这里所说的“产业”没有产业分类那样的层次性，而仅指生产同一类商品（即具有密切替代关系的商品）的企业在同一市场上的集合。

现代产业组织理论有三个基本范畴：市场结构、市场行为和市场绩效。其中，市场行为属于企业的战略管理，表现为企业的各种政策，如确定价格的政策、决定产品质量的政策和压制对手的政策等，很难对其进行量化，因此产业组织统计的主要内容只包括市场结构统计和市场绩效统计。

#### （一）市场结构统计

简单地说，所谓市场结构，就是产业内企业的规模结构，反映市场竞争和垄断程度。市场结构对产业的经济效益有极其重要的影响。在规划与研究产业组织对经济效益的影响时，通常关注以下两个核心问题：一是某产业的市场结构是否使该产业内的企业有足够的竞争压力，从而使企业努力改善经营、提高技术、降低成本；二是某产业的市场结构是否使该产业内的企业充分利用了规模经济，从而使该产业的单位成本处于最优水平。因此市场结构统计应当包含两个方面的内容，一是产业的集中度统计；二是产业的规模经济统计。

1. 产业集中度统计

判断一个产业的市场结构的基本依据是集中度。所谓集中度，是指某一市场上少数几个最大企业所占有的市场份额，它反映市场垄断程度的高低。根据集中度的不同，市场结构的主要类型可分为完全竞争市场结构，即大量企业生产一种完全相同的产品，这种市场结构的集中度最低；垄断市场结构，即在一个产业中只有一家企业，这种市场结构的集中度最高；现实中的市场结构往往介于这两个极端之间，属于不完全竞争的市场结构，包括寡头垄断市场结构，即几家企业控制了一个产业，以及垄断竞争市场结构，即一个产业中有大量生产略有差别的企业。

产业集中度高的企业总是倾向于提高价格、设置障碍，以便谋取垄断利润，阻碍技术进步，造成资源的配置效率低下。一般而言，在产业发展的初期，市场集中度很低；当产业技术成熟、进入相对繁荣期时，市场集中度会逐步提高，而后趋于稳定；随着产业的衰退，部分企业退出，市场集中度就会再度上升。

衡量集中度大体有两种方法，一种方法是采用绝对集中度指标；另一种方法是采用相对集中度指标。

（1）绝对集中度。绝对集中度指标就是直接计算在规模上处于前几位的企业的市场份额，常用的指标有两个，即前四名（或前八名）企业的集中度比率（concentration ratio，CR）和赫芬达尔-赫希曼指数（Herfindahl-Hirschman Index，$I_{HH}$），计算公式如下：

$$CR4=\sum_{i=1}^{4}S_i,\quad CR8=\sum_{i=1}^{8}S_i \tag{3—38}$$

$$I_{HH}=\sum_{i=1}^{n}S_i^{\,2} \tag{3—39}$$

式中，$S_i$ 为第 $i$ 个企业的销售额占市场总销售额的百分比，称为市场份额；$n$ 为全部企业数量。

CR 的优点是计算简单，含义明确，能够直观地反映市场的集中状况；缺点是不能反映企业规模分布对集中度的影响。如果 CR 非常低，则表明市场结构为完全竞争型；如果 CR4 低于 40%，则表明市场结构为垄断竞争型；如果 CR4 高于 60%，则表明市场结构为寡头垄断型；如果 CR4 接近 100%，则表明市场结构为垄断型。

$I_{HH}$的优点是能够灵敏地反映企业规模分布对集中度的影响；缺点是直观性较差。一般认为，如果 $I_{HH}$ 低于 0.1，表明市场集中程度较低；如果 $I_{HH}$ 处于 0.1～0.18 的范围，表明市场集中程度中等；如果 $I_{HH}$ 超过 0.18，则表明市场集中程度很高。美国和欧盟都使用 $I_{HH}$ 来审查企业的并购交易，如果交易使得该指数上升 0.01，就会招致审查。

（2）相对集中度。绝对集中度指标主要反映了市场中前几家最大企业的集中度，而对其他企业的数量和规模考虑得很少，因此难以反映产业内全部企业的规模分布，这一缺陷可用市场集中度的相对指标来弥补。

常用的相对集中度指标有两种，一是根据洛伦兹曲线计算的基尼系数；二是企业规模的对数方差。衡量市场相对集中度的洛伦兹曲线和基尼系数与衡量收入分配差距的洛伦兹曲线和基尼系数类似，差别在于这里的洛伦兹曲线的横轴是企业数量比重，纵轴是企业市场份额比重，基尼系数的计算方法完全相同。关于洛伦兹曲线和基尼系数的统计方法请参见本书第 7 章。基尼系数越大，则企业规模差异越大，市场集中程度越高。企业规模的对数方差就是对企业市场份额的对数计算的方差，即

$$V=\frac{1}{n}\sum_{i=1}^{n}(\ln S_i)^2-\frac{1}{n^2}\left(\sum_{i=1}^{n}\ln S_i\right)^2 \tag{3—40}$$

显然，企业规模的对数方差越大，企业规模差异就越大，市场集中程度越高。

此外，还可以根据产业的利润率、R&D 支出、广告费支出以及价格变动程度等相关指标来判断产业的市场结构。一般，在集中度较高的产业中，利润率较高，在其销售的每单位产品中含有很高的广告和 R&D 支出，寡头往往是价格的决定者，价格的弹性很低。

**例 3—10**

*表 3—8 列出了 2004 和 2013 年中国人寿保险业以保费收入度量的前八名企业的市场占有率。根据表 3—8 分析中国人寿保险产业的产业集中度。*

**表 3—8　　中国人寿保险市场占有率（%）**

| 公司 | 2004 年 | 公司 | 2013 年 |
|---|---|---|---|
| 中国人寿股份 | 46.9 | 国寿股份 | 30.4 |
| 平安人寿 | 17.2 | 平安寿 | 13.6 |
| 太平洋人寿 | 10.8 | 新华 | 9.6 |
| 中国人寿集团 | 8.3 | 太保寿 | 8.9 |
| 新华人寿 | 5.9 | 人保寿险 | 7.0 |
| 泰康人寿 | 5.5 | 泰康 | 5.7 |
| 太平人寿 | 2.0 | 太平人寿 | 4.8 |
| 友邦 | 1.5 | 中邮人寿 | 2.1 |
| 中资公司小计 | 97.4 | 中资公司小计 | 94.4 |
| 外资公司小计 | 2.6 | 外资公司小计 | 5.6 |
| CR4 | 83.15 | CR4 | 62.52 |
| CR8 | 98.10 | CR8 | 82.19 |
| $I_{HH}$ | 0.27 | $I_{HH}$ | 0.14 |
| V | 7.4 | V | 5.3 |

资料来源：中国保监会网站，http://www.circ.gov.cn。

20世纪90年代以前，中国保险市场处于人保独家垄断的状态。进入20世纪90年代以后，保险业独家垄断的格局被打破，取而代之的是中外保险公司多家竞争、共同发展的多元化新格局。由表3—8可以看到，从集中度比率来看，2004年，四大保险公司的市场占有率在80%以上，八大保险公司的市场占有率则接近100%，赫芬达尔-赫希曼指数也在0.2以上，由此可知中国人寿保险市场的集中度很高，属于寡头垄断型。从集中度的发展态势来看，中国人寿保险市场明显呈现出集中度大幅降低的趋势，2013年，人寿保险市场的CR4几乎向下突破了60%，CR8几乎向下突破了80%，赫芬达尔-赫希曼指数则向下突破了0.2，企业规模的对数方差亦明显下降。此外，中国人寿保险市场上的竞争主要表现为国内保险企业之间的竞争，外资保险企业在中国人寿保险市场上的份额十分有限。不过，外资保险企业正在努力进入中国人寿保险市场，2004年，外资保险公司保费收入仅占全部保费收入的2.6%，到2013年则上升为5.6%。总之，经过激烈的市场竞争，中国人寿保险市场的集中度不断降低，国际化程度越来越高，打破市场垄断取得了明显的效果。

2. 规模经济统计

一般认为，现代产业的优势主要源于规模经济。所谓规模经济，是指伴随生产能力的扩大，长期平均成本有下降的趋势。在自然垄断的情况下，成本可以无限递减，从而任何一家企业都能够扩大规模来垄断整个产业；在其他情况下，成本的下降不是无限的，当产量超过某一规模后，成本转而上升，这一转折点所对应的产出规模就是“最低经济规模”（MES），在这一规模上，企业可以充分利用规模经济，获得成本节约和收益增加。

不同产业的长期平均成本曲线的形状不同，因此最低经济规模也不同。此外，规模经济的大小一般也会随着产业生命周期阶段的发展而变化。当技术获得发展，产业渐趋成熟的时候，规模经济也常常随着增加。

由定义可知，最低经济规模可由长期平均成本曲线确定，长期平均成本曲线的最低点所对应的产量就是最低经济规模。从理论上讲，长期平均成本曲线是短期平均成本曲线的下包络线。实际测算时，是根据实际成本和产量的统计数据来拟合得到长期平均成本曲线。这种估计方法称为“成本法”。因为成本法估计需要大量的数据资料，并且实际的生产过程并不是在符合理论长期成本函数定义的理想状态下进行的，拟合的长期平均成本函数不一定反映理论长期成本函数，因此这种估计方法应用并不广泛。

实际中常用来估计最低经济规模的方法还有工程法和生存法。所谓工程法，是通过收集“专家”（如工程师）关于成本曲线的斜率和最优规模的意见，得出最低经济规模的估计值。该方法的最大优点是很实用；缺点是专家意见有一定的主观性，估计值可能会偏离真正的最低经济规模。所谓生存法，是在实际企业规模变动趋势分析的基础上得出最低经济规模的估计。该方法假定：如果某一规模范围内的企业的市场份额正在不断提高，那么，这些企业的规模就是有效的；反之，如果某一规模范围内的企业的市场份额正在不断下降，那么，这些企业的规模就属于低效率的。即既存企业的规模是最优规模的最可能的解。该方法可使用官方的统计资料，因而较为客观、方便，也展示了企业规模的实际分布，但它包括了货币所得因素①，对最低经济规模的估计常常会偏差过大。

关于规模经济有很多研究成果，如美国 6 个产业的规模经济的研究结果如表 3—9 所示。

表 3—9　　规模经济导致的集中

| 产业 | 一个企业为了利用规模经济需要在美国总产量中所占的份额（%） | 最大的三个企业实际平均的市场份额（%） |
| --- | --- | --- |
| 啤酒酿造 | 10～14 | 13 |
| 卷烟 | 6～12 | 23 |
| 玻璃瓶 | 4～6 | 22 |
| 水泥 | 2 | 7 |
| 电冰箱 | 14～20 | 21 |
| 炼油 | 4～6 | 8 |

资料来源：保罗·A·萨缪尔森：《经济学》，837～838 页，北京，中国发展出版社，1992。

由表 3—9 可见，几乎每个产业中的大企业的市场占有率都超过了利用经济规模所需的最低经济规模，其中有些产业的差别非常大，如卷烟和玻璃瓶，这种巨大的差别表明在规模经济之外，还有其他因素会导致产业的高度集中。事实上，对竞争的各种限制，如法律限制产业和产品差别，会加剧集中。

### （二）市场绩效统计

所谓市场绩效，是指在一定的市场结构下，通过一定的市场行为使某一产业价格、产量、费用、利润、质量和品种以及技术进步等各方面所达到的现实的状态。市场绩效的评价准则包括：一是价格是否引导生产要素流向生产效益好、生产成本低、市场需求大的企业；二是产业内企业的生产规模是否达到规模经济的要求；三是产业内企业生产耗费和利润率的高低；四是产品的质量和品种规格是否能够满足消费者的需求；五是产业的技术进步是否在不断加快。

常用的市场绩效统计指标包括规模经济水平、技术进步效率、权益收益率（或利润率）、勒那指数（Lener index）、贝恩指数（Bain index）等。规模经济水平和权益收益率在上文已有阐述，技术进步效率涉及生产函数理论，超出本书范围，此处不作介绍。

1. 勒那指数

勒那指数度量的是价格与边际成本的偏离率，计算公式为：

$$\text{勒那指数(LI)}=\frac{\text{价格}-\text{边际成本}}{\text{价格}} \tag{3—41}$$

在完全竞争市场中，价格等于边际成本，勒那指数为 0；在完全垄断市场中，勒那指数会大一些，但不会超过 1。因此，勒那指数越接近 0，则竞争程度越高，市场绩效显著；反之，勒那指数越接近 1，则竞争程度越低，市场绩效越差。在实

① 对最低经济规模进行估计时，应该剔除所有的货币所得因素，而只考虑影响成本的技术因素。

际测算时，由于边际成本不易取得，因此往往不直接使用式（3—41），而利用勒那指数等于需求价格弹性的相反数的倒数这一性质来测算勒那指数。

**相关链接 3—4　勒那指数与需求价格弹性**

记产品的需求量为 $Q$，边际成本为 $c$，价格为 $P$，边际收益为 $MR$，需求价格弹性为 $\varepsilon$，则根据定义有

$$\varepsilon=\frac{\frac{\Delta Q}{Q}}{\frac{\Delta P}{P}}\text{ 和 }MR=P+Q\frac{\Delta P}{\Delta Q}=P\left(1+\frac{1}{\varepsilon}\right)$$

由于利润最大化的条件是边际收益等于边际成本，因此有

$$MR=P\left(1+\frac{1}{\varepsilon}\right)=c$$

由此解得：$-\dfrac{1}{\varepsilon}=\dfrac{P-c}{P}=LI$

2. 贝恩指数

贝恩指数度量的是企业投资的超额利润率。超额利润也称为经济利润，它是会计利润扣除正常的投资收益之后的结果，计算公式为：

$$\pi_\beta=\pi_\alpha-iv=(R-C-D)-iv \tag{3—42}$$

式中，$\pi_\beta$ 为经济利润；$\pi_\alpha$ 为会计利润；$R$ 为总收益；$C$ 为即期总成本；$D$ 为折旧；$i$ 为正常投资收益率；$v$ 为投资总额。

于是贝恩指数的计算公式为：

$$\text{贝恩指数}=\frac{\text{经济利润}}{\text{投资总额}} \tag{3—43}$$

贝恩指数的理论依据是：如果市场中持续存在超额利润，那么一般情况下就表明该市场上存在垄断势力，且超额利润率越高，垄断力量越强。与勒那指数相比，贝恩指数要求的数据较易获得，因此更易操作。

3. 托宾 $q$ 值

托宾 $q$ 值指的是一家企业资产的市场价值与这家企业资产的重置成本的比率，计算公式为：

$$\text{托宾 }q\text{ 值}=\frac{\text{股票的市值}+\text{债券的市值}}{\text{企业资产的重置成本}} \tag{3—44}$$

如果托宾 $q$ 值大于1，则意味着企业在市场中能获得超额利润。显然，托宾 $q$ 值越大，该企业造成的社会福利损失越大，市场绩效越低。

托宾 $q$ 值的优点是避免了估计收益率或边际成本的困难，但是企业资产的重置成本较难获得，往往需要进行估算。

## 二、广义产业的投入产出及产业关联统计

产业联系是指产业之间在生产、交换和分配等过程中发生的关联。为了系统描述产业间的联系，基本方法是编制投入产出表，进行广义产业投入产出统计。

如前所述，广义产业既包括企业生产活动，也包括发生在住户和政府的生产活动。无论何种类型的生产单位，生产的投入具有大体相同的内容：劳动投入、中间投入和固定资产投入（即折旧），统计方法与上述企业统计基本相同。从产出统计看，企业产出统计也如前述；住户部门进行个体经营从事生产活动的目的也在于盈利，其产出的统计方法与企业统计相似；政府及其他非营利单位的产出则具有非市场性质，通常按照生产成本予以统计。①

### （一）投入产出表的基本结构

所谓投入产出表，是以矩阵形式记录在一定时期内国民经济各产业部门之间发生的货物与服务的生产与交换关系。其基本结构如表 3—10 所示。

**表 3—10　　投入产出表**

| | 中间使用 | | | | | 最终使用 | | | | | | | | | | 总产出 |
|---|---|---|---|---|---|---|---|---|---|---|---|---|---|---|---|---|
| | 部门 1 | 部门 2 | … | 部门 $n$ | 合计 | 最终消费 | | | | | 资本形成总额 | | | 净出口 | 合计 | |
| | | | | | | 居民最终消费 | | | 政府消费 | 合计 | 固定资本形成总额 | 存货增加 | 合计 | | | |
| | | | | | | 农村居民 | 城镇居民 | 小计 | | | | | | | | |
| 中间投入 部门 1 | | | | | | | | | | | | | | | $Y_1$ | $X_1$ |
| 中间投入 部门 2 | | | | | | | | | | | | | | | $Y_2$ | $X_2$ |
| 中间投入 ⋮ | | $(X_{ij})_{n\times n}$ | | | | | | | | | | | | | ⋮ | ⋮ |
| 中间投入 部门 $n$ | | | | | | | | | | | | | | | $Y_n$ | $X_n$ |
| 中间投入 合计 | | | | | | | | | | | | | | | GDP | $X$ |
| 增加值合计 | $V_1$ | $V_2$ | … | $V_n$ | GDP | | | | | | | | | | | |
| 固定资产折旧 | | | | | | | | | | | | | | | | |
| 劳动者报酬 | | | | | | | | | | | | | | | | |
| 生产税净额 | | | | | | | | | | | | | | | | |
| 营业盈余 | | | | | | | | | | | | | | | | |
| 总投入 | $X_1$ | $X_2$ | … | $X_n$ | $X$ | | | | | | | | | | | |

说明：投入产出表中的产业有同质性要求，即表中所设的产业只生产一种产品，每一种产品只有一个产业来生产。

由表 3—10 可以看到，投入产出表包括三个主要组成部分，每一部分都是一个矩阵。第一部分是中间投入（中间使用）矩阵，这个矩阵是一个方阵，从纵向看，矩阵每一列的元素表示某一产业部门所使用的来自各部门的中间投入；从横向看，矩阵每一行的元素表示某一产业部门的产品被各部门用作中间投入的部分。第二个部分是最终使用矩阵，从横向看，矩阵每一行的元素表示某一产业部门的产品用于

① 有关广义产业投入与产出统计方法的详细讨论，可参见国民经济核算教材。

消费、投资或出口的部分。第三部分是增加值矩阵，从纵向看，矩阵每一列的元素表示某一产业部门所创造的增加值。

投入产出表中有一些基本的总量平衡关系[①]，包括：

总投入＝总产出 (3—45)

中间投入＋增加值＝总产出 (3—46)

中间使用＋最终使用＝总产出 (3—47)

增加值合计＝GDP (3—48)

最终消费＋资本形成总额＋净出口＝GDP (3—49)

固定资产折旧＋劳动者报酬＋生产税净额＋营业盈余＝增加值 (3—50)

最终消费＋资本形成总额＋净出口＝最终使用 (3—51)

居民最终消费＋政府消费＝最终消费 (3—52)

固定资本形成总额＋存货增加＝资本形成总额 (3—53)

**（二）产业关联统计分析**

通过对投入产出表进行投入产出分析，可以系统反映产业之间的关联。

在投入产出表的三个组成部分中，中间投入部分是分析产业联系的重要依据，基本方法是通过中间投入流量计算各产业的直接消耗系数和完全消耗系数。

直接消耗系数是指某产业（第 $j$ 产业）生产单位产品所需消耗的各个产业部门（第 $i$ 部门）提供的原材料等中间产品投入量，计算公式为：

$$a_{ij}=\frac{X_{ij}}{X_j},\qquad i=1,2,\cdots,n;\ j=1,2,\cdots,n \tag{3—54}$$

对所有产业计算直接消耗系数，结果构成一个系数矩阵，通常用 $\boldsymbol{A}$ 表示。通过直接消耗系数矩阵可以一目了然地看到每个产业每生产一个单位的产品，需要投入多少各种原材料等中间产品，这无疑是产业联系的一个直接体现。但是，直接消耗系数只反映了产业间的直接联系，比如汽车生产对电力的直接消耗，却不能反映产业间的间接联系，比如汽车生产通过钢铁消耗而对电力的消耗。要在更深层次上全面反映产业间联系，需要在直接消耗系数基础上计算完全消耗系数，既反映直接联系，也反映间接联系。完全消耗系数通常用 $\boldsymbol{B}$ 表示，其计算公式如下：

$$\boldsymbol{B}=(\boldsymbol{I}-\boldsymbol{A})^{-1}-\boldsymbol{I} \tag{3—55}$$

式中，$(\boldsymbol{I}-\boldsymbol{A})^{-1}$ 称为列昂惕夫逆矩阵，也是用来分析产业联系的重要工具。如果用 $\boldsymbol{X}$ 表示总产出向量，用 $\boldsymbol{Y}$ 表示最终使用向量，则中间使用矩阵为 $\boldsymbol{AX}$，根据投入产出表中的平衡关系可以得到

$$\boldsymbol{AX}+\boldsymbol{Y}=\boldsymbol{X} \tag{3—56}$$

从而有

① 关于这些平衡关系及相关概念，可参见本书第 8 章及国民经济核算教材，这里不做详细解释。

$$(\boldsymbol{I}-\boldsymbol{A})^{-1}\boldsymbol{Y}=\boldsymbol{X} \tag{3—57}$$

把上式写成差分形式，得到

$$(\boldsymbol{I}-\boldsymbol{A})^{-1}\Delta\boldsymbol{Y}=\Delta\boldsymbol{X} \tag{3—58}$$

可见列昂惕夫逆矩阵度量了最终使用与总产出之间的联系的强度，它的含义是，如果每个产业的最终使用增加一个单位，则各产业总产出将增加的单位数。在列昂惕夫逆矩阵的基础上，可以计算产业的影响力系数和感应度系数，从而分析产业的前向关联和后向关联，形成确定主导产业的重要依据。①

**例 3—11**

表 3—11 是根据 2010 年中国投入产出表合并简化后的三次产业分类的中间使用矩阵。根据表 3—11 分析中国 2010 年的产业联系。

**表 3—11　　2010 年中国三次产业的中间使用**　　单位：万元

| | 第一产业 | 第二产业 | 第三产业 |
|---|---|---|---|
| 第一产业 | 92 202 499.6 | 404 595 539.1 | 42 331 038.7 |
| 第二产业 | 150 873 609.9 | 5 505 067 557.7 | 720 239 955.6 |
| 第三产业 | 44 785 890.5 | 916 517 757.1 | 613 345 119.5 |
| 总产出 | 693 198 000.0 | 8 770 286 367.6 | 3 062 964 353.4 |

资料来源：国家统计局：《中国统计年鉴（2013）》。

由表 3—11 计算中国直接消耗系数、列昂惕夫逆系数和完全消耗系数，如表 3—12 所示。

**表 3—12　　2010 年中国直接消耗系数、完全消耗系数和列昂惕夫逆系数**

| | 直接消耗系数 | | | 完全消耗系数 | | | 列昂惕夫逆系数 | | |
|---|---|---|---|---|---|---|---|---|---|
| | 第一产业 | 第二产业 | 第三产业 | 第一产业 | 第二产业 | 第三产业 | 第一产业 | 第二产业 | 第三产业 |
| 第一产业 | 0.13 | 0.05 | 0.01 | 0.20 | 0.18 | 0.07 | 1.20 | 0.18 | 0.07 |
| 第二产业 | 0.22 | 0.63 | 0.24 | 0.84 | 2.07 | 0.93 | 0.84 | 3.07 | 0.93 |
| 第三产业 | 0.06 | 0.10 | 0.20 | 0.19 | 0.40 | 0.37 | 0.19 | 0.40 | 1.37 |

由表 3—12 可见：(1) 无论是直接消耗系数，还是完全消耗系数，都表明三次产业对第二产业依赖最强；(2) 与其他产业相比，第一产业与其他产业的联系相对较弱，表明中国农业生产的现代化和市场化程度较低；(3) 从联系较为密切的第二产业和第三产业来看，第二产业对本产业的直接消耗系数高达 0.63，完全消耗系数大于 2，远高于与第三产业的联系程度，意味着中国第二产业有很明显的产业内循环的特征，这种状况与中国第三产业发展滞后有很大关系。总的来看，中国三次产业的产业间关联程度有待加强，一方面应提高第一产业与其他产业的关联；另一方面要大力发展生产者服务业，通过产业间的分工合作，全面提升中国各个产业以及经济总体的竞争力。

---

① 关于影响力系数和感应度系数，请参阅投入产出分析的有关教材。

## 三、产业结构统计

经济发展就是经济结构的成功转变，产业结构是经济结构中的重要内容，因此产业结构研究以及产业结构与经济发展的关系是经济研究中一个备受关注的领域，其目的是分析产业结构不断演变的原因和条件，寻找产业结构演变的规律。所谓产业结构，是指产业间的比例关系。从产业结构统计来说，主要包括两个方面的内容，一是产业结构的状态统计；一是产业结构的影响因素统计。

### （一）产业结构的状态统计

判断产业结构的状态大体使用两类指标：一是各产业的投入及其比例，包括就业人数及其所占比例、各产业的资产额及其所占比例；二是各产业所创造的产出及其所占比例，为避免重复计算的干扰，产出一般采用增加值指标。

配第-克拉克定理是研究产业结构演变规律的重要学说，该定理认为，随着经济的发展，第一产业的就业比重将不断下降，而第二产业和第三产业的比重将不断上升。库茨涅兹等人对产业结构演变进行了更深入的探讨，发现这一定理的前半部分是正确的，但后半部分则不然，具体来说，第二产业的产值比重会上升，但就业比重则大体不变或略有上升；第三产业正好相反，就业比重会上升，但产值比重则大体不变或略有上升。

**例 3—12　　　　对中国产业结构现状进行分析**

图 3—3 和图 3—4 分别从增加值与就业人数两个方面反映中国产业结构。由图 3—3 和图 3—4 可以看到，1978 年以来，中国第一产业增加值比重逐步下降，第二和第三产业的比重逐步上升，劳动力也呈现由第一产业向第二和第三产业转移的态势。总的来看，中国产业结构调整符合经济发展的一般规律。

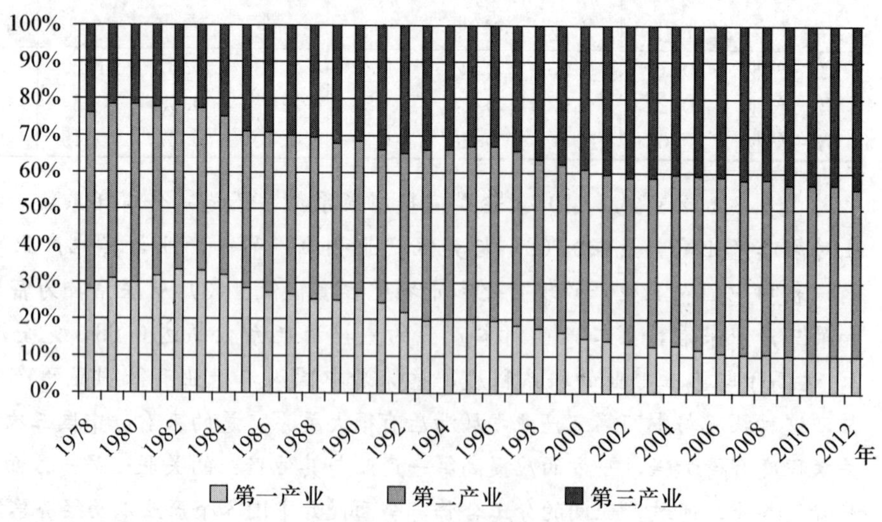


**图 3—3　中国产业结构演变图**（增加值）

资料来源：同图 3—1。

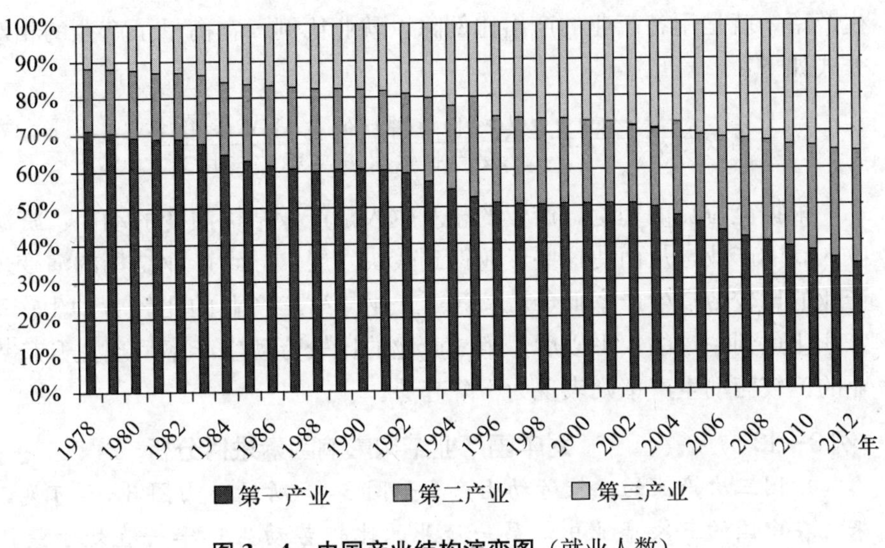


**图 3—4　中国产业结构演变图**（就业人数）

资料来源：同图 3—1。

但是，也可以看到，中国目前的产业结构仍存在一些不合理之处，主要表现在：(1) 第二产业产值比重偏高。从增加值的角度来看，尽管 20 世纪 80 年代第二产业的比重曾经有所下降，但它一直是中国最大的产业。2012 年，中国的三次产业结构为 10.1%，45.3%，44.6%。(2) 第三产业发展滞后。1985 年是一个分水岭：1985 年以前，第一产业产值比重高于第三产业；1985 年，第三产业首次赶上并超过第一产业；随后第一产业比重不断下降，目前比重略高于10%。但中国第三产业在超过第一产业之后增长情况并不理想，直到 2001 年产值比重才突破 40%，而且随后其产值比重停滞不前，直到 2009 年以后才有所提高。如何加快第三产业的发展是中国产业结构演进中的一个重大课题。(3) 农村剩余劳动力有待进一步转移。从就业的角度来看，尽管第一产业的比重持续下降，但直到 2002 年之后才降到 50%以下。虽然 2002 年以来，农村劳动力转移加速，2012 年第一产业就业比重降为 33.6%，但是约 40%的劳动人口从事 10%的增加值生产，可见中国农业劳动力过剩之严重。第二产业与第三产业吸收第一产业转移的劳动力之后，就业比重稳步上升，1994 年是一个转折点，这一年，第三产业就业首次赶上并超过第二产业，但目前第三产业就业比重仍约为 1/3。第三产业常常被视为劳动力的蓄水池，中国第三产业显然并未起到这个作用，从而再一次表明中国发展第三产业的必要性。

### (二) 产业结构的影响因素统计

产业结构的影响因素很多，包括国内需求结构、资源供给结构和国际经济的结构等，这些内容分别体现在消费统计、投资统计、资源统计和国际经济统计中，此处不再赘述。

在产业结构影响因素分析中，一个重要指标是比较劳动生产率。所谓比较劳动生产率，就是用各产业的产出比例除以就业比例，它衡量了产业的相对收入，计算公式如下：

$$比较劳动生产率=\frac{某产业的增加值占\ GDP\ 的比重}{该产业就业占总就业的比重} \quad (3—59)$$

根据克拉克的理论，产业的相对收入是产业结构演变的动因：资源会流向相对收入高的产业，从而使这些产业得到较快发展，导致产业结构的演变。一般，第一产业的比较劳动生产率低于1，第二产业与第三产业的比较劳动生产率高于1。当工业化达到一定的水平以后，第二产业的比较劳动生产率呈现上升趋势，而第三产业的比较劳动生产率则表现为下降趋势。

**例 3—13　对中国产业结构影响因素进行分析**

中国三次产业的比较劳动生产率如图3—5所示。由图3—5可见，改革开放以来，在中国的三次产业中，第一产业的比较劳动生产率一直处于最低的水平，除1984年以外始终低于0.5，而第二产业与第三产业的比较劳动生产率则高于1，这正是劳动力由第一产业向其他产业转移的动因。第二产业的比较劳动生产率一直处于最高的水平，表明中国第二产业具有较高的比较收益，对生产资源具有最大的吸引力。第三产业的比较劳动生产率始终与第二产业保持一定的差距，在1982—1992年间这一差距曾经有过较大幅度的缩小，但1995年后又重新拉大了，直到2003年以后才再次趋于收缩，这也是中国第三产业未能发挥劳动力蓄水池功能的重要原因。总的来看，中国三次产业的比较劳动生产率还存在明显差异，因此生产资源将会重新配置，产业结构会发生进一步的演变。

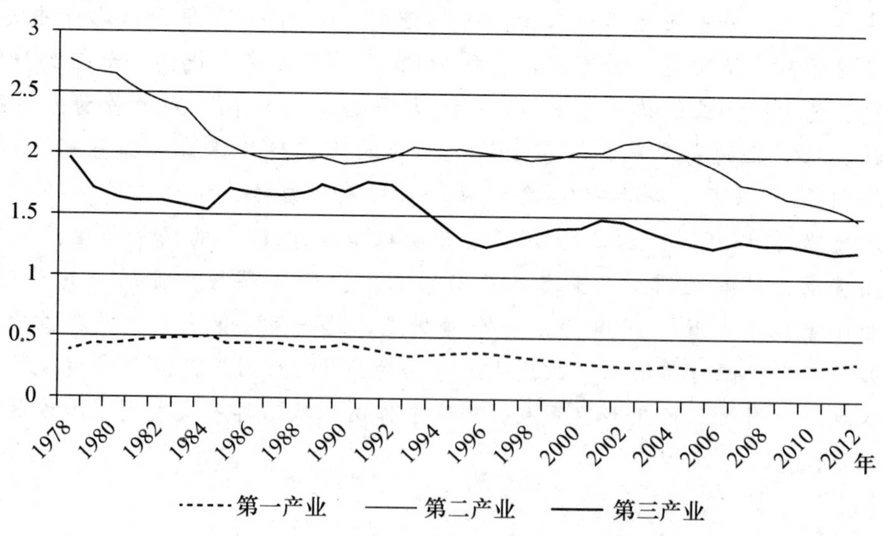


**图 3—5　中国三次产业的比较劳动生产率**

资料来源：同图3—1。

## 思考题

1. 何谓企业活动?

2. 请叙述产业的几种主要分类。

3. 企业产出统计的基本指标有哪些?请叙述这些指标的基本内容，并解释它们之间的联系。

4. 劳动投入的主要统计指标有哪些?你认为用哪一个指标计算劳动生产率更恰当?为什么?

5. 请解释如何利用某种能源的消耗总量、使用该能源的产品的产量、产品单耗以及能源价格形成的指数体系对某种能源消耗的变动进行分析。

6. 请叙述企业财务统计的主要内容。

7. 请收集两家上市公司的财务报表数据，进行财务统计分析，并解释两家公司财务表现的异同；或收集一家上市公司的动态数据，并解释该公司财务表现的变动。

8. 请叙述企业经济效益统计的主要内容。

9. 请任选一行业，查找有关数据，简要分析其产业组织特征。

10. 请对中国制造业进行相关的投入产出分析。

# 第 4 章 Chapter 4 公共部门统计

以政府为中心的公共部门是经济社会系统的重要组成部分，其功能或职能与以企业为代表的市场完全不同，是要通过资源配置、收入分配、稳定和管理经济社会来制衡市场、弥补市场。由此决定了公共部门活动的特殊性，这种特殊性既表现在该部门所从事的活动类型上，更表现在从事活动的方式上。本章将立足公共部门活动的不同侧面及其对经济社会发展的影响介绍相关统计内容。通过本章，读者可以把握以下知识要点：

- 以公共部门职能为线索所建立的公共部门统计体系；
- 政府财政统计的基本框架和主要指标；
- 政府财政平衡及相关债务统计与分析；
- 教育、卫生保健、社会保障等公共事业活动的统计指标；
- 政府规模及效率统计与分析的思路。

## 4.1 公共部门的职能及其统计

一个经济社会系统为什么要在住户、企业之外还有公共部门？公共部门的职能是什么？以什么方式完成其职能？如何对公共部门的活动及其经济社会效应予以统计描述和分析？这构成了本节的内容。

### 一、公共部门的存在与组成

依据公共部门经济学的理论，现实经济社会生活中，任何一个经济系统都无法具备完全竞争的市场机制，因而仅仅依靠市场规则不能完全实现达到帕累托效率的资源配置，其间存在大量所谓“市场失灵”的情况，此外还会产生社会分配不公的问题。为了解决这些问题，必须要有一个凌驾于市场之上的力量，即来自公共部门的干预机制。这就是公共部门存在的基础。如果从经济观点扩展到社会管理，任何一个社会系统中，都会不同程度地存在公共事务。处理这些公共事务，为社会成员提供公共性的服务，就是公共部门的职责所在。

公共部门可以在经济社会系统的不同层次存在。比如一个社区，需要一个居民（村民）委员会来管理社区的公共事务，并委托一个物业公司来具体为社区成员提供公共性服务。相应地，对于一个国家来说，则需要一个政府来管理国家的公共事务，通过各种具体部门和机构，处理对外关系，协调内部关系，进行宏观规划、管理，保证整个经济社会系统的有序运行，为国民提供服务。

在国家层面上，政府部门不是唯一的公共部门，还存在其他各种形式的公共部门来处理相应的公共事务，比如慈善机构、民间社团、各种私人非营利组织等，但政府却是最主要的公共部门。所谓政府部门，是将履行政府功能作为其主要活动的单位的总称，即这些单位对一定区域内的其他单位具有立法、司法或行政权力，它们承担向整个社会或各个住户按非市场性条件提供货物和服务的责任；它们进行转移支付，以便对收入和财富进行再分配。政府部门直接或间接地主要通过税收和来自其他单位的其他强制性转移来为其活动筹集资金。之所以说政府部门是最主要的公共部门，原因在于：第一，政府对经济社会管理的覆盖范围最广，通过各级政府及其所属机构，形成了覆盖全社会的政治统治和管理网络，和政府相比，其他公共部门总是具有不同程度的局部性；第二，与其他公共部门的自愿性质不同，各级政府对辖区内的个人与法人单位具有强制权，是最有权威的公共部门，可以有效地动员社会资源。正因为如此，在多数情况下，常常将政府部门等同于公共部门应用于各种理论研究框架和管理体系中，比如将公共财政等同于政府财政，将公共支出等同于政府支出。在下面的叙述中，除非加以特殊说明，也是这样处理。

## 二、公共部门的职能与活动

一般认为，公共部门的职能体现在以下方面：资源配置、调节分配、稳定经济。为实现这些职能，政府要进行以下具体活动。

第一，向社会提供公共物品和服务。所谓公共物品和服务，是指这样一类物品和服务，即每个人消费该物品或服务不会导致别人对该物品或服务消费的减少。由于这些物品在效用上是不可分割的，一个人的消费不排除其他人的消费，而且无法排除其他人的消费，其私人边际效益与社会边际效益、私人边际成本与社会边际成本之间处于分离状态，因此，无法利用市场由私人部门有效提供这些物品和服务，只能由政府代表集体利益提供这些产品。具体方式可以是由政府在市场上购买而后提供给社会公众，也可以是由政府完成这些物品和服务的生产提供给社会公众。实际上，政府围绕教育、医疗保健、警察、消防、国防、法律和司法制度、社会保障和社会福利等所从事的大量活动都涉及这类公共物品服务的提供，也就是所谓公共事业活动。

第二，矫正外部效应。许多经济活动具有外部效应，即一个人或经济单位的活动影响了其他人或单位，却没有承担相应的社会成本费用或没有获得应有的收益，结果造成私人成本小于社会成本，形成外部负效应；或者私人收益小于社会收益，形成外部正效应。外部效应的存在会影响经济社会系统的正常运行，造成市场供应过多或不足的情况。这时需要政府采取措施，以征税方式提高私人成本，消除外部负效应，防止过度生产发生；或以补贴方式增加私人收益，消除外部正效应，防止生产不足情况发生。显然，在这样的活动中，政府行为要依托市场行为而存在，是为了矫正单纯市场行为所出现的问题。

第三，消除或限制垄断行为。垄断的存在会使价格和产量受到非市场性影响。这时需要政府制定有关政策法令，辅之以征税、补贴等手段，来维持市场有效竞争。

第四，进行再分配，保障社会公平。市场规则下的收入初次分配常常仅具经济公平性，但难以达到社会的公平。为解决社会分配不公平问题，需要政府介入，运用不同手段对收入和财富予以再分配，减少收入和财富占有的差异，将其控制在社会各阶层所能接受的合理范围之内。这时，政府是重要的分配中介。

第五，稳定经济。市场经济条件下经常出现经济波动和利益冲突，政府有责任采取措施，利用政策和税收、公共支出等经济手段施加影响和调控，实现经济增长、充分就业、物价稳定、国际收支平衡的宏观目标，以保持经济社会的稳定发展。

## 三、公共部门统计的内容

我们可以从不同角度认识公共部门的活动。第一，无论是资源配置、调节分配还是稳定经济，政府要作用于经济社会过程，必然要形成相应的收入和支出，从某种意义上说，公共支出就是政府行为的成本。因此，可以说，公共部门的活动就表现为公共收支活动。第二，公共部门的活动存在于经济运行过程中，和企业、住户等一样，也具有生产、分配、消费和投资的不同意义，其作用可以在这样的过程中，以及在与企业、住户和国外的关系中体现出来。第三，生产公共物品和服务提供给社会公众，以弥补市场生产的空当和不足，是公共部门的重要活动，从社会意义来看，这些公共物品和服务的生产和提供就是所谓公共事业活动，涉及教育、医疗保健、国防、社会保障、行政和司法等各方面。公共部门的存在在很大程度上是通过这些公共物品和服务的生产即公共事业活动来体现的。

据此，我们可以从不同角度确定公共部门统计的内容。

第一，财政收支统计，从收入和支出角度描述政府活动及其对经济社会发展的影响；

第二，在国民经济核算中进行公共部门活动核算，从生产、分配、消费、投资以及资产负债等方面描述公共部门的活动；

第三，公共事业活动统计，针对不同的活动领域设定统计内容，描述政府直接完成或在政府主持下完成的各种公共物品和服务的生产提供活动，也就是对社会公共事业活动的统计。

在上述内容中，考虑到国民经济核算是一个完整的体系，如何在其中体现公共部门需要专门的教材予以阐述，故本章不予讨论。① 下面将就政府财政统计和公共事业统计的内容予以介绍，同时结合公共部门与经济社会发展的关系，讨论政府部门规模效率的统计测度的方法和思路。

## 4.2　政府财政统计

如上所述，政府的职能是在一个以市场机制为中心的经济社会系统中，发挥配置资源、调节分配、稳定社会经济等作用，而这些作用的发挥要以财政收入支出为基础。强制的、无偿的财政收入和支出既是政府进行资源配置和收入调节的手段，又是政府提供公共物品和服务的前提。要反映政府在经济社会系统中的作用，必须对其财政收支活动进行统计，分析财政收支与经济社会的关系。本节将介绍有关内容。

### 一、财政与财政统计的框架

#### （一）财政的性质与组织

财政的主体是政府，是政府代表国家参与经济社会过程所形成的经济行为，它包括两个对应存在的方面。一个方面是以税收等形式和渠道聚集当期所创造的一部分收入，形成财政收入；另一个方面是将这些收入在全社会范围内以不同方式加以使用，形成财政支出。在一收一支过程中，收入在全社会范围内得到了再分配，资金等资源获得了重新配置，由此对经济社会的稳定发展产生了重要影响。

财政具有以下基本特征。

第一，公共性。财政是政府意志的体现，通过财政，政府代表全体利益而筹集收入、形成支出，目的是实现在全社会范围内的收入与资金分配，调节社会产品的使用方向，保证国民经济的正常运行。因此，财政具有公共的性质，称为公共财政。

第二，强制性、无偿性。政府参与经济过程是为了弥补市场的不足，由此，围绕政府所发生的财政收支在基本性质上不同于市场上的交换性收支，它具有强制性和无偿性。也就是说，它是凭借国家政治权力通过所颁布的法令来强制实施的，是无偿的，而且一旦收支发生，不会在未来某个时间再予以偿还。比如，政府依法向各单位和个人征税，这是强制性的，而且是无返还的；同样，政府也要依法对社会的低收入者提供救济，发放的支出也是无须偿还的。

第三，收支平衡性。财政的职能是分配，它不会像生产活动那样创造价值，而是要通过收入和支出来改变社会各方面对收入和资金的占有结构。这样，财政收入与支出之间具有对称平衡的特点。也就是说，一时期的财政收入与财政支出在总量上应保持平衡，或许在特定时期二者会存在一定的差额，但在根本意义上，保持财

① 本书第 8 章将对国民经济核算基本内容加以概述，更详细的内容读者需参阅专门的教材。

政收支的平衡是财政管理的最基本原则。

关于财政，还有以下方面需要了解。第一，一国的政府包含不同层次，包括中央政府、省及以下各级地方政府，与此相对应，财政也有中央财政和地方财政的区分。第二，财政收支不等于政府部门下辖各行政事业单位的收支，前者是政府的总体收支，后者是各具体单位依据其职能所发生的具体收支。第三，在管理上，财政收支包括预算收支和预算外收支两个部分。财政预算是政府的基本财政收支计划，所谓预算收支，是指纳入财政预算的收支；预算外收支则是指不纳入财政预算、允许有关部门和单位自收自支的资金收支，一般发生在地方财政和政府各行政事业单位管理范围之内。财政的管理通常以预算收支为主。

### （二）从政府经济活动到政府财政

政府在执行其职能过程中发生了各种经济活动，这些活动涉及政府和其他经济单位两个方面。从政府角度看，各项活动大多体现为两种流动的对应发生：一方面是从政府流出；另一方面是流入政府。比如政府从市场上购买货物，一方面是货物流入政府，同时是现金流出政府，这时，货物与现金是对应的。但是，由于政府经济活动的强制性和无偿性，有些活动可能只体现一种流动。比如征税行为，税收流入政府的同时并没有什么流出政府，这类活动称为转移，对应的流动被定义为“无有”。这样，所有政府经济活动都可以在各种流出、流入的对应关系中予以归纳，不同的组合表示了不同类型的经济活动。具体如表4—1所示。

**表4—1　　按流出、流入对应关系划分政府经济活动**

| | 货物与劳务 | 货币 | “无有” | 其他部门负债 | 政府部门负债 |
|---|---|---|---|---|---|
| 货物与劳务 | 易货贸易 | 以现金购买货物或劳务 | 无偿收到的货物或劳务 | 以货物和劳务清偿负债 | 政府以负债方式购买 |
| 货币 | 销售收入，财产收益获得 | — | 收到税款和赠款 | 归还政府贷款 | 政府借款 |
| “无有” | 无偿提供货物或劳务 | 给予转移和赠款 | — | 取消对政府的负债 | — |
| 其他部门负债 | 以贷款方式销售 | 政府提供贷款 | 取消政府的负债 | — | — |
| 政府部门负债 | 以货物或劳务清偿负债 | 分期清偿负债 | — | — | — |

资料来源：国际货币基金组织：《1986年政府财政统计手册》，85页，北京，中国金融出版社，1988。引用时做了一些简化处理。

表中包含不同类型的流量：货物与劳务、货币现金、“无有”、政府对其他部门的债权、政府对其他部门的负债；每一类流量都分为流出和流入两个方向，行向表示流入，列向表示流出。比如，货物与劳务列表示货物与劳务从政府流出的各种经济活动：换取其他货物与劳务、换取现金的销售、无偿提供、以贷款形式销售、用于清偿债务；货物与劳务行表示货物与劳务流入政府的各种经济活动：用其他货物与劳务换取、以货币现金购买、无偿接受、因对方清偿债务而获得、以负债方式购买。

**相关链接 4—1　政府财政统计内容的变迁**

2001 年，国际货币基金组织（IMF）制定了新的政府财政统计体系，即《2001 年政府财政统计手册》，该手册是对《1986 年政府财政统计手册》的修订，是在总结近年来世界上一些主要市场经济国家政府财政统计制度和实践经验的基础上建立的，是政府财政统计领域的国际通用语言。

在 1986 年的统计体系中，只有货币性的政府活动才构成财政活动，否则不纳入财政收支的统计范围。也就是说，财政统计的内容只涉及表 4—1 中与货币对应的行和列（灰底部分），大体说来，货币行体现了收入概念，货币列体现了支出概念。而在 2001 年的政府财政统计体系中，财政统计的范围则大大扩展，将影响资产、负债、收入或支出的全部经济事件都包括在财政统计的范围内，而不是仅仅包括由现金交易代表的那些事件，即对表 4—1 的全部内容都要进行统计。例如，新体系中将易货交易及商品和服务的赠与包括在内，而旧体系中仅有选择地包括一些实物交易，并且是作为备忘项目记录。

### （三）财政收支的统计框架

关于财政活动，有以下几个要点：第一，区分收受和支付，收受代表政府收入（即表 4—1 中的行），支付代表政府货币性支出（即表 4—1 中的列）。第二，无论收受还是支付，都要区分需偿付的和不需偿付的两部分。需偿付是指该项收受或支付在未来要以支付或收受作为对应回流，或者是对应以前时期流量的偿付而发生的收受和支付（体现为表 4—1 中与其他部门负债和政府负债对应的部分），而不需偿付则意味着未来不会有这样的对应回流（体现为表 4—1 中货物与劳务和“无有”对应的部分）。第三，对无须偿付部分，需要区分有偿的和无偿的两种情况。有偿的收受和支付是交换性的，有对应的货物或劳务流量存在（体现为表 4—1 的第一项），而无偿的收受和支付则属于单方面发生的转移，如征税（体现为表 4—1 中与“无有”对应的部分）；同时，还要按经常性质和资本性质对收受和支付予以区分，其中，与非金融资产的购买、建造、销售有关的收受与支付属于资本性的，否则就是经常性的。第四，一般来说，需偿付的收受和支付都与政府债权和债务的形成与清偿有关，属于政府的金融性活动。对这些流量，首先要按照债权和债务加以区分，一方面是政府金融资产（债权）的获得和处置（即表 4—1 中与其他部门负债对应的部分），一方面是政府负债（债务）的发生和清偿（即表 4—1 中与其他部门负债对应的部分）；其次，还要区分这些金融流量发生的性质，是出于公共政策目的而发生，还是出于流动资金管理目的。第五，不仅要统计政府部门在一定时期内发生的经济活动流量，还要反映在特定时点政府的资产负债存量状况。

综上，财政统计框架如图 4—1 所示。图 4—1 中的术语，包括交易、其他流量、持有收益、其他数量变化、非金融资产、金融资产和负债等，都是国民经济核算体系中的用语，其具体含义将在第 8 章中加以介绍。

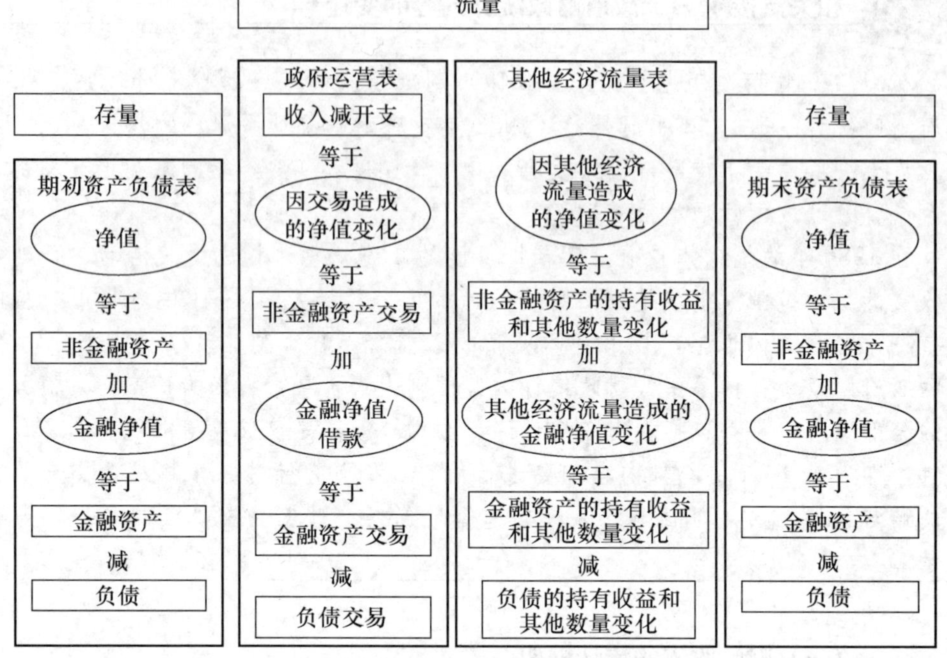


**图 4—1 财政统计框架**

资料来源：国际货币基金组织：《2001 年政府财政统计手册》，34 页，北京，中国金融出版社，2001。

财政统计的主要任务是就财政收入、财政支出及其收支平衡状况，以及政府的资产负债状况加以统计，反映一国财政收支在一定时间、空间条件下所达到的规模、所形成的结构、收支平衡与否的程度，以及财政收支在动态上的变化。进而，还应将财政放到整个经济社会发展中加以研究，将财政收支过程与财政的基本功能联系在一起，设置指标反映和分析财政与经济社会发展的关系。需要说明的是，以上从理论上对财政收入和支出概念的定义，在各国具体财政实践中可能会以各种变通的方式表现出来，甚至出现与上述不完全一致的地方。以下将结合中国财政实践来介绍财政统计的内容。

**相关链接 4—2 中国政府财政统计框架不完整**

目前，中国政府财政统计仅局限于对收支流量的核算，除政府债务的简单分类，对政府期初和期末的资产、负债等存量信息几乎没有统计，也没有一个将核算期间的流量和存量统一进行统计描述的体系。这使得政府财政统计只能是针对预算内资金进行的“财政收入一财政支出＝赤字/盈余”的分析，而在现有的统计分析框架下无法对政府财政赤字产生过程和融资情况、政府拥有各项资产状况特别是金融资产的具体情况，以及政府的财务状况进行分析，进而使得利用政府财政统计数据进行风险预测和政策分析的难度加大。

资料来源：宋国军、陆玉：《政府财政统计修改前后的区别以及我国的差距》，载《统计与决策》，2006（2），44～46 页。

## 二、财政收入统计

财政收入与财政支出是政府财政对应存在的两个方面。从叙述来说，应该先收入还是先支出，可以有不同选择。公共经济学通常是先讨论财政支出方面，认为支出体现了政府活动的成本费用。这里，考虑到聚集一定数量的财政收入是实现政府支出的前提，先从财政收入统计开始。

### （一）财政收入总额统计

财政收入是指在一定时期（通常为一年）内政府通过财政各环节向国民经济各部门、单位和个人筹集资金的总称，或者说是政府财政参与国民经济分配过程所取得的总收入。具体统计时，财政收入应做如下区分。

第一，从筹集形式特征看，财政收入主要是以无须偿还的、无偿的、强制的形式征收，比如各项税收，但同时也会以有偿形式筹集收入，如出售资产、政府收费，甚至会以需要偿还的方式筹集收入，如发行国家债券、从银行借款等。总体来看，强制、无偿收入是财政收入的主体，有偿和需偿还方式的收入只是无偿收入的补充。事实上，财政收入是否应该包括需偿还的债务收入，历来是有争议的。因此，一时期的财政收入总额可以按两个口径统计，一是包括债务收入的财政收入；二是不包括债务收入的财政收入。中国目前按后者加以统计。

第二，从财政管理渠道看，财政收入应包括预算内收入和预算外收入。预算内财政收入又称预算收入，是指纳入财政预算的收入，即列入财政基本收支计划、要实施统一管理的财政收入；预算外收入则是指在财政预算之外形成的、可以由地方财政和有关部门单位自行安排收支的财政收入。目前预算外收入主要包括两个部分：第一，地方财政部门的预算外收入，包括各项附加收入、集中的企业资金、统管的事业收入和其他杂项收入；第二是行政事业单位的预算外收入，由各种事业收入组成。

一时期的财政收入应该是上述财政预算内收入和预算外收入的总和，但是，按照中国现行的财政体制，财政收入管理以预算内收入为主体，预算外收入是预算内收入的补充，而且从长远看，预算外收入将逐渐淡化，趋向于逐渐并入财政预算。与此相对应，财政收入统计既要将预算内、预算外收入加在一起统计财政总收入，同时又以预算内财政收入为重点进行统计，预算内财政收入总额是财政统计的基本指标，用以反映国家预算集中的财政收入总量。

需要注意，财政统计不是就财政预算加以统计，而是就财政预算执行结果的决算情况进行统计。这里，预算是计划安排，计划的实际执行结果才是统计的对象。具体到财政收入统计，预算内财政收入总额是指根据财政预算所确定的各项目，当期实际形成的收入总额，并不是财政预算编制所确定的收入总额。前者有可能大于后者，这意味着超额完成计划；也有可能小于后者，这表明没有完成计划。

### （二）财政收入分组与构成统计

要对财政收入有更确切的了解，需要结合其具体收入形式、具体来源部门进行分组统计。在此基础上，可以计算有关财政收入的构成指标，观察财政收入的形成特征及其在不同时间上的变化。如上所述，财政收入主要是指预算内财政收入，因此，下面主要是就财政预算内收入考虑构成统计。

在中国，伴随财政体制的变化，财政收入的构成项目几经变化。2007 年，按照科学标准和国际通行做法，中国财政收支分类科目实施了较大的改革。新的收入分类没有再按资金管理的要求分一般预算收入、基金预算收入、债务预算收入等设置科目，而是将上述收入纳入统一的收入分类体系，并具体采用了两种分类方法：其一是按收入形式分类，如税收收入、非税收入，以及税收收入下的增值税、消费税、营业税，非税收入下的行政性收费、罚没收入等，说明收入以何种方式取得。其二按来源分类，有的按所有制结构划分，如增值税下的国有企业增值税、集体企业增值税；有的按部门结构划分，如行政性收费下的文化行政性收费、公安行政性收费；罚没收入下的文化罚没收入、公安罚没收入，目的是说明收入从哪里取得。

改革后的收入分类如下：

（1）税收收入，包括增值税、消费税、营业税、企业所得税、企业所得税退税、个人所得税、资源税、固定资产投资方向调节税、城市维护建设税、房产税、印花税、城镇土地使用税、土地增值税、车船使用和牌照税、船舶吨税、车辆购置税、关税、耕地占用税、契税、烟叶税和其他税收收入。

（2）社会保险基金收入，包括基本养老保险基金收入、失业保险基金收入、基本医疗保险基金收入、工伤保险基金收入、生育保险基金收入、其他社会保险基金收入。

（3）非税收入，包括政府性基金收入、专项收入、彩票资金收入、行政事业性收费收入、罚没收入、国有资本经营收入、国有资源（资产）有偿使用收入、其他收入。

（4）贷款转贷回收本金收入，包括国内贷款回收本金收入、国外贷款回收本金收入、国内转贷回收本金收入、国外转贷回收本金收入。

（5）债务收入，包括国内债务收入、国外债务收入。

（6）转移性收入，包括返还性收入、财力性转移支付收入、专项转移支付收入、政府性基金转移收入、彩票公益金转移收入、预算外转移收入、上年结余收入、调入资金。

在上述各分项收入统计基础上，可以分别计算各组收入在财政收入中所占的比重，由此表示财政收入的收入形式结构。一般来说，在财政收入中，税收收入应占最大的比重。

根据从来源角度对财政收入的分组统计，计算各组收入在财政收入中所占的比重，还可以反映财政收入的经济部门构成和经济类型构成，由此可以进一步分析财政收入的来源情况，反映国民经济各部门、不同经济类型单位为国家提供收入的情况。

此外，还应当将财政收入与其他宏观经济指标结合起来，分析财政与国民经济运行的关系，常用的分析指标是财政收入占 GDP 的比重，该指标反映了在国民收入的分配中国家所得的占比，同时也是衡量宏观税负的重要指标。财政收入占 GDP 比重越高，国家就越有能力为国民提供公共服务，但是也可能意味着国民的税收负担过重；反之，这个比重太低，则会削弱国家宏观调控能力。

## 相关链接 4—3 《2001 年政府财政统计手册》中的政府收入分类

在国际货币基金组织的《2001 年政府财政统计手册》中，将政府收入划分为税收、社会缴款、赠与、其他收入四类。

(1) 税收收入。类下细分为：对所得、利润和资本收益征收的税收，对工资和劳动力征收的税收，对财产征收的税收，对商品和服务征收的税收，对国际贸易和交易征收的税收，其他税收等。

(2) 社会缴款。类下细分为：社会保障缴款和其他社会缴款。其中社会保障缴款又按缴款人细分为雇员缴款、雇主缴款、自营职业者或无业人员缴款、不可分配的缴款。

(3) 赠与。类下细分为：来自外国政府赠与、来自国际组织赠与和来自其他广义政府单位的赠与。

(4) 其他收入。类下细分为：财产收入，出售商品和服务，罚金、罚款和罚没收入，除赠与外的其他自愿转移，杂项和未列明的收入等。

资料来源：国际货币基金组织：《2001 年政府财政统计手册》。

## 例 4—1 1978—2012 年中国财政收入及其结构分析

由图 4—2 可以看到，改革开放以来，伴随着国民经济的快速发展和改革开放的不断深入，中国财政收入持续增长，1978—2012 年间，财政收入年均增长 14.6%。由图 4—2 可以看到，1994 年是中国财政收入的一个分水岭：1994 年以前，财政收入增长率波动很大，而且大多数年份的增长率较低，年均增长 9.4%；1994 年之后，中国实施了财税体制改革，新财税体制的顺利运行，调动了中央与地方的积极性，给财政发展注入了新的活力，1994—2012 年财政收入年均增长 18.9%。

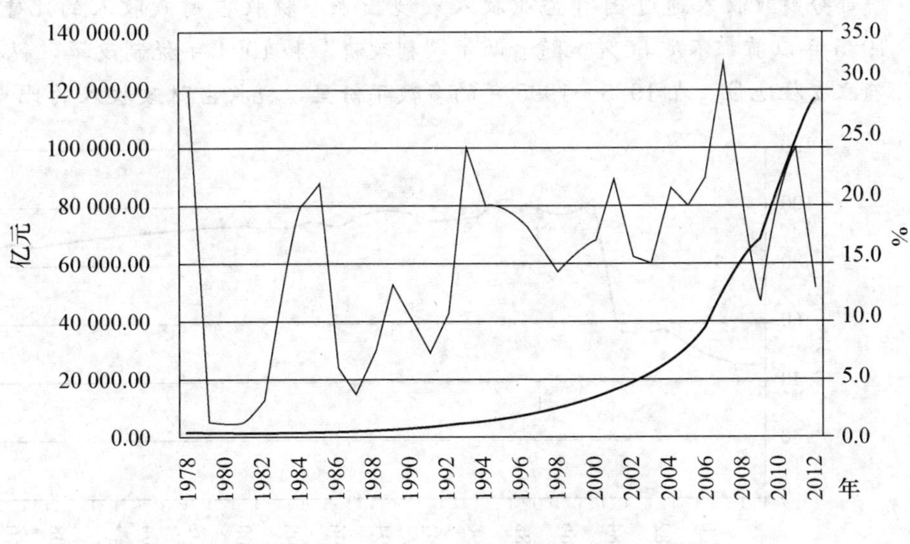


**图 4—2 1978—2012 年中国财政收入及其增长**

说明：左轴为财政收入；右轴为财政收入增长率。
资料来源：国家统计局：《中国统计年鉴（2013）》。

财政收入的增长状况决定了中国财政收入占 GDP 的比重也呈现出明显的阶段性（见图 4—3）。改革开放以前，政府在中国收入分配中占有重要地位，国家财政收入占 GDP 的比重始终保持在 20%以上，最高的时候接近 40%。改革开放以来，分配政策向民间倾斜，财政收入占 GDP 的比重持续下降，到 1995 年降至最低点，只有 10.7%。随着财税体制改革的深化，政府财力得到加强，从 1996 年开始，财政收入占 GDP 的比重逐步回升，意味着经过财税体制改革，国家财政收入稳定增长的机制已初步形成。2012 年，财政收入占 GDP 的比重上升至 22.6%。

**图 4—3　1978—2012 年财政收入占国内生产总值的比重**

资料来源：同图 4—2。

进一步从财政收入的内部结构来看（见图 4—4）。改革开放以前，中国财政收入主要建立在公营经济上缴利润和税收（包括公粮）两个重要基础之上，由于很大一部分财政收入通过国有企业收入表现出来，税收占财政收入的比重相应较低，1985 年以前都不足 60%。随着两步“利改税”和 1994 年税制改革，税收收入逐步确立支柱地位。在 1985—1995 年的多数年份里，税收占财政收入的比重都在 96%

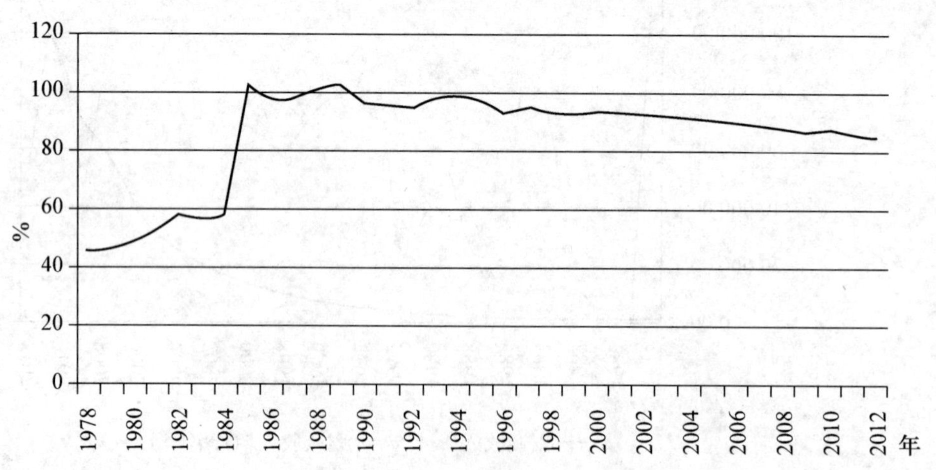


**图 4—4　1978—2012 年各项税收占财政收入的比重**

资料来源：同图 4—2。

以上。1996 年以后，由于纳入预算管理的非税收入逐渐增加以及结构性减税等因素，税收占财政收入的比重略有下降，但仍然是国家财政收入的主要来源。2012 年，税收占财政收入的 85.8%。

## 三、财政支出统计

财政支出即公共支出，在公共经济学和公共管理中备受关注。这是因为在财政收入形成基础上进行支出，才能完整地体现财政的功能：将所筹集的资金在全社会范围内做有计划的分配使用，以实现政府管理社会、调节经济、保障社会公平和均衡发展的目的。财政支出统计就是要统计一时期的财政支出总额，同时要就财政支出的方向做分组统计，以分析财政支出的构成及其与国民经济的关系。

### （一）财政支出额的统计

财政支出额是国家为了实现其职能的需要，将财政收入在社会经济各方面进行分配使用的总数额。通过财政支出额，可以反映一国财政支出的规模和水平。

财政支出总额统计与财政收入总额统计在概念和方法上具有一定的对应性。第一，和财政收入一样，按照我国当前的财政管理体制，财政支出包括预算内财政支出和预算外支出两个部分，但一般以预算内财政支出为主，以预算外财政支出为补充。由此，财政支出统计一方面要统计预算内外财政支出总额，另一方面要针对预算内财政支出做单独的、更详尽的统计。第二，和财政收入一样，财政支出统计中也要区分预算支出额和决算支出额。财政预算支出额是财政分配计划支出额，而决算支出额则是指实际财政支出额。财政统计主要是针对财政预算的决算进行支出统计，并检查预算执行情况。

### （二）财政支出分组与构成统计

在中国，财政预算支出传统上按照经费性质设置，包括基本建设支出、增拨企业流动资金、企业挖潜改造资金和科技三项费用、地质勘探费、支援农村生产支出和各项农林水利事业费、工交商业部门事业费、科学文教卫生事业费、抚恤和社会福利救济费、国防费、行政管理费以及政策性价格补贴支出等。

2007 年政府收支改革后，新的支出分类则主要按政府职能活动确定，说明政府做什么。按联合国《政府职能分类》，一国财政支出的职能分类大体包括四个部分，一是一般政府服务，主要反映政府需要且与个人和企业劳务无关的活动，包括一般公共管理、国防、公共秩序与安全等；二是社会服务，主要反映政府直接向社会、家庭和个人提供的服务，如教育、卫生、社会保障等；三是经济服务，主要反映政府经济管理、提高运行效率的支出，如交通、电力、农业和工业等；四是其他支出，如利息、政府间的转移支付。中国目前的政府支出职能分类，一方面参考了国外支出的职能分类办法，同时也考虑了中国政府职能构成和财政管理的实际需要。财政支出的职能分类包括如下 17 个类别：一般公共服务、外交、国防、公共安全、教育、科学技术、文化体育与传媒、社会保障和就业、社会保险基金支出、医疗卫生、环境保护、城乡社区事务、农林水事务、交通运输、工业商业金融等事务、其他支出以及转移性支出。

此外，中国的财政支出还采用支出经济分类，主要反映政府支出的经济性质和具体用途。从形式上看，各项财政支出虽然都表现为资金从政府流出，但最终的经济影响是存在差异的：有些支出表现为政府的商品和服务购买，直接对社会的生产和就业产生影响，并最终影响资源配置；有些支出则表现为资金的无偿转移，关系到收入分配，最终对社会生产和就业产生间接影响。可见，按照经济分类便于对政府的支出进行经济分析。财政支出的经济分类包括如下 12 个类别：工资福利支出、商品和服务支出、对个人和家庭的补助、对企事业单位的补贴、转移性支出、赠与、债务利息支出、债务还本支出、基本建设支出、其他资本性支出、贷款转贷及产权参股以及其他支出。

在分组的基础上，可以分别计算各项支出占财政总支出的比重，从不同角度分析财政支出的构成，从而揭示政府的功能及其对经济社会的影响。

### 例 4—2　　1978 年以来中国财政支出及其结构分析

随着中国财税体制的不断改革，中国各级财政逐渐建立起了与社会主义市场经济相适应的公共财政体系。图 4—5 显示了中国改革开放以来财政支出及其占 GDP 的比重。由图 4—5 可见，1978 年以来，中国财政支出稳步增长，年均名义增长速度为 14.9%。这一增长速度略低于同期 GDP 的名义增长速度，由此导致中国财政支出占 GDP 的比重由 1978 年的 30.8%下降为 2012 年的 24.3%。此外，从图 4—5 中可以看到，与前面分析的财政收入相似，财政支出占 GDP 的比重也呈现出阶段性特征，即 1995 年以前，比重持续下降，1995 年以后转为上升。这种同步变动趋势是由于财政支出必须以一定的收入为基础，财政收入是财政支出的来源，收入的规模和增长速度决定了支出的规模和增长速度。

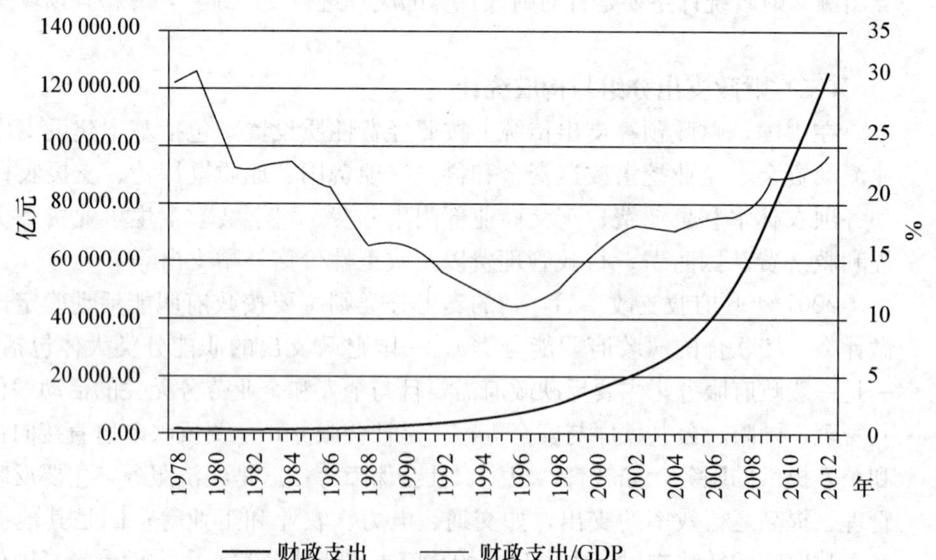


**图 4—5　1978—2012 年财政支出及其占国内生产总值的比重**

说明：左轴为财政支出；右轴为财政支出占 GDP 的比重。
资料来源：同图 4—2。

下面从财政支出的结构对中国公共支出作进一步考察。随着经济体制由计划经济向市场经济转型，中国政府各时期财政支出的结构也随着制度变迁不断调整。图 4—6 显示了我国各时期国家财政支出的结构变化情况，从中可以看到，中国财政支出结构呈现如下一些特点。(1) 经济建设功能逐步弱化。在计划经济体制下，中国政府不仅担负着社会管理的职能，还担负着直接进行经济建设的职能。从图 4—6 可以看到，改革开放初期，中国政府对经济运行财政支出主要向经济建设倾斜。1978 年经济建设费占财政支出的比重为 64%。随着社会主义市场经济体制的建设，政府逐步退出对一般性、竞争性领域的直接投入，经济建设占财政支出的比重逐步下降，从 1989 年起，这一比重向下突破了 50%，“十五”时期已经下降到了 29.1%。(2) 社会公共服务功能逐步强化。随着市场经济体制的不断完善，中国政府不断加大对公共服务领域的投入，向社会事业发展的薄弱环节倾斜，社会文教费由“六五”时期的 19.5%逐步上升到“十五”时期的 26.6%，已经成为仅次于经济建设费的第二大支出项目，表明中国财政支出结构与市场经济的要求日趋一致。(3) 行政管理功能膨胀。中国的行政管理费占财政支出的比重则呈现出上升的趋势，由“六五”时期的 7.7%上升到“十五”时期的 19.0%。随着经济、社会的进步，公众对政府公共服务的要求提高，各种设备和业务费用会有所增长，但中国行政管理费用的膨胀在较大程度上是由政府人员方面经费的增长所引起的，因此应进一步精简机构，适当控制总支出中该项支出的比重。(4) 国防服务功能弱化。国防费在总支出中的比重呈下降趋势，由“六五”时期的 11.8%下降为“十五”时期的 7.6%。在国际和平与发展的大环境下，各国一般财政支出中用于国防费的比重普遍较低，一般在 5%～10%之间。从目的上看，国防费是一种消耗性支出，因此应适当控制，为政府其他方面的职能腾出空间，但前提是能够保证国家安全。

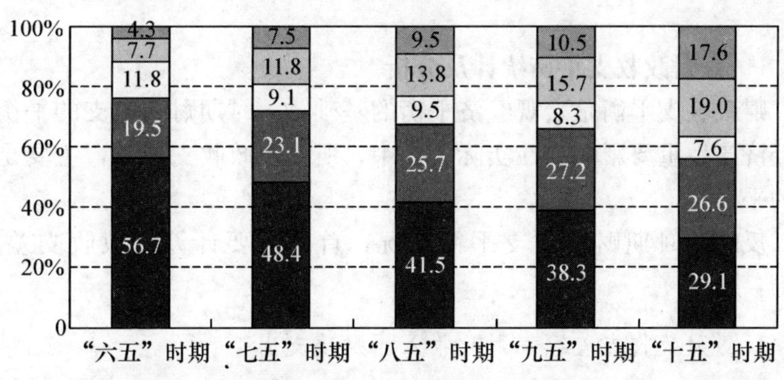


**图 4—6　各个计划时期我国财政支出的结构变化**

资料来源：中华人民共和国财政部：《中国财政年鉴（2008）》，北京，中国财政杂志社，2008。

如前所述，2007 年后采取了新的财政支出分组。图 4—7 显示了 2012 年中国中央财政和地方财政支出的结构。可以看到，中央财政支出项目集中在国防，其次是科学技术和偿债支出；地方财政的首要支出项目是教育，其次是社会保障和就业以及一般公共服务。这种状况表明，中国政府正在着力优化财政支出结构，逐步将支出重心转向保障国家安全、保障和改善民生以及提升国民素质等方面。

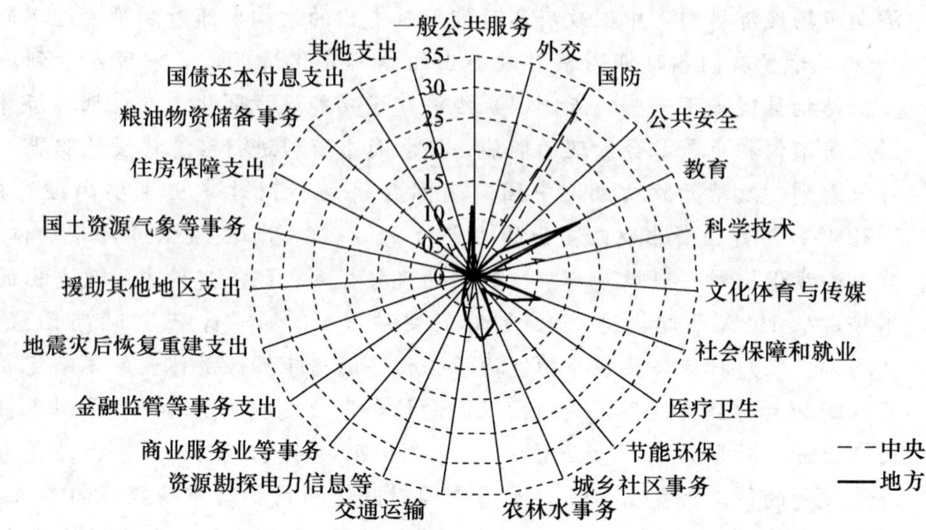


**图 4—7　2012 年中国财政支出结构**（万亿元）

资料来源：同图 4—2。

## 四、财政收支平衡及政府债务统计

保持收支平衡是财政的基本内在要求。但在特定时期，财政收入与财政支出之间常常难以做到绝对的平衡，而是会形成相应的差额。因此，在财政收入和支出统计之后，有必要对财政收支平衡状况及其引起的政府债务情况予以统计。

### （一）财政收支平衡统计及分析

财政收支平衡是宏观经济平衡的基础，一时期财政收支的平衡状况会对整个国民经济产生重要影响。在实际工作中，所谓财政收支平衡，主要是指预算内财政收支的平衡。

反映一时期财政收支平衡状况，首先需要计算财政收支差额指标，计算公式为：

财政收支差额＝财政收入－财政支出　　　　（4—1）

当财政收入大于财政支出时，该指标数额为正值，表明当年的财政结余数额；当财政收入小于财政支出时，该指标数额为负值，在账面上会以红字标识，因此称为财政赤字。

这样计算的财政收支差额指标只能反映财政结余和财政赤字的绝对规模或数额，不能反映财政收支平衡或不平衡的程度。这是因为通过财政收支差额，我们只能了解当期财政收支有结余还是有赤字，有多少结余或赤字，却无法了解是在多大基础上形成的该结余或赤字，其结果可能会影响我们对财政收支平衡状况的判断。

比如，10 亿元的财政赤字相对于 100 亿元的财政收入与相对于 1 000 亿元的财政收入，其意义肯定不同。因此，要反映一时期财政收支平衡的程度，需要结合财政收入或支出总额计算财政收支差率指标。常用的计算公式为：

$$\text{财政收支差率}=\frac{\text{财政收支差额}}{\text{财政收入}}\times 100\% \tag{4—2}$$

对财政运行过程来说，收入与支出是相互制约的两个方面。我们可以说收入的规模制约了支出的规模，没有收入无法实现支出，这体现了“以收定支”的原则；我们也可以在财政运行中执行“以支定收”的原则，由需要的支出数额决定所征收的收入。但无论如何，在收入与支出之间保持大体的平衡，是各国财政管理中所遵循的基本原则。如果发生较大的差额，尤其是长期存在收支不平衡的现象，不仅会给政府财政的进一步运作造成困难，更重要的，还会对整个国民经济产生不良影响，比如通货膨胀、过重的债务负担等。

然而，结合具体财政实践来看，绝对的财政收支平衡是不存在的，在每个时期，总会存在一个或大或小、或正或负的收支差额，财政管理的目标并非保持财政收支的绝对平衡，而是要将财政收支差额控制在一定的比率范围内。而且，在特定时期，如果政府意欲以积极的财政政策来刺激经济，那么，就有可能在财政收入规模之外扩大财政支出，这时就会出现较大的财政赤字。而这恰恰就是 20 世纪 30 年代以来各国财政普遍存在的情况。

于是就出现了一个需要回答的问题：没有收入如何会形成支出？换句话说，如果一时期财政收入小于支出，出现了财政赤字，该赤字是如何弥补的呢？这就涉及政府债务收支。

### （二）政府债务收支统计

为了弥补财政收入的不足，政府会举债筹措收入，比如发行国债，或向银行借款，由此形成财政的债务收入。由于债务收入是需偿还的收入，到规定的还款期限，就要偿还本金，同时还要支付利息，因此形成财政的债务支出。在特定年份，政府财政一方面会发生债务收入，另一方面会发生债务支出，各期累积起来尚未偿还的债务收入就形成了政府财政的债务总额。上述三个方面构成了政府财政债务统计的内容。

(1) 债务收入总额，是指一时期财政通过举债所形成的收入总额。根据发生的范围，债务收入主要包括国内债务收入和国外债务收入两个部分。国内债务收入中，一是当期发行国库券和国债所获收入，二是从国家银行借款所获收入，还有其他国内借款收入等；国外债务收入包括从外国政府借款收入、从国际组织借款收入、其他国外借款收入等。

(2) 债务支出总额，是指一时期财政归还过去时期向本国公众借款、银行借款、外国政府及国际组织借款的本金并偿付利息所进行的开支。与债务收入相对应，债务支出中要区分国内债务还本付息、国外债务还本付息等。

(3) 债务总额，或称债务余额，是指截至报告期期末政府财政所承担的待清偿的债务总量。与债务收入相对应，债务总额要区分国内债务总额和外债总额。作为一个存量指标，它是历年债务收入与债务支出相对发生后累积的数额，从一个时期来看，其数量关系表现为：

$$\text{期末债务总额}=\text{期初债务总额}+\text{本期新增债务(即本期债务收入)}-\text{本期清偿债务额(即本期债务支出)} \quad (4\text{—}3)$$

由债务的形成可知，一定时期的财政赤字会导致政府债务增加，从而历年的财政赤字累计形成政府债务余额；反之，财政盈余则会冲减政府债务余额。

债务收入是国家财政以需偿付方式筹集的资金。政府以国家信用为担保，通过发行债券筹措财政资金，可以在不加重税负的情况下弥补财政资金的不足。但是，政府举债也是有限度的，必须以一国的经济偿付能力为基础，控制在适度的范围内。如果财政连续大规模举债，形成较大的债务总额，就会加大政府财政风险，在未来形成较大的还债压力，陷入“举新债还旧债”的怪圈之中。统计要提供债务适度规模的数据，需要计算一些比例指标，具体包括：

(1) 国债依存度，即国债发行额除以当年财政支出。该指标反映财政支出依靠债务收入的程度，指标值越大表明财政对债务依赖性越强，对财政未来发展威胁也越大。其国际警戒线为15%。

(2) 国债偿债率，即国债还本付息额除以当年财政收入。该指标衡量偿债压力，一般认为，该指标应控制在10%以内。

(3) 国债负担率，即国债余额除以当年GDP。该指标反映了全社会对国债的承受能力，其国际警戒线为45%。

(4) 国债借债率，即国债发行额除以当年GDP。该指标反映了当年生产过程对当年国债增量的利用程度，其国际警戒线为3%～10%。

需要注意的是，这四个指标中，前两个指标是从财政收支的角度来反映政府的应债能力，而后两个指标则是反映全社会的偿债能力，因此采用不同的指标可能会对政府债务风险得出不同的判断。

**相关链接4—4　总赤字与基本赤字**

计算财政收支差额时，根据财政支出中是否包含国债利息支出，可以区分两种财政赤字，即总赤字与基本赤字。

所谓基本赤字（primary deficit），等于财政收入减去不含国债利息支出的财政支出；所谓总赤字（total deficit），等于财政收入减去含国债利息支出的财政支出。由于国债利息支出是过去时期财政失衡所造成的、由本期财政所负担的支出，因此在度量一定时期内政府支出所造成的赤字时，往往采用基本赤字，而不是总赤字。

中国财政支出统计中，从2000年起，财政支出中包括国内外债务付息支出，因此在应用财政统计数据时，应注意统计口径的变化所带来的影响。

## 例 4—3　　中国财政收支平衡状况及债务状况分析

计划经济时期，国家几乎掌握了全部的社会资源，财政的平衡在相当程度上意味着全社会经济总量的平衡，因此，政府严格恪守年度预算收支平衡。改革开放之后，坚持财政收支平衡的原则并没有发生变化。然而，如前两例所述，中国财政收入的集中度下降，而财政支出却刚性增长，结果导致财政收支平衡难以维持。图 4—8 显示了 1978 年以来中国财政收支的平衡状况及其占 GDP 的比重，即赤字率。由图 4—8 可以看到，改革开放以来，除极个别年份，中国财政收支连年出现财政赤字。不过，除 1979 年，中国的财政赤字占 GDP 的比重始终低于国际警戒线 3%，表明中国的财政收支状况总体来看是健康的。

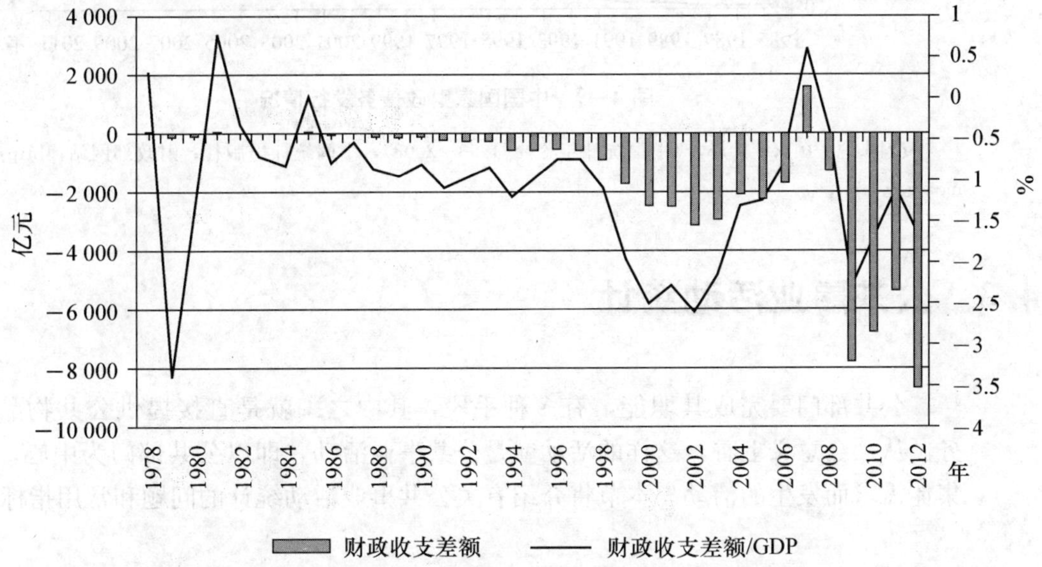


**图 4—8　1978 年以来中国财政收支差额及其占 GDP 的比重**

说明：左轴为财政收支差额；右轴为财政收支差额占 GDP 的比重。

资料来源：同图 4—2。

为弥补财政赤字，中国自 1981 年开始恢复发行国债，此后国债发行规模不断扩大（见图 4—9），从 1981 年的 48.66 亿元增加到 2012 年的 14 527.33 亿元，截至 2012 年底，国债余额达 77 565.7 亿元。为此，每年债务的还本付息额也逐年上升，1990 年还本付息额为 190.07 亿元，到 2012 年扩大为 2 635.74 亿元。

伴随着债务规模的扩大，中国政府的债务风险问题日益引起关注。2012 年，中国的国债依存度为 11.4%，偿债率为 2.25%，负担率为 14.9%，借债率为 3.58%，均低于国际警戒线，表明中国的国债发行还具有较大的弹性空间，国债风险处于安全范围之内。

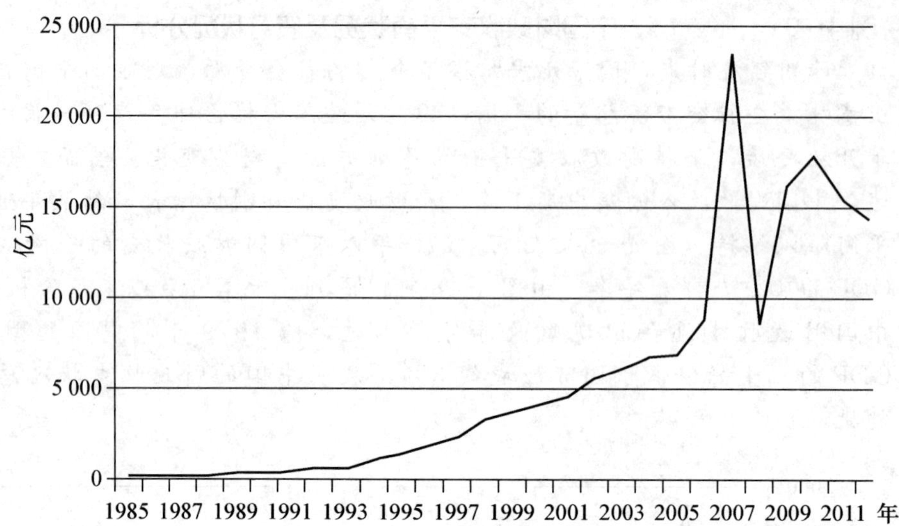


**图 4—9　中国国家财政债务发行情况**

资料来源：国家统计局，《中国统计年鉴》（1993—2008），中国统计出版社；财政部网站，http://yss.mof.gov.cn/。

## 4.3　公共事业活动统计

公共部门要完成其职能，有多种手段，其中之一就是直接提供公共物品与服务。从社会意义上看，这样的活动就是公共事业活动，即以公共部门为中心，代表集体需求而发生的活动。本节将介绍有关公共事业活动统计的问题和常用指标。

### 一、公共事业活动及其统计内容

公共事业活动的存在，其根源在于有些事情需要以集体行动来实现，即所谓对公共物品或服务的需求。如果由社会某个成员来提供这些物品，将会出现大量"免费搭车者"，这是该成员所不愿见到的，但如果所有的社会成员都成为免费搭车者，最后的结果将是没有一个人能享受到公共物品和服务的好处。最常用的例子就是海岛渔民建灯塔所面临的情况。这时，政府介入将会使问题迎刃而解，它一方面可以通过征税为建灯塔取得资金，另一方面可以将灯塔建造和维护纳入政府支出，免费为海岛成员提供灯塔服务。而建造和管理维护灯塔的活动就属于公共事业活动，即为满足社会成员公共需要而由公共部门完成的活动。

那么，到底有哪些方面需要以公共事业活动方式提供物品或服务来满足成员共同需要呢？这要取决于政府的大小和管理经济社会的力度，并不存在绝对的范围界限。在某些国家，政府为其成员提供的公共物品或服务覆盖了多个方面，可谓是"从摇篮到墓地"；而在另一些国家，政府的管理范围可能仅限于最基本的方面，甚至可能发生"瘫痪"。但无论如何，一般来说，以下方面应该属于公共部门公共事业活动的领域，由此这些领域就构成了进行公共事业统计的基本范围。

（1）教育；

（2）卫生保健；

（3）社会保障和福利；

（4）基础科学研究；

（5）环境保护；

（6）国家防卫；

（7）安全、司法和行政管理。

但是，不能以为政府涉足这些领域就完全替代了市场。在现实中，政府部门以公共事业活动提供的物品和服务与市场提供的私人物品服务常常是共存的，比如，公立学校与私立学校，公立医院和私立医院；在另一些情况下，政府甚至并不直接提供公共物品和服务，而是以征税或补贴的方式辅助私人市场生产者完成这些物品或服务的生产，达到实现集体利益的目的，这时，这些产品具有混合的性质。因此，不能将公共事业活动等同于公共部门直接完成的物品或服务的生产活动。尽管在财政统计中可以通过政府的收入或支出反映政府为此所作出的努力，但在公共事业活动统计中，可能难以对二者加以明确区分，比如，只统计公立学校而将私立学校摒除在外，或将给予私立学校的补贴从中扣除。实际做法常常是，首先确定以公共部门为主体的公共事业领域，而后就这些领域进行全面统计，描述其活动的规模、发生方式及其结果。以下统计内容的范围就是这样处理的。

可以在不同层面上设定公共事业统计的内容。首先是对公共事业活动本身的统计，包括反映具体活动情况的实物量统计和对公共事业活动产出的总括统计；在此基础上，可将统计及其分析内容延伸到公共事业活动对经济社会发展的影响方面，比如，教育、卫生保健对人力资源形成以及人的发展的影响，社会保障对社会分配的影响等。限于篇幅，本节以下内容主要涉及公共事业活动本身的统计，就教育活动统计、卫生保健活动统计、社会保障活动统计，以及政府非市场产出统计的主要内容予以介绍。

## 二、教育活动统计

教育是通过知识和技能的传播而使人获得培养和发展的社会活动。一国国民在特定时期所达到的教育水平，既是该时期经济社会发展的结果，又是进一步实现经济社会发展的保证。教育活动是公共部门应首要承担的公共事业活动。

### （一）教育活动及其分类

我们可以在很广的意义上理解教育活动，比如父母对子女的言传身教，但作为社会性的教育活动，则主要是指在专门的场所（比如学校）由专门的人员（比如教师），对特定的受教育者（比如学生）所进行的知识传播和技能培养。

现代生活中，教育被视为贯穿一个人终身的活动。在此意义上，教育可以按以下四个时期区分：(1) 学前期教育，是对处于学前期儿童的教育活动；(2) 就业前教育，是对处于就业前教育期的青少年的教育活动，包括初等教育、中等教育、高等教育，又称为学历教育或普通学校教育；(3) 就业期教育，又称为成人教育，是对已就业人员或无就业的成年人进行的再教育，包括一般成人教育和继续教育；(4) 离业期教育，又称老年教育，是指对退休离开就业岗位的老年人实施的教育。

从教育实施方面看，教育首先要区分正规教育和非正规教育。正规教育是指由学校主办、有完整课程体系的教育，常常以取得相应学历为目的；非正规教育则是由社会团体或个人等其他单位主办，可能只涉及某一方面课程或技能的教育。一般来说，正规教育都应归属于教育部门的教育活动，无论这些学校是公立的（由政府部门举办）还是私立的（由私人或其他社会团体举办）。

宏观上进行教育活动统计，应该是对上述所有教育活动予以统计，但是统计重点应该是教育部门的教育活动。

### （二）教育活动统计的常用指标

描述一时期教育活动的规模，应该包括两个方面，一是从投入角度，反映教育的能力规模；二是从教育产出角度，反映实际完成的教育活动规模，而教育产出规模不仅表现在当期培养了多少学生，还表现在各级教育所达到的普及程度上。以下分别阐述有关统计指标。

#### 1. 教育机构数统计

教育机构是专门从事教育活动的单位。作为教育机构，它应该在有关教育管理部门登记注册，具备相应的教育场所、设施、教师和其他人员，并具有一定数量的登记注册的学生。

教育机构数就是对一国或地区范围内教育机构数目的统计，其多少是教育投入规模的基本反映。不仅要统计教育机构的总数，同时还应对不同类型的教育机构做分组统计，以反映教育机构的构成状况，其中最主要的是按初等、中等、高等教育机构分组的统计。

#### 2. 教职工人数及状况统计

教育活动的完成要依赖于教师及其他人员的劳动。一个教育机构所能达到的教育规模，与该机构所拥有的教职工尤其是教师的数量和质量具有直接关系。宏观上也是如此，教职工人数及其所达到的水平是反映一国或地区教育投入规模的重要方面。

首先是人数统计，包括教职工总人数、专任教师总人数，统计时应区分初等教育、中等教育和高等教育等不同层次。进而是针对教师进行水平统计。可以在不同教育层次上，对教师按所获得的最后学历或学位分组计算其构成状况，或者计算教师的平均受教育年限。一般来说，具有高学历（或学位）的教师所占比例越高，说明师资的水平越高。如果将教职工人数与教育机构数进行比较，可以计算平均单个教育机构的教职工人数，以此反映单个教育机构的平均规模大小。

3. 教育活动支出统计

教育活动支出是指所有教育机构在当期所发生的全部费用支出。对教育活动支出进行统计，可以从资金投入方面反映一时期的教育规模。

首先是一时期教育活动支出总额统计；进而，要按照支出的方向和支出的资金来源进行分别统计。教育活动支出包括两个主要方向：一是当期教育活动的经常性支出，是指用于教职工工资、各种公务费用、不构成固定资产的各种设备购置与修缮费用等方面的支出；二是用于教育活动的投资支出，主要是用于教育的固定资产购建费用。用于教育活动支出的资金来源于不同方面：一是由政府财政拨付；二是从社会各方面筹集；三是受教育者所交纳的费用。其中，政府来源资金在总支出中所占比重具有重要意义，反映了政府在教育事业活动中所作出的贡献及其作用程度。

以教育支出为基础，可以计算平均每个教师所获得的教育支出，以此反映对教师的资金装备程度和教育资金投入的相对规模。

4. 学生人数统计

学生是教育的产出，对学生人数的统计是要从产出角度反映教育的规模。但是，对学校来说，学生是处于流动状态的，不断有人入学、有人升级、有人毕业。因此，对学生人数的统计要有不同的指标来表现。其中，一是当期毕业学生人数，是指本年度内在各级学校完成本阶段教学计划规定的全部课程、考试合格、获得毕业证书的学生人数，反映毕业生的规模，其中不包括结业生和肄业生；二是当期新入学学生人数，是指本年度内按照国家招生计划实际招收加入某阶段学习的学生人数，反映招生规模，其中不包括留级生和复读生；三是在校学生人数，是指本年年末在各级学校学习并具有学籍的学生人数，反映在校学生规模。

在具体统计中，区分不同教育阶段分别统计毕业人数、招生人数和在校生人数十分必要。由于不同教育阶段的衔接，低一级教育阶段的毕业生将有相当部分升入高一级阶段，是后者的新入学学生。但无论如何，一时期末在校学生人数与当年毕业学生人数、新入学学生人数之间，总是存在如下平衡关系，对一个学校是如此，对一个教育阶段是如此，对整个教育活动来讲也是如此。

$$\begin{aligned}\begin{matrix}\text{本年末}\\\text{在校生人数}\end{matrix} &= \begin{matrix}\text{年初}\\\text{在校生人数}\end{matrix} - \begin{matrix}\text{本学年}\\\text{毕业生人数}\end{matrix} + \begin{matrix}\text{本学年新入学}\\\text{学生人数}\end{matrix}\\ &\quad - \begin{matrix}\text{本学年休学退学死亡}\\\text{及转出学生人数}\end{matrix} + \begin{matrix}\text{本学年复学}\\\text{及转入学生人数}\end{matrix}\end{aligned} \quad (4\text{—}4)$$

需要注意的是，上述各学生人数指标主要是就正规教育而统计的。对于非正规教育，则需要统计其招生人数、结业人数以及在校人数。

此外，以在校学生人数为基础，结合教育机构数、教职工人数、教育活动支出总额计算相应的比值，可以得到相对于每一教育机构、每一教师的产出规模，以及每个学生所分摊的教育支出。这些对于表现教育的规模、教育的质量、教育的成本均具有意义。

5. 教育普及程度统计

教育是每个公民都应获得的机会。因此，教育产出规模不仅表现在当期实际进入学习、正在进行学习、完成学习的学生人数的多少，还在于在应接受教育的人群中有多少实际获得了受教育的机会。即要将正在接受教育的学生规模与它所来自的那个总体的规模予以比较，以教育的普及程度反映教育产出的相对规模。具体统计指标包括：(1) 小学学龄儿童入学率，是已入学儿童占所有学龄儿童的比例，反映已达入学年龄儿童的小学普及率；(2) 学生巩固率，是完整读完一学年的学生所占比例；(3) 各级毕业生升学率，主要包括小学毕业生升学率和初中毕业生升学率，是低一级教育阶段毕业生中升入高一级阶段继续就读的比例。指标具体公式如下：

$$\text{小学学龄儿童入学率}=\frac{\text{已入学小学学龄儿童数}}{\text{小学学龄儿童总数}} \tag{4—5}$$

$$\text{学生巩固率}=\frac{\text{学年末学生人数}}{\text{学年初学生人数}} \tag{4—6}$$

$$\text{小学毕业生升学率}=\frac{\text{初中招生人数}}{\text{小学毕业人数}} \tag{4—7}$$

$$\text{初中毕业生升学率}=\frac{\text{高中中专招生人数}}{\text{初中毕业人数}} \tag{4—8}$$

需要补充一点，教育的产出在最终意义上是整个国民的教育水平，比如人口的平均受教育程度、识字率或文盲率、受教育人口在不同教育层次上的分布。这些是本书第 2 章和第 7 章的内容，这里不予重复。

**例 4—4　　2013 年中国高等教育事业发展统计①**

2013 年，全国各类高等教育在学总规模达到 3 460 万人，高等教育毛入学率达到 34.5%。全国共有普通高等学校和成人高等学校 2 788 所，比上年减少 2 所。其中，普通高等学校 2 491 所（含独立学院 292 所），比上年增加 49 所；成人高等学校 297 所，比上年减少 51 所。普通高校中本科院校 1 170 所，比上年增加 25 所；高职（专科）院校 1 321 所，比上年增加 24 所。全国共有培养研究生单位 830 个，其中普通高校 548 个，科研机构 282 个。

研究生招生 61.14 万人，比上年增加 2.17 万人，增长 3.68%，其中，博士生招生 7.05 万人，硕士生招生 54.09 万人。在学研究生 179.40 万人，比上年增加 7.41 万人，增长 4.31%，其中，在学博士生 29.83 万人，在学硕士生 149.57 万人。毕业研究生 51.36 万人，比上年增加 2.72 万人，增长 5.59%，其中，毕业博士生 5.31 万人，毕业硕士生 46.05 万人。

普通高等教育本专科共招生 699.83 万人，比上年增加 11.00 万人，增长 1.60%；在校生 2 468.07 万人，比上年增加 76.76 万人，增长 3.21%；毕业生 638.72 万人，比上年增加 13.99 万人，增长 2.24%。

---

① 节选自《2013 年全国教育事业发展统计公报》，http://www.moe.gov.cn/publicfiles/business/htmlfiles/moe/moe_633/201407/xxgk_171144.html。

成人高等教育本专科共招生 256.49 万人，比上年增加 12.54 万人；在校生 626.41 万人，比上年增加 43.30 万人；毕业生 199.77 万人，比上年增加 4.34 万人。

全国高等教育自学考试学历教育报考 766.30 万人次，取得毕业证书 73.42 万人；非学历教育报考 958.7 万人次。

普通高等学校本科、高职（专科）全日制在校生平均规模 9 814 人，其中，本科学校 14 261 人，高职（专科）学校 5 876 人。

普通高等学校教职工 229.63 万人，比上年增加 4.19 万人；专任教师 149.69 万人，比上年增加 5.66 万人。普通高校生师比为 17.53∶1。成人高等学校教职工 5.64 万人，比上年减少 9 195 人；专任教师 3.36 万人，比上年减少 5 746 人。

## 三、卫生保健活动统计

健康是一个人的基本生活追求，但健康的获得却是一个综合性的经济社会课题，其中卫生保健活动是协助个人达到健康目的的重要途径，它可以防止疾病发生，在一定程度上使所发生疾病得以治愈，以此降低感染疾病、因病死亡或致残的风险。和教育活动一样，卫生保健活动也是公共部门应致力参与的公共事业活动领域。

### （一）卫生保健活动的统计范围

广义的卫生保健活动内容很广，尤其是卫生活动，会涉及食品、饮水、居住、污染和垃圾处理能力、生活习惯和嗜好等多个方面，但这些问题的解决在根本上要寄希望于经济和社会的整体发展，难以全部容纳到卫生保健活动统计范围之中。因此，这里将卫生保健活动限定在一个狭义范围内，是指与疾病防治有关的各种活动，以此作为统计范围。

卫生保健活动是一个公共部门和私人共同参与的领域。一般来说，公共部门应侧重于公共卫生和基本临床服务方面，包括免疫活动、计划生育服务、怀孕及产后母婴保健、性传播疾病的控制与治疗、常见病和传染性疾病的传播与治疗等。下面的统计将是对整个卫生保健活动的统计，但公共部门卫生保健活动是其中的重点。

### （二）卫生保健活动统计的常用指标

和教育活动统计一样，卫生保健活动统计也应从投入和产出两个方面入手，前者涉及进行卫生保健活动所具备的能力，后者反映实际完成的卫生保健活动量及其结果。下面是常用的统计指标。

1. 卫生机构数和床位数统计

卫生机构是指具有一定场所、设有专职卫生技术人员、提供某方面卫生保健服务的机构单位，包括医院、疗养院（所）、门诊部（所）、专科防治所（站）、卫生防疫站、妇幼保健所（站）、药品检验所（室），以及其他卫生机构、医学科学研究机构、高等和中等医药院校。卫生机构数是对一国或地区当期所拥有的各种卫生机构个数的统计，反映卫生保健活动的基本规模。

不同卫生机构有大有小，机构个数对能力规模的反映还是比较粗略的。一个改进的指标就是卫生机构床位数，即对卫生机构所备的收容病员的床位数进行统计，以此反映卫生保健活动的能力规模。如果以床位数和机构数相比，可以计算平均单个机构拥有的床位数，表现单个机构的相对规模大小。

此外，要评价卫生保健能力的大小以及对卫生保健需求的满足状况，需要结合服务区域计算卫生保健机构设置的密度，比如每平方公里的机构数，同时结合所服务的人群，计算每万人平均拥有的机构数和床位数，以此反映卫生保健的相对规模。

2. 卫生技术人员及其他就业人员统计

卫生技术人员是实施卫生保健活动的主体，其人员数多少和素质高低直接决定了所能完成的卫生保健活动规模和质量，因此，人员统计也属于卫生保健活动的投入统计。

卫生技术人员是指在卫生机构任职的医疗、护理、助产、药剂、检验等系列的卫生技术专业人员。其他就业人员是指在卫生机构就业的其他技术人员、管理人员和工勤人员。在总数统计基础上，需要对技术人员按照职称或学历进行分组统计，以反映人员的技术构成情况。此外，还可以人员数为基础，结合机构数，计算平均单个机构所拥有的技术人员数，反映卫生保健机构的技术力量保证程度。

3. 卫生保健活动支出统计

围绕卫生保健活动存在一个复杂的收支链条。从支出环节看，有患者的支出和卫生保健机构支出的区别，前者支出构成了后者支出的资金来源之一。在患者支出中，既包括对药品的支出，又包括对卫生保健服务的支出；患者的支出一部分由个人承担，还有相当部分要由政府社会保障或商业保险公司承担；同时，政府还通过财政经费拨款对卫生保健事业直接支出。

对该收支过程予以详细统计不是本书的任务，这里所谓卫生保健支出是指卫生保健机构当期为提供卫生保健服务所花费的支出。这些支出包括两个基本类别，一是经常性支出，即所谓经费支出，是指用于职工工资福利、活动公务费、不能作为固定资产的设备购置和修缮费用等的支出；二是投资支出，是指用于固定资产购置和建造的支出。其中，应该从资金来源角度突出反映政府为卫生保健所花费的支出。这样的支出统计可以从资金角度反映卫生保健的投入情况。

4. 卫生保健活动量及其效果统计

卫生保健活动的“产出”体现在不同层面。首先是当期实施完成了多少卫生保健活动，进而是这些活动的直接效果，最后表现为人类健康水平的提高。

卫生保健有多种活动，区分不同活动的活动量指标应该包括：体现免疫活动的接种人次数，体现医疗活动的诊疗人次数、入院治疗人次数等，在此基础上可计算平均每个卫生技术人员的负担量、床位利用率等。

就免疫防治活动来说，卫生活动的直接效果是各种常见疾病和传染疾病发病率的降低；对于诊疗来说，最常用的效果指标是针对不同疾病的治愈率和好转率。从最终效果看，卫生保健活动应该与其他因素共同发生作用，导致人口死亡率的降低、预期平均寿命的提高，这些内容可参见第 2 章、第 7 章和第 9 章的介绍。

**例 4—5**　**2013 年中国卫生投入统计①**

2013 年，中国卫生事业快速发展，卫生事业投入不断改善。

（一）卫生总费用。据初步核算，2013 年全国卫生总费用预计达 31 661.5 亿元，其中：政府卫生支出 9 521.4 亿元（占 30.1%），社会卫生支出 11 413.4 亿元（占 36.0%），个人卫生支出 10 726.8 亿元（占 33.9%）。人均卫生费用 2 326.8 元，卫生总费用占 GDP 百分比为 5.57%。

（二）卫生人员总数。2013 年末，全国卫生人员总数达 979.0 万人，比上年增加 67.4 万人（增长 7.4%）。卫生人员数如表 4—2 所示。

**表 4—2**　**卫生人员数**

| | 2013 | 2012 |
|---|---|---|
| 卫生人员总数（万人） | 979.0 | 911.6 |
| 卫生技术人员 | 721.1 | 667.6 |
| #执业（助理）医师 | 279.5 | 261.6 |
| #执业医师 | 228.6 | 213.9 |
| 注册护士 | 278.3 | 249.7 |
| 药师（士） | 39.6 | 37.7 |
| 技师（士） | 38.8 | 36.4 |
| 乡村医生和卫生员 | 108.1 | 109.4 |
| 其他技术人员 | 36.0 | 31.9 |
| 管理人员 | 42.1 | 37.3 |
| 工勤技能人员 | 71.8 | 65.4 |
| 每千人口执业（助理）医师（人） | 2.06 | 1.94 |
| 每千人口注册护士（人） | 2.05 | 1.85 |
| 每万人口全科医生（人） | 1.07 | 0.81 |
| 每万人口公共卫生人员（人） | 6.08 | 4.94 |

#系其中数，以下各表同。

说明：卫生人员和卫生技术人员包括公务员中取得“卫生监督员证书”的人数。下表同。

2013 年末卫生人员机构分布：医院 537.1 万人（占 54.9%），基层医疗卫生机构 351.4 万人（占 35.9%），专业公共卫生机构 82.6 万人（占 8.4%）。与上年比较，3 类机构卫生人员均有所增加。

2013 年末卫生技术人员学历结构：本科及以上占 28.5%，大专占 38.7%，中专占 30.0%，高中及以下占 2.7%。与 2012 年相比，本科及以上提高 1.8 个百分点，大专提高 1.1 个百分点，中专下降 2.3 个百分点，高中及以下下降 0.7 个百分点。

---

①　节选自《2013 年我国卫生和计划生育事业发展统计公报》，http://www.nhfpc.gov.cn/guihuaxxs/s10742/201405/886f82dafa344c3097f1d16581a1bea2.shtml。

2013年，每千人口执业（助理）医师2.06人，每千人口注册护士2.05人，每万人口全科医生1.07人，每万人口专业公共卫生机构人员6.08人。

（三）床位数。2013年末，全国医疗卫生机构床位618.2万张，其中：医院457.9万张（占74.1%），基层医疗卫生机构135.0万张（占21.8%）。与上年比较，床位增加45.7万张，其中：医院床位增加41.7万张，基层医疗卫生机构床位增加2.6万张（见表4—3）。每千人口医疗卫生机构床位数由2012年4.24张增加到2013年4.55张。

表4—3　卫生机构及床位数

| | 机构数（个） | | 床位数（张） | |
|---|---|---|---|---|
| | 2013 | 2012 | 2013 | 2012 |
| 总计 | 974 398 | 950 297 | 6 181 891 | 5 724 775 |
| 医院 | 24 709 | 23 170 | 4 578 601 | 4 161 486 |
| 公立医院 | 13 396 | 13 384 | 3 865 385 | 3 579 309 |
| 民营医院 | 11 313 | 9 786 | 713 216 | 582 177 |
| 医院中：三级医院 | 1 787 | 1 624 | 1 670 000 | 1 469 737 |
| 二级医院 | 6 709 | 6 566 | 1 952 214 | 1 827 240 |
| 一级医院 | 6 473 | 5 962 | 350 272 | 312 866 |
| 基层医疗卫生机构 | 915 368 | 912 620 | 1 349 908 | 1 324 270 |
| #社区卫生服务中心（站） | 33 965 | 33 562 | 194 241 | 203 210 |
| #政府办 | 18 638 | 19 579 | 137 143 | 136 615 |
| 乡镇卫生院 | 37 015 | 37 097 | 1 136 492 | 1 099 262 |
| #政府办 | 36 593 | 36 667 | 1 125 098 | 1 087 286 |
| 村卫生室 | 648 619 | 653 419 | — | — |
| 诊所（医务室） | 184 050 | 177 798 | — | — |
| 专业公共卫生机构 | 31 155 | 12 083* | 214 870 | 198 198 |
| #疾病预防控制中心 | 3 516 | 3 490 | — | — |
| 专科疾病防治机构 | 1 271 | 1 289 | 38 507 | 35 715 |
| 妇幼保健机构 | 3 144 | 3 044 | 175 476 | 161 560 |
| 卫生监督机构 | 2 967 | 3 088 | — | — |
| 其他机构 | 3 166 | 2 424 | 38 512 | 40 821 |

* 仅包括原卫生部门主管（不含原计生部门）的计划生育技术服务机构。

（四）医疗卫生机构总数。2013年末，全国医疗卫生机构总数达974 398个，比上年增加24 101个（主要原因是2013年计划生育技术服务机构增加了原人口计生部门主管的机构数）。具体情况如表4—3所示。

## 四、社会保障活动统计

社会保障是社会保险、社会福利、社会救助、社会优抚的总称，泛指抵御来自经济、社会、自然等方面风险，保证社会成员基本生活水平而采取的各种社会活动。这些活动是以政府为主体组织的，同时也有个人、个人所在单位的共同参与，是典型的公共事业活动。

社会保障的运作是一个复杂的系统，直接作用于整个社会收入再分配过程。相应地，社会保障统计也具有丰富的内容。限于篇幅和本章的目的，这里仅将其作为公共事业活动，介绍常用的统计指标。

**（一）社会保险活动统计**

社会保险是针对劳动者建立的社会保障制度，旨在保障劳动者因年老、疾病、伤残、生育、失业等暂时或永久失去劳动能力而减少或失去工资收入情况下，仍能享有与在业期间差别不大的基本社会权利，通常包括养老保险、失业保险、医疗保险、工伤保险和生育保险。与商业保险基于自愿投保不同的是，社会保险是通过国家立法强制实施的。

统计反映社会保险活动，应该包括以下方面的指标。

（1）社会保险机构数和从业人员数，包括从事社会保险业务的基金管理机构和服务管理机构，前者涉及保费收缴和运营，后者是针对受益人的服务。

（2）社会保险投保人数，是指当期已经参加社会保险并按社会保险机构要求按时缴纳保险费用的人数，应该按养老保险、失业保险、医疗保险、工伤保险和生育保险分别统计。这里强调的是实际投保人数，而不是应投保人数（即名义投保人数）。在社会保险制度比较健全的情况下，社会保险投保人数与应投保人数应该大致相等，但在现实中，常常由于各种原因导致前者小于后者，二者的比值可以反映社会保险开展的有效程度。如果将投保人数与当期就业人数加以比较，所得比值可以反映社会保险的覆盖面。

（3）享受社会保险人数，是指参加了社会保险，目前因年老退休、失业、工伤、疾病、生育而从社会保险受益的当期人数，应该按养老保险、失业保险、医疗保险、工伤保险和生育保险分别统计。将当期享受社会保险人数与当期投保人数加以比较，可以从人数上反映社会保险在现收现付原则下投保人员的负担状况或享受人员的保证状况。

（4）社会保险费用总额，是指当期由社会保险计划对参加社会保险者在年老、失业、工伤、疾病、生育等情况下支付的费用总额，即所谓给付总额，要分别社会养老保险费用额、失业社会保险费用额、医疗社会保险费用额、工伤社会保险费用额和生育社会保险费用额加以统计。在此基础上，可计算保险费用的给付水平，如人均离退休费用、人均医疗卫生费用等。

（5）社会保险基金总额，是社会保险机构通过向投保者及其所在单位征缴统筹获得的保险费和通过基金投资形成的收益但暂时未支付而积聚的资金总额。在现收现付制下，该总额构成社会保险费用支付额的基础，如果一时期社会保险基金总额小于当期应支付的社会保险费用，社会保险计划出现亏空，这时就需要政府财政来予以弥补。

**（二）社会福利、救助、优抚活动统计**

社会保险的基本特点是，以加入社会保险计划并进行先期缴款作为获得社会保障的前提，尽管由政府主持并给予财政上的必要支持，但在根本意义上属于社会成员间互助式的社会保障。社会福利、社会救助、社会优抚不同于社会保险，社会成员获得生活保障并不以先期缴付为前提，它们针对不同的对象而发生，是由政府和其他公共部门实施的公共事业活动。

社会救助的内容包括救济、救灾和扶贫，其对象是那些陷入生活困境的社会成员，包括社会孤老、孤儿、无劳动能力又无人赡养的残疾人、灾民和城乡贫困者（即收入低于政府颁布的最低生活保障线的人员）。具体统计内容包括：（1）社会救助人数统计，包括可享受社会救助的人数和实际享受社会救助的人数，二者相比可反映社会救助的覆盖面；（2）社会救助费用统计，统计用于社会救助的费用总额及其构成，还可计算平均每人获得的社会救助费用水平。

社会优抚是社会优待和社会抚恤的合称，其对象是为革命事业和保卫国家安全作出贡献和牺牲的特殊社会群体，包括现役军人、革命伤残人员、复员退伍军人、革命烈士和军人家属等。社会优抚统计的指标包括：社会优抚对象人数、实际享受优抚人数以及据此计算的优抚率，优抚事业机构数，社会优抚事业费总额和人均数额等。

从理论上说，社会福利是在社会保险和社会救助之外、针对全体社会成员、旨在改善和提高其生活水平的物质保障和社会服务，包括社会福利津贴、职业福利、社会福利性设施和社会服务。但受管理的历史沿革影响，目前中国的社会福利活动中有相当大部分与鳏寡老人、孤残儿童和残疾人的生活安置和就业安置有关，如社会福利院、福利企业、烈士纪念建筑物管理单位、收容遣送单位、殡葬事业单位等。具体统计内容包括：社会福利机构单位数及人数，社会福利费用总额，“三无”（无劳动能力、无依靠、无固定收入来源）儿童、孤老、残疾人、精神病人的人数和收养人数及收养率等。

**例 4—6　　中国社会保险发展状况①**

2013 年，社会保险工作深入开展，社会保障体系建设取得重大进展。社会保险参保人数和基金收支情况如图 4—10 和图 4—11 所示。

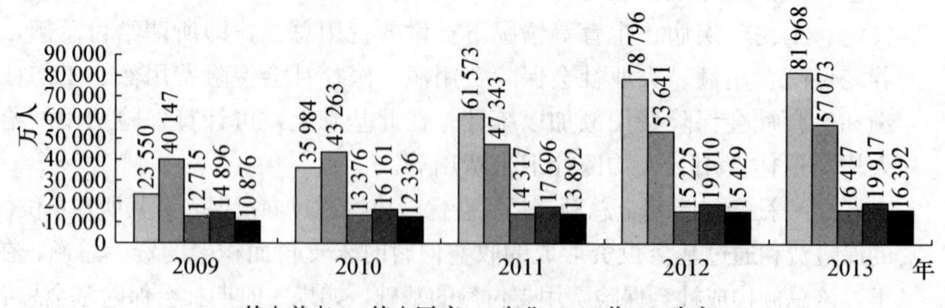


**图 4—10　2009—2013 年社会保险参保人数**

① 节选自《2013 年度人力资源和社会保障事业发展统计公报》，http://www.gov.cn/xinwen/2014-05/28/content_2689086.htm。

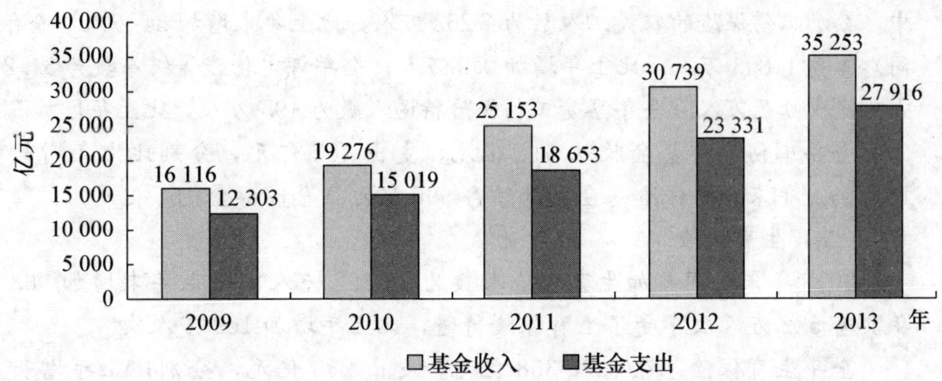


**图 4—11 2009—2013 年社会保险基金收支情况**

（一）养老保险

2013 年末全国参加基本养老保险的人数为 81 968 万人，比上年末增加 3 172 万人。全年基本养老保险基金收入 24 733 亿元，比上年增长 13.3%，其中征缴收入 19 270 亿元，比上年增长 12.9%。全年基本养老保险基金支出 19 819 亿元，比上年增长 18.6%。年末基本养老保险基金累计结存 31 275 亿元。

年末全国有 6.61 万户企业建立了企业年金，比上年增长 20.8%；参加职工人数为 2 056 万人，比上年增长 11.4%；年末企业年金基金累计结存 6 035 亿元。

（二）医疗保险

2013 年末全国参加城镇基本医疗保险的人数为 57 073 万人，比上年末增加 3 432 万人。其中，参加城镇职工基本医疗保险人数 27 443 万人，比上年末增加 958 万人；参加城镇居民基本医疗保险人数为 29 629 万人，比上年末增加 2 474 万人。在职工基本医疗保险参保人数中，参保职工 20 501 万人，参保退休人员 6 942 万人，分别比上年末增加 640 万人和 318 万人。年末参加医疗保险的农民工人数为 5 018 万人，比上年末增加 22 万人。

全年城镇基本医疗保险基金总收入 8 248 亿元，支出 6 801 亿元，分别比上年增长 18.9%和 22.7%。年末城镇基本医疗统筹基金累计结存 5 794 亿元（含城镇居民基本医疗保险基金累计结存 987 亿元），个人账户积累 3 323 亿元。

（三）失业保险

2013 年末全国参加失业保险人数为 16 417 万人，比上年末增加 1 192 万人。其中，参加失业保险的农民工人数为 3 740 万人，比上年末增加 1 038 万人。2013 年末全国领取失业保险金人数为 197 万人，比上年末减少 7 万人。全年共为 77 万名劳动合同期满未续订或提前解除劳动合同的农民合同制工人支付了一次性生活补助。

全年失业保险基金收入 1 289 亿元，比上年增长 13.2%，支出 532 亿元，比上年增长 18.0%。年末失业保险基金累计结存 3 686 亿元。

（四）工伤保险

2013 年末全国参加工伤保险人数为 19 917 万人，比上年末增加 907 万人。其中，参加工伤保险的农民工人数为7 263万人，比上年末增加84万人。全年认定（视同）工伤118.3万人，比上年增加0.9万人；全年评定伤残等级人数为51.2万人，比上年减少0.2万人。全年享受工伤保险待遇人数为195万人，比上年增加5万人。

全年工伤保险基金收入615亿元，支出482亿元，分别比上年增长16.7%和18.7%。年末工伤保险基金累计结存996亿元（含储备金168亿元）。

（五）生育保险

2013年末全国参加生育保险人数为16 392万人，比上年末增加963万人。全年共有522万人次享受了生育保险待遇，比上年增加169万人次。

全年生育保险基金收入368亿元，支出283亿元，分别比上年增长21.1%和28.9%。年末生育保险基金累计结存515亿元。

**相关链接4—5　中国社会保障统计中存在的问题**

中国劳动和社会保障部门与国家统计局每年公布的《劳动和社会保障事业发展统计公报》（以下简称《公报》）和阶段性《劳动保障事业计划执行情况通报》，是较全面反映中国劳动与社会保障工作的官方统计，对于人们认识劳动与社会保障工作的现状具有很强的引导作用，但还存在一些缺陷。

在社会保险统计中，官方统计主要是两大统计：一是社会保险参保人群的增长率指标；二是各类保险基金的收入、支出与滚存积累。这样简单的官方统计显然不能满足政府决策与理论研究的需要，最大的不足是只统计社会保险的工作成就而不敢揭短。例如，《公报》中仅报告参加基本养老保险的农民工人数及其增长，但农民工退保人数与退保率指标却没有在《公报》中反映；《公报》中养老保险基金累计结存数年年有所增长，各级财政对养老保险的补贴也是年年上新台阶，一般的老百姓无法弄懂结存增长与补贴增加的奥秘，而《公报》之外关于养老保险“空账”每年以1 000亿元的速度增长，2006年底达到8 000亿元，与《公报》巨额的养老保险基金累计积存对比更是一头雾水；医疗保险、养老保险基金发放、城市居民最低生活保障、隐性就业、失地农民的土地补偿中均有许多道德风险问题，官方的诚信统计监督指标未能建立起来，缺乏这一重要指标体系监控，会严重浪费我国稀缺的社会保障资源，造成社会保障资源配置的无端浪费。

资料来源：林毓铭：《要全面提升劳动和社会保障统计数据质量》，载《统计研究》，2007（12），67～69页。

## 五、与公共部门有关的非市场活动产出统计

从以上叙述可以看出，各种公共事业活动具有不同的服务对象和不同的表现形式，由此决定了其统计内容的差异。通过这样的统计指标，我们可以了解特定活动的基本状况，但却无法获得整个公共事业活动的整体规模。然而，如果对上述内容予以仔细观察，可以进一步发现，就一些“投入”性指标来说，不同公共事业活动

具有大体的一致性：机构数指标、就业人员数指标、支出额指标，等等，在不太严格的意义上，可以就这些指标予以对应加总，大致反映公共事业活动的投入规模。但是，在表达“产出”的指标上，却不存在这样的一致性，学生人数与诊疗人次数、得到社会救助的人数，以及审理的案件数、基础研究获得的成果数无论如何都无法相加总。如何克服具体产出形式上的差异，进行产出总量统计？这就是本部分所谓非市场产出统计所要解决的问题。

公共事业活动是提供公共性货物和服务的活动，由此可以获得有关公共事业活动产出一致性的两点认识，并为进行其产出总量统计提供线索。第一，这些活动均提供了一定的货物与服务（主要是服务），满足了社会成员某方面的需求，因此，它们都属于生产活动，是国民经济生产的组成部分，尽管其生产产出的具体形式有异，但可以摒除产出的具体形式，就其产出价值予以加总统计。也就是说，计算非市场产出总量是可能的。第二，作为公共性货物和服务，公共事业活动都属于非市场生产活动，而且相当部分产出是集体性的，无法拆解为单个的物量（比如国防服务），不存在产出的市场价格，尤其没有单个产品的市场价格。因此，不可能依照市场化产出的计算方法，以产品市场价格和当期生产量为依据计算其产出价值（见第 3 章）。也就是说，这些非市场活动产出的计算需要另辟蹊径。

根据国民经济核算原理，非市场化产出采用“以投入代产出”的方法计算其产出价值，即依据这些部门当期提供服务过程中直接形成的投入价值，直接作为其产出价值。这样计算的依据是，由于这些生产是非市场性的，不以盈利为目的，假定其不存在盈利，那么其生产中花费的成本投入价值就是其提供产出的价值，即

某部门的产出＝该部门的成本投入　　(4—9)

该公式为这些非市场活动产出的计算提供了基本思路。在成本投入中，既包括生产中耗费的各种非耐用性货物服务价值（即所谓中间消耗）和固定资产价值（即所谓固定资本折旧），也包括生产中耗费的活劳动价值，即劳动报酬。结合公共事业单位的费用支出归纳方式，中间消耗和劳动报酬构成经常性支出，因此，非市场产出的具体计算公式为：

总产出＝经常性业务支出＋固定资产折旧　　(4—10)

式中，经常性业务支出是指当期支付的各种非投资性支出，具体项目包括工资、公务费、不能作为固定资产的设备购置费、修缮费、业务费，等等；固定资产折旧需要在宏观上予以估算，因为在这些公共事业单位，并不实际计提折旧。在此基础上，将其中的非耐用性货物服务消耗价值（即中间消耗价值）扣除，其结果就是非市场生产活动的增加值，该增加值会汇入当期 GDP 之中：

增加值＝总产出－中间消耗　　(4—11)

通过这样计算的总产出和增加值①，即可以实现整体描述公共事业活动产出的

① 想要更详细地了解非市场活动产出的计算原理，可参见有关国民经济核算的教材。

目的。

需要指出，这样计算产出也有其弊端。以投入代产出，投入的核算与产出的核算同一，由此就无法用投入与产出的比较来反映生产率的状况，尤其可能会引起错觉：投入越多，产出就越大，公共事业部门员工提高工资，加大了支出，就等同于其提供了更多的服务。有关问题将在下面 4.4 节出现。

# 4.4 政府规模及效率统计与分析

政府是市场之外存在的力量，它与市场的关系始终是经济学家、社会学家及各层次管理决策所关注的问题，其中之一就是政府规模问题，即它应该在多大范围内发挥作用，应该有多大的作用力度，应该用什么样的方式发挥作用，在动态上政府规模是否在扩大，如何予以解释；与此相联系的问题是，在既定规模上政府的效率如何，效率与规模间是何关系。应该说，政府部门是最主要的公共部门，政府的规模大小和效率高低决定了整个公共部门在经济社会发展中的作用。在以全球化为发展趋势、国际组织与跨国集团日益发挥更大作用的今天，这个问题具有更加明确的现实意义。当然，这并不是一个纯粹意义上的统计问题，但通过统计对政府活动规模和效率的度量有助于对此作出回答并予以判断。

## 一、政府规模的度量

### （一）政府绝对规模

衡量政府的绝对规模，可以从不同角度入手。一是描述其职能覆盖的范围；二是衡量其所占有的资源；三是衡量其完成的工作量。

通过实际过程中政府的行为决策，可以定性地描述政府职能所覆盖的范围，由此判断政府的规模。表 4—4 就体现了通过政府职能来划分政府规模的尝试。如果将政府职能按照解决市场失灵和促进社会公平的不同行动加以分解，那么，一个小政府将仅限于提供纯粹的公共物品和对穷人提供最基本的保护；一个中型政府还会在基础教育、环境保护方面直接发挥作用，通过各种法规、政策和社会保险计划来抑制垄断，保护消费者利益，帮助国民减少各种经济社会风险；一个更积极的政府将会更多地作用于市场私人活动，把对收入的再分配扩展到对资产的再分配。

**表 4—4　　政府职能与规模**

| 职能 | 解决市场失灵问题 | 促进社会公平 |
|---|---|---|
| 小职能 | 提供纯粹的公共物品：<br>国防；法律与秩序；财产所有权；<br>宏观经济管理；公共医疗卫生 | 保护穷人：<br>反贫困计划；<br>消除疾病 |

续前表

| 职能 | 解决市场失灵问题 | | | 促进社会公平 |
|---|---|---|---|---|
| 中型职能 | 解决外部效应：<br>基础教育；<br>环境保护 | 规范垄断企业：<br>公用事业法规；<br>反垄断政策 | 克服信息不完整：<br>保险；金融法规；消费者保护 | 提供社会保险：<br>再分配性养老金；<br>家庭津贴；<br>失业保险 |
| 积极职能 | 协调私人活动：<br>促进市场发展；集中各种举措 | | | 再分配：<br>资产再分配 |

资料来源：世界银行：《1997 年世界发展报告：变革世界中的政府》，27 页，北京，中国财政经济出版社，1997。

这样的描述只是定性意义上的。从定量意义上对政府总体规模加以度量，可以利用以下统计指标。

（1）政府设置的机构数和吸收的就业人数，是从投入角度衡量政府规模。显然，设置机构越多，有越多的人在政府部门就业，政府规模就越大。

（2）政府年度财政收入额与财政支出额，是从可动用的社会资源方面衡量政府规模。由于财政收入反映政府强制性地积聚收入的规模，财政支出代表政府活动的成本，因此，财政收入、支出数额越大，说明政府的行为能力越强，规模越大。

（3）政府当期的总产出，是从活动产出方面衡量政府规模。产出越大，说明政府提供的公共物品服务越多，政府规模就越大。

能否用政府持有的资产来衡量政府规模？答案是否定的。原因在于，在政府项下会有大额资产，但它主要是代表国家持有资产，而不是作为政府部门的资产，无法以此为依据衡量政府本身占有资源进行经济活动的规模。

### （二）政府相对规模

以上各种总量指标只表现政府的绝对规模，却无法在特定时空上给出对政府规模大小的判断，因为我们不知道是在多大的经济社会规模基础上形成的政府规模。为此，需要借助于表现经济社会活动规模的相应参照物，衡量政府的相对规模。具体可计算以下统计指标。

（1）以社会就业总人口数为参照指标，计算政府部门就业人数占社会就业总人口数的比重，可以从劳动资源占用角度反映政府的相对规模，所占比例越大，政府规模就越大。同时可以以该国总人口数为基础，计算政府就业人数占全部人口的比重，以此反映政府的相对规模，其含义是平均每个政府就业者所服务的人口数，反过来，也就是平均每个政府就业者需要多少人口供养。该比例越大，说明政府规模越大。

（2）以 GDP 为基础，计算财政收入所占的比重和财政支出所占的比重，以此反映当期国民经济生产总成果中有多大份额被政府动用，一般将这些指标称为国家财力集中程度。显然，该比重越大，说明政府规模越大。

（3）将财政收支年度增长速度与 GDP 年增长速度加以对比，计算财政收入、支出对 GDP 的弹性系数，从动态变动速度上表现财政收入、支出与国民经济的关系，以此反映相对于经济增长而言政府规模的扩张速度。该系数大于 1，说明政府规模扩张速度超出了经济扩张速度，政府相对规模扩大了。

上述指标的计算公式为：

$$\text{政府就业人口比例}=\frac{\text{政府就业人口数}}{\text{就业总人口数}} \tag{4—12}$$

$$\text{政府就业者服务负担系数}=\frac{\text{政府就业人口数}}{\text{总人口数}} \tag{4—13}$$

$$\text{财政收入占 GDP 比重}=\frac{\text{财政收入额}}{\text{GDP}} \tag{4—14}$$

$$\text{财政支出占 GDP 比重}=\frac{\text{财政支出额}}{\text{GDP}} \tag{4—15}$$

$$\text{财政收入弹性系数}=\frac{\text{财政收入增长速度}}{\text{GDP 增长速度}} \tag{4—16}$$

$$\text{财政支出弹性系数}=\frac{\text{财政支出增长速度}}{\text{GDP 增长速度}} \tag{4—17}$$

## 二、政府作用领域、方式、力度的度量

按照表 4—4 列示的政府行为覆盖的不同领域，利用财政收入、支出的构成数据，可以在一定程度上描述政府当期对这些领域的覆盖情况，判断主要作用方向以及发挥作用的方式。

从财政收入的不同来源看，各种税收收入代表了无偿地、强制性地参与经济过程的分配，而债务收入则是以需偿还方式筹集的、供政府在一定期间内使用的收入，二者之间的比例反映了政府发挥作用的不同方式。进而，还可以通过税收收入的构成即流转税、收入税、财产税各自所占的比例，反映政府介入经济分配过程的程度和方式。

从财政支出的不同方式看，直接支出于公共物品服务生产领域，会形成政府的消耗性支出；如果以补贴等形式提供给市场上的私人生产者，就形成政府的转移支出。这是两种不同的发生作用的方式，取得的效果也不尽相同。在此基础上，财政支出按政府职能的构成统计可以直接反映政府支出在不同职能上的分配，比如，政府支出直接作用于经济生产，这是更广意义上的政府职能，如果该方面支出在财政支出中占较大的比重，即可说明该国政府正以更加积极的态势发挥作用，是“大”政府的表现。与此相似的是对教育文化等的支出份额、对国防的支出份额、对社会保障的支出份额等。

还可以用一些局部意义上的指标以及一些间接意义上的指标来反映政府活动规模及其作用力度。第一，可以从各种公共事业活动对经济社会的覆盖面来衡量政府规模。比如，社会保险对人口的覆盖程度、义务教育的普及程度、交通通信等对人口的覆盖程度、公共卫生医疗对人口的覆盖程度，等等。这些都是局部性指标，但却可以直观具体地描述出政府活动规模及其结果。第二，在教育、卫生保健、环境

保护、科学研究以及基础设施建设这样的典型的公共事业活动领域，可以计算政府支出在全部支出中所占的比重，以此反映政府的作用程度。比如，如果在社会教育支出中政府支出只占有一个较小的比例，那么即可判定政府在此领域没有发挥应有的作用。第三，从政府征缴所得税和实施社会保障对居民收入的影响程度，也可以反映政府作用的大小，比如，所得税或社会保障缴款相对住户收入的比例，养老金、失业、医疗等社会保险金发放和各种社会救济、优抚支出相对住户收入的比例。这些指标间接反映了政府规模及其作用程度。

## 三、政府效率和质量的度量

对政府规模“大”或“小”的定义，是就其职能范围而言的。在衡量一个政府的规模大小时，有两个命题值得讨论。第一，政府并非越大越好；第二，不能说政府就业人数越多、政府财政收支越大，政府规模越大。上面所列示的指标大多是从就业、收支等方面度量政府的外在规模。显然，这样度量的外在规模与按照职能定义的内在规模之间尚存在错位，设置了机构和人员，形成了收支，不一定就实现了政府职能，或者说机构数、人员数、收支数所显示的大小不一定如实反映了政府职能作用的大小。解释这种错位或者将这两方面衔接起来的一个问题就是政府效率以及由此决定的政府活动质量。

衡量政府效率具有很大难度，其根源在于无法像市场经济活动那样，客观明确地衡量政府活动的产出。上一节曾经讨论过，除了一些间接的实物性指标，对政府产出总量的测度是建立在投入基础上的，即以投入代产出。结果，或许我们可以运用一些局部的指标来显示某具体公共事业领域的效率，比如每个教师负担的学生人数（严格来说，这也不是真正的效率指标，因为只有达到一定学识水平的学生才是教育的产出，而不是笼统的学生人数），却无法按照“投入产出比”的模式，用单一的指标在短期上进行政府效率的总体测度。

打破这样的测度瓶颈的途径是，摒弃使用单一指标测定政府效率水平的想法，以其他测度思路来衡量政府活动的质量。

一种思路是设法测度政府的能力。能力不等同于政府投入，因为有形的投入不一定实际转化为能力，反过来，政府对经济社会的影响也不都是由收支表现的，比如政策法规等行政手段的作用；能力也不等同于产出，它只是一种影响力，而不是影响的结果。国际文献曾经立足一国的国际状况构造表现政府控制力的指数，它由下述三个指标合成：经济开放度，用对外贸易占 GDP 比重表示；货币高估的程度，用黑市汇率与官方汇率的差异表示；本地价格与国际价格的差异。

另一种思路是筛选表现政府活动最终“产出”的指标，比如经济增长率、人均收入水平及其增长率、婴儿死亡率、平均预期寿命，等等，将其与表示政府投入的指标（比如财政收支及其构成资料）和其他表明政府能力的指标（如上面所提到的能力指标）一起建立统计模型，在足够长的时期内进行长期性的统计回归分析，判断政府投入对各种经济社会发展目标的影响程度，以此测度政府的效率水平。比如，有分析表明，在20世纪后30年里，在政府能力弱而政策不佳的国家，人均收入年均增长率仅为0.5%；而在那些有强大的政府机构能力和良好政策的国家，人均收入年均增长率可达3%。

还有一种思路是将政府职能进行拆解，在设计问卷广泛调查打分基础上，构造对政府可信性或满意度的主观评价指数。或者反过来，以对政府不满意比如腐败程度为目标构造评价指数，比如腐败指数。国际文献曾经引用1996年对69个工业国和发展中国家3 600多个企业进行调查所获得的结果，其中将对政府不满意的方面拆解为以下方面：法律和政策不可预见的变化，不稳定的政府，财产得不到保障，司法机构不可靠，腐败。然后根据被调查者的回答结果形成指数，以此衡量政府行政机构的质量。①

**例4—7　　政府规模与效率的国际比较**

在前面的例子中已经指出，中国政府的财政收入和支出规模不断增长，而且自1995年以来占GDP的比重稳步提高，表明政府的宏观调控能力不断增强。从这个角度看，中国政府的绝对规模和相对规模均呈现膨胀趋势。但是，由于中国政府的财政支出结构逐步优化，政府职能已经在很大程度实现了从直接参与经济运行向提供一般政府服务和加强社会保障功能的转型，因此中国政府正在进行从“大政府”向“中型政府”的过渡。

表4—5给出了国际竞争力排名前30位的国家和地区在政府效率方面的若干调查结果。从国际比较来看，中国政府的效率还存在较大的差距，从排名来看，5项反映政府效率的指标明显落后于其整体国际竞争力。具体来看，中国政府在5项指标的得分均低于5分，其中第四项指标（私营企业在法律框架内挑战政府管制的容易程度）的得分最低，政府政策的透明度的得分最高，表明中国政府效率较低的最大问题在于没有给予私营企业充分的发展空间，提高中国政府效率的关键在于为私营企业提供更为公平的竞争环境。

此外，由表4—5还可以看到一个现象，在30个国家和地区中，大部分国家和地区在政府效率方面的表现普遍差于其整体竞争力，这种现象意味着提升政府效率不仅是中国的问题，也是世界各国和地区普遍面临的挑战。

**表4—5　　政府效率的国际比较**（2014年）

| | 竞争力总体排名 | 政府支出的浪费程度 | 遵守政府管制的负担 | 解决争端的法律框架的效率 | 私营企业在法律框架内挑战政府管制的容易程度 | 政府决策的透明度 |
|---|---|---|---|---|---|---|
| 瑞士 | 1 | 11 | 12 | 8 | 8 | 7 |
| 新加坡 | 2 | 3 | 2 | 1 | 21 | 1 |
| 美国 | 3 | 73 | 82 | 23 | 18 | 44 |
| 芬兰 | 4 | 9 | 7 | 2 | 1 | 3 |

① 以上内容可参见世界银行：《1997年世界发展报告：变革世界中的政府》，32～37页。

续前表

| | 竞争力总体排名 | 政府支出的浪费程度 | 遵守政府管制的负担 | 解决争端的法律框架的效率 | 私营企业在法律框架内挑战政府管制的容易程度 | 政府决策的透明度 |
|---|---|---|---|---|---|---|
| 德国 | 5 | 20 | 55 | 11 | 12 | 22 |
| 日本 | 6 | 22 | 64 | 18 | 19 | 11 |
| 香港 | 7 | 127 | 77 | 76 | 61 | 61 |
| 荷兰 | 8 | 18 | 30 | 9 | 5 | 14 |
| 英国 | 9 | 33 | 37 | 5 | 7 | 16 |
| 瑞典 | 10 | 10 | 20 | 13 | 14 | 13 |
| 挪威 | 11 | 13 | 38 | 7 | 10 | 12 |
| 阿联酋 | 12 | 2 | 3 | 17 | 15 | 10 |
| 丹麦 | 13 | 36 | 80 | 20 | 44 | 32 |
| 台湾 | 14 | 43 | 34 | 48 | 75 | 9 |
| 加拿大 | 15 | 23 | 39 | 10 | 11 | 18 |
| 卡塔尔 | 16 | 1 | 1 | 6 | 4 | 5 |
| 新西兰 | 17 | 5 | 17 | 4 | 2 | 2 |
| 比利时 | 18 | 59 | 130 | 42 | 32 | 56 |
| 卢森堡 | 19 | 16 | 9 | 12 | 6 | 6 |
| 马来西亚 | 20 | 8 | 4 | 14 | 13 | 15 |
| 奥地利 | 21 | 53 | 83 | 24 | 29 | 21 |
| 澳大利亚 | 22 | 51 | 124 | 26 | 26 | 51 |
| 法国 | 23 | 72 | 121 | 41 | 25 | 70 |
| 沙特 | 24 | 12 | 45 | 34 | 27 | 38 |
| 爱尔兰 | 25 | 31 | 22 | 21 | 16 | 17 |
| 韩国 | 26 | 68 | 96 | 82 | 113 | 134 |
| 以色列 | 27 | 77 | 116 | 46 | 35 | 63 |
| 中国 | 28 | 24 | 19 | 49 | 47 | 33 |
| | (4.89) | (4.1) | (4.1) | (4.1) | (3.6) | (4.5) |
| 爱沙尼亚 | 29 | 19 | 10 | 39 | 23 | 20 |
| 冰岛 | 30 | 35 | 41 | 25 | 17 | 23 |

说明：(1) 表中各项数值均为根据抽样调查的结果而给出的排名。

(2) 中国的数据中，括号里的数据是相应问题的调查得分，其中 7 分为最好，1 分为最差。

资料来源：World Economic Forum，The Global Competitiveness Report（2014—2015），Harvard University，Klaus Schwab，2015.

## 思考题

1. 如何理解公共部门在经济社会系统中的作用？统计如何反映这些作用？
2. 如何从政府活动中识别出哪些属于财政活动从而构造出财政统计的框架？

3. 财政收入、财政支出总量统计有哪些指标？如何衡量财政收支的平衡状况？

4. 通过财政收支如何反映政府对经济社会发展的作用？

5. 如果政府执行积极财政政策，会在财政收支上表现出什么特征？

6. 衡量政府债务风险有哪些指标？

7. 统计反映教育活动、卫生保健活动的指标有哪些？这些指标对衡量社会发展具有什么意义？

8. 反映社会保障活动的指标有哪些？统计如何进一步度量社会保障对社会发展的意义？

9. 为什么要探讨政府规模问题？统计能否有效度量政府的规模与效率？

# 第 5 章 金融统计

Chapter 5

现代市场经济总是伴随着相对发达的金融信用。金融信用以特有的方式存在，与经济社会系统具有紧密的联系，其深度和广度对经济社会发展有重要影响。因此，在现代经济中，金融调控是整个宏观调控体系中最重要的组成部分之一，由此形成了对金融统计的需求。通过学习本章，读者可以了解如下内容：

- 金融体系的构成与金融统计体系；
- 信贷收支统计；
- 货币供应量统计；
- 货币市场工具及其统计；
- 股票市场和债券市场统计；
- 金融稳健统计；
- 金融发展及其统计。

## 5.1 金融活动、金融体系与金融统计体系

### 一、金融活动

从宏观金融学的角度来看，金融是货币流通与信用活动的总称。一般来说，金融涉及金钱事务的管理，但是并不等同于具体的经济活动主体对其资财的管理，如政府的货币资财及其管理——财政收支、工商企业的货币资财及其管理——公司财务收支、个人的货币资财及其管理——个人收支，而是指所有这些收支与信用关系相联结的部分。①

① 参见黄达：《宏观调控与货币供给》，125～126 页，北京，中国人民大学出版社，1997。

在现代经济中，金融活动的作用既表现在微观经济层面，又表现在宏观经济层面。

从微观经济活动层面看，企业要进行生产经营，所需的资金一部分靠自身内部积累，另一部分需从外部筹集。从外部筹集资金有两种方式，一是向社会发行股票和债券；二是向银行等金融中介机构借款。不论采取哪种方式，这些外部资金筹集活动都属于金融活动，前一种方式称为直接融资，后一种方式称为间接融资。如果没有金融活动的介入，企业外部资金筹集就无法实现，进而难以进行扩大再生产。英国经济学家约翰·希克斯在《经济史理论》一书中详细考察了金融对工业革命的刺激作用，认为工业革命不是技术创新的结果，或者至少可以说，不是技术创新的直接结果，因为工业革命早期使用的技术创新大多数发生在工业革命之前。相反，新技术的应用需要大量投资于特定目的和高度非流动性的长期资本。在缺乏金融市场的情况下，这是做不到的。这样，技术创新本身不足以刺激增长；新技术的应用还需要流动性强的资本市场的存在。所以，工业革命只有在金融革命之后，才有可能发生。由此可见，金融活动对经济发展起着极其重要的作用。

与企业对应存在的是居民住户，其成员凭借劳动或财产取得收入，个人收入用于消费的节余即个人储蓄，这些储蓄只有通过金融活动才能转化为投资，或者直接向企业进行金融投资，或者通过银行等金融机构间接向企业投资，进而形成住户的财产；反过来，这些个人储蓄转化为投资，正是企业进行外部资金筹集的重要来源。也就是说，储蓄只有转化为投资才能对经济发展发挥作用，而储蓄转化为投资也离不开金融活动。

从宏观经济活动层面来看，宏观经济是所有微观经济单位的总和。所有微观经济单位供给与需求的总和构成社会总供给与总需求。在现代市场经济中，需求要通过货币来实现，表现为有货币支付能力的需求，因此对社会总需求的控制主要通过对货币供应量的控制来实现。保持社会总供给与社会总需求的平衡是社会经济运行顺畅的基本条件，而社会总需求的控制在很大程度上是一个宏观金融管理问题。金融是否在宏观层次上得到管理，宏观金融管理水平的高低，对于宏观经济平衡和社会经济能否持续、稳定地发展至关重要。

## 二、金融体系

金融活动是金融主体通过金融工具在一定的场合进行交易的结果，其中包含金融工具、金融机构和金融市场三个要素。由此决定，整个金融体系应该包括三个组成部分：金融工具体系、金融市场体系和金融机构体系。

### （一）金融工具体系

现代信用关系依靠书面证明来建立，这种书面证明称为金融工具，金融工具是金融活动的载体。

金融工具具有四个特性，即期限性、流动性、风险性和收益性。其中，期限性是指一般金融工具债务人从举借债务到全部归还本金与利息有规定期限；流动性是指金融工具在必要时迅速转变为现金而不致遭受损失的能力；风险性是指购买金融工具的本金和预期收益有可能遭受损失；收益性是指金融工具能够带来价值增值的特性。

金融工具可以按照不同的标准来分类。(1) 按照持有人所拥有的要求权是否有固定数目，金融工具可分为债务工具和权益要求权（也称残值要求权）。债务工具的持有人所拥有的要求权以固定数目表示，最典型的是贷款，有权要求对方按期还本付息；权益要求权的持有人所拥有的要求权则是处于变化中的残余数目，最典型的就是股票，只能要求对方按其收入进行支付。(2) 按照偿还期的长短，金融工具可分为货币市场工具和资本市场工具。货币市场工具是指偿还期在1年及1年以内的金融工具，如商业票据和回购协议等；资本市场工具则是指偿还期在1年以上的金融工具，如股票和中长期债券等。(3) 按照融资形式，金融工具可分为直接融资工具和间接融资工具。直接融资工具是指资金供求双方之间直接融通资金时所交易的金融工具，如商业票据、债券和股票等；间接融资工具是指资金需求方通过金融中介机构间接向资金供给者融通资金时所借助的金融工具，如存款、银行汇票、保险等。(4) 按照与实际信用活动的关系，金融工具可分为原生金融工具和衍生金融工具。原生金融工具是在实际信用活动中出具的能证明债券债务关系或所有权关系的合法凭证，主要有商业票据、债券等债权债务凭证和股票、基金等所有权凭证；衍生金融工具是在原生金融工具基础上派生出来的各种金融合约及其组合形式的总称，主要包括金融期货、金融期权和金融互换。

**相关链接5—1 《2008年国民经济核算体系》中金融工具的分类**

《2008年国民经济核算体系》(SNA) 对金融工具的分类主要依据两种标准，即金融工具的流动性和描述债权人与债务人基本关系形式的法律特征，从而把金融工具划分为八个类别，包括：

(1) 货币黄金和特别提款权。货币黄金是由货币当局所拥有的并作为储备资产而持有的黄金；特别提款权 (SDRs) 是国际货币基金组织 (IMF) 创立，并分配给会员以补充现有储备资产的国际储备资产。

(2) 通货和存款。通货指那些由中央银行或中央政府发行或授权的具有固定面值的纸币和硬币。存款包括可转让存款（即不受惩罚或限制，按面值即期兑现的存款，如支票、汇票、直接转账单等）和其他存款（如储蓄存款、定期存款和不可转让的存单）。

(3) 债券。债券是作为债务凭证的可转让工具，包括票据、债券、存单、商业票据、债权证、资产支撑证券和通常可在金融市场交易的类似工具。

(4) 贷款。贷款是债权人直接将资金借给债务人时产生的、以不可转让单据作为凭证的金融资产，包括透支、分期付款贷款、分期付款购物信用和商业信用融资贷款。

(5) 股票和投资基金股份。股票是对偿付债权后的公司的剩余价值有索取权的所有票据和记录，通常以股份、股票、参股证、存托凭证或类似的文件为凭证。投资基金是将投资者的资金集中起来投资于金融或非金融资产的集体投资，包括共同基金和单位信托基金。

（6）保险、养老金和标准化担保计划适用的准备金。保险、养老金和标准化担保计划适用的准备金包括非寿险专门准备金、寿险和年金权利、养老金权利、对养老基金发起者的债权和标准化担保的准备金追缴通知。

（7）金融衍生工具和雇员股票期权。金融衍生工具是与特定金融工具、指数或商品挂钩的金融工具，可分为两大类，即期权合约和远期类合约。雇员股票期权是雇主与雇员在某日（授权日）签订的一种协议，根据协议，在未来约定时间（含权日）或紧接着的一段时间（行权期）内，雇员能以约定价格（执行价格）购买约定数量的雇主股票。

（8）其他应收/应付账款。

资料来源：European Commission，International Monetary Fund，OECD，United Nations，World Bank System of National Accounts 2008，Chapter 11.

### （二）金融市场体系

金融市场是指资金供应方与资金需求方通过金融工具进行金融交易的场所。金融市场不一定要在固定的场所中，通过电子通信等方式完成的交易也可以被认为是金融市场的一部分，前者是有形市场，如证券交易所，后者则是无形市场，如场外交易市场和全球外汇市场。

划分金融市场的方法有很多。一种方法与金融工具的划分方法相对应，把金融市场分为债务市场和权益市场（也称股票市场）。另一种方法是按照要求权的期限来划分。短期金融工具的市场称为货币市场，长期金融工具的市场称为资本市场，传统上短期与长期的界限为1年。债务市场可以按到期年限划分为货币市场或资本市场；由于权益工具一般总是永久性的，故权益市场被直接划归资本市场。

此外，还可以根据金融工具是否首次发行对金融市场进行分类。当发行人把一种新的金融工具出售给公众时，称为“发行”该金融工具。首次发行金融工具的市场称为一级市场，其后这种金融工具在投资者之间进行交易，发生这一行为的市场则称为二级市场。

### （三）金融机构体系

在金融市场上参与金融交易的主体称为金融市场的参与者。金融市场的参与者包括居民、非金融机构、金融机构、政府以及国外机构等，他们既可以是金融工具的发行者（即资金需求者），也可以是金融工具的投资者（即资金供给者）。其中，金融机构是金融活动最重要的行为主体，它们专门从事金融活动，金融工具构成其主要资产，其收入也主要来源于此。

对金融机构的分类可以根据需要采用多种方法，其中比较普遍的一种方法是把金融机构划分为货币金融机构和非货币金融机构，其中，货币金融机构包括货币当局和存款货币银行；非货币金融机构是一个庞杂的体系，包括保险、证券、信托、租赁、投资等。

货币金融机构和非货币金融机构具有共同的基本特点，即它们都执行金融中介职能，发挥金融中介的基本作用，但是二者对货币运行的影响程度存在较大差异。货币当局通过向公众发行通货和吸收存款货币银行缴存的准备金等负债行为，创造基础货币①；通过对存款货币银行、政府财政发生债权以及获取储备资产等资产业务，影响基础货币的数量。货币当局的基础货币可视为商业银行的原始存款。与其他金融机构相比，能吸收活期存款是存款货币银行最明显的特征，它作为货币的直接供给者，在原始存款的基础上，通过自身的存贷款活动及乘数效应，向全社会提供货币。非货币金融机构可以吸收某些种类的定期存款，但由于它不能经营可转账的活期存款业务，因此非货币金融机构创造货币的能力很低，明显区别于存款货币银行。此外，把金融机构划分为货币与非货币金融机构也有利于现实经济生活中对两类金融机构进行不同的管理。存款货币银行的活动直接影响货币供给量，影响总供给与总需求的平衡，影响物价水平，因此一般都对这类金融机构进行严格管理，政策规定和限制较多，对非货币金融机构则不然。

中国现有的金融机构体系包括中央银行、其他存款性公司和其他金融性公司。其中：(1) 中央银行是中国人民银行。(2) 其他存款性公司包括21家主要金融机构②和其他存款货币金融公司③。(3) 其他金融性公司是指除中央银行和其他存款性公司以外的其他金融公司，主要包括信托投资公司、金融租赁公司、保险公司、证券公司、证券投资基金管理有限公司、养老基金公司、资产管理公司、担保公司、期货公司、证券交易所和期货交易所等。

## 三、中国金融统计体系

金融统计是为金融管理服务的。改革开放以前，服务于单一的计划体制，金融统计基本限于信贷和现金收支统计。改革开放以来，随着金融工具、金融市场以及金融机构的逐步多样化，无论是宏观金融管理还是微观金融管理，都对金融统计提

---

① 基础货币，也称货币基数（monetary base），因其具有使货币供应总量成倍放大或收缩的能力，又称为高能货币（high-powered money）。根据国际货币基金组织《货币与金融统计手册》（2000年）的定义，基础货币包括中央银行为广义货币和信贷扩张提供支持的各种负债，主要指银行持有的货币（库存现金）和银行外的货币（流通中的现金），以及银行与非银行在货币当局的存款。

② 中国工商银行；中国农业银行；中国银行；中国建设银行；国家开发银行；中国农业发展银行；中国进出口银行；中国邮政储蓄银行；交通银行；招商银行；上海浦东发展银行；中信银行；兴业银行；民生银行；中国光大银行；华夏银行；广东发展银行；深圳发展银行；恒丰银行；浙商银行；渤海银行。

③ 城市商业银行；农村商业银行；外资商业银行；村镇银行；合作金融机构（城市信用社、农村信用社、农村合作银行）；财务公司。

出了新的要求，中国金融统计体系随之逐步完善，并与国际统计规范实现了接轨。现在的中国金融统计体系，适应中央银行管理货币供应量的需要，引入了国际货币基金组织制定的货币和银行统计规范；适应金融市场发展的需要，建立了金融市场统计；在组织上，包括中央银行统计机构和各商业性金融机构的统计机构。目前的中国金融统计体系在保留原有的信贷和现金收支统计的基础上，发展为包括货币供应量统计、社会融资规模统计、信贷收支统计、现金收支统计、对外金融统计、金融市场统计、保险统计和资金流量统计等在内的较为科学完善的统计体系。有关统计指标及其数据分别由《中国统计年鉴》、《中国金融年鉴》、《中国人民银行统计季报》、《中国国际收支统计年报》、《中国货币市场年鉴》、《中国证券期货统计年鉴》和《中国保险年鉴》等发布。

本章着重介绍信贷收支统计、货币供应量统计、社会融资规模统计和金融市场统计，最后一节将简要介绍两个扩展的金融统计分析，即金融发展统计和金融稳健统计。

## 5.2 信贷收支统计

信贷是体现一定生产关系的货币借贷行为，是一种以偿还收息为条件，以取得最佳经济效益为目的的特殊价值运动，其特殊之处就在于其偿还性。金融机构以信贷的方式积累和分配的货币资金就是信贷资金，它周转于金融机构经营信贷业务过程之中。

信贷资金的来源与运用，是一个事物的两个方面。金融机构是信用中介，既是借者的集中，又是贷者的集中。作为借者的集中，它代表所有的借款者，从经济过程的各个环节吸收闲散资金，形成信贷资金的来源；作为贷者的集中，它又同时作为所有存款人（或债权人）的代表，向借款人发放贷款，形成信贷资金的运用，满足经济过程各方面的资金需要。

信贷收支统计是对历史上信贷收支计划执行情况统计名称的沿用，现在实际上是对存款性金融机构资产负债的简要统计，反映金融机构信贷资金总额及其来源与运用结构。信贷收支统计通常可以从微观和宏观两个层次来予以描述与分析。微观层次上的信贷资金来源与运用是从某一金融机构的角度来分析信贷资金的来源渠道和运用方向；宏观层次上的信贷资金来源与运用则是从整个金融体系范围来考察信贷资金来源与运用的结构，是对各个金融机构信贷收支统计表的汇总与合并。[①] 由此可见，二者的统计内容是一致的。此外，由于业务内容、会计科目设置、归并口径以及分析研究的要求不同，各存款性金融机构可以根据实际需要编制信贷收支统

① 所谓汇总，是指将某类金融机构或全部金融机构中所有单位的资产负债数据进行加总，而不会引起各单位间有关资产负债数据的抵消；所谓合并，是指把某类金融机构的资产与同类金融机构与之相对应的负债数据相抵消，被合并的项目既不在合并后的负债方，也不在资产方记录。

计表，因此，本章不对微观层次信贷收支统计进行介绍，而是重点介绍宏观层次的信贷收支统计。

**相关链接 5—2　中国信贷收支统计的历史**

新中国成立后至 20 世纪 70 年代末，中国实行的是高度集中的计划管理体制。与此相适应，金融业也实行高度集中的管理体制，金融机构种类少，金融工具单一，信贷资金实行统存统贷，金融工作围绕信贷收支计划展开，工作的好坏主要表现为对信贷计划完成的程度。

1978 年改革开放以后，中国的金融机构种类增多，金融工具不断创新。与此相适应，信贷资金管理体制改革也不断深化。1980 年开始实行“存贷差额”控制办法；从 1985 年起，中国人民银行对信贷资金实行“实贷实存”的管理办法；1988 年，中国人民银行对金融机构采取了贷款限额管理的办法。1998 年 1 月 1 日，中国人民银行取消了对国有独资商业银行的贷款限额管理，逐步推广资产负债管理和风险管理。与此相适应，信贷收支统计的内容和任务也发生了变化。信贷收支统计的内容不仅仅局限于存款和贷款的统计。信贷资金来源除存款，还有发行债券、同业拆借等；信贷资金运用除贷款，还有购买债券、贴现、外汇占款等。这样，信贷收支统计实际上是对金融机构资产和负债的简要统计。

从理论上讲，信贷收支统计与货币供应量统计都是对金融机构的资产负债统计，但是在中国，信贷收支统计与货币供应量统计是并行的。虽然信贷收支统计中的金融机构信贷收支表的编制与货币供应量统计中的资产负债表和概览的编制存在重复问题，但二者的侧重点不同。货币供应量统计侧重于反映货币供应量的规模、结构及形成过程，计入广义货币与不计入广义货币的金融资产和负债在货币供应量统计中是清楚的。而信贷收支统计则侧重反映金融机构信贷资金来源和运用的规模、结构及渠道，计入广义货币与不计入广义货币的金融资产和负债在信贷收支统计中是分不清楚的。

资料来源：杜金富：《货币与金融统计学》，北京，中国金融出版社，2003。

## 一、宏观层次信贷资金的来源统计

金融机构信贷资金来源总额是由金融机构的各项负债形成的，具体来看，包括金融机构的各项存款、金融债券、流通中现金和对国际金融机构负债等几个组成部分。

（1）各项存款，是指客户根据资金必须收回的原则，把货币资金存入金融机构保管并取得一定利息的一种信用活动形式，包括单位存款、个人存款、财政性存款、临时性存款、委托存款和其他类存款。其中，单位存款是企业在生产经营过程中暂时闲置的货币资金，它随着企业生产经营规模和资金供求状况的变化而变化；

个人存款包括城乡居民个人货币收入的节余或待用款项存入银行所形成的储蓄存款[①]、结构性存款[②]和保证金存款[③]，其数量主要取决于居民收入水平的高低以及居民消费水平、消费结构和金融市场资产选择面的大小；财政性存款是财政资金在上缴下拨过程中形成的存款，它包括财政金库存款、机关团体等单位的经费存款以及由财政拨款的基本建设存款，其数量主要取决于财政收支状况的好坏以及财政管理体制的状况。

（2）金融债券，是金融机构通过发行金融债券向社会筹集的信贷资金，是金融机构的一种主动型负债。

（3）流通中现金，是指停留在流通中的现金货币。由于流通中现金是国家授权中国人民银行通过信用程序发行的，是中央银行的负债，所以它也是金融体系信贷资金的一项重要来源。

（4）对国际金融机构负债，是指国际金融机构在中国金融机构的存款以及中国金融机构向国际金融机构的借款，它反映了中国金融机构与国际金融机构的资金往来关系。

## 二、宏观层次信贷资金的运用统计

金融机构信贷资金的运用形成金融机构的各种金融资产，主要包括各项贷款、有价证券、股权及其他投资、黄金占款和在国际金融机构资产等几个方面。

（1）各项贷款，是指金融机构根据资金必须归还的原则，按照一定利率，为客户提供资金的一种信用形式，是金融机构信贷资金运用的主要形式。金融机构各项贷款的规模与结构，取决于信贷资金来源及国民经济发展的客观需要。金融机构信贷管理的一项重要任务，就是要根据信贷资金的可供数量和经济发展的客观要求，正确地确定和控制贷款规模，调节贷款结构，以确保社会总需求与总供给的平衡和国民经济的稳定发展。

（2）有价证券，是指金融机构为了分散资产风险，增强资产流动性和获取利润而购买有价证券所占用的资金。

（3）股权及其他投资，是指金融机构投资于各种产权而占用的资金款项。

（4）黄金占款，指金融机构因持有货币黄金而占用的资金。黄金是国际上最终的支付手段，作为对外贸易和国际收支的后盾，国家必须持有一定数量的黄金库存，金融机构为了收购和库存黄金，就需要占用一定数量的信贷资金。另外，由于

---

① 储蓄存款是指居民个人的银行存款，可细分为活期（储蓄）存款和定期（储蓄）存款两种类型。

② 结构性存款，也称为收益增值产品，是将利率、汇率等金融指标引入传统存款业务而形成的创新型存款。实质上属于传统存款与金融衍生工具的组合，可以在一定程度上保障本金或提供较高的投资收益率。

③ 保证金存款是指在金融机构为客户出具具有结算功能的信用工具或提供资金融通后，客户按约定将一定数量的资金存入特定账户所形成的存款。在客户违约后，商业银行有权直接扣划该账户中的存款以最大限度地减少银行损失。

外汇在中国国内市场不能自由流通，单位和个人持有的大部分外汇必须卖给金融机构，需要外汇时再向金融机构购买，因此金融机构在买卖外汇的过程中需要保存一定数量的外汇库存，从而形成外汇占款。

(5) 在国际金融机构资产，是指中国金融机构向国际金融组织缴纳的基金份额和向国际金融机构的贷款。

## 三、信贷收支的统计分析

利用信贷收支统计数据，可以进行如下一些方面的分析。

1. 信贷资金来源的分析

信贷资金来源分析一般包括信贷资金来源的趋势变动分析和信贷资金来源结构的分析。对于微观信贷资金来源，还可以进一步分析信贷资金自给能力、信贷资金来源集中度和利用程度，并可以就各项存款的变动趋势与结构（包括区域结构、行业结构、项目结构、期限结构等）进行深入分析。

信贷资金自给能力是指金融机构通过自有资金或吸收存款来满足信贷资金需求的能力，反映对资金的调控能力，可以采用信贷资金自给率指标进行分析，即

$$\text{信贷资金自给率}=\frac{\text{自有资金}+\text{各项存款}}{\text{信贷资金来源总额}} \tag{5—1}$$

信贷资金来源集中度即存款的集中程度，一般用前 10 户最大存款客户的存款额之和与全部存款之比来反映。

信贷资金的利用程度反映信贷资金的配置效率，一般用盈利性资产与信贷资金来源总额之比来反映。

2. 信贷资金运用的分析

信贷资金运用分析与资金来源分析类似，一般包括信贷资金运用的趋势变动分析和信贷资金运用结构的分析。对于微观信贷资金运用，还可以进一步分析信贷资金运用的集中度以及各项贷款的趋势变动与结构。

3. 信贷资金平衡的分析

信贷收支平衡分析包括信贷收支平衡的差额分析和资金清偿能力的分析等内容。

信贷收支平衡的差额分析反映信贷资金的总体匹配程度，主要的分析指标包括存（贷）差和贷存比。存（贷）差是金融机构各项存款与各项贷款的差额，存款大于贷款是存差，贷款大于存款是贷差。贷存比是金融机构各项贷款与各项存款的比例，即贷存比＝金融机构各项贷款/金融机构各项存款。关于收支平衡的差额的实际意义请参见相关链接 5—3。

资金清偿能力是指金融机构资金流动性或资产的变现能力。金融机构是资金运动的枢纽，一旦不能及时清偿债务，就会使整个社会资金运动受阻，影响到整

个国民经济的正常运行。分析金融机构清偿能力的主要指标包括现金资产与总资产的比率、现金资产对短期负债的比率、流动资产对负债的比率以及流动资产与资产总额的比率。其中，现金资产主要由库存现金、在上级行或其他行的存款、在中国人民银行的存款等构成；短期负债是指偿还期限在一年以内的债务；流动资产包括现金资产、短期有价证券、短期贷款、短期拆除资金以及结算过程中的应收未收款项等。上述指标值越高，表明金融机构的资金清偿能力越强，经营风险越低。

**相关链接 5—3　正确认识金融机构“存差”现象**

1978 年以来，我国金融机构贷存比呈稳步下降趋势。1995 年，我国金融机构开始出现存差，并且逐步扩大。随着存差规模不断扩大，出现了各种关于存差的观念与认识。有人认为存差是储蓄增长相对过快、信贷增长相对过缓的表现；也有人提出存差是资金闲置和使用效率降低的反映；一些地方甚至还将存差相互比较，将其视为衡量金融对地区经济支持力度的标志。事实上，这些认识并未准确、客观、全面地揭示我国金融机构存差产生的真实原因。

对总体上出现的存差现象，必须从宏观和整体银行体系全局的角度入手，才能揭示存差产生的一般机制，并进一步理解地区存差的成因。在信用货币的银行体系中，一国包括存款和现金在内的所有货币都是由中央银行和商业银行通过贷款、购买债券等方式创造出来并被企业、个人等社会经济主体持有的。从银行体系整体来看，是先有贷款等资产，后有存款等负债，而不是相反。从资产负债表的变化看，当银行发放一笔贷款时，其资产方贷款和负债方存款将同时等量增加，从而实现借贷相等。发放贷款的过程也就是创造存款的过程。

1995 年之前，我国金融机构一直呈现“贷差”，这主要是由银行体系资产结构单一造成的。当时银行体系基本只有贷款这一种资金运用方式，贷款创造出的货币主要由存款与现金发行构成，因此出现“贷差”。流通中现金越多，贷差就会越大。

1995 年，我国金融机构开始从贷差转为存差。此后，存差不断扩大，贷存比逐步下降，主要原因可归结为以下几个方面：

一是银行持有非金融机构发行的债券总量不断增长。从货币创造原理看，银行购买债券与发放贷款具有相同效果，都会派生出等量存款，存差因此加大，贷存比下降。

二是近年来商业银行不良贷款剥离与核销力度加大。不良贷款的剥离与核销会使商业银行资产负债结构发生调整，贷款余额下降，转换成等额的信誉好的有担保的优质资产或等额核销所有者权益，但并不影响负债方存款余额，因此存贷差额会相应扩大。

三是金融体系外汇资产增长较快。近年来我国国际收支持续呈现双顺差，企业、居民将获得的大量外汇转换为人民币存款，因此资产方的外汇资产增加、负债方的人民币存款增加。由于是以非贷款的形式向居民和企业部门提供资金，因此存差扩大，贷存比下降。

四是现金需求增长趋缓。现金投放是抵消存差的因素。随着电子货币和支付手段的发展，我国现金需求增长趋于下降，流通中现金对存差扩大的抑制作用不断减弱，这也构成存差较快增长的原因。

上述分析显示，我国金融机构存差的扩大是银行体系资产多元化的必然反映，符合我国金融发展和市场化的总体进程，也与特定阶段金融管理与银行改革措施有关。银行体系非贷款类资产增长相当于通过非贷款方式向社会经济主体提供资金，这一过程虽然会在形式上引起存差扩大，但并不是资金闲置、使用效率降低和金融对经济支持力度削弱的表现。

资料来源：中国人民银行：《中国货币政策执行报告（二〇〇五年第四季度）》。

### 例 5—1　2004—2013 年中国金融机构人民币信贷收支统计的基本状况

图 5—1 显示了中国信贷资金总额以及存贷款总额的发展趋势。由图 5—1 可以看到，2004—2013 年间，中国金融机构的信贷资金规模不断扩大，与 2004 年相比，2013 年的信贷资金总额扩大了 3.5 倍，其中，作为主要资金来源的存款规模扩大了 3.3 倍，作为主要资金运用的贷款规模扩大了 3.1 倍。信贷资金的增长有力地支持了中国在这一时期的经济增长。

由图 5—1 还可以看到，存款与贷款的差额呈现出逐步扩大的趋势，存差由 2004 年的 63 161.58 亿元扩大为 2013 年的 324 886 亿元，占存款余额的比重由 2004 年的 26%上升为 2013 年的 31%，贷存比则由 0.74 降至 0.69。如相关链接 5—3 所述，存差的扩大是中国银行体系资产多元化的必然反映，符合中国金融发展和市场化的总体进程。

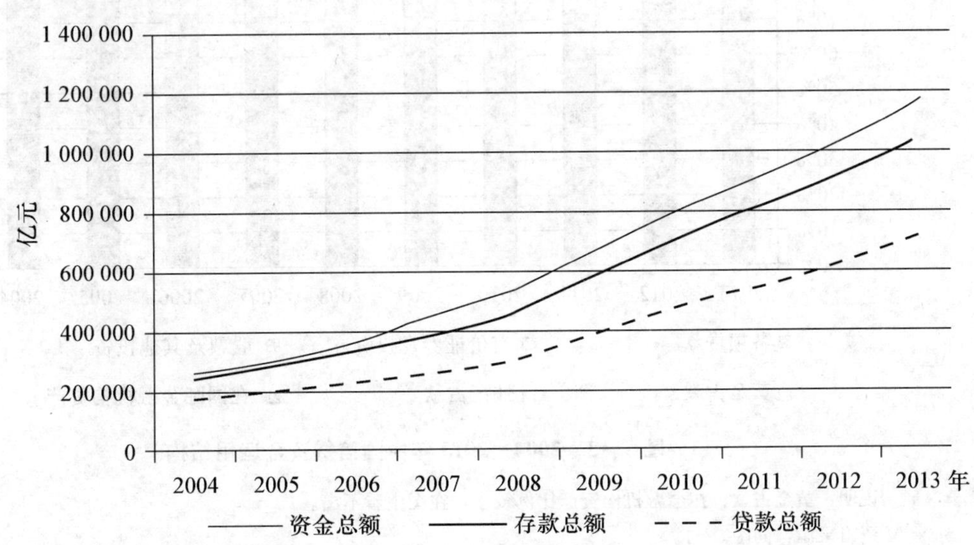


图 5—1　2004—2013 年中国信贷资金：来源与运用

资料来源：中国人民银行，http://www.pbc.gov.cn/diaochatongji/tongjishuju/。

图 5—2 和图 5—3 显示了中国信贷资金来源与运用结构的变动。从资金来源的

结构看，存款一直是中国金融机构信贷资金的主要来源，始终保持在85%以上；从资金运用结构看，贷款是中国金融机构信贷运用的主要去向，但是其重要性呈现逐步下降的趋势，其占信贷资金总额的比重由2004年的68%下降到2013年的61%，而外汇占款占信贷资金总额的比重则稳中有升，由2004年的20%上升到2013年的24%，期间2008年一度上升到31%，这也正是造成存差扩大的主要原因。

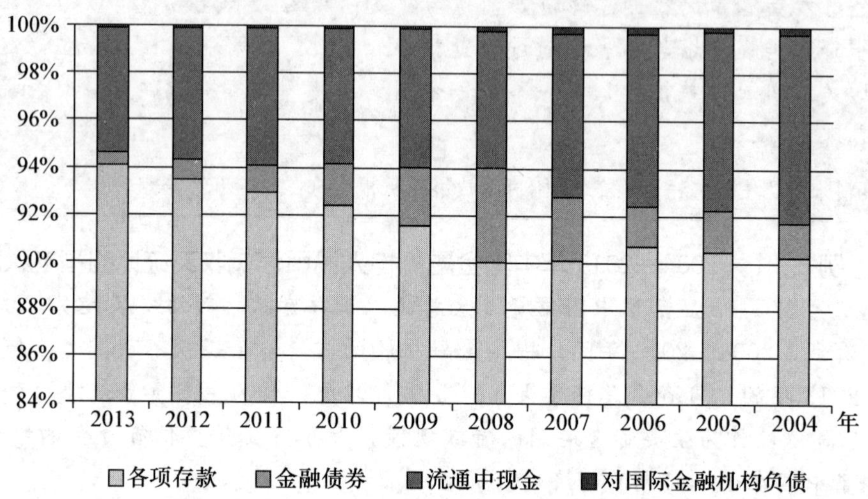


**图5—2 2004—2013年中国信贷资金来源结构**

资料来源：同图5—1。

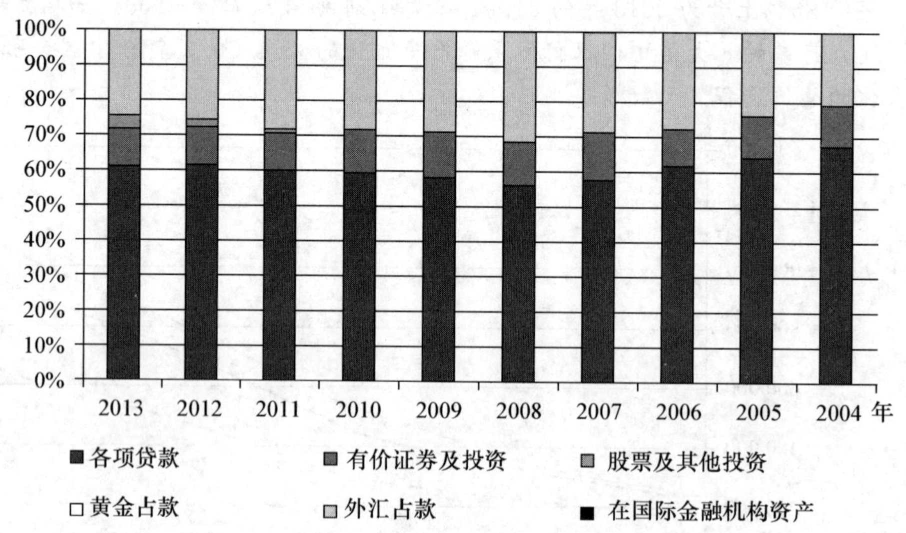


**图5—3 2004—2013年中国信贷资金运用结构**

说明：黄金占款、在金融机构资产比例较小，在图中看不出。

资料来源：同图5—1。

进一步观察存款结构可以看到，储蓄存款和企业存款是中国金融机构信贷资金的重要来源，二者合计占存款总额的90%以上。进一步观察贷款结构可以看到，短期贷款和中长期贷款是中国金融机构信贷运用的主要渠道，二者合计占贷款总额的

90%以上。其中，短期贷款在贷款总额中的比重呈现下降趋势，由 2004 年的 49% 下降为 2013 年的 40%，而中长期贷款在贷款总额中的比重则呈现上升趋势，从 2005 起超过了短期贷款，2013 年为 55.5%，表明企业贷款出现长期化趋势。

## 5.3 货币供应量统计

现代经济生活中的货币都是信用货币，信用货币不但本身的价值远远低于其货币价值，而且不代表任何贵金属。一般，信用货币作为一般的交换媒介必须满足两个条件：一是人们对此货币有信心；二是货币发行有立法保障。二者缺一不可。根据经验，要使公众保持对货币的信心，将货币供应量控制在适应经济发展的限度之内是必要条件之一，需要由金融管理部门制定合理的货币政策。所谓货币政策，就是货币当局或中央银行为实现一定的经济目标而采取的调节货币供应量以影响宏观经济运行的各种方针和政策的总称。因此，货币供应量统计是一国金融统计体系的核心。

### 一、货币供应量的概念及其统计口径

货币供应量是一国经济社会系统中的货币存量，它是指在某个时点上在系统中承担流通手段和支付手段职能的货币总额，反映了该时点上全社会总的购买力。

对货币的不同定义直接影响到货币供应量的统计口径。交换媒介论者强调货币的交易媒介和支付手段的功能，从而提出狭义的货币定义，而价值贮藏论者则将货币功能扩展到价值贮藏和“购买力的暂栖所”，从而提出了各种广义的货币定义。

传统上，按照金融资产的流动性，即金融资产在多大程度上能够在短时间内以全部或接近市场的价值出售，把货币供应量划分为若干层次。货币供应量的统计口径划分为依次加大的 M1，M2，M3……称为 M 系列。国际货币基金组织于 1996 年制定了《货币与金融统计手册》（以下简称“手册”），并于 1997 年和 2000 年进行了两次修订。在 1997 年修订的手册中，国际货币基金组织建议的货币供应量统计口径为：

M0：流通中现金

M1：M0＋可转让本币存款和在国内可直接支付的外币存款

M2：M1＋单位定期存款和储蓄存款＋外汇存款＋大额可转让存单

M3：M2＋外汇定期存款＋商业票据＋互助金存款＋旅行支票

2000 年版的手册取消了对货币定义及货币层次的划分，而是从金融资产、货币持有部门和货币发行部门三个方面来定义广义货币。（1）金融资产充当广义货币，必须具有流动性和价值贮藏的功能。一项金融资产是否纳入货币统计，主要由交易成本、可划分性、期限以及收益等基本因素决定。广义货币通常包括：法偿货币、可转让存款、储蓄存款、旅行支票、外币存款、回购协议、短期证券、大额可转让存单、商业票据、中期证券等。（2）货币持有部门通常包括非金融公司、中央

政府以外的其他政府单位、住户和为住户提供服务的非营利机构以及金融机构部门中除存款性公司之外的金融机构。中央政府持有的存款通常不包括在货币总量之内。(3) 货币发行部门。在很多国家，存款性公司是唯一的货币发行者。

由于金融创新等原因，各国的统计口径所包括的内容都不断地进行调整。目前，各国在货币定义和统计口径等方面不尽相同，但总体上符合手册的规范性要求。

中国于1994年10月正式向社会公布货币供应量统计，货币供应量统计口径包括如下三个层次：

M0＝流通中现金

M1(货币)＝M0＋非金融性公司的活期存款

M2＝ M1＋非金融性公司的定期存款＋储蓄存款＋其他存款

此后，中国对货币供应量统计口径进行了数次修订。2001年6月，第一次修订货币供应量，将证券公司存放在金融机构的客户保证金纳入其他存款。2002年初，第二次修订货币供应量，将在中国的外资银行、合资银行、外国银行分行、外资财务公司以及外资企业集团财务公司有关的人民币存款业务，分别计入不同层次的货币供应量。自2011年10月起，将住房公积金中心存款和非存款类金融机构在存款类金融机构的存款都纳入了货币供应量。

## 二、货币供应量统计体系：货币概览与银行概览

国际货币基金组织推荐的货币供应量统计通过合并有关金融机构的资产负债表形成所谓的概览来实现，概览包括金融公司部门的三个子部门的概览，即中央银行概览、其他存款性公司概览和其他金融性公司概览，以及在此基础上形成的两种更高层次的概览，即存款性公司概览和金融性公司概览。其中，中央银行概览反映了中央银行基础货币的创造；其他存款性公司概览反映了存款货币的创造；其他金融性公司概览反映了该类机构对货币创造的影响并为统计广义货币提供了更为全面的基础。在三个子部门概览的基础上，将前两个概览合并后即可得到存款性公司概览，用以反映M0和M1的规模；将存款性公司概览与第三个概览合并后即可得到金融性公司概览，用以进一步反映M2的规模。

在实际统计工作中，由于各国的统计体系不尽相同，各国在采用国际货币基金组织推荐的一般性框架的同时，又具有较强的灵活性。中国的货币供应量统计基本上符合该一般性框架，但同时也反映了中国的具体情况。2005年以前，中国的货币供应量统计是通过货币概览和银行概览来反映的。货币概览由货币当局的资产负债表和存款货币公司的资产负债表合并而成，目的是统计M0和M1；而银行概览则是由货币概览与其他存款货币公司资产负债表合并后得到的，目的是进一步全面统计M2。

中国人民银行自 2006 年开始披露存款性公司概览，存款性公司概览与原来的银行概览在口径和内容上基本一致，同时不再披露银行概览与货币概览。此外，从 2006 年起公布货币当局资产负债表和其他存款性公司资产负债表。

2013 年 12 月底中国的存款性公司概览和货币当局资产负债表分别如表 5—1 和表 5—2 所示。

**表 5—1** **存款性公司概览**（2013 年 12 月） 单位：亿元

| 资产 | | 负债 | |
|---|---|---|---|
| 国外净资产 | 280 986.36 | 货币和准货币 | 1 106 524.98 |
| 国内信贷 | 927 007.02 | 货币 | 337 291.05 |
| 对政府债权（净） | 49 043.61 | 流通中货币 | 58 574.44 |
| 对非金融部门债权 | 796 463.77 | 单位活期存款 | 278 716.61 |
| 对其他金融部门债权 | 81 499.64 | 准货币 | 769 233.93 |
| | | 单位定期存款 | 232 696.58 |
| | | 个人存款 | 467 031.12 |
| | | 其他存款 | 69 506.23 |
| | | 不纳入广义货币的存款 | 25 940.33 |
| | | 债券 | 103 672.07 |
| | | 实收资本 | 32 765.57 |
| | | 其他（净） | −60 909.58 |

资料来源：中国人民银行，http://www.pbc.gov.cn/publish/html/kuangjia.htm? id=2013s05.htm。

**表 5—2** **货币当局资产负债表**（2013 年 12 月） 单位：亿元

| 资产 | | 负债 | |
|---|---|---|---|
| 国外资产 | 272 233.53 | 储备货币 | 271 023.09 |
| 外汇 | 264 270.04 | 货币发行 | 64 980.93 |
| 货币黄金 | 669.84 | 其他存款性公司存款 | 206 042.17 |
| 其他国外资产 | 7 293.66 | 不计入储备货币的金融性公司存款 | 1 330.27 |
| 对政府债权 | 15 312.73 | 发行债券 | 7 762.00 |
| 其中：中央政府 | 15 312.73 | 国外负债 | 2 088.27 |
| 对其他存款性公司债权 | 13 147.90 | 政府存款 | 28 610.60 |
| 对其他金融性公司债权 | 8 907.36 | 自有资金 | 219.75 |
| 对非金融性公司债权 | 24.99 | 其他负债 | 6 244.57 |
| 其他资产 | 7 652.04 | | |
| 总资产 | 317 278.55 | 总负债 | 317 278.55 |

资料来源：中国人民银行，http://www.pbc.gov.cn/diaochatongji/tongjishuju/gofile.asp? file=2009S04.htm。

目前，中国货币供应量统计与国际货币基金组织推荐的一般性框架的不同之处主要在于两个方面：一是中国目前在统计准货币时，尚未包括外币存款；二是中国目前的统计中尚未包括保险公司、证券公司、外资金融机构等非货币金融机构。

## 三、货币供应量统计分析

货币供应量统计分析主要包括货币供应量的流动性分析、货币供应量的形成因素分析以及货币乘数分析等内容。

货币供应量的流动性分析实质上是货币供应量内部不同层次货币的结构分析。由于不同层次货币的流动性不同，因此各层次货币在货币供应量中所占的比重及其变化，可以反映出货币流动性的强弱。通常用 M1/M2 表示货币流动性。

货币供应量的形成因素分析实质上是对存款性公司概览中资产与负债的关系的分析。根据表 5—1 两边的平衡关系，马上得到

$$\begin{aligned} \text{M2}=&\text{国外净资产}+\text{对政府债权(净)}+(\text{对非金融部门债权}\\ &+\text{对其他金融部门债权}-\text{不纳入广义货币的存款}\\ &-\text{债券}-\text{实收资本}-\text{其他}) \end{aligned} \tag{5—2}$$

利用式（5—2）可分析外汇占款、对政府债权以及其他因素对货币供应量形成的影响。

货币乘数是货币供应量与基础货币之比，其大小决定了货币供给扩张能力的大小。货币乘数分析一方面是对货币乘数变动趋势的分析，另一方面是对货币乘数变动原因的分析。对货币乘数变动原因的分析通常采用如下的公式：

$$m=\frac{M}{B}=\frac{C+D}{C+R}=\frac{C+D}{C+r+E}=\frac{\frac{C}{D}+1}{\frac{C}{D}+\frac{r}{D}+\frac{E}{D}} \tag{5—3}$$

式中，$m$ 为货币乘数；$M$ 为货币供应量；$C$ 为流通中现金；$D$ 为客户在存款性公司的存款；$B$ 为基础货币；$R$ 为金融性公司在中央银行的存款；$r$ 为法定存款准备金；$E$ 为超额准备金。则货币乘数的变动原因包括现金漏损率（$C/D$）、法定存款准备金率（$r/D$）和超额准备金率（$E/D$）。

上述都是针对货币供应量自身的分析；此外，还可以就货币供应量与其他经济社会现象之间的关系进行分析，例如货币供应量与经济增长的关系和货币供应量与通货膨胀的关系等。

**例 5—2　　2004—2013 年中国货币供应量的基本状况**

图 5—4 显示了 2004—2013 年中国各层次货币供应量以及货币流动性的变化状况。由图 5—4 可以看到，与中国经济增长的要求相适应，中国各层次的货币供应量不断扩张，2013 年的 M2，M1 和 M0 分别相当于 2004 年的 4.4 倍、3.5 倍和 2.7 倍。相对而言，流通中现金的增长幅度最小，原因在于随着经济和金融发展水平的提高，中国支付形式日益多样化，过去以现金为主的支付形式发生了显著的转变，例如通过银行卡或线上支付完成支付的交易迅猛增加。M2 的增长速度快于 M1，导致货币流动性呈现下降趋势，原因在于准货币的增长速度快于狭义货币的增长速度。其中，准货币的高增长主要源自企业的定期存款的增长，这种企业资金定期化趋势在一定程度上折射出企业投资倾向较低，对于中国经济发展是一个需要引起注意的现象。

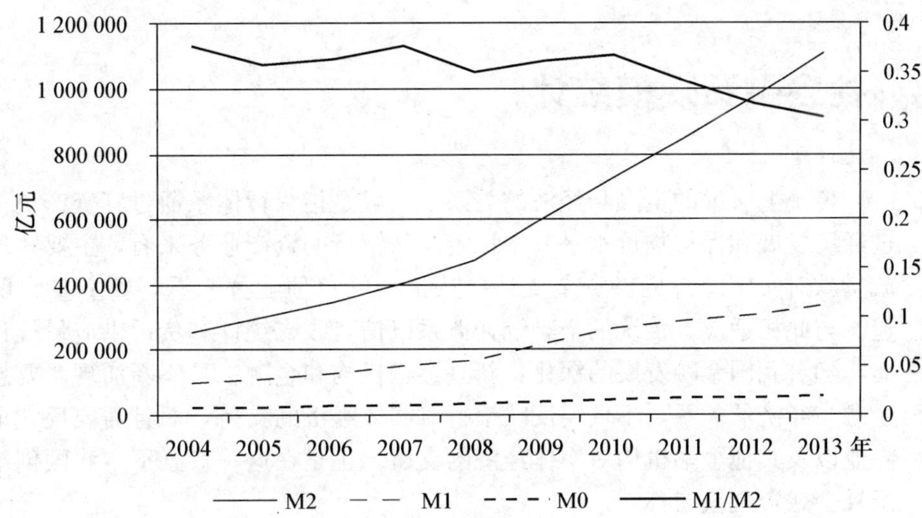


**图 5—4 中国货币供应量及其流动性**

说明：左轴为各层次货币供应量；右轴为 M1/M2。

从 2013 年货币供应量的形成来看，外汇占款、对政府债权和其他的影响分别为 25.4%，4.4%，70.2%，与 2004 年的 21.9%，6.2%和 72.0%相比，在中国货币供应量的形成中，外汇占款的影响日益突出。一方面，外汇占款的增加固然是中国国际收支状况良好导致的结果，但另一方面，庞大的外汇占款会导致货币供应量的大幅增长，从而可能加大通货膨胀的压力、削弱货币当局对货币供应量的控制能力，因此保持适度外汇储备是中国面临的重要课题之一。

### 相关链接 5—4 中国货币政策中介目标选择的依据

货币政策的中介目标是指与货币政策最终目标相关联的金融指标。由于不同层次的货币供应量体现不同的购买力，与经济的相关程度不同，在经济金融分析中的重要性也不同，而且往往呈现出不同的波动特点，因此引出一个问题，即货币政策中介目标应盯住哪个层次上的货币供应量。一般，中介目标选择标准主要有四个：一是与最终目标的相关性；二是中介目标的可控性；三是中介目标的可测性；四是中介目标的稳定性。

1998 年以前，中国一直选择贷款规模与现金发行作为货币政策的中介目标。但是，随着市场经济的演进，这一有明显计划经济色彩的目标受到了越来越多的质疑。因此，中国人民银行于 1998 年废止对国有商业银行的贷款规模后，每年提前公布下一年度的货币供应量目标增长率。此后，央行的中介目标由信贷规模控制转向货币供应量。

从相关性、可控性、可测性以及稳定性来看，M0，M1，M2 均是依次增强的。因此，中国货币政策中介目标体系在注重 M0，M1 和 M2 三者的同时，把 M1 作为短期监测目标，把 M2 作为中长期监测目标。

资料来源：中国人民银行：《中国货币政策执行报告（二〇〇五年第四季度）》。

## 5.4 社会融资规模统计

传统上所说的金融与经济的关系，一般是指银行体系通过其资产负债活动，促进经济发展和保持物价水平基本稳定。从银行的资产业务来看，主要体现为通过发放贷款对实体经济提供资金支持；从银行的负债业务来看，则主要体现为货币创造。与此相适应，传统的金融统计体系以信贷收支统计和货币供应量统计为主。然而，随着我国金融发展的深化，新兴金融机构和金融工具不断涌现，要想全面反映金融与经济的关系，不仅要反映银行对实体经济的支持，而且需要反映证券业、保险业以及其他金融机构对实体经济的支持。正是在这一背景下，我国创新性地编制了社会融资规模指标。

### 一、社会融资规模的定义与统计口径

所谓社会融资规模，是指一定时期内（每月、季或年）实体经济从金融体系获得的全部资金总额。

社会融资规模统计所指的金融体系是整体金融的概念，既包括各类金融机构，如银行、证券公司和保险公司等，又包括金融市场，如信贷市场、债券市场、股票市场、保险市场以及中间业务市场等。

社会融资规模的统计内容包括四个部分：一是金融机构表内业务，包括人民币和外币各项贷款；二是金融机构表外业务，包括委托贷款、信托贷款和未贴现的银行承兑汇票；三是直接融资，包括非金融企业境内股票筹资和企业债券融资；四是其他项目，包括保险公司赔偿、投资性房地产、小额贷款公司和贷款公司贷款。

显然，由于社会融资规模的统计口径覆盖了各类金融机构和金融工具，因此能够全面反映金融与经济关系，以及金融对实体经济的资金支持。我国从 2011 年 4 月起首次发布社会融资规模统计数据。实证研究表明，我国的货币政策能有效影响社会融资规模，社会融资规模会对经济增长、物价水平、投资、消费等实体经济指标产生较大影响，因此社会融资规模是反映金融与经济关系的良好指标。①

### 二、社会融资规模的统计原则

社会融资规模统计遵循如下四个原则。

（1）常住性原则。常住性原则是指社会融资规模统计的持有部门和发行部门均为常住机构部门。

所谓社会融资规模的持有部门，即借款人或债务人，是指通过自身的负债活动

① 盛松成：《社会融资规模与货币政策传导》，载《金融研究》，2012（10），1～14 页。

获得资金的实体经济部门，即住户和非金融性公司；社会融资规模的发行部门，即贷款人或债权人，是指实体经济所获资金的境内提供者，除境内金融性公司外，还包括住户和非金融性公司。

按照常住性原则，外商直接投资、外债和外汇占款均不计入社会融资规模。

(2) 金融原则。金融原则是指社会融资规模反映的是金融体系与实体经济的关系。

按照金融原则，国债发行不计入社会融资规模，因为国债发行的主体是政府，不属于金融体系。

(3) 合并原则。合并原则是指在数据汇总时，只有金融体系向实体经济提供的资金才计入社会融资规模，金融体系内部的融资不能计入社会融资规模。

在统计社会融资规模时，要将金融机构间的债权和债务关系进行轧差处理。例如，金融机构之间相互持有的股权、金融机构之间相互持有的债券，等等，都不计入社会融资规模。此外，金融机构通过金融市场对实体经济的资金支持与金融市场直接融资也要避免重复统计。

(4) 增量和计值原则。社会融资规模是增量概念，为期末、期初余额的差额，或当期发行或发生额扣除当期兑付或偿还额的余额。

社会融资规模各项指标统计均采用发行价或账面价值进行计值，以避免股票、债券等金融资产的市场价格波动扭曲实体经济的真实筹资。具体计价方式如下：(1) 贷款类金融资产直接用账面值计价；(2) 银行承兑汇票直接用承兑时的汇票账面值计价；(3) 债券和股票类资产按真实筹资金额进行计价；(4) 外汇资产用平均汇率转换为人民币计价。

此外，社会融资规模的统计还取决于数据的可得性。实际操作中，虽然某些统计指标具有良好的理论基础，但由于可得性差或数额较小，统计成本较高，也可暂时不计入。例如私募股权基金，目前难以统计。又如对冲基金，我国这类机构规模和数量都较小，未来条件成熟时，可考虑将它们计入社会融资规模。

当前，社会融资规模的基础数据主要来源于中国人民银行以及国家发改委、证监会、保监会、中央国债登记结算有限责任公司、中国银行间市场交易商协会等有关部门。

## 三、社会融资规模与货币供应量的关系

作为金融统计中的两个核心总量指标，社会融资规模与货币供应量的区别体现在如下几个方面。

首先，二者统计的立足点不同。社会融资规模反映了金融体系对实体经济提供的融资，因此是立足于社会融资发行方的资产进行统计，而货币供应量则立足于金融机构的负债进行统计。

其次，二者统计的金融工具不同。社会融资规模统计除国债以外的所有金融性工具，而货币供应量则仅仅包括通货和存款。

第三，二者统计金融工具的发行方与持有方不同。社会融资规模的发行方既有金融机构，也有通过金融市场提供资金的住户及非金融公司，持有方则是住户和非

金融公司；货币供应量统计的发行方是货币金融机构，持有方则是除货币金融机构以外的所有机构。

第四，二者都遵循常住性原则，但是社会融资规模统计要求发行方和持有方都是常住单位，但是货币供应量统计中持有方则有可能是非常住单位。

最后，也是非常重要的一个差别，社会融资规模遵循增量统计原则，因此是一个流量指标，而货币发行量则是一定时点的货币总量，是存量指标。

上述区别可总结为表5—3。

**表5—3　社会融资规模与货币供应量的区别**

| | 社会融资规模 | 货币供应量 |
|---|---|---|
| 立足点 | 发行方的资产 | 金融机构的负债 |
| 金融工具 | 除国债以外的金融工具 | 通货和存款 |
| 发行方 | 所有金融机构、住户及非金融公司 | 货币金融机构 |
| 持有方 | 住户和非金融公司 | 除货币金融机构以外的机构 |
| 常住性 | 发行方和持有方都是常住单位 | 发行方是常住单位 |
| 属性 | 流量 | 存量 |

### 例5—3　2002—2013年中国社会融资规模的基本状况

2002—2013年中国社会融资规模如表5—4所示。由表5—4可以看到，中国的社会融资规模不断扩张，2013年的社会融资规模相当于2002年的8.6倍。社会融资规模的结构发生了剧烈变动，日益呈现多元化发展的格局：2002年，社会融资规模中人民币贷款一枝独秀，当年人民币贷款占社会融资规模的比重高达92%，随后该比重一路下滑，到2013年降为51%；相反，委托贷款和信托贷款在2002年时在社会融资规模中所占的比重微乎其微，2013年则升至25%。此外，还可以看到，通过金融市场直接融资实现的社会融资规模也有长足发展，企业债券与股票融资所占比重由2002年的4.9%提高到2013年的11.7%。

**表5—4　2002—2013年中国社会融资规模**　单位：亿元

| 年份 | 社会融资规模 | 人民币贷款 | 外币贷款 | 委托贷款 | 信托贷款 | 未贴现银行承兑汇票 | 企业债券 | 非金融企业境内股票融资 |
|---|---|---|---|---|---|---|---|---|
| 2002 | 20 113 | 18 475 | 730 | 177 | 0 | −696 | 366 | 628 |
| 2003 | 34 113 | 27 652 | 2 284 | 601 | 0 | 2 011 | 500 | 559 |
| 2004 | 28 630 | 22 673 | 1 383 | 3 117 | 0 | −288 | 468 | 672 |
| 2005 | 30 008 | 23 543 | 1 414 | 1 963 | 0 | 23 | 2 010 | 340 |
| 2006 | 42 697 | 31 522 | 1 461 | 2 693 | 826 | 1 500 | 2 311 | 1 535 |
| 2007 | 59 664 | 36 324 | 3 864 | 3 371 | 1 703 | 6 702 | 2 285 | 4 333 |
| 2008 | 69 804 | 49 042 | 1 947 | 4 261 | 3 145 | 1 065 | 5 523 | 3 325 |
| 2009 | 139 105 | 95 943 | 9 265 | 6 780 | 4 364 | 4 607 | 12 369 | 3 352 |
| 2010 | 140 191 | 79 450 | 4 853 | 8 749 | 3 864 | 23 347 | 11 060 | 5 786 |
| 2011 | 128 286 | 74 715 | 5 712 | 12 964 | 2 032 | 10 272 | 13 659 | 4 377 |
| 2012 | 157 632 | 82 036 | 9 164 | 12 841 | 12 847 | 10 499 | 22 551 | 2 507 |
| 2013 | 173 069 | 88 917 | 5 848 | 25 465 | 18 377 | 7 702 | 18 082 | 2 219 |

## 5.5　金融市场统计

金融市场的发展同一国经济社会的总体发展密切相关。一般，在经济社会发展水平较低的阶段，商业银行在整个金融体系中处于主导地位；随着经济社会发展水平的提高，专业化的金融中介和包括债券市场、股票市场等在内的金融市场也获得了发展，由此，金融统计不仅限于银行业活动统计，金融市场统计成为金融统计体系中不可或缺的组成部分。本节将介绍货币市场和资本市场中股票市场与债券市场统计的有关内容。

### 一、货币市场统计

从广义上讲，货币市场可以定义为各种能够迅速转换成狭义货币（M0 或 M1）的短期（1 年及以内）金融工具的市场。具体来说，货币市场工具包括同业拆借、商业票据、短期债券以及债券回购等。

1. 同业拆借市场统计

同业拆借市场是指具有准入资格的金融机构之间进行短期（一年以内）的临时性资金融通的市场，是金融机构之间的资金调节市场。拆借方向分为拆入和拆出，拆入和拆出是相对拆借主体而言的。

中国同业拆借市场发展较早，也是目前交易规模较大并真正形成市场机制的一种货币市场。目前，中国拆借市场主要有隔夜（即 1 天）、7 天内、8～20 天、21～30 天、31～60 天、61～90 天和 91 ～120 天等 7 个拆借品种。

同业拆借市场统计的主要指标包括成交金额和拆借利率。(1) 同业拆借成交金额反映拆借市场的规模，按照单方统计，即拆出额或拆入额。从拆借市场总体来看，拆入额应等于拆出额。对于特定金融机构而言，二者未必相等，拆入额大于拆出额为净拆入，表明拆借主体发生了资金净流入，反之为净拆出，表明资金是净流出。(2) 拆借利率是每笔拆借利率的加权平均，反映市场拆借资金的平均价格。为了反映拆借的最高和最低利率的差距，统计时要增加最高和最低利率两项指标。同业拆借利率是世界上公认的基准利率之一。

同业拆借统计依据拆借品种分类。根据不同拆借品种的拆借额与相应的期限，还可以计算出平均拆借期限。

2. 票据市场统计

票据有广义与狭义之分。广义票据泛指经济领域中的多种权利凭证和单据，如发票、提货单和保单等；狭义票据则是指依规定要求签发和流通的汇票、本票和支票等金融工具。本书所指的票据，是狭义票据，即一种具有流通性的债务凭证，它书面载明债务人有按规定期限向债权人（或指定人或持票人）无条件支付一定金额的义务。

由于债权人往往因本身需要，不能将债权保持到到期日，而需要中途转让给他人以换取资金，因此，票据经背书后可以转让，成为支付手段和流通手段。此外，票据也可以通过贴现、再贴现而成为融资工具。所谓票据贴现，是指票据的持票人在需要资金时，将其持有的未到期票据转让给银行，银行扣除贴息后将余款支付给持票人的票据行为；所谓再贴现，是指商业银行以未到期的合格票据再向中央银行贴现。

票据根据发行人的不同，分为商业票据和金融票据。商业票据是以商业交易为依据签发的信用工具，包括本票和汇票。商业本票是指工商企业发行的到期按票面金额兑付的票据；商业汇票是指由出票人（可以是债权人，也可以是债务人）签发的、购货人（债务人）到期付款的票据。金融票据是金融机构签发或由银行承担付款义务的票据，包括银行本票和支票。通常所说的票据市场，是指商业票据的发行、转让、承兑及贴现市场。

票据市场统计的主要指标包括商业票据的发行额、贴现额和未到期余额。（1）发行额是指报告期发行的商业票据发行价格总额。商业票据的价格与票面金额不一定相等，如果采取折价发行，则发行价格低于票面金额。（2）贴现额是金融机构扣除相当于收益的金额后，支付给来贴现的企业的货币额。票据贴现利率是指办理贴现时银行收取的贴息与票据面额的比值，它是票据贴现市场运作机制的一个重要环节。从理论上讲，合理的贴现率水平应比照相同档次的贷款利率水平来确定。由于票据贴现是提前预扣利息，等于是占有了客户贴息的时间价值，因而利率水平比同档次贷款利率要低一些。（3）未到期余额是指报告期末未到期商业票据的余额，是一个存量指标。

3. 短期债券市场统计

短期债券市场包括国库券市场和债券回购市场。

国库券是指由中央政府发行的期限不超过一年的短期国债，主要用于调剂国库收支临时性周转需要。其中，国库券一级市场与国库券发行有关，其统计内容包括国库券的发行数量、发行利率，要按照偿还期限分类统计；国库券二级市场主要涉及国库券的交易，其统计内容以国库券交易量和交易价格为主。

债券回购是交易双方进行的以债券为权利质押的一种短期资金融通业务，指资金融入方（正回购方）在债券出质给资金融出方（逆回购方）融入资金的同时，双方约定在将来某一日期由正回购方按约定回购利率计算的资金额向逆回购方返回资金，逆回购方向正回购方返回原出质债券的融资行为。债券回购市场统计主要包括回购的期限、回购成交金额和回购利率。

一般而言，判断一国或地区货币市场发展水平的主要依据是货币市场的规模、广度和深度。货币市场的规模即货币市场成交额；货币市场的广度即货币市场交易额占 GDP 的比重；货币市场的深度即一定数量追加交易对市场条件（主要是价格）的冲击程度。此外，货币市场融资工具的种类、货币市场交易的活跃度、货币市场的稳定性，以及法律规章制度和市场管理的健全性和规范性也是衡量一国货币市场发展的重要依据。

**例 5—4　　2014 年第一季度中国货币市场的运行状况①**

2014 年第一季度，银行间回购交易量增长放缓，拆借交易量同比下降。银行间市场债券回购累计成交 38.8 万亿元，日均成交 6 474 亿元，同比增长 2.7%，增速继续放缓；同业拆借累计成交 7.1 万亿元，日均成交 1 189 亿元，同比下降 30.6%。从期限结构看，市场交易仍主要集中于隔夜品种，但隔夜品种的占比有所下降，第一季度回购和拆借隔夜品种的成交量分别占各自总量的 78.1%和 79.0%，同比分别下降 4.1 个和 6.2 个百分点。交易所债券回购累计成交 19.1 万亿元，同比增长 62.2%，呈现快速扩大态势。

综合回购市场与拆借市场来看（见表 5—5），融资主体结构主要呈现以下特点：一是大型银行仍是市场资金的主要供给方，但资金融出量同比明显减少。二是证券公司及基金公司、中小型银行仍是市场资金的主要需求方，且资金融入量同比增加较多，其中证券公司及基金公司表现尤为突出。三是其他金融机构及产品、保险公司的资金需求同比大幅减少。

**表 5—5　　2014 年第一季度金融机构回购、同业拆借资金净融出、净融入情况表**

单位：亿元

| | 回购 | | 同业拆借 | |
|---|---|---|---|---|
| | 2014 年第一季度 | 2013 年第一季度 | 2014 年第一季度 | 2013 年第一季度 |
| 中资大型银行 | −114 857 | −127 464 | −12 716 | 19 508 |
| 中资中小型银行 | 32 693 | 27 354 | −7 179 | −6 580 |
| 证券及基金公司 | 48 336 | 38 383 | 14 147 | 12 690 |
| 保险公司 | 11 762 | 18 544 | 35 | 0 |
| 外资金融机构 | 1 589 | 5 903 | −2 147 | 3 311 |
| 其他金融机构及产品 | 20 478 | 37 280 | 7 860 | 10 087 |

说明：本表其他金融机构包括政策性银行、农信社联社、财务公司、信托投资公司、保险公司、证券公司及基金公司；负号表示净融出，正号表示净融入。

货币市场利率春节前后有所波动，之后平稳下行。3 月质押式债券回购和同业拆借月加权平均利率分别为 2.48%和 2.49%，分别比上年 12 月回落 1.80 个和 1.67 个百分点，与上年同期水平基本持平。3 月末，隔夜和 1 周 Shibor② 为 2.80%和 4.18%，分别比上年末下降 35 个和 107 个基点；3 个月 Shibor 为 5.50%，下降 6 个基点，1 年期 Shibor 上升 4 个基点至 5.00%。

票据承兑业务小幅增长。第一季度，企业累计签发商业汇票 5.7 万亿元，同比增长 4.5%；期末商业汇票未到期余额为 9.5 万亿元，比年初增加 4 498 亿元，同比增长 2.6%。从行业结构看，企业签发的银行承兑汇票余额集中在制造业、批发

---

① 节选自中国人民银行：《中国货币政策执行报告（二〇一四年第一季度）》。

② Shibor 是上海银行间同业拆放利率（Shanghai Interbank Offered Rate）的简称，以位于上海的全国银行间同业拆借中心为技术平台计算、发布并命名，是由信用等级较高的银行组成报价团自主报出的人民币同业拆出利率计算确定的算术平均利率。每个交易日根据各报价行的报价，剔除最高、最低各 2 家报价，对其余报价进行算术平均计算后，得出每一期限品种的 Shibor，并于 11:30 对外发布。目前，对社会公布的 Shibor 品种包括隔夜、1 周、2 周、1 个月、3 个月、6 个月、9 个月及 1 年。

和零售业。从企业结构看，由中小型企业签发的银行承兑汇票约占三分之二。

票据融资余额有所下降，票据市场利率呈下降趋势。第一季度，金融机构累计贴现10.8万亿元，同比增长13.7%；期末贴现余额为1.9万亿元，同比下降12.5%。3月末，票据融资余额比年初减少756亿元，同比少增1 785亿元；占各项贷款的比重为2.5%，同比下降0.8个百分点。第一季度银行体系流动性总体充裕，货币市场利率呈下行走势，在票据市场供求较为均衡的情况下，票据市场利率呈现下降趋势。

## 二、资本市场统计

资本市场是相对于货币市场而言的，它是期限在一年以上的各种融资活动组成的中长期资金市场，主要满足企业的中长期投资需求和政府弥补财政赤字的资金需要。在这个市场上流通的金融工具因偿还期长、流动性小、风险大而往往被用作筹集固定资产的投资资本，故此将中长期资金市场称为资本市场。资本市场主要包括证券市场，证券市场又可分为股票市场和债券市场。

### （一）股票市场统计

股票是指股份有限公司发行的、表示其股东按其所持有的股份享受权益和承担义务的可转让的凭证，其特点是具有收益性与风险性、股东对公司经营的参与性、不可偿还性、可转让性和波动性。股票市场统计主要包括股票发行统计、股票交易统计和上市公司统计等。

1. 股票发行统计

股票发行统计反映股票发行的规模和结构，主要统计指标包括股票发行量和股票筹资额。

（1）股票发行量指对股票的发行股数进行的统计，是所有发行股票企业发行股票数量之和。股票发行的数量单位有两个。其一为“只”，一只是指一个品种的股票。假如某企业已发行一只A股，报告期内再增发A股，则由于品种数没有增加，因此仍然是一只。若该企业增发B股，则就是另外一只。其二为“股”，股是股份公司股份的计量单位，对于A股和B股，均为1元人民币面额为1股。

（2）股票筹资额是指通过股票发行和配股①、增发等所筹集的资金数额，它是发行股票价格的总和，可分为发行筹资额、配股筹资额和其他筹资额。股票发行境内筹资额与固定资本形成额的比率反映了股票这种金融工具对非金融投资的融资力度，可用来衡量股票市场对国民经济的贡献；股票发行境内筹资额与银行贷款增加额的比率可以反映直接融资与间接融资的比率，是衡量一国金融结构与金融发展的重要标志。

---

① 配股是指已上市公司依其股东持股量的多少按照一定的比例向他们进行的发行。

2. 股票交易统计

股票交易统计反映股票市场交易的规模与活跃程度，主要统计指标有股票成交量、成交金额、换手率、股价指数和市盈率等。

(1) 股票成交量是指一定时期内以单边计算的股票的成交股数；成交金额是指一定时期内以单边计算的股票的成交金额。这两个指标反映的是股票交易的总体规模。

(2) 换手率是一定时期内股票交易的频率，反映了一定时期内股票市场的流动性和交易成本（换手率高表明交易成本低），其计算公式为：

$$换手率=\frac{全年成交金额}{(本年末流通市值+上年末流通市值)/2}\times 100\% \quad (5—4)$$

换手率和流动性是股票市场发展的重要标志。从理论上说，流动性强的市场可改善资金的配置并能强化长期经济增长的前景，但是过高的换手率也可能意味着市场的投机性很强。

(3) 股价指数是用以表示多种股票平均价格水平及其变动并衡量股市行情的指标。某日股价指数的计算公式为：

$$股价指数=\frac{某日指数样本股票加权平均价}{基准日指数样本股票加权平均价}\times 基准日指数 \quad (5—5)$$

在中国，上证和深证综合指数的基准日指数都为100点，成分指数的基准日指数都为1 000点。通过观察股价指数，不仅可以使投资者了解股票市场涨跌幅度及变动情况，对股市作出合理的预期和投资选择，还可以为政府管理部门提供国民经济运行及发展趋向的信息，有助于进行决策参考。在股市比较发达的国家，股价指数已经成为衡量一国经济的“晴雨表”。

(4) 市盈率是一个反映股票相对价格的指标，其计算公式为：

$$市盈率=\frac{股价}{每股收益} \quad (5—6)$$

这一比率是投资者用来衡量某种股票的投资价值和投资风险的常用指标。一般情况下，在同时流通的各公司股票中，某一股票的市盈率越低，则其投资价值越高，但是也有可能说明该公司发展前景欠佳，缺乏对投资者的吸引力；反之，市盈率越高，表明公司发展前景良好，投资者普遍持乐观态度，愿意承受较大的投资风险。但是市盈率越高，并不能表示其股票质量越好，当股票市场不健全，交易失常或有操纵市场的现象时，股票市价可能与公司盈利水平脱节，从而造成假象，使投资者面临极高的风险。

3. 上市公司统计

上市公司为向社会公开发行股票且股票在交易所上市的公司。上市公司统计的主要指标包括上市公司数、上市股票数、发行总股本、流通股本、流通市值、市价总值等。上市公司的市价总值是指上市公司的股票市场价格与其发行总股本的乘积；流通市值是指上市公司的流通股本与其股票价格的乘积。市价总值和流通市值可以用来衡量一个公司的经营规模和发展状况。所有上市公司的市价总值（流通市值）之和称为整个股票市场的市价总值（流通市值）。一国股票市场的市价总值与GDP的比率称为证券化率，是衡量一国股票市场发展程度的重要指标，证券化率越高，意味着股票市场在国民经济中的地位越重要。

**例 5—5　　1991—2013 年中国股票市场运行状况**

改革开放之后，中国股票市场开始萌芽，到 20 世纪 90 年代初，经国务院授权、中国人民银行批准，上海证券交易所于 1990 年 11 月 26 日正式成立，并于同年 12 月 19 日在上海开张营业，深圳证券交易所也于 1991 年 7 月 3 日正式开业。1992—2013 年中国股票市场的主要指标如图 5—5 所示。

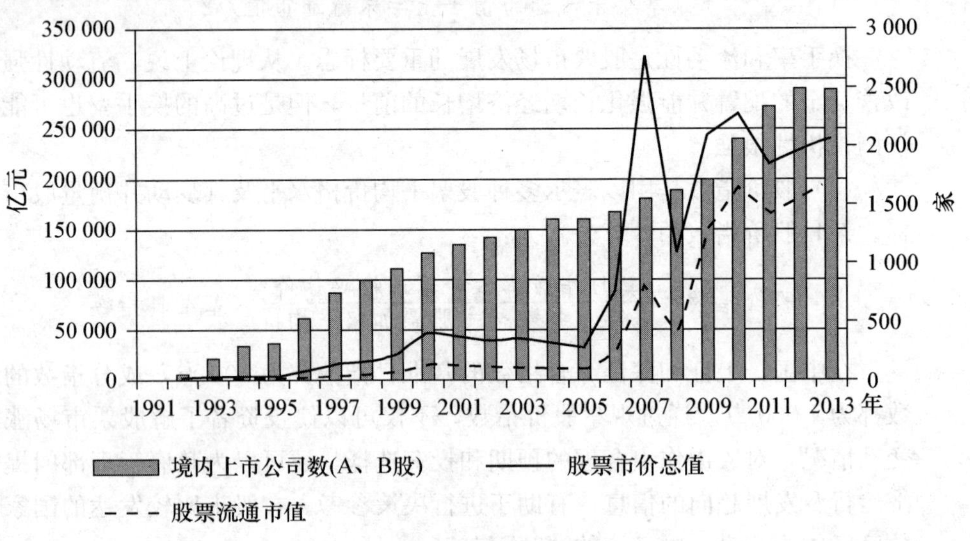


**图 5—5　中国股票市场发展总体状况**

说明：左轴为币值；右轴为上市公司数。

由图 5—5 可以看到，中国上市公司数目不断扩张，1992 年，中国境内上市公司仅 53 家，到 2013 年，境内上市公司已接近 2 500 家。从市价总值和流通市值来看，虽然经历了 2001—2005 年的低迷，但是总的来看，股票市场还是获得了长足的发展，2005 年的市价总值和流通市值分别相当于 1993 年的 9 倍和 12 倍。2006—2007 年，中国股票市场急速膨胀，到 2007 年底，股票市场的市价总值和流通市值分别相当于 1993 年的 34 倍和 52 倍。但是到 2008 年，受国内外经济和金融形势恶化的影响，中国股票市场缩水过半，股票市场的市价总值和流通市值分别仅相当于 2007 年的 37%和 49%。随后，股票市场逐步恢复，2013 年，股票市场的市价总值相当于 2007 年的 73%，流通市值则相当于 2007 年的 2.1 倍。从中国证券化率来看，证券化率稳步提高，由 1992 年的 4%提高到 2013 年的 42%，表明中国股票市场在国民经济中的地位得到了显著提高。

从股票发行市场来看（见图 5—6），1991 年以来，中国股票发行市场经历了几次较大的波动，分别在 1997 年、2000 年、2006—2007 年和 2010 年出现了四次发行高峰。1991 年中国股票发行境内筹资额与全社会固定资本投资额的比率仅为 0.09%，2007 年这一比率达到最高峰，为 5.8%，随后下降，2012 年降至 0.83%，表明中国股票市场对于国民经济的贡献在波动中发展。

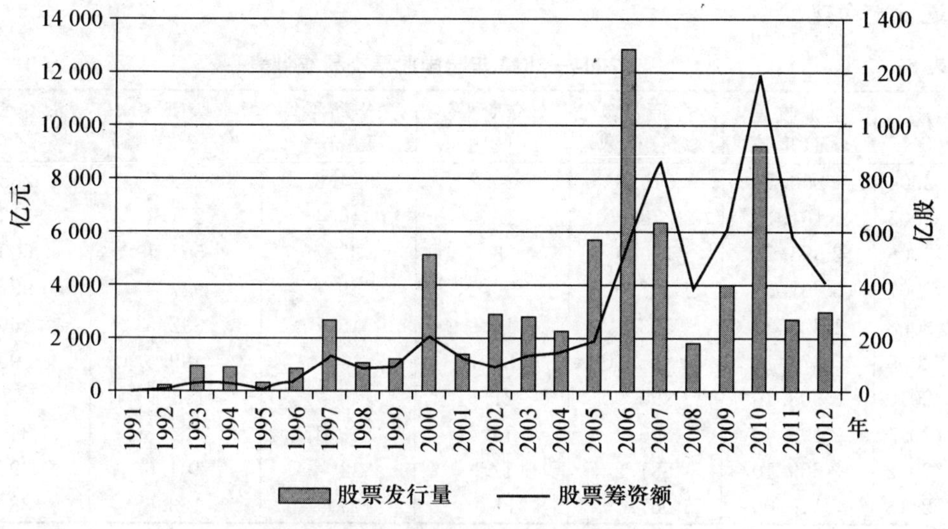


**图 5—6　中国股票发行市场发展状况**

说明：左轴为股票筹资额；右轴为股票发行量。

从股票交易市场来看（见图 5—7），1991 年以来，与股票发行市场类似，中国股票交易市场也是在波动中发展，2005 年以后中国股票市场的交易规模达到一个新的量级。

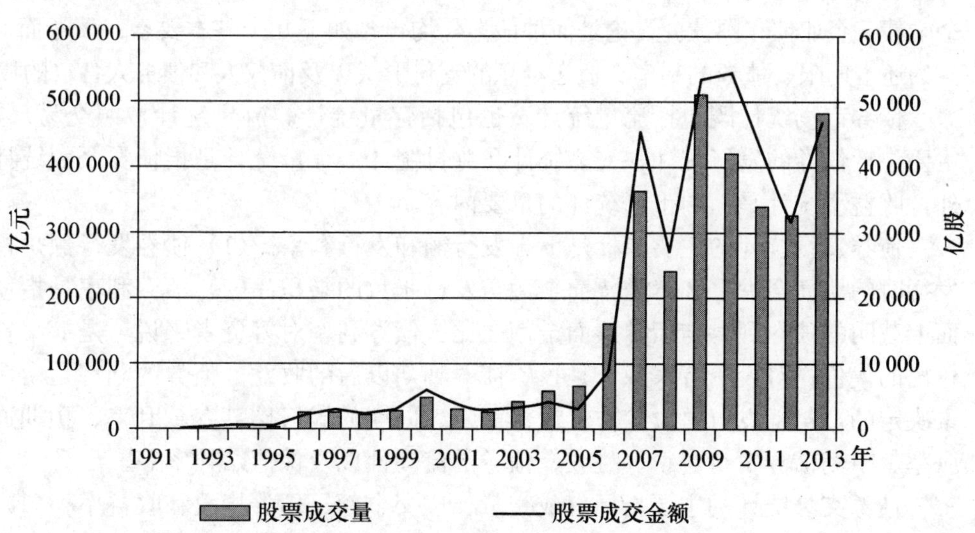


**图 5—7　中国股票交易市场发展状况**

说明：左轴为股票成交金额；右轴为股票成交量。

表 5—6 给出了 2004—2013 年中国股票交易的其他一些主要统计指标。其中：（1）股价指数频繁起落，表明中国股票市场波动性较大。（2）市盈率也有较大起

伏，2007年两市股票平均市盈率一度高达60倍，其后降至20倍左右。(3) 换手率高达三位数，远高于世界成熟股票市场，表明中国股票市场的流动性很强，但也可能是投机性过强的信号。2007年以来，换手率呈现下降趋势，折射出投资者正在逐步走向理性。

表5—6　　2004—2013年全国股票交易统计表

| 年份 | 上证收盘综合指数 | 深证收盘综合指数 | 上交所平均市盈率 | 深交所平均市盈率 | 上交所平均换手率（%） | 深交所平均换手率（%） |
|---|---|---|---|---|---|---|
| 2004 | 1 266.50 | 315.8 | 24.2 | 24.6 | 288.7 | 288.3 |
| 2005 | 1 161.10 | 278.8 | 16.3 | 16.4 | 274.4 | 316.4 |
| 2006 | 2 675.50 | 550.6 | 33.3 | 32.7 | 541.1 | 609.4 |
| 2007 | 5 261.60 | 1 447.00 | 59.2 | 69.7 | 927.2 | 987.4 |
| 2008 | 1 820.80 | 553.3 | 14.9 | 16.7 | 392.5 | 469.1 |
| 2009 | 3 277.10 | 1 201.30 | 28.7 | 46 | 499.4 | 793.3 |
| 2010 | 2 808.10 | 1 290.90 | 21.6 | 44.7 | 198 | 557 |
| 2011 | 2 199.40 | 866.7 | 13.4 | 23.1 | 124.8 | 340.5 |
| 2012 | 2 269.10 | 881.2 | 12.3 | 22 | 101.6 | 297.9 |
| 2013 | 2 116.00 | 1 057.70 | 11 | 27.8 | 123.6 | 389.1 |

说明：平均市盈率为发行股本加权市盈率，取年底数。
资料来源：国家统计局网站，www.stats.gov.cn。

### （二）债券市场统计

债券是一种有价证券，是筹资者（债务人）向投资者（债权人）出具的承诺在一定时期支付约定利息和到期偿还本金的债务凭证。按照债券的发行主体，债券可分为金融债、企业债和国债。无论是何种债券，均包含如下几个基本要素：债券面额、债券的还本期限、债券的利率、债券本息的支付形式以及债权人和债务人各自的权益。

债券市场统计既包括流量统计，也包括存量统计。流量统计按照交易环节分，主要包括债券的发行统计、交易统计和兑付统计；存量统计是指债券余额统计。此外，收益率统计是债券市场统计的重要内容。

债券发行统计的主要指标是债券发行额和发行利率。(1) 债券发行额是指债券发行时的票面金额之和，是票面金额与发行张数的乘积。(2) 债券利率是指债券票面上载明的债券利息与债券票面金额之比。债券利率对筹资者来说，是筹集资金所付出的代价；对投资者来说，是投资债券到期以后的收益。债券的利率是由多种因素决定的，包括发行单位信誉、债券期限、同期的银行储蓄存款利率、预期通货膨胀率、市场债券发行总量、税收、债券的流动性以及保值贴补率等。

债券交易统计的主要指标有成交量、成交金额、债券指数和收益率。(1) 债券的成交量是成交的债券张数。债券的成交单位通常用“手”作为单位，一手是指10张债券。(2) 债券成交金额是成交的债券的价格总和，它不是按票面价格计算的，而是按照实际交易价格计算的。(3) 债券指数是反映债券市场价格总体走势的指标体系。和股票指数一样，债券指数是一个比值，其数值反映了报告期债券市场的平均价格相对于基期市场平均价格的水平。目前，中国人民银行在其货币政策执行报告中使用的是中央国债登记结算有限责任公司编制的中债指数。

债券兑付额是指对已发行到期债券票面金额的偿还额，也即偿还债券的张数乘以每张的票面额。

债券期末余额是指已发行但尚未到期兑付的债券票面金额之和，也等于债券累计发行额减去债券累计兑付额。

债券收益率是指债券收益与其投入本金的比率，通常用年率表示。债券的投资收益不同于债券利息，债券利息仅指债券票面利率与债券面值的乘积，它只是债券投资收益的一个组成部分。除了债券利息，债券的投资收益还包括价差和利息再投资所得的利息收入。在某一时点上，将一组可交易债券的收益率与其剩余到期期限之间的数量关系绘成一条曲线，即为债券收益率曲线。一般来说，债券收益率曲线的形状反映了长短期利率水平之间的关系，它取决于市场对当前经济状况的判断及对未来经济走势的预期。

**相关链接 5—5　债券收益率曲线的含义**

债券收益率曲线通常表现为四种情况：(1) 正向收益率曲线，即在某一时点上，债券的投资期限越长，收益率越高，表明经济正处于增长阶段，这是收益率曲线最为常见的形态；(2) 反向收益率曲线，即在某一时点上，债券的投资期限越长，收益率越低，表明经济进入衰退期；(3) 水平收益率曲线，即收益率的高低与投资期限的长短无关，表明经济运行极不正常；(4) 波动收益率曲线，即债券收益率随投资期限不同，呈现出波浪变动，表明经济未来有可能出现波动。

**例 5—6　　2014 年第一季度中国债券市场的运行状况①**

银行间债券市场现券交易量同比下降。第一季度累计成交 7.1 万亿元，日均成交 1 182 亿元，同比下降 67.3%。从交易主体看，中资大型银行由长期以来的净买入方转为净卖出方，第一季度净卖出现券 806 亿元，中资中小型银行和证券及基金公司分别净卖出 2 155 亿元和 155 亿元；其他金融机构及产品、外资金融机构和保险公司是银行间现券市场上的主要净买入方，分别净买入现券 1 985 亿元、887 亿元和 245 亿元。交易所国债现券成交 292 亿元，同比多成交 87 亿元。债券指数有所上升。中债综合净价指数由 1 月初的 96.03 点上升至 3 月末的 97.37 点，升幅为 1.40%；中债综合全价指数由 1 月初的 107.44 点上升至 3 月末的 109.20 点，升幅为 1.64%。② 交易所国债指数由 1 月初的 139.62 点升至 3 月末的 140.54 点，升幅为 0.66%。

银行间市场国债收益率曲线有所陡峭化（见图 5—8）。3 月末，国债 0.5 年期、1 年期、5 年期和 7 年期的收益率水平分别比 1 月初低 69 个、52 个、6 个和 11 个基点，而 10 年期以上的收益率基本与 1 月初持平，呈现短端下移、中长期持平的状态。

---

① 节选自《中国货币政策执行报告（二〇一四年第一季度）》。

② 中债指数根据是否将利息和利息再投资计入指数分为以下三种：(1) 财富指数：以债券全价计算的指数值，考虑了付息日利息再投资因素，在样本券付息时利息再投资计入指数之中；(2) 全价指数：以债券全价计算的指数值，债券付息后利息不再计入指数之中；(3) 净价指数：以债券净价计算的指数值，不考虑应计利息和利息再投资。

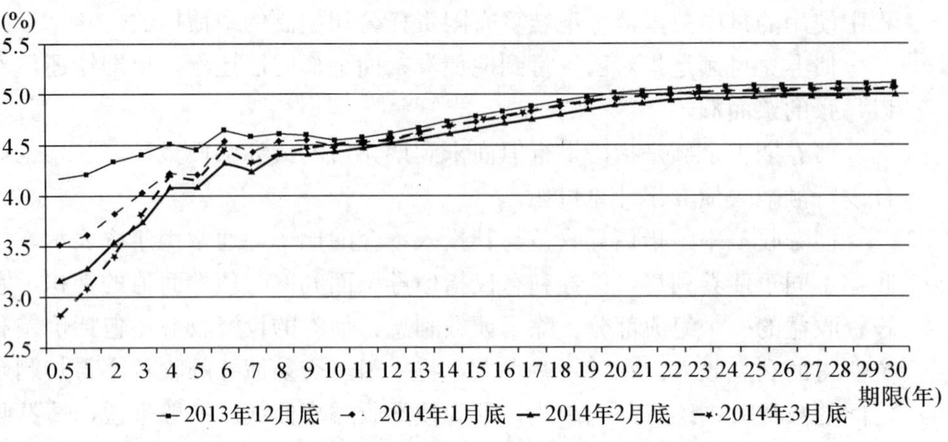


**图 5—8　2014 年第一季度银行间市场国债收益率曲线变化情况**

资料来源：中央国债登记结算有限责任公司。

债券发行规模扩大（见表 5—7）。第一季度，累计发行各类债券（含中央银行票据）2.12 万亿元，比上年同期多发行 1 680 亿元。其中，金融债券发行同比增加较多，国债、公司信用类债券发行同比有所下降。公司信用类债券中，非金融企业债务融资工具发行继续扩大。3 月末，国内各类债券余额为 30.9 万亿元，同比增长 12.3%。

**表 5—7　　2014 年第一季度主要债券发行情况**

| 债券品种 | 发行额（亿元） | 同比增长（%） |
|---|---|---|
| 国债① | 2 140 | −493 |
| 中央银行票据 | 0 | 0 |
| 金融债券② | 8 684 | 2 296 |
| 其中：国家开发银行及政策性金融债 | 6 630 | 1 734 |
| 公司信用类债券③ | 10 423 | −194 |
| 其中：非金融企业债务融资工具 | 8 475 | 997 |
| 企业债券 | 1 705 | −456 |
| 公司债 | 169 | −670 |
| 合计 | 21 247 | 1 680 |

①国债含财政部代理发行的地方政府债券。

②金融债券包括国开行金融债、政策性金融债、商业银行普通债、商业银行次级债、商业银行资本混合债、证券公司债券等。

③公司信用类债券包括非金融企业债务融资工具、企业债券以及公司债、可转债、可分离债、中小企业私募债等。

资料来源：中国人民银行、国家发展和改革委员会、中国证券监督管理委员会、中央国债登记结算有限责任公司。

国债发行利率上升，公司信用类债券发行利率回落。3 月份发行的 10 年期国债利率为 4.42%，比上年 11 月份发行的同期限国债利率高 34 个基点。3 月份国家开发银行发行的 10 年期债券利率为 5.90%，比上年 12 月份发行的同期限债券利率高 86 个基点。3 月份主体评级 AAA 的企业发行的短期融资券（债项评级 A—1）利率在 5.15%～6.20%之间，低于上年 12 月份 6.25%～6.80%的区间；主体评级 AA 的企业发行的 7 年期企业债券（债项评级 AAA）利率在 7.00%～7.18%之间，低于上年 12 月份 7.90%～8.00%的区间。

## 5.6　扩展的金融统计

前面几节介绍了中国金融统计体系的几个基本组成部分，在实际的管理和研究中，往往还需要针对特定的金融问题设置相应的金融统计体系，这些专门的金融统计体系是在基本的金融统计体系的基础之上扩展出来的。现实中，人们关注的金融问题很多，其中，金融发展和金融稳定是两个备受关注的领域，本节将简要介绍金融发展和金融稳定的统计体系。

### 一、金融发展统计

按照戈德史密斯的定义，不同种类的金融工具与金融机构的相对规模及其作为金融上层建筑与经济基础机构之间的关系组成一国的金融结构，金融结构的变迁就是金融发展。①

前面已经指出，金融活动有两种形式，即直接融资和间接融资，直接融资在金融市场上进行，间接融资需通过金融中介（主体是银行）进行。根据金融发展理论家的观点，金融中介体和金融市场的形成与运行是有成本的，要想使用金融服务，必须支付固定的进入费或固定的交易成本。

在经济发展的早期阶段，人均收入和人均财富很低，人们无力支付金融中介体和金融市场的固定进入费，或即使有能力支付也因为交易量太小、每单位交易量所负担的成本过高而得不偿失，从而没有激励去利用金融中介体和金融市场，因此金融中介体和金融市场也就不存在。

当经济发展到一定阶段以后，一部分先富裕起来的人由于其收入和财富达到支付固定进入费的临界值，所以产生了利用金融中介体和金融市场的激励，金融中介体和金融市场得以建立。随着时间的推移和经济的进一步发展，由于收入和财富达到临界值的人越来越多，利用金融中介体和金融市场的人也越来越多，这意味着金融中介体和金融市场不断发展，简单的金融体系会随着人均收入和人均财富的增加而演变为复杂的金融体系。

由此可见，金融中介体和金融市场的发展水平随着国家经济发展水平及其他国内外条件的变化而变化，这也是金融中介体和金融市场的发展水平在不同国家或同一国家不同时期之所以不同的原因。

#### （一）金融发展指标体系

很多学者采用各种指标对金融发展进行了测量和研究。2012 年，世界银行推出了《金融发展报告》系列，构造了金融发展指标体系，并建立了各国的金融发展

① 雷蒙德·W·戈德史密斯：《金融结构与发展》，北京，中国社会科学出版社，1993。

数据库。世界银行的金融发展指标体系包括金融体系深度、广度、效率和稳定性等四个维度，并按照金融机构和金融市场分别给出四个维度的指标，因此形成一个4×2的矩阵，如表5—8所示。其中，每个单元格的第一个指标是首选指标，其他指标是补充指标。

**表5—8　　世界银行金融发展指标体系**

| | 金融机构 | 金融市场 |
|---|---|---|
| 深度 | 私人部门信贷/GDP<br>金融机构资产/GDP<br>M2/GDP<br>存款/GDP<br>金融部门增加值/GDP | （股票市场筹资额＋国内私人债券余额）/GDP<br>私人债券/GDP<br>国债/GDP<br>外债/GDP<br>股票市场筹资额/GDP<br>股票交易额/GDP |
| 广度 | 每千名成人开立的银行账户数<br>每千名成人的银行网点数<br>开立银行账户的人所占比重<br>所有公司中有贷款的公司所占比重<br>所有小公司中有贷款的公司所占比重 | 非前十大上市公司筹资额占市场筹资额的比例<br>非前十大交易公司交易额占市场交易额的比例<br>政府债券收益率（3个月和10年）<br>国内债券/债券总额<br>私人债券/国内债券总额<br>新发行公司债/GDP |
| 效率 | 净利息收益率①<br>存贷款利差<br>利息收入/总收入<br>管理费用/总资产<br>利润率（ROE，ROA）<br>Boone指标② | 股票市场换手率<br>股价同步性<br>股价影响<br>交易成本<br>国债买卖差价<br>债券（私人债券或国债）换手率 |
| 稳定性 | Z分数（或与违约的距离）③<br>资本充足率<br>资产质量比率<br>流动性比率<br>其他（净外汇头寸/资本，等等） | 股价指数波动率（标准差/均值）<br>主权债券指数<br>指数偏度系数（股票；主权债券）<br>市盈率<br>久期<br>短期债券/债券总额<br>与主要国家（德国、美国）债券收益率的相关性 |

①净利息收益率＝银行利息收入净额/银行平均的生息资产。

②Boone指标＝利润的边际成本弹性。

③Z分数＝（ROA＋所有者权益/资产）/ROA的标准差。

### （二）金融发展的综合评价

世界银行虽然推出了金融发展指标体系，但是没有对金融发展进行综合评价。为了全面理解和测量金融发展的程度，世界经济论坛于2008年发布了《金融发展报告》，该报告将影响金融体系的深度与效率的各种主要因素综合在一起，构造了金融发展指数。报告将金融发展的主要影响因素归结为制度环境，商业环境，金融稳定性，银行，非银行金融机构，金融市场以及金融体系的规模、深度和广度等七个“支柱”，共计100多个指标。进一步将这七个因素分为三类因子，从而构成一个三位一体的综合评价体系。第一类是要素、政策与制度因子，反映金融中介机构、金融市场、金融工具和金融服务的发展程度，具体包括制度环境、商业环境和金融稳定性三个因素，可视为金融发展的“投入”；第二类是金融中介因子，反映金融中介机构和金融市场的多样性、规模、深度及效率，具体包括银行、非银行金融机构和金融市场三个因素；第三类是资本可获得性和广度因子，反映金融部门的规模与深度以及对金融服务的可获得性，具体包括金融体系的规模、深度和广度因素，可视为金融发展的“产出”。金融发展指数的构成如图5—9所示。

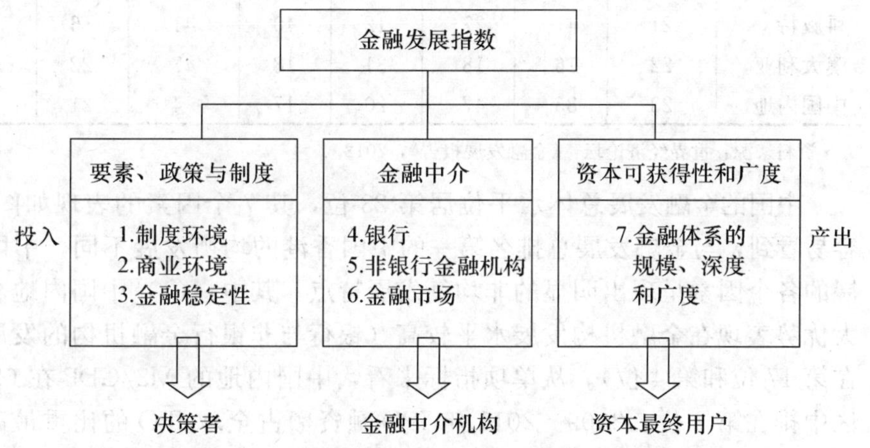


图5—9　金融发展指数的构造

**例5—7**

## 2012年各国金融发展状况

2012年，全球62个主要国家和地区参加了金融发展评价，其中排在前23位的国家和地区如表5—9所示。可以看到，排在前列的国家和地区经济发展水平均较高，在一定程度上反映了经济发展与金融发展之间存在相互促进的关系。

表5—9　金融发展指数排名前23位的国家和地区

| 国家或地区 | 金融发展总排名 | 制度环境 | 商业环境 | 金融稳定性 | 银行 | 非银行金融机构 | 金融市场 | 金融体系的规模、深度和广度 |
|---|---|---|---|---|---|---|---|---|
| 中国香港 | 1 | 9 | 2 | 8 | 1 | 10 | 4 | 4 |
| 美国 | 2 | 13 | 13 | 38 | 21 | 1 | 1 | 5 |
| 英国 | 3 | 2 | 8 | 43 | 2 | 3 | 2 | 12 |
| 新加坡 | 4 | 1 | 1 | 3 | 10 | 12 | 3 | 14 |
| 澳大利亚 | 5 | 18 | 12 | 9 | 7 | 5 | 8 | 6 |
| 加拿大 | 6 | 6 | 9 | 13 | 13 | 7 | 10 | 2 |
| 日本 | 7 | 15 | 19 | 19 | 3 | 6 | 5 | 27 |
| 瑞士 | 8 | 12 | 6 | 2 | 16 | 15 | 7 | 24 |
| 荷兰 | 9 | 7 | 7 | 16 | 4 | 13 | 17 | 13 |
| 瑞典 | 10 | 4 | 10 | 25 | 8 | 32 | 15 | 1 |
| 德国 | 11 | 10 | 11 | 18 | 12 | 16 | 13 | 16 |
| 丹麦 | 12 | 8 | 3 | 21 | 25 | 27 | 12 | 9 |
| 挪威 | 13 | 3 | 5 | 6 | 6 | 25 | 26 | 17 |
| 法国 | 14 | 17 | 22 | 42 | 19 | 17 | 11 | 11 |
| 韩国 | 15 | 34 | 15 | 44 | 20 | 2 | 14 | 22 |
| 比利时 | 16 | 14 | 21 | 27 | 15 | 35 | 19 | 3 |

续前表

| 国家或地区 | 金融发展总排名 | 制度环境 | 商业环境 | 金融稳定性 | 银行 | 非银行金融机构 | 金融市场 | 金融体系的规模、深度和广度 |
|---|---|---|---|---|---|---|---|---|
| 芬兰 | 17 | 5 | 4 | 22 | 22 | 49 | 31 | 8 |
| 马来西亚 | 18 | 21 | 25 | 10 | 11 | 14 | 24 | 28 |
| 西班牙 | 19 | 24 | 28 | 55 | 5 | 18 | 9 | 20 |
| 爱尔兰 | 20 | 11 | 14 | 53 | 14 | 19 | 23 | 18 |
| 科威特 | 21 | 41 | 27 | 12 | 40 | 41 | 6 | 10 |
| 澳大利亚 | 22 | 16 | 18 | 31 | 18 | 47 | 22 | 23 |
| 中国内地 | 23 | 35 | 47 | 20 | 17 | 4 | 21 | 41 |

资料来源：世界经济论坛：《金融发展报告》，2012。

中国的金融发展总体水平位居第 23 位，其 7 个因素的表现如图 5—10 所示。容易看到，与金融发展总排名第一的中国香港的均衡发展不同，中国内地金融发展的各个因素呈现出明显的非均衡发展特点，其中：(1) 中国内地金融发展的最大优势表现在金融机构发展水平较高（银行与非银行金融机构的发展程度分别排在第 17 位和第 4 位）。从单项指标来看，中国内地的 M2/GDP 在 62 个国家和地区中排在第 2 位，2009—2011 年 IPO 融资额占全球 IPO 的比重最高。(2) 中国内地金融发展的最大劣势则表现在商业环境（第 47 位），表明提升人力资本水平，改善基础设施，降低商务活动的成本是促进中国金融发展的首要任务。(3) 与金融机构的发展相比，中国内地金融市场（第 21 位）的发展较为滞后。(4) 虽然中国内地金融机构的发展有较大成就，但是金融发展的广度仅排在第 41 位，表明金融深度并未转化为相应的广度，进一步拓展金融广度是中国内地金融发展面临的重要任务。

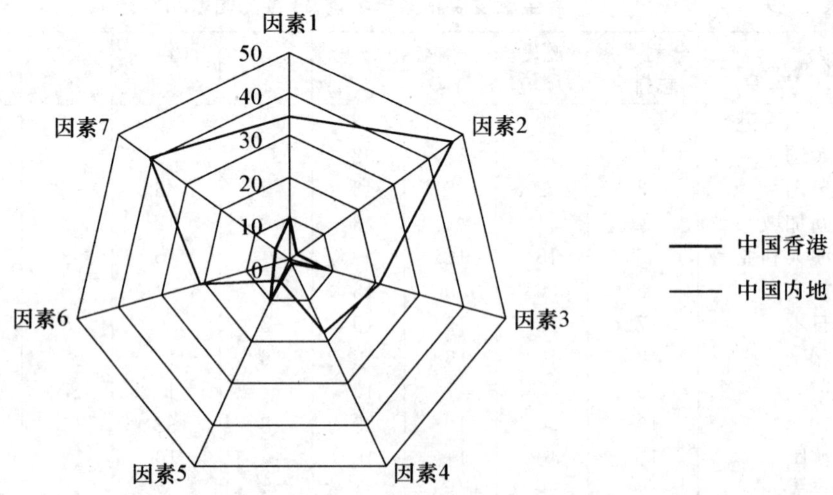


**图 5—10　中国内地与中国香港金融发展各因素排名对比**

资料来源：世界银行：《世界发展指标 2000》。

## 二、金融稳健统计

金融安全（其反面便是金融危机）是一个长盛不衰的话题，多年来众多学者和研究机构围绕金融安全提出了许多统计指标，尤其是 20 世纪 90 年代以来，金融危机频频发生，极大地推动了这一领域的研究。

### （一）金融危机及其表现形式

金融危机是指某些金融机构或金融资产突然丧失其大部分价值的现象。金融危机有不同的表现形式，常见的有：(1) 货币危机。当针对某种货币的汇率的攻击导致该种货币贬值（或大幅贬值），或迫使政府拿出巨额国际储备或大幅提高利率水平来保持币值时，称发生了货币危机。(2) 银行危机。当银行发生挤兑或破产，或存在挤兑或破产的潜在威胁，导致银行停止偿还国内债务或迫使政府提供大规模援助来避免这种情况的发生时，称发生了银行危机。(3) 系统金融危机。当金融市场能力严重受损，不能有效运行，金融市场被严重中断时，称发生了系统金融危机，它可能对实际经济造成极大的负面影响。一个系统的金融危机可能包含一个货币危机，但一个货币危机不一定包含国内支付系统的严重中断，因此不一定是一个系统的金融危机。(4) 外债危机。当一国无力履行其偿还外债（无论是官方外债还是民间负债）的承诺时，称发生了外债危机。

金融体系的脆弱性来源可能各有不同，其中的例子包括：资产质量低下、市场和信用风险暴露过度以及资本欠缺等。危机爆发的时间和直接原因也可能各有不同，例如私人债务人的状况恶化、政府举债过多以致破坏了信心、庞大的经常账户逆差引起的忧虑以及汇率急剧变动等。在金融体系处于脆弱状态时，这样的事件会导致金融危机。

金融危机会直接和间接地使经济遭受严重损失：直接损失包括银行破产导致存款人遭受的资金损失，以及政府为重建金融体系所发生的费用；间接损失包括金融中介服务和/或支付系统受到的破坏致使经济活动减缓。此外，经济和金融破坏还可能造成不良的社会后果，甚至引起政治动荡。

**相关链接 5—6　20 世纪 90 年代以来的几次金融危机**

20 世纪 90 年代以来，国际性的金融危机频繁爆发，其中几次严重的危机包括：

(1) 1992—1993 年欧洲货币危机。1992 年 9 月，在欧洲外汇市场出现了大量抛售英镑和里拉、抢购马克的风潮。一时间，英镑和里拉对马克的汇价急剧下挫。在官方干预无效的情况下，英镑和里拉先后退出欧洲货币机制，实行自由浮动。在这场危机中，英国、意大利、法国、西班牙以及瑞士等国的中央银行累计向外汇市场投入了近 1 000 亿美元的资金，损失约 60 亿美元。欧洲货币体系因此面临自建立以来最严重的一场危机。

(2) 1994—1995 年墨西哥金融危机。1994 年 12 月 19 日墨西哥财政部长突然宣布本国货币比索贬值 15%。次日，政府又宣布中央银行不再干预外汇市场，比索与美元汇率实行自由浮动。霎时间，金融市场出现混乱进而导致动荡，人们纷纷抢购美元，比索汇率急剧下降，股市狂跌，外资纷纷逃离，国际储备大量流失，国内物价大幅度上涨，居民生活深受影响，众多企业因融资困难而面临倒闭。

(3) 1997—1998 年东南亚金融危机。1997 年 7 月 2 日，泰国金融当局宣布泰铢实行浮动汇率，随后泰国铢、菲律宾比索、马来西亚林吉特、印尼盾，甚至新加坡元等货币一路下滑。与此同时，在该地区的外资纷纷抽逃，本国资本跟进外逃，股市一泻千里，股民惶恐不安，众多的银行和其他金融机构关门歇业。由泰国货币危机荡出的“金融涟漪”迅速发展成席卷几乎整个地区的“金融风潮”。

(4) 2007—2009 年美国金融危机。2007 年 3 月 13 日，美国第二大次级抵押贷款机构新世纪金融公司，因濒临破产被纽约证券交易所停牌，标志着次贷危机的正式爆发。8 月 6 日，美国第十大抵押贷款机构美国住房抵押贷款投资公司申请破产保护。8 月 9 日，次贷危机波及欧洲。次贷危机爆发后，投资者开始对抵押证券的价值失去信心，从而引发流动性危机，即使多国中央银行向金融市场注入巨额资金，也无法阻止金融危机的爆发。到 2008 年 9 月 9 日，这场金融危机开始失控，并导致多间大型金融机构倒闭或被政府接管，演化成一场全球性金融危机。

### （二）金融稳健统计指标体系

鉴于金融危机对经济社会的危害，有必要编制一整套可以帮助决策者进行宏观审慎分析，即确定本国金融体系中的各种强项和弱点，而且最好是频率很高的统计数据，这种宏观审慎分析可以为防止危机行动的开展提供依据。为此，国际货币基金组织于 2003 年建立了一个较为全面的、有代表性的金融稳健指标体系（见表 5—10）。

**表 5—10　　金融稳健指标（FSIs）：核心类和鼓励类指标**

| 核心类指标 | |
|---|---|
| 存款吸收机构 | |
| 资本充足性 | 监管资本[1]/风险加权资产[2] |
| | 一级监管资本[1]/风险加权资产 |
| | 不良贷款[3] 减去准备金/资本 |
| 资产质量 | 不良贷款/全部贷款总额 |
| | 部门贷款/全部贷款 |
| 收益和利润 | 资产回报率 |
| | 股本回报率 |
| | 利差收入/总收入 |
| | 非利息支出/总收入 |
| 流动性 | 流动性资产/总资产（流动性资产比率） |
| | 流动性资产/短期负债 |
| 对市场风险的敏感性 | 外汇净敞口头寸/资本 |

续前表

| 鼓励类指标 | |
|---|---|
| 存款吸收机构 | 资本/资产<br>大额风险暴露[4]/资本<br>按地区分布的贷款/全部贷款<br>金融衍生工具中的总资产头寸/资本<br>金融衍生工具中的总负债头寸/资本<br>交易收入/总收入<br>人员支出/非利息支出<br>参考贷款利率与存款利率之差<br>最高与最低同业拆借利率之差<br>客户存款/全部（非同业拆借）贷款<br>外汇计值贷款/总贷款<br>外汇计值负债/总负债<br>股本净敞口头寸/资本 |
| 其他金融公司 | 资产/金融体系总资产<br>资产/GDP |
| 非金融公司部门 | 总负债/股本<br>股本回报率<br>收益/利息和本金支出<br>外汇风险暴露净额/股本<br>破产保护的申请数量 |
| 住户 | 住户债务/GDP<br>住户还本付息支出/收入 |
| 市场流动性 | 证券市场的平均价差<br>证券市场平均日换手率 |
| 房地产市场 | 房地产价格<br>住宅房地产贷款/总贷款<br>商业房地产贷款/总贷款 |

1. 资产的风险特征是指风险加权资产与总资产的比率。监管资本分为三级：

（1）一级资本包括已支付对价的股份和普通股，以及因留存收益或其他盈余拨款而产生或增加的公开准备金，包括股票溢价、留存利润、一般储备和法定储备。

（2）二级资本包括：未公开的储备——是累积的留存利润的一部分；资产重估储备——在资产负债表中以历史成本定值的固定资产和长期持有的股份，但它们具有“潜在的”重估增值；一般储备和普通呆账准备金（可达风险资产的 1.25%）；兼有债务和股本特征的混合工具，可以用来弥补损失，以及没有担保的初始固定期限超过 5 年的次级债务和年限有限的可赎回的优先股。二级资本和次级债务分别不能超过一级资本的 100%和 50%。

（3）三级资本包括两年或更长期限的有“锁定条款”的中期债务，这类条款规定，如果支付会使银行总体的资本水平低于最低的资本要求，则该债务的本息无须偿还。三级资本只用于抵御市场风险，不能超过一级资本的 250%。

此外，监管资本还有扣减项，扣减涉及作为一级资本扣减项的商誉。

2. 风险加权资产包括通货和存款、贷款、证券和其他资产负债表内资产。资产用代表信用风险和违约可能性的因子进行加权。

3. 如果一笔贷款本息支付逾期 3 个月（90 天）或更长时间，或者利息支付经过资本化（即再投资计入本金），或已再融资或已展期（也就是说通过协议推迟支付），此笔贷款（或其他资产）应划归为不良贷款。

4. 大额风险暴露是指对同一个人或一组人的信用风险暴露超过监管资本的一定比例，如 10%。

由于金融稳健统计要反映宏观经济运行对金融体系产生的系统性风险，因此金融稳健统计指标设计的统计对象不仅是存款机构部门，而且包括非银行金融机构、非金融企业部门、住户部门、金融市场以及房地产市场。其中，关于存款机构的重要指标是整个指标体系的核心，其他指标为辅助指标，后者称为鼓励类指标。一般来说，核心类指标不仅具有更为突出的重要性，而且在各国的统计可行性较高。正如国际货币基金组织所指出的，金融稳健指标是衡量一国金融机构整体以及作为金融机构客户的公司和住户部门的当前金融健康状况和稳健性的指标，这些指标是具有创新性的新领域的宏观经济数据。

各指标在金融稳健分析中的作用简述如下：

1. 存款吸收机构的金融稳健性指标

（1）监管资本与风险加权资产的比率以及一级监管资本与风险加权资产的比率这两个指标衡量的是存款吸收机构的资本充足率。

（2）资本与资产的比率这个金融稳健指标反映财务杠杆效应，同时也是另一个衡量存款吸收机构资本充足率的指标。

（3）扣除准备金后的不良贷款净额与资本的比率是为了反映依靠银行资本消化与不良贷款有关的损失的能力。

（4）股本回报率（净收入/平均资本）是为了衡量存款吸收机构使用资本的效率。

（5）大额风险暴露与资本的比率是为了反映信用风险集中带来的脆弱性。

（6）外汇净敞口头寸与资本的比率是为了衡量外汇资产（的敞口头寸）与负债头寸的搭配不当情况，以评估存款吸收部门资本状况对汇率变动的潜在脆弱性。

（7）金融衍生工具中的资产负债总头寸与资本的比率是为了反映存款吸收机构的金融衍生工具头寸与资本的相对比例。如果净头寸是匹配的，表明风险暴露有限。

（8）股本净敞口头寸与资本的比率是为了反映存款吸收机构的股本风险暴露与资本的相对比例。

（9）流动性资产与总资产的比率（流动性资产比率）反映可用于满足预期及意外现金需求的流动资金。

（10）流动性资产与短期负债的比率是为了把握资产与负债的流动性不匹配情况，并反映存款吸收机构能在多大程度上应付短期提款，而不会导致流动性问题。

（11）客户存款与（非同业银行）贷款总额的比率是一个衡量流动性的指标。

（12）资产回报率（净收入与平均总资产的比率）是为了衡量存款吸收机构使用资产的效率。

（13）不良贷款与贷款总额的比率是为了反映贷款组合中资产质量方面的问题。

（14）贷款总额的部门分布比率反映贷款在各居民部门中和非居民中的分布情况。如果有大量的信贷累积和集中在某个特定的居民经济部门或活动，可能意味着此部门或活动的活跃程度、价格水平和盈利水平一旦有变，存款吸收部门就会深受其害。

（15）住宅房地产贷款与总贷款的比率是为了反映存款吸收机构对住宅房地产业的风险暴露，重点是住户借款者。

（16）商业房地产贷款与总贷款的比率衡量的是银行对商业房地产市场的风险暴露。

（17）按地区分布的贷款与总贷款的比率反映贷款总额的地区分布情况。通过这个指标，可以监控在某个国家分组有风险暴露所带来的信用风险，并有助于评估这些国家发生的负面事件对国内金融体系的影响。

(18) 外汇计值贷款与总贷款的比率衡量的是外汇贷款占贷款总额的相对比例。如果本地借款人偿付外汇计值负债的能力降低，会增加信用风险，特别是本国货币大幅贬值或缺乏外汇收入时。

(19) 外汇计值负债占总负债的比率衡量的是外汇融资占总负债的相对比例。

(20) 利差收入与总收入的比率衡量净利息收益（即利息收入减去利息成本）占总收入的相对比例。这个指标可能受存款吸收机构资本/资产比率的影响：在资产一定的情况下，资本越高，借款需求越低，从而降低利息成本，增加净利息收入。

(21) 交易收入与总收入的比率是为了反映存款吸收机构从包括货币交易在内的金融市场业务中获得的收入比例，以协助评估盈利能力的可持续性。

(22) 非利息支出与总收入的比率衡量的是管理成本占总收入（利差加非利息收入）的比例。

(23) 人员支出与非利息支出的比率衡量的是人事成本占总管理成本的比例。

2. 其他部门的金融稳健性指标

(1) 其他金融公司资产与金融体系总资产的比率衡量的是其他金融公司在国内金融体系中的相对重要性。

(2) 其他金融公司资产与GDP的比率衡量的是其他金融公司这个部门与经济体的相对规模大小。

(3) 非金融公司的总负债与股本的比率衡量的是企业的杠杆效应。如果企业的杠杆效应高，面对经济冲击或金融市场冲击时，企业实体会更为脆弱，并且偿付能力也会降低。

(4) 非金融公司的股本回报率反映非金融公司使用资本的效率。

(5) 非金融公司的收益与利息和本金支出的比率衡量的是非金融公司偿付债务（利息及本金）的能力。

(6) 非金融公司的外汇风险暴露净额与股本的比率衡量的是非金融公司的外币风险暴露与其资本的相对比例。外汇风险暴露越大，货币大幅贬值时，非金融公司的财务稳健性受到的压力越大，并且这个压力最终会传递给存款吸收机构。

(7) 非金融公司的破产保护的申请数量衡量的是破产的趋势。

(8) 住户债务与GDP的比率衡量的是住户的总负债水平（通常是与消费贷款和抵押贷款有关的负债）。与非金融公司部门一样，如果负债程度高，面对经济冲击或金融市场冲击时，住户会更为脆弱，并且偿付能力也会降低。

(9) 住户债务还本付息支出与收入的比率衡量的是住户偿付债务（利息及本金）的能力。这个指标还可作为预测未来消费支出增长趋势的指标。

3. 金融市场的金融稳健性指标

(1) 参考贷款利率与存款利率之差（SLDR）以及银行间最高与最低拆借利率之差（SIR）这两个指标都是基于利率的金融稳健指标，目的是便于监控存款吸收机构的财务健康性和稳健性。贷款与存款利差可衡量存款吸收机构净利息收入的变动趋势，也是盈利能力指标。但利差大也可能是因为抵押制度不完善或司法体系提供的保护力度不足，从而造成高风险，利差逐渐扩大可能是风险溢价增加的表现，而不是因为竞争压力逐渐变小，因此需要提供进一步的信息。

（2）证券市场的平均日换手率和平均价差是反映市场流动性的两个金融稳健性指标。市场深度和密度是流动性的两个重要指标。市场深度是指在不对市场价格造成重大影响的情况下，市场消化大量交易的能力，可用平均日换手率代表市场深度。换手率越高，意味着市场的流动性越强。市场密度是指与市场价格无关的交易成本，可用平均价差来衡量，买卖价差即市场参与者愿意接受的资产买方出价（出价）与资产卖方报价（要价）之间的差额。市场的流动性和效率越高，买卖价差往往越窄。

4. 房地产价格指数

进行宏观审慎分析时，极有必要掌握房地产价格指数，因为存款吸收机构可能有巨大的房地产风险暴露（直接和间接），并且可能因价格的潜在波动而受到影响。另外，房地产资产是私营部门财富的一个主要组成部分。通过与房地产贷款有关的金融稳健性指标，可以监控存款吸收机构因为与房地产有关的贷款而直接承担的风险。

例 5—8　　2013 年中国银行业稳健性分析①

2013 年，银行业资产质量略有下降，拨备整体较为充足（见图 5—11）。截至 2013 年末，银行业金融机构不良贷款余额 1.18 万亿元，不良贷款率 1.49%。银行业金融机构拨备整体较为充足，截至 2013 年末，商业银行拨备覆盖率 282.7%，同比下降 12.81 个百分点；贷款损失准备充足率 321.21%，比上年下降 10.33 个百分点，拨贷比 2.83%，比上年提高 0.01 个百分点。

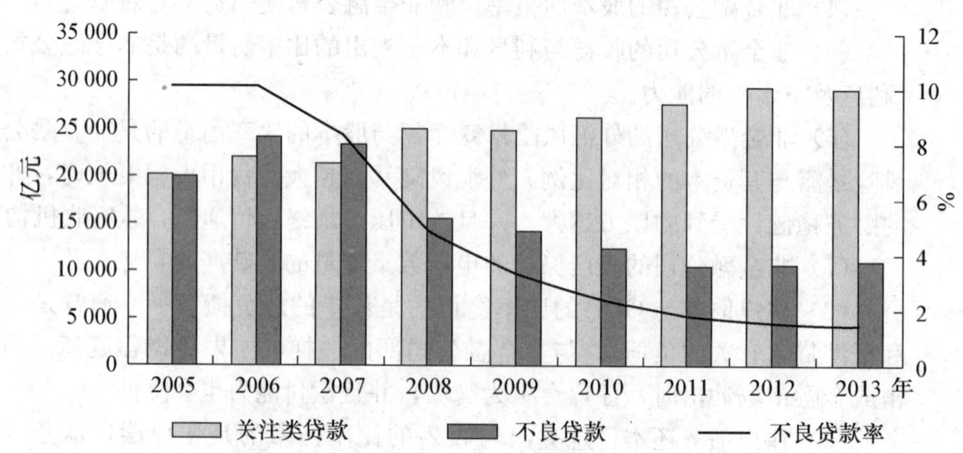


图 5—11　银行业不良贷款余额和不良贷款率

说明：左轴为关注类贷款额和不良贷款额；右轴为不良贷款率。

① 节选自中国人民银行：《中国金融稳定报告（2014）》，北京，中国金融出版社，2014。

2013 年，银行业资本充足率处于较高水平，资本质量较好。2013 年，银行业金融机构通过多种方式补充资本 1.48 万亿元。自 2013 年 1 月 1 日起，我国商业银行开始正式执行《商业银行资本管理办法（试行）》，资本充足率计算标准更为严格。实施新办法后，截至 2013 年末，商业银行资本充足率为 12.21%，同比下降 0.29 个百分点（见图 5—12）。截至 2013 年末，商业银行核心一级资本 7.58 万亿元，核心一级资本净额占核心资本净额的 81.62%，资本质量处于较高水平。

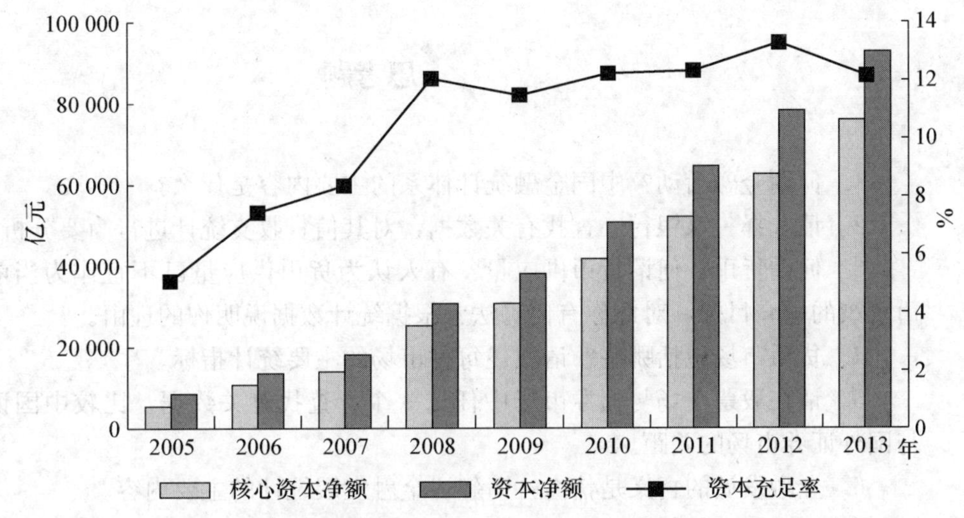


**图 5—12　银行业资本充足率及资产构成**

说明：左轴为核心资本净额和资本净额；右轴为资本充足率。

2013 年，银行业盈利增速持续放缓，发展转型压力增大。2013 年银行业金融机构实现净利润 1.74 万亿元，同比增长 15.23%，增速下降 5.47 个百分点，资产利润率 1.22%，与上年末持平，资本利润率 18.52%，同比下降 0.52 个百分点。银行业金融机构净息差为 2.75%，同比下降 0.08 个百分点。中间业务收入占比 15.87%，同比上升 1.28 个百分点。当前，银行业所面临的市场机制和经营环境正在发生显著变化，主要依靠利差和信贷增长的传统盈利模式将不可持续，亟待加快发展转型。

2013 年，银行业流动性风险管理难度加大，影响流动性的因素复杂。一是存款大幅波动更加明显，银行资金来源稳定性显著降低。2013 年，银行业金融机构存款跨季月间波幅超过 5 万亿元，全年波幅近 6 万亿元。商业银行各项存款占总负债的比重由 2006 年末的 87.2%下降到 2013 年末的 81.9%。二是银行资产扩张及表外诸多金融产品创新进一步加大了对流动性的需求。金融机构在利润压力、监管套利等因素作用下，利用同业、理财等短借长贷，资产负债结构对利率风险敞口十分敏感，对货币市场依赖程度上升，也是加大市场流动性波动的主要原因。同时，财政收支变化及库款波动等也加大了流动性的季节性波动。三是受美国量化宽松政策退出过程不确定等因素的影响，跨境资本流动的波动性增加，可能对国内流动性形成冲击。

2013年，银行业表外业务持续增长，风险隐患不容忽视。截至2013年末，银行业金融机构表外业务（含委托贷款和委托投资）余额57.7万亿元，比上年末增加9.05万亿元，增长18.6%。表外资产规模相当于表内总资产规模的38.12%，比上年末提高1.71个百分点。值得注意的是，一些商业银行通过表内资产表外化来规避金融监管，将资金投向宏观调控限制行业和领域，或将不良资产从表内转移至表外，导致信贷风险透明度降低。

## 思考题

1. 何谓金融活动？中国金融统计体系的主要内容是什么？
2. 请选择一家银行，查找有关数据，对其信贷收支统计进行简要分析。
3. 何谓货币？何谓货币供应量？有人认为货币供应量已不宜作为当前我国货币政策的中介目标，对此你有何看法？根据统计数据说明你的理由。
4. 货币市场包括哪些？请叙述每种市场的主要统计指标。
5. 请在股票市场与债券市场中任选一个，查找有关数据，比较中国证券市场与国外证券市场的差距。
6. 金融发展的含义是什么？请叙述金融发展统计的主要内容。
7. 请查找有关数据，对中国金融稳健状况进行分析。

# 第 6 章 Chapter 6 对外经济统计

在经济全球化的今天，任何一个国家都不可能闭关自守。通过国际贸易或国际投资，一国的国民经济在不同程度上融入了国际经济大体系；反过来，一国在国际市场上的竞争力也会影响到其国民经济的发展。因此，忽略一国的对外经济活动来研究经济发展必然是不全面的。本章介绍对外经济统计。通过学习本章，读者可以了解如下内容：

- 对外经济活动的定义；
- 对外贸易统计的基本内容；
- 国际资本流动的主要统计指标；
- 外债统计的主要统计指标；
- 国际收支统计的思路与分析方法。

## 6.1 对外经济活动及其统计

要把握对外经济统计的原理，首先需要理解国外、对外经济活动这些基本概念，进而了解对外经济统计的意义。

### 一、国外

对外经济活动是指国内各经济单位与国外之间发生的各种交易活动。显然，要研究对外经济活动，首先必须界定国内与国外。国内与国外的定义具有很密切的联系，可以说是一件事情的两个方面。

所谓国内，是指在一国经济领土上拥有经济利益中心的所有单位，即所有的常住单位。其中，经济领土有别于地理领土，是一国的地理领土加上其在国外的领土飞地，再减去外国在本国地理领土上的领土飞地，也就是该国拥有管辖权的所有领土。特别地，经济领土包括在海关控制下的自由贸易区、中转口岸和保税仓库或工厂。如果某单位在一国经济领土内的某一地点长期从事经济活动，则称该单位在该国拥有经济利益中心。

所谓国外，是对应特定国家而存在的概念，指的是与该国常住单位发生经济联系的所有非常住单位。这里有两个要点，第一，组成“国外”的各单位不是该国经济领土上的常住单位，否则它就不是“国外”，而是国内，相应的经济交易也就变成了国内经济活动；第二，组成国外的单位必须与国内单位发生直接的经济联系，这是国民经济管理与研究的可操作性的要求。

下面以中国为例作具体说明。第一，处在外国经济领土上的企业和其他团体单位，无论由外国人所有还是由中国对外投资所形成，都应属于国外。第二，外国人在中国投资兴办的企业和团体，则应视为中国的常住单位，不属于国外。通常，如果一个单位在中国经济领土上拥有土地、建筑物（包括住房）的所有权，则不论这个单位的国籍如何，都应视为中国的常住单位。第三，中国经营流动设备如船只、飞机、钻井井架和井台、铁路车辆等的单位，如果只是活动于国际水域或空域，应视为本国常住单位；如果在其他国家驻地经营，则应视为国外。第四，短期到国外旅游、访问或从事季节性劳动的个人仍是中国常住居民，中国接纳的国外短期逗留者应视为国外，但是，一旦这种短期逗留变为长期行为，则应按与上述方式相反的方式处理。

## 二、对外经济活动

一个国家的对外经济活动是指国内单位与国外单位之间所发生的经济往来，通常称为对外交易。

### （一）对外经济活动的内容

从历史上看，对外经济活动有一个逐渐演变丰富的过程。早期的对外经济活动主要是货物贸易活动。比如在清朝晚期，英国人以鸦片换取中国的丝绸、茶叶等，从经济意义上看，这是典型的对外易货贸易（即以某些货物换取另一些货物）。事实上，直到 20 世纪 70 年代，中国的对外经济活动仍然以贸易活动为主，即一方面对国外出售货物，另一方面从国外购进货物。伴随世界经济和国际交往的发展，一国的对外经济活动已远远超出了货物贸易的范围，扩展到了服务贸易、收入分配、非金融投资和金融投资等多方面。其中，对外服务贸易是指一国与国外经济单位之间相互提供服务产品的活动，比如中国的运输公司承接国外单位的运输业务，这就是中国的服务出口；国外的运输公司承接中国企业的运输业务，这就是中国的服务进口。对外收入分配是指一国与国外经济单位之间发生的收入分配活动，比如，中国对境外投资者支付利息和红利，是对外分配收入；中国的经济单位从境外投资中获得利息和红利，是从国外获取收入。对外非金融投资是指一国与国外之间发生的非生产非金融资产的交易，例如中国的经济单位在国外获得矿藏开采许可，是中国从国外获得非金融资产；中国的经济单位允许国外单位在中国开采矿藏，是中国向国外处置非金融资产。金融投资活动是指一国与国外之间发生的资金往来，比如，中国将资金投于国外，这就是中国的对外投资；外国企业将资金投入中国，对中国来说，这就是利用外资。

**（二）对外经济活动的形式**

从形式上看，大部分对外经济活动是通过交换完成的，也就是说，处于某国的某个经济单位向处于另一个国家的另一个经济单位提供一宗经济价值，而后从对方得到价值相等的回报。比如中国对美国出口货物，由此获得外汇，这就是交换。此外，还有一些对外活动是以单方面转移的方式发生的。所谓转移，是指一方向另一方提供了经济价值，但是没有得到任何补偿，比如，中国政府向吉尔吉斯斯坦政府援助公交车辆，这就是转移。

从交易媒介来看，大部分对外经济活动是通过货币（或其他流动性金融资产）作为交易媒介而完成的，即交易一方向另一方支付一定量的货币，从对方获得对应的货物与服务或金融资产。例如，中国出口产品获得外汇收入，或者付出外汇购买外国政府债券，即为货币性交易。而某些交易则是双方直接交换等价的货物或服务，并不涉及货币媒介，例如前面提到的英国人以鸦片换取中国的丝绸和茶叶，就是易货交易。此外，在一些实物性的转移中，也不涉及货币媒介，例如前面提到的中国政府向吉尔吉斯斯坦政府援助公交车辆。

## 三、对外经济统计

就一国各种对外经济活动进行统计，就是该国的对外经济统计。由前面的论述可知，对外经济活动的内容和形式都是非常丰富的，对外经济统计应当覆盖前述各种交易内容和形式。

总的来看，对外经济统计的内容包括流量统计和存量统计两大部分，其中，流量统计用来反映一定时期内一国参与对外经济往来的规模与结构，存量统计则用来反映立足于某一时点、由所有历史交易累积起来的对外金融资产和负债的水平与结构。具体到流量统计，应包含贸易统计、收入分配统计、非金融投资统计以及金融投资统计等内容。

对外经济统计具有重要的意义。一方面，有了对外经济统计，才使得国民经济统计体系完整起来。在开放条件下，一国的国民经济活动必然涉及货物和服务的进出口及资本的国际流动，如果不对其加以统计，则国民经济的许多活动就失去了对应物。例如，某企业生产的产品用于出口，如果在国民经济统计中不反映出口这一对外经济活动，则在生产统计中记录了该企业的产出，而在使用统计中这部分产出就“失踪”了，这种处理方法显然不能真实、全面地反映国民经济中产品的生产、流通和使用过程；又如，某中外合资企业的资金中有一部分来自国外投资者，如果在国民经济统计中不反映外国直接投资这一对外经济活动，则在投资统计中就会出现只有实物投资，却找不到其资金来源的现象，这种处理方法显然不能如实反映国民经济中的资金运营过程。因此，从国民经济统计体系本身的建设来看，对外经济统计具有重要意义。

另一方面，对外经济统计还具有极为重要的现实意义。众所周知，当代世界经济的一个显著特点是经济全球化。所谓经济全球化，是指各国国民经济日益加入统一的国际大市场，各国之间的商品和资金流动日益频繁，世界经济一体化程度不断提高的过程。在经济全球化过程中，各国在国际市场上的地位直接影响到一国国民经济的运行状况，经济安全已经成为各国的首要议题。在这种背景下，及时、准确地把握一国对外经济的发展状况具有重要的现实意义，对外经济统计为一国对外经济状况的分析提供了必不可少的数据支持。

对外交易在经济意义上不同于国内交易。国内交易的双方都在一国范围之内，交易结果是资源在国内的流动和重新配置，不会影响一国资源总量；而对外交易涉及国外一方，交易结果是资源在一国与他国之间的流动，它会增加或减少一国拥有的资源总量。例如出口（或进口）的货物减少（或增加）了可供国内使用的产品量；自国外取得（或支付）的利息收入会增加（或减少）一国的收入总量。由此，也可以凸显对外经济统计的重要性。

本章将首先介绍两类最为重要的对外经济活动（即对外贸易和利用外资）的有关统计内容和方法，而后就如何描述一国对外经济活动的整体状况，介绍有关国际收支平衡表的基本知识。

## 6.2 对外贸易统计

对外贸易活动是指一国或地区同其他国家或地区之间进行的商品交换活动。对外贸易活动的定义有狭义和广义之分。狭义的对外贸易是指货物的进出口，又称有形贸易；广义的对外贸易则包括货物和服务的进出口。

### 一、对外贸易统计的基本问题

对外贸易统计的目的是用各种统计指标和统计分组来描述和分析一国对外贸易状况，反映一国或地区进出口商品的品种、数量、金额、地理走向和其他有关的总体特征。

对外贸易统计的基本统计内容应该是从国外购进（即进口）商品和对国外销售（即出口）商品。但是，与国内贸易活动相比，由于这些贸易活动发生在一国与其他各个国家之间，它们在贸易形式、价格、结算方式、管理方法各方面都具有特殊性，这就为进行对外贸易统计带来一系列的特殊处理。下面介绍对外贸易统计中的一些基本问题。

#### （一）对外贸易统计的两种记录制度①

从一般意义上说，对外货物贸易是跨越国界的贸易活动。但是，自由区（港）②、

---

① 由于服务不可储存，因此不存在记录制度的选择问题。

② 自由区指一国的部分领土，在这部分领土内运入的任何货物就进口税及其他各税而言，被视为在关境之外，免于实施惯常的海关监管制度。自由区大多建立在港口或临港地区，如果自由区包括整个港口，就叫做自由港。

海关仓库①和入境加工仓库②等特殊监管区域的存在，使得管理进出口的海关关界可能设置在该国国界之内，货物的流动可能发生在海关以内的单位、海关之外国境之内的单位、国境之外的单位这三者的两两之间。从一个时期来看，国内企业的货物可以直接出口国外，也可以进入特殊监管区域；国外的货物可以直接进入国内，也可以进入特殊监管区域；国内企业的货物进口可以直接来自国外，也可以来自这些特殊监管区域（具体见图 6—1）。由此带来的后果是，记录商品进出口的统计边界有了两种定义：国界和海关边界（亦称关境）。采用不同的定义，形成了对外贸易统计的两种记录制度，其中，总贸易记录制以国界为统计边界记录对外贸易活动，专门贸易记录制以关境为统计边界记录对外贸易活动。

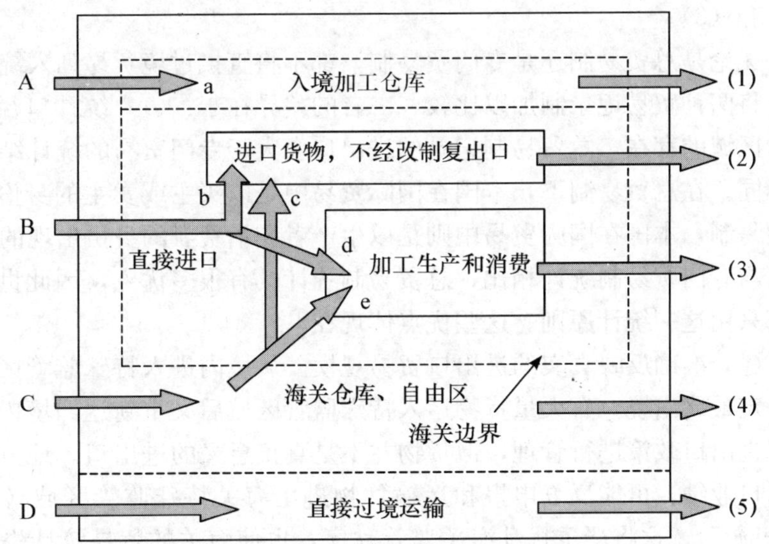


**图 6—1　对外贸易流程图**

说明：图中，贸易的内向流动包括：
A——申报进入入境加工仓库的商品。
B——直接进入国内生产和消费的以及不经过加工改制有可能又复出口的进口货物。
C——申报进入海关仓库和自由区的商品，去向可分为：复出口；完税结关进入本国市场加工生产和消费。
D——直接过境贸易，即其他两国交易下的商品，为单纯运输的需要穿越了第三国。
贸易的外向流动包括：
（1）——从入境加工仓库经加工、挑选、包装等后又复出口。
（2）——进入国内市场的商品的复出口。
（3）——国内本国生产的商品的出口。
（4）——自由区、海关仓库内商品的复出口。
（5）——直接过境商品的出口。

---

① 海关仓库，也称为海关保税仓库，是专门存放保税货物及其他未办结海关手续货物的仓库。海关允许存放保税仓库的货物有三类：一是供加工贸易（进、来料加工）的进口料件；二是外经贸主管部门批准开展外国商品寄售业务、外国产品维修业务、外汇免税商品业务及保税生产资料市场的进口货物；三是转口贸易货物、外商寄存货物以及国际航行船舶所需的燃料、物资和零配件等。根据国际上通行的保税制度要求，进境存入保税仓库的货物可暂时免纳进口税款，在海关规定的储存期内复运出境或办理正式进口手续。根据国际上通行的保税制度要求，进境存入保税仓库的货物可暂时免纳进口税款。

② 入境加工仓库，也称为保税加工厂，是海关辖区内划出一个特殊区域。根据有关海关程序，那些旨在入境加工、修理后复出口的商品，可免税临时进入这一区域。加工、修理过程中可使用国产商品或以“国内使用”名义结关的进口商品。

总贸易记录制统计一国的总进口和总出口。总进口包括：直接为国内使用的进口，流入入境加工仓库的进口，流入海关仓库和自由区的进口，即图6—1中的A，B和C。总出口包括：本国原产商品的出口，从入境加工仓库的商品出口，进入本国市场后又复出口的商品的出口，由海关仓库、自由区复出口的商品，即（1），（2），（3）和（4）。

专门贸易记录制统计一国的专门进口和专门出口。专门进口包括：直接进入国内市场为国内使用的商品的进口，由海关仓库和自由区进入国内市场的进口，以及流向入境加工仓库的进口，即a，b，c，d和e。专门出口包括：本国原产商品的出口，自入境加工仓库商品的复出口，已进入国内市场的商品的复出口，即（1），（2）和（3）。

无论是总贸易制还是专门贸易制，都不将直接过境贸易列入统计范围。

将两种贸易记录制加以比较，二者的差异在于：（1）统计口径不同。由于特殊监管区域的存在，总贸易制记录的进出口会大于专门贸易的统计结果。（2）经济含义不同。在总贸易制下，本国在国际贸易中是以买主或卖主的身份出现的；采用专门贸易制，本国在国际贸易中则是以生产者和消费者的身份出现的。

与专门贸易制统计相比，总贸易制统计具有很多优点，因此世界上绝大多数国家都采用这一统计原则。这些优点体现在①：

（1）准确反映真实的进出口贸易规模。从境内进入特殊监管区域的货物进区后不一定最终出境，有大量货物运入特殊监管区域后又重新返回境内使用，海关虽然按照进出口政策进行管理，但货物并不是真正意义的进出口。地方和企业为扩大其进出口业绩，可能反复申报和运输货物进出海关特殊监管区域（货物进出区内的“一日游”），这将严重扰乱海关监管秩序，也使海关的贸易统计失去其真实性和科学性，影响国家宏观决策。

（2）准确反映真实的贸易商品结构。进入特殊监管区域的货物，在加工后再出口或进入境内区外进一步加工或消费时，商品的税则归类上可能会发生变化；同理，从境内出口到特殊监管区域的货物，加工后出境时，也可能产生归类变化。因此，从准确反映进出口商品结构的角度，货物跨境时列入统计更为准确。

（3）准确反映真实的贸易伙伴国。货物从特殊监管区域出境时，其出口最终目的国可能与原先进区所申报的目的国不同。例如，同一批货物在特殊监管区域内被分拨成多批次出口至不同国家。在货物出境时进行统计，更有利于准确统计贸易伙伴国，有利于应对反倾销调查等国际贸易争端，有利于各国（地区）贸易统计数据的对比和差异原因分析。

（4）在货物“跨境”时进行贸易统计也与其他国家宏观经济指标（如GDP）的统计地域范围一致，使进出口货物贸易统计数据更好地纳入国民经济统计体系。

---

① 《总署综合统计司关于特殊监管区域进出区货物统计问题的说明要点》，见http：//www.customs.gov.cn/publish/portal511/tab15217/module39430/info160559.htm。

### （二）对外贸易统计的价格

一笔对外贸易活动至少要涉及两个国家。从实物运动看，要从一个国家装“船”离开该国边境口岸，到达另一个国家的边境口岸卸货；从经济价值运动看，要按照交易双方约定的价格和货币进行结算。由此产生了统计过程中的一些特殊问题。

就一批特定货物而言，在对外贸易中会形成两个价格。一是离岸价格（FOB），指货物在出口国装货离开该国口岸时的价格，反映了货物从生产到到达出口国口岸为止的价值，包括货价、货物运抵出口国关境起卸前的包装费、运费、保险费和其他劳务费等费用；二是到岸价格（CIF），指货物在进口国口岸卸货时的价格，反映了货物到达进口国口岸的价值。一般，一批货物的到岸价格总是高于离岸价格，其间的差异就是离开出口国关境口岸后的运费、保险费和其他费用。

对特定国家来说，它要统计的是该国一定时期内的对国外出口的货物与服务的价值和自国外进口的货物与服务的价值。在具体每一笔交易中，用什么价格结算交易双方可能会有不同约定，但在宏观统计时，采用何种价格必须有统一的原则，以保证统计结果的一致性。一般来说，一国的出口采用离岸价格统计，进口则采用到岸价格统计，也就是说，进口和出口都是按本国口岸为标准来确定价格。读者可能会产生疑问，如果一批货物的出口是按到岸价结算的，那么按离岸价格统计出口岂不是低估了该项出口的价值吗？实际上不会，因为造成离岸价格和到岸价格差异的运费和保险费，将会作为服务贸易加以统计，因为这部分价值代表了一国向国外提供的运输服务和保险服务。

### （三）对外贸易统计的货币折算

对外贸易活动会涉及不同货币种类，如美元、日元、欧元以及人民币等。在实际交易中交易双方可能会有不同的约定，以某一种货币进行结算。但在宏观统计中，必须统一币种，即要将不同币种的交易额按照一定比率进行折算，按统一的币种加总得到对外贸易总额，在折算中所使用的比率就是不同币种之间的汇率。中国目前的对外贸易总额分别按两种货币统计，一是人民币，一是美元。也就是说，所有按其他货币结算的对外贸易，均需按相应汇率折算为美元和人民币。

## 二、对外货物贸易统计①

海关统计是国家关于货物进出口活动的官方统计，也是整个国民经济统计的重要组成部分。通常，针对货物进出口所发布的月度短期统计数据和年度统计数据，一般都是海关统计数据。这些统计数据是国家制定对外经济贸易政策、进行宏观经

① 世界各国对外货物贸易统计可分为两大体系：一是以实际进出口货物为记录对象的、作为国家海关管理副产品的海关统计；一是以对外货物贸易企业的进出口业务为记录对象的商品流转统计。尽管都是针对对外货物贸易活动进行统计，但是海关统计与对外货物贸易业务统计具有不同的目的，前者着眼于货物实际进出口的发生，后者则集中于进出口活动的国内管理，因此二者在统计范围、所采用指标、资料收集方法、分析重点等诸多方面存在许多差别。1981 年，国务院决定以海关统计作为中国的官方统计，国家公布对外贸易统计数据使用海关统计数字。

济调控的重要依据，是研究对外经济贸易发展和国际经济贸易关系的重要资料。中国海关统计数据的收集、整理、编制和发布均由中国海关总署负责。

### （一）海关统计的统计范围

中国海关统计的对象是在统计期间内所有实际进出中华人民共和国关境的货物。从字面上看，中国海关统计采用的是专门贸易记录制。但是，中国海关统计在确定统计范围时做了如下具体规定：（1）保税仓库、保税区或经济特区进出境的货物、加工贸易方式下进出口的货物、租赁期一年及以上的租赁贸易货物、外商投资企业进出口的货物、国际无偿援助的物资以及捐赠品等均列入中国海关统计。（2）中国海关统计不包括暂时进出口货物（比如外国展团带来的展品），租赁期一年以下的租赁进出境货物，进出境旅客的自用物品（汽车除外），进出境运输工具在境外添装的燃料、物料和食品，以及经过中国领土的直接过境货物。由规定（1）可以看到，中国的海关统计实际上采用的是总贸易记录制。

进一步看，关于海关统计范围，还需明确以下两点。（1）海关统计的对象并非仅指作为商业性交易的货物，还包括援助、捐赠等未发生买卖关系的货物。也就是说，货物进出口发生的标准是进出海关关境这一事实，与是否以商品交换方式发生并不完全一致，尽管现实中进出海关关境的大部分货物是以商品交换为前提的。（2）列入海关统计的货物须同时具备两个条件：一是实际进出一国的国境或关境；二是改变一国的物质资源储备，其中出口减少了该国物质储备，进口则增加了储备。

### （二）海关统计的基本指标

以进出海关关境为标志的海关统计，主要是统计各种货物的进口和出口，所形成的指标可分成两类：一类是货物进口和出口数量指标；一类是货物进口和出口价值指标。

不同货物各有其不同形态和特定的使用价值。货物进口和出口的数量指标，就是按照体现各种货物形态和特性的计量单位对一时期的货物进出口总量进行分类统计的结果。比如，按重量单位（如吨）统计的钢材进出口总量，按长度单位（如米）统计的纺织品进出口总量。有些货物仅用一种计量单位还不足以反映其性能，如发电机，仅统计“台数”还不够，因为不同规格的发电机，其能力不尽相同，因此还必须统计它的发电能量。对这样的商品，就必须统计“第二数量”，如对发电机还应按千瓦统计其总功率。实际统计时应该依据《中华人民共和国海关统计商品目录》所规定的统一计量单位。

进出口数量指标是反映对外货物贸易状况的重要指标。但是，进出口货物品种繁多，不同货物的进出口数量无法加总，因此进出口数量指标只适用于反映具体商品的对外货物贸易规模，而不适合反映对外货物贸易的总体规模；要反映一时期对外货物贸易的总规模，必须借助价值指标。

外贸统计的价值指标是以货币作为共同计量单位，借助价格这一同度量因素对一时期的所有进出口货物进行加总统计所形成的指标。可以认为，进出口价值统计是对外货物贸易进出口货物统计的基本方法。一方面，由于其高度综合性与概括性，利用价值指标更便于分析研究进出口商品的总体规模、速度、结构和比例等；另一方面，在当代国际贸易的竞争中，各国更注重的是通过商品的进出口取得更多的收入，只有价值指标才能表达这样的含义。

在海关统计中，主要的价值指标包括：

（1）货物出口总值，是指一定时期内一国对境外出口的全部货物的总价值，通常按离岸价格统计。

（2）货物进口总值，是指一定时期内一国从境外进口的全部货物的总价值，通常按到岸价格统计。

（3）货物进出口总值，是指一定时期进出一国关境的所有货物的总价值，是进口总值和出口总值的合计，用于反映一国对外货物贸易的总体规模。

（4）货物进出口差额，是指一定时期内出口总值与进口总值之间的差额。如果出口总值大于进口总值，则称一国对外货物贸易为顺差（或称出超）；反之，如果出口总值小于进口总值，则称一国对外货物贸易为逆差（或称入超）。在一般意义上，一国对外货物贸易的管理目标是致力于保持进出口的平衡或顺差，因为顺差意味着增加一国的外汇储备，有助于保持外汇储备的基本平衡，同时也反映出一国产品具有较强的国际竞争力。因此，进出口差额指标对反映一国的对外货物贸易状况和国民经济状况具有重要意义。

**相关链接 6—1　贸易增加值**

随着生产全球化的深入，产品生产的价值链跨国配置的现象越来越普遍。典型的例子如 iPhone 手机的生产，它有 9 个制造商，分别位于日本、韩国、美国、德国、中国台北和中国大陆，共同生产各种零部件，最后都运往富士康公司组装，再出口到美国和其他市场。按照传统的跨境贸易统计，每个国家进出口的零部件的总价值都计入该国的进出口总额。显然，生产链的跨国延伸导致了围绕同一产品的贸易总值产生了重复计量。其次，由于价值在整个生产过程中不断附加到产品中去，因此处于生产链后端的国家（例如负责组装的国家）所生产的附加价值不一定高，但是其所出口的产品的总价值却很高，因此按照传统方法统计的进出口总额会高估此类国家的贸易规模。此外，传统的统计方法只能反映双边的贸易关系，对于全球化生产的产品，无法全面反映其最终进口国与整个生产链上各个国家的依存关系。总之，传统的贸易统计方法所反映的国际贸易关系是存在偏差的。

为了解决此类偏差，世界贸易组织（WTO）和经济合作与发展组织（OECD）力推一种新的国际贸易统计方法，即增加值贸易统计。增加值贸易统计需要借助投入产出分析技术，把国民经济核算和国际贸易等数据结合起来，通过扣除一国进出口中包含的外国成分，利用剩下的本国增加值进行新的统计，分析各国在经济全球化中的关系和收益。

例如，亚洲开发银行研究了 iPhone 手机的全球价值链。结果表明，如果按照传统统计，2009 年中美 iPhone 手机贸易达 20 亿美元，中国顺差 19 亿美元，而按照新的增加值贸易统计，当年中美贸易额只有 0.73 亿美元，中国为逆差 0.48 亿美元。

与传统的贸易统计相比，增加值贸易统计关注出口产品中的增加值，既能反映一国在国际分工中的真实贡献和收益，又能有效避免同一产品进出口价值重复计量的问题，此外，还能反映各国之间的多边关系。不过，增加值贸易统计的难度较大，目前只能作为传统贸易统计的有益补充，还不能替代传统的贸易统计方法。

**（三）对外货物贸易统计的扩展指标**

贸易全球化是当代世界经济的一大特点，为了全面反映一国对外贸易在全球的地位和状况，以及一国对外贸易与国民经济总体的关系，可在上述进出口额统计指标的基础上，派生出其他一些指标，用来分析国际贸易的有关问题。需要指出的是，这些统计指标同样适用于服务贸易统计分析。

（1）反映一国或地区与国际市场关联程度的对外贸易依存度指标，计算公式如下：

$$进口依存度=\frac{进口总额}{\text{GDP}} \tag{6—1}$$

$$出口依存度=\frac{出品总额}{\text{GDP}} \tag{6—2}$$

$$外贸依存度=\frac{进出口总额}{\text{GDP}} \tag{6—3}$$

一般，开放度高的国家或地区，其依存度比开放度低的国家或地区高。当然，依存度还受经济增长状况和国内经济规模的影响，如经济增长快的国家对进口的依赖程度较高，国内经济规模大的国家依存度较低。

（2）反映一国或地区在国际贸易中比较优势的指标。具体来看，可以计算贸易竞争指数和显性比较优势指数（revealed comparative advantage index，RCA）。贸易竞争指数的计算公式为：

$$贸易竞争指数=\frac{x_i-m_i}{x_i+m_i} \tag{6—4}$$

式中，$x_i$ 为产品（或部门）$i$ 的出口额；$m_i$ 为产品（或部门）$i$ 的进口额。

贸易竞争指数表明一个国家或地区的产品（或部门）$i$ 是净进口国还是净出口国，以及净进口或净出口的相对规模。贸易竞争指数为正表明该国或地区产品（或部门）$i$ 的生产效率高于国际水平，对于世界市场来说，该国或地区是产品（或部门）$i$ 的净供应国，具有较强的出口竞争力；反之，贸易指数为负则表明该国或地区产品（或部门）$i$ 的生产效率低于国际水平，出口竞争力较弱；如果贸易竞争指数为 0，表明该国或地区产品（或部门）$i$ 的生产效率与国际平均水平相当，其进出口纯属与国际间进行品种交换。因此，贸易竞争指数又称为水平分工度指数，反映各类产品的国际分工状况，也是研究产业内贸易时经常使用的指标。

在古典和新古典贸易理论中，一国的贸易模式取决于该国的比较优势。但在实际操作中，往往很难获得各国各类商品的生产成本的数据资料。因此，在估算一国比较优势时，人们经常使用显性比较优势指数。匈牙利经济学家贝拉·巴拉萨

(Bela Balassa）于 1965 年使用显性比较优势指数计算 OECD 成员之间通过贸易反映出来的产业比较优势。根据巴拉萨的定义，一国（或地区）$j$ 的出口商品 $i$ 的显性比较优势由该种商品占国家（或地区）总出口的比重相对于该种商品在世界出口中的比重来衡量，即

$$\mathrm{RCA}_{ij}=\frac{X_{ij}/X_j}{X_{iw}/X_w} \tag{6—5}$$

式中，$\mathrm{RCA}_{ij}$ 为国家（或地区）$j$ 出口产品 $i$ 的显性比较优势；$X_{ij}$ 为国家（或地区）$j$ 的产品 $i$ 出口额；$X_j$ 为国家（或地区）$j$ 的出口总额；$X_{iw}$ 为世界产品 $i$ 的出口额；$X_w$ 为世界出口总额。

RCA 可用来描述一个国家（或地区）的出口产品中哪些具有相对于世界平均水平的比较优势。$\mathrm{RCA}_{ij}$ 大于 1，表明该国（或地区）$i$ 类产品具有相对的出口优势；小于 1，表明该国（或地区）$i$ 类产品处于相对的出口劣势；等于 1，则表明处于世界平均水平。

(3) 反映一国或地区某产品在国际市场上的竞争力的国际市场占有率指标，计算公式为：

$$j\text{ 国 }i\text{ 类产品的国际市场占有率}=\frac{X_{ij}}{X_{iw}} \tag{6—6}$$

式中，符号的含义同式（6—5）。

国际市场占有率通常用来比较若干个国家（或地区）某类产品在国际市场上的竞争力大小，人们通常很关心本国某类产品国际市场占有率的世界排名。

(4) 反映一国或地区在一定时期内的国际贸易中获利情况的贸易条件指数，其计算公式为：

$$\text{贸易条件指数}=\frac{\text{出口价格指数}}{\text{进口价格指数}} \tag{6—7}$$

如果出口货物的单位价格上升比进口快（或出口货物的单位价格下降比进口慢），即贸易条件指数大于 1，则出口同样多的商品可以交换到更多的进口货物，贸易条件对本国有利；反之，如果出口货物的单位价格上升慢于进口（或出口货物的单位价格下降快于进口），即贸易条件指数小于 1，则出口同样多的商品只能交换到更少的进口货物，贸易处于不利的地位。

### (四) 海关统计中的主要分组

货物进出口状况的好坏，不仅表现在总规模的大小及其总体平衡上，还应包括外贸结构的状况。要反映结构状况，必须在总量统计基础上进行分组统计。

1. 按商品分类统计

进出口商品的品种和规格繁多，凡列入海关统计范围的进出口货物均根据《中华人民共和国海关统计商品目录》归类统计。该目录将所有进出口货物分为 0～9

共十个类别，按照《国际贸易标准分类》，其中前五个类别统称为初级产品，后五个类别统称为工业制成品。即

初级产品

0类　食品及主要供食用的活动物；

1类　饮料及烟类；

2类　非食用原料（燃料除外）；

3类　矿物燃料、润滑油及有关原料；

4类　动、植物油脂及蜡；

工业制成品

5类　化学品及有关产品；

6类　轻纺产品、橡胶制品、矿冶产品及其制品；

7类　机械及运输设备；

8类　杂项制品；

9类　未分类的其他商品。

一般来说，在一国经济发展和工业化的过程中，其对外货物贸易结构也会经历一个由低级向高级的演化过程。在工业化早期，出口一般以初级产品为主，进口则以国内所需要的工业制成品为主；随着工业化进程的深化，进出口逐渐多样化，都会向以工业制成品为主的结构转换。

2. 按国别分组统计

按国别进行分组统计，是要对进口按来源国、对出口按去向国分别进行统计。

确定进口的来源国和出口的去向国有不同的标准。一种标准是按贸易国别确定，即按贸易对象国别进行分组：对进口，按照商品购自的国家分别统计；对出口，按照商品售予的国家分别统计。另一种标准是按原产国和最终目的国确定国别，对进口，按原产国（地）分别统计；对出口，按最终目的国（地）分别统计。其中，原产国指进口货物的生产、开采或加工制造的国家。对经过几个国家加工制造的进口货物，一般以最后一个对货物进行经济上可以视为实质性加工的国家作为该货物的原产国。原产国确实不详时，按“国别不详”统计。最终目的国指出口货物已知的消费、使用或进一步加工制造的国家。最终目的国不能确定时，按货物出口时尽可能预知的最后运往国统计。

在现实中，进口的原产国和购自国、最终目的国与售予国之间有可能不一致，主要是因为存在转口贸易。目前，各国对外货物贸易统计中都很重视国别分组统计，尤其是原产国和最终目的国分组，中国也不例外。但与购自和售予贸易国别的确定相比，原产国和最终目的国的确定存在较大的不确定因素，因而难度较大，在不同国家间容易产生争议。比如，20世纪90年代中美两国之间的贸易摩擦中，就存在这样的问题，即由于在确定原产国和最终目的国上的不同，中国计算的对美贸易总额和进出口差额与美国的计算结果有很大差异。

3. 按贸易方式分类统计

对外货物贸易中，贸易方式是多种多样的，而且伴随国际交往的发展，还有新

的贸易方式不断涌现。海关统计中的贸易方式分组可以反映不同贸易方式在整个对外货物贸易中所占的比重及其发展变化的趋势。

目前中国海关统计中的贸易方式包括以下类别：一般贸易，国家间、国际组织无偿援助和赠送的物资，华侨、港澳同胞、外籍华人捐赠的物资，补偿贸易，来料加工装配贸易，进料加工贸易，寄售、代销贸易，各作各价对口合同贸易，边境地方贸易和小额贸易，对外承包工程货物，租赁贸易，外商投资企业作为投资进口的设备和物品，外商投资企业进口供加工内销产品的料、件，出料加工贸易，易货贸易，免税外汇商品，保税仓库进出境货物，保税区仓储转口货物，出口加工区进口设备，等等。从这些类别的字面上，我们就可以大体理解各种不同的贸易方式，限于篇幅，这里不做具体解释。

此外，海关统计中还有其他方式的分组，如按对外货物贸易的经营主体分组，按收、发货单位所在地分组，按运输方式分组，以及按海关关别分组等。

**例 6—1　　1990—2012 年中国对外贸易统计分析**

1978 年以前，中国基本上是一个封闭型发展的国家，进出口总额不到国内生产总值的 10%。改革开放以后，中国对外货物贸易迅猛发展，1990 年以来中国进出口贸易的总体状况如图 6—2 所示。由图可见，1990 年以来，中国对外货物贸易取得了巨大的成就，除 1998 年和 2009 年受两次金融危机影响对外贸易规模有小幅下降以外，各项总额指标均持续增长。2012 年，进出口总额达到 38 671.2 亿美元，1990—2012 年间，进口总额和出口总额年均增长率分别高达 27.5%和 18.0%。2012 年，中国货物出口占世界出口总额的 11.1%，是世界上最大的出口国；进口占世界进口总额的 9.8%，仅次于美国，排名第 2 位，已成为世界货物贸易大国。从进出口差额来看，其间除了 1993 年以外，均为顺差，可见中国进出口贸易呈现良好状态。

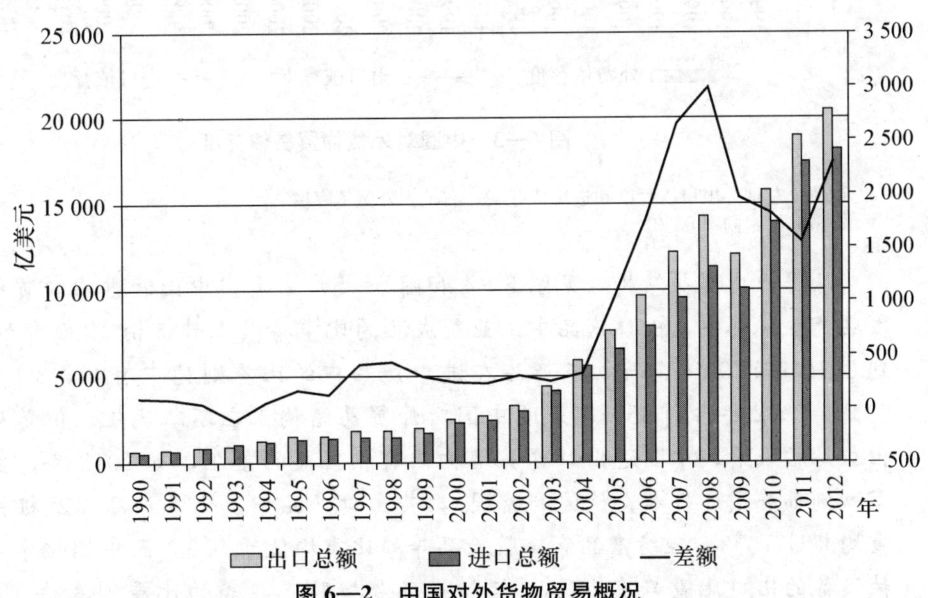


**图 6—2　中国对外货物贸易概况**

说明：左轴为出口总额和进口总额；右轴为差额。
资料来源：国家统计局：《中国统计年鉴（2013）》。

从对外货物贸易依存度来看（见图 6—3），中国对外贸易依存度在波动中呈现提高态势。20 世纪 90 年代，除 1994 年以外，外贸依存度都不足 40%，进入 21 世纪以后，中国的外贸依存度迅速提高，并在 2005 年突破了 60%。虽然受 2008 年金融危机影响，贸易依存度回落，但仍保持在 40%以上。由于连年贸易顺差，因此中国出口依存度高于进口依存度：1990—2012 年间中国的平均出口依存度为 23.5%，平均进口依存度为 20.7%。对外贸易依存度依各国的国情不同而有差异，一般来说，经济开放的小国依存度较高，而国内市场庞大的大国依存度较低，如 2011—2013 年，新加坡和比利时的外贸依存度很高，分别为 366.2%和 170.4%，而美国和日本的外贸依存度则很低，仅分别为 30.1%和 33.6%。中国是一个发展中大国，国内市场潜力很大，无须单纯追求高的外贸依存度，不过随着中国对外开放进程的深化以及国际竞争力的提升，中国的外贸依存度还有进一步提升的空间。2011—2013 年，德国的外贸依存度为 96.6%。

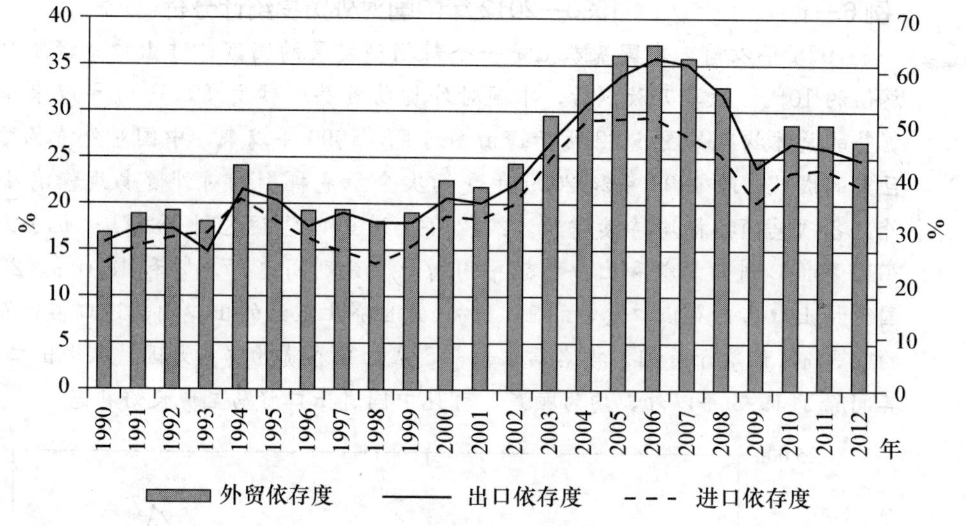


**图 6—3　中国对外货物贸易依存度**

说明：左轴为出口依存度和进口依存度；右轴为外贸依存度。
资料来源：同图 6—2。

从进出口贸易结构（见图 6—4 和图 6—5）来看，中国的进出口贸易以工业制成品为主，其中，出口产品中工业制成品的比重持续上升，由 1990 年的 74%提高到 2012 年的 95%，而初级产品在进口产品中的比重则稳中有升，2004 年突破了 20%，2012 年占到 35%，表明中国对外贸易结构正在不断优化。但是从细分类的出口结构来看，中国进出口贸易结构仍有相当大的差距，如 2012 年，主要发达国家（例如美国、日本、德国和英国），其出口产品中，化学产品以及机械设备的比重均超过 70%，轻纺产品和橡胶产品等的比重均低于 5%，而中国化学产品以及机械设备的出口比重只有 53%，轻纺产品和橡胶产品等的比重则高达 16%。可见，中国的出口结构尚需进一步改善和提高。

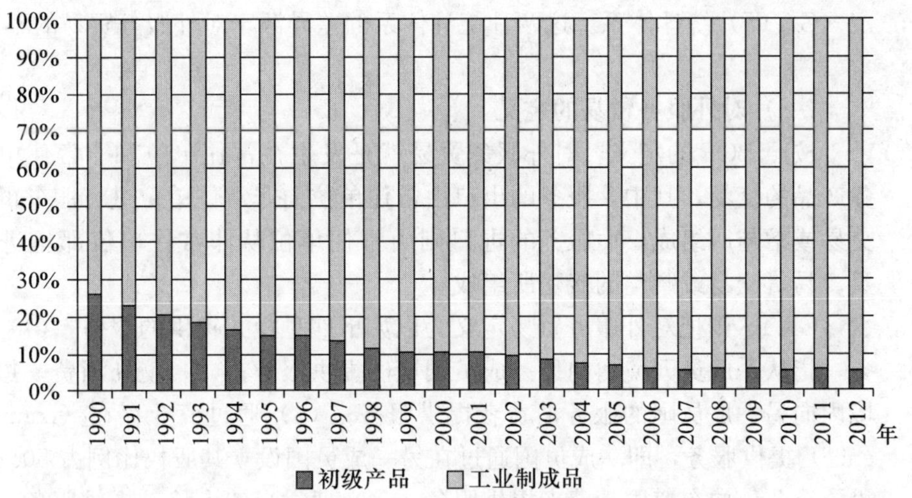


**图6—4　出口贸易结构**

资料来源：同图6—2。

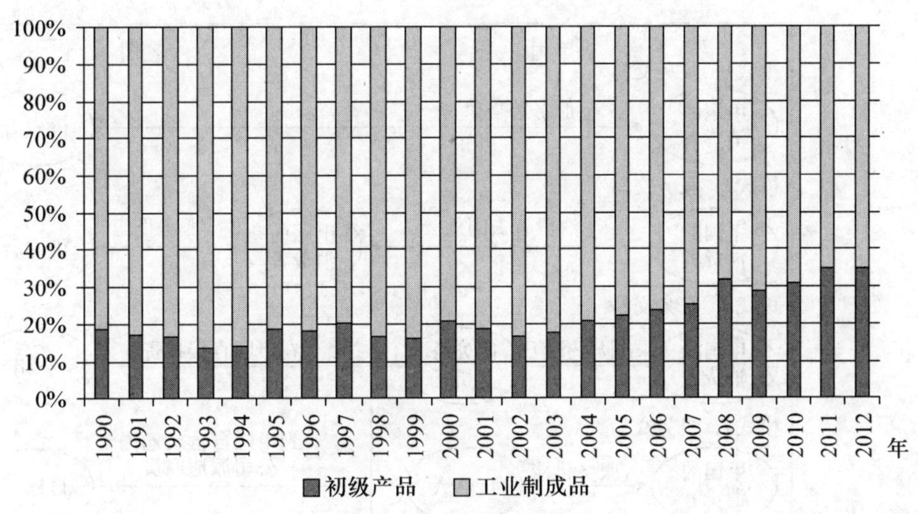


**图6—5　进口贸易结构**

资料来源：同图6—2。

另外，从中国货物进出口的地区分布来看，中国货物贸易的地区分布很不平衡：2012年，中国对欧盟、美国和中国香港的出口贸易额分别占到中国出口总额的19.3%，17.2%和15.8%，换言之，中国半数以上的出口集中在这三个地区。地区分布高度集中，可能会导致较高的贸易风险和贸易摩擦，因此中国应致力于实现进出口地区分布的多样化。

## 三、对外服务贸易统计

对外服务贸易有两种统计体系，即国际收支（BOP）统计体系和服务贸易总协定（GATS）统计体系。这两种统计体系的差异源于对外服务贸易的不同定义。

**（一）对外服务贸易的定义**

按照 BOP 的定义，对外服务贸易就是发生在常住单位和非常住单位之间的服务产品的交易。其中，服务的出口由常住单位向非常住单位进行服务的销售、易货交易或赠与所组成，而服务的进口则由常住单位从非常住单位那里进行服务的购买、易货交易或赠与的接受所组成。

GATS 则把对外服务贸易定义为以如下四种模式提供的服务：（1）跨境提供服务，指从一成员国境内向另一成员国境内提供服务；（2）境外消费，指在一成员国境内向另一成员国的服务消费者提供服务；（3）通过商业存在（commercial presence）提供服务，即一成员国通过在另一成员国设立其股权比例占 50%以上的直接投资企业，向东道国消费者提供服务；（4）通过自然人移动提供服务，指一成员国的自然人暂时移动到另一成员国境内提供服务，该自然人并不取得法人资格。服务贸易的四种模式如图 6—6 所示。

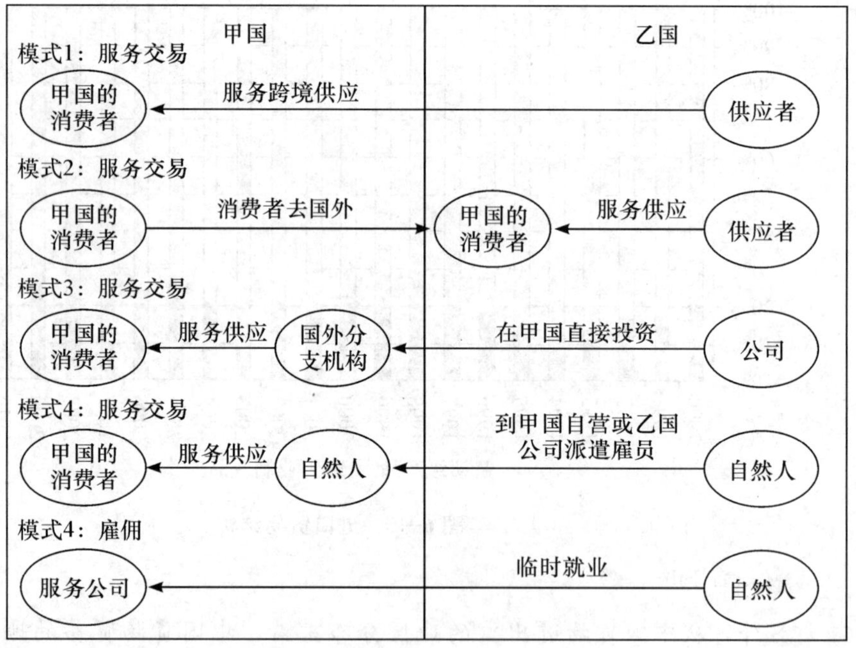


图 6—6 对外服务贸易示意图

上述两种定义的区别主要表现在如下两个方面：

第一，两种定义观察对外服务贸易的立足点不同。BOP 统计立足于交易者的常住性来定义对外服务贸易，认为对外服务贸易是一经济体常住单位与非常住单位之间的交易。GATS 则立足于生产要素所有者的角度来定义对外服务贸易，认为对外服务贸易是一经济体拥有所有权的单位与其他单位之间的交易，而不论交易单位是归属于哪一个经济体的常住单位。

第二，两种定义下对外服务贸易的范围不同。立足点的差异导致了对对外服务贸易范围的界定不同，集中体现在对以商业存在形式提供的服务的处理方式不同。在图 6—6 所示的四种服务贸易供应模式中，只有模式 1、模式 2 以及模式4 的一部分属于 BOP 的统计范围，模式 3 则不属于 BOP 的统计范围。由此可见，GATS 定义下的服务贸易范围更为广泛。

### （二）对外服务贸易统计

与两种定义相对应，产生了两种对外服务贸易的统计体系，即 BOP 统计体系和 GATS 统计体系。这两种对外服务贸易统计体系的差异主要表现为统计范围和统计分类的差异。

（1）统计范围的差异。BOP 统计重视服务贸易这类交易活动完成后的资金流——国际收支，而 GATS 统计则比较重视各国服务业的开放和服务贸易这类交易活动在世界范围内的开展。统计范围的差异在前面关于定义的比较中已有介绍，这里不再重复。

（2）统计分类的差异。根据《国际收支手册（第五版）》的规定，服务贸易包括运输，旅游，通信服务，建筑服务，保险服务，金融服务，计算机和信息服务，特许使用费和许可费，其他商业服务，个人、文化和娱乐服务，以及别处未提及的政府服务等 11 大类。① 1996 年，考虑到 GATS 的需要，OECD 和欧洲统计局与国际货币基金组织协商制定了比 BOP 的服务贸易分类更为详细的国际服务贸易分类，称为扩大的国际收支服务分类（EBOPS）。EBOPS 仍然遵循 BOP 的分类框架，但是对大类的细分更为细致。

目前各国以及国际组织公布的对外服务贸易统计数据基本来源于 BOP 统计，中国也不例外。鉴于 GATS 是指导和衡量 WTO 各成员国服务领域开放程度的基本框架，各成员国的服务贸易统计都将逐步过渡到 GATS 体系。目前，包括美国在内的一些发达国家正在积极推行 GATS 统计体系，在传统的 BOP 服务贸易统计之外，增加通过国外分支机构完成的服务贸易，即所谓 FATS（foreign affiliate trade statistics）统计。

FATS 统计包括内向贸易和外向贸易两部分。所谓内向 FATS 统计，是指由在本国的外国直接投资企业对国内单位的服务销售，性质等同于服务进口；所谓外向 FATS 统计，是指由本国在国外的直接投资企业对国外单位的服务销售，性质等同于服务出口。

从具体统计指标来看，服务贸易的统计指标与货物贸易统计基本相同，此处不再赘述。

---

① 目前，由联合国统计司牵头、六大国际组织参与的跨机构工作组正在对《国际收支手册（第五版）》进行修订，即将推出《国际收支手册（第六版）》，其中，加工贸易将由现在的货物贸易调整到服务贸易的统计范畴。相应地，《国际收支手册（第六版）》中，服务贸易的分类将调整为：货物加工；可移动货物的维修；运输；旅游；通信、计算机与信息服务；建筑服务；保险服务；金融服务；特许使用费和知识产权；其他商业服务；个人、文化和娱乐服务；别处未提及的政府服务等 12 个类别。

**相关链接 6—2　商业存在服务贸易发展迅速**

在世界范围内，服务业跨国投资增长非常迅猛，服务业跨国并购大潮迭起，成为服务业跨国投资的主导方式。1990 年，服务业直接投资超过第一、第二产业的总和，比重达到 50.1%；2005 年服务业对外直接投资流入量占世界对外直接投资总流量的比重超过 70%。在一些发达国家，通过商业存在实现的服务贸易超过跨境服务贸易。

据美国经济分析局（BEA）估计，美国拥有的商业存在占其产业增加值的 9.8%。1996 年，美国通过其境外附属机构实现的服务贸易收入为 2 231 亿美元，跨境服务贸易出口为 2 221 亿美元，两者规模相当。2005 年，美国拥有多数股权的境外附属机构的服务销售额为 5 285 亿美元，已远远超过了 3 678 亿美元的跨境服务贸易出口。

资料来源：中国商务部：《中国服务贸易发展报告 2007》。

**例 6—2　　2000 年以来中国跨境对外服务贸易发展概况**

2000 年以前，中国服务贸易进出口规模非常小，服务贸易总额占世界服务贸易总额的比重一直低于 2%。2000 年以来，服务贸易高速发展，2000—2012 年间，服务贸易出口额与进口额年均增长率分别为 16.6%和 18.7%（见图 6—7），大大高于同期世界服务贸易 9%的增长率。中国服务贸易在世界服务贸易总额中所占的比重快速上升，由 2000 年的 2.2%上升至 2012 年的 5.6%，其中出口比重为 4.4%，进口比重为 6.8%，已经成为世界第五大服务贸易出口国和第三大服务贸易进口国。

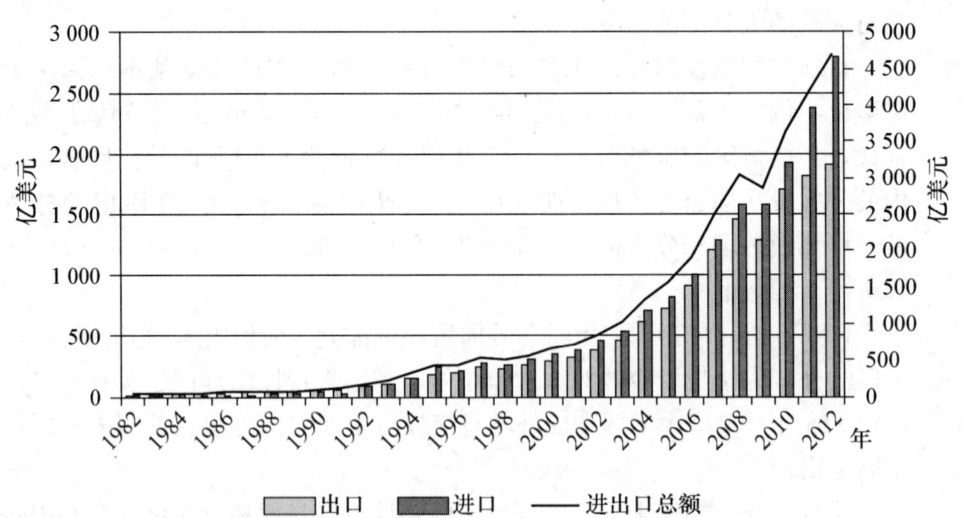


**图 6—7　中国服务贸易历年进出口额**

说明：左轴为出口额与进口额；右轴为进出口总额。

尽管 2000 年以来中国服务贸易规模迅速扩张，但是中国服务贸易差额始终为逆差，尤其是 2008 年以来，服务贸易逆差更是突破了 100 亿美元，2012 年逆差高达 897 亿美元（见图 6—8）。

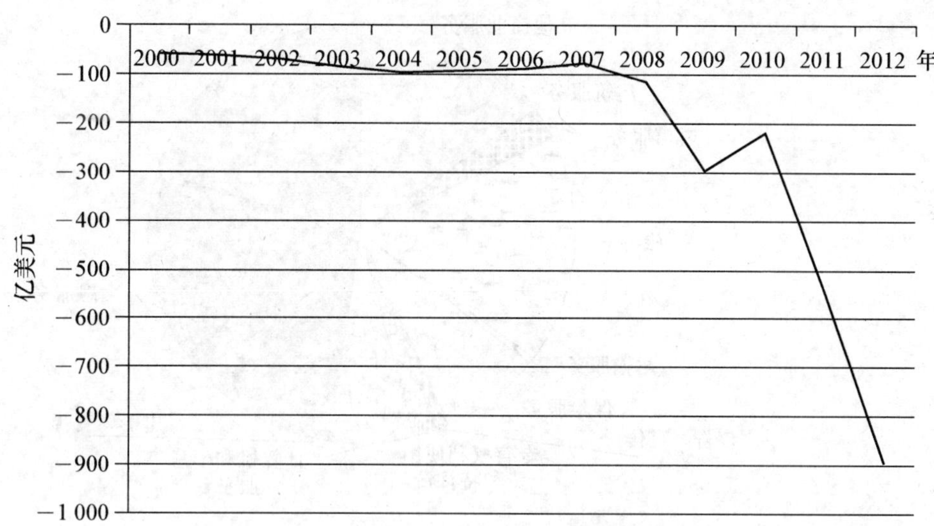


图 6—8　2000—2012 年中国服务贸易进出口差额

中国服务贸易逆差主要集中在旅游、运输、保险服务、专有权利使用费和特许费等行业（见图 6—9）。

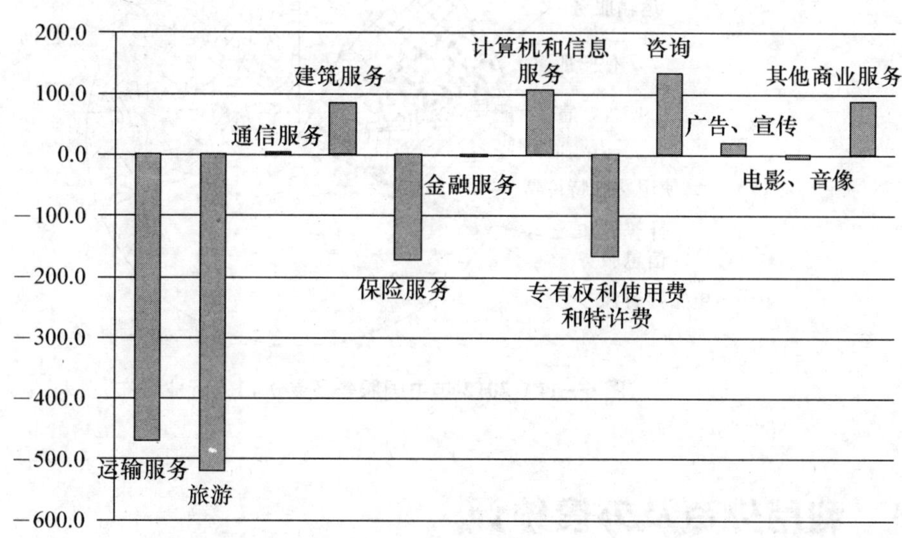


图 6—9　2012 年中国服务贸易分行业进出口差额

从服务贸易的行业结构来看，2000—2012 年，中国服务贸易在传统领域保持增长态势的同时，部分新兴领域的增长更为显著，出口增长最快的行业为咨询业、计算机和信息服务业、保险服务和金融服务，进口增长最快的则为咨询业、金融服务业、电影影像业以及计算机和信息服务业。新兴服务贸易的快速发展带来服务贸易结构的不断优化。2012 年，在中国服务贸易出口中，金融、咨询、旅游、其他商业服务、保险服务和计算机与信息服务分列前六位（见图 6—10）；在服务贸易进口中，金融、咨询、专有权利使用费和特许费、旅游、其他商业服务和运输服务分列前六位（见图 6—11）。

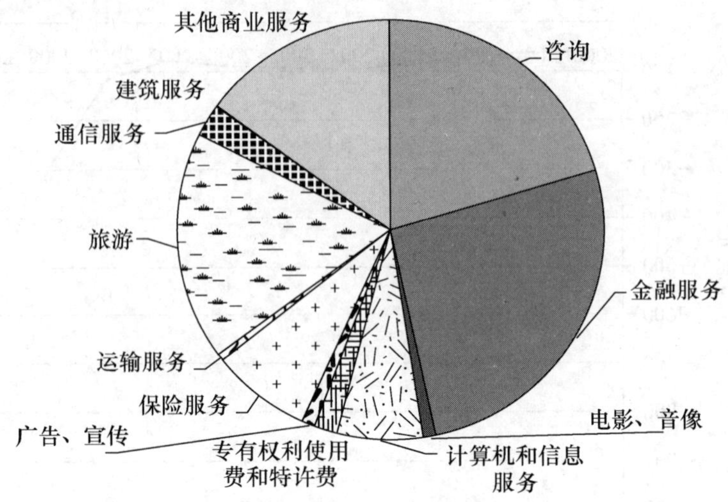


图 6—10　2012 年中国服务贸易出口的行业分布

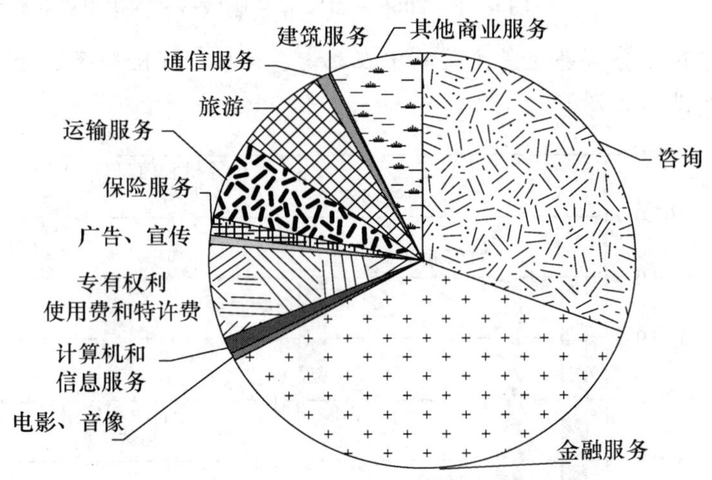


图 6—11　2012 年中国服务贸易进口的行业分布

## 6.3　利用外资及外债统计

当代经济全球化不仅体现在国际间的贸易活动，还体现在生产全球化和资本的国际流动上。通过资本国际流动，产生了不同国家之间的资本输出和资本输入。从资本输出国的角度看，这种流动是对外投资；从资本输入国的角度看，则是引进或利用外资。长期利用外资，其中一部分就会形成外债。

尽管一国针对其国际资本流动进行统计应该包含对外投资和利用外资两个方面，但由于对外投资和利用外资的统计内容基本相同，其区别只在于统计方向不同，因此下面将主要介绍利用外资统计以及由此引起的外债统计。

## 一、利用外资及其方式

所谓利用外资，是指一国各单位通过对外借款、吸收外国直接投资以及其他方式获得境外资金的活动。这些资金的表现形式可能是现汇，也可能是设备和技术等。

利用外资的主要方式包括对外借款、外商直接投资和外商其他投资。

（1）对外借款，是指通过对外正式签订借款协议而从境外筹措的资金，包括外国政府贷款、国际金融组织贷款、外国银行商业贷款、出口信贷以及对外发行债券等。借款总是伴随着偿还期限和利息率的约定，要求到期偿还本金，同时还要支付利息。

（2）外商直接投资，是指外国投资者以寻求在本国运行企业获取持久收益为目的的投资，具体来说，是指外国企业和经济组织或个人按有关政策、法规，用现汇、实物、技术等在东道国境内开办外商独资企业，与东道国境内的企业或经济组织共同举办合资企业、合作经营企业或合作开发资源的投资，以及经政府有关部门批准的项目投资总额内企业从境外借入的资金。和对外借款不同，外商直接投资的目的不是获得利息，而是要通过持有企业股份获得红利和对企业经营的影响作为投资回报。

（3）外商其他投资，是指除对外借款和外商直接投资以外的其他各种利用外资的形式，包括企业在境内外股票市场公开发行的以外币计价的股票（比如中国内地在中国香港证券市场发行的 H 股和在境内证券市场发行的 B 股），国际租赁进口设备的应付款，补偿贸易中外商提供的进口设备、技术、物料的价款，加工装配贸易中外商提供的进口设备、物料的价款，等等。

对发展中国家来说，利用外资对于国民经济发展具有重要意义。首先，国内投资需要有资金支持，当国内资金不足时，就需要借助外资来弥补资金缺口，否则只能压缩投资规模，这就势必制约经济增长；其次，在引进外资的过程中往往伴随着外国先进技术的引进，其结果是促进国内的技术进步，提高输入国的劳动生产率，刺激经济增长；此外，引进外资还可以增加国内的生产投入，开辟新行业，设立新企业，从而创造更多的就业机会。因此，世界各国都在采取积极的措施吸引外资。改革开放以来，中国在利用外资方面所达到的规模和所取得的效果在国际上特别引人注目。

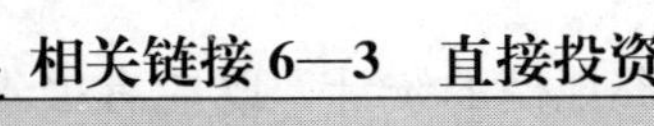

**相关链接 6—3　直接投资关系**

直接投资区别于其他投资的关键在于其对企业的持久控制和收益的目的。在现实统计中，往往通过规定外国投资者持有的在所投资企业的股权比例来识别投资的属性，目前国际上通用的标准是 10%。

如果一个外国投资者持有东道国某企业的股权比例超过50%，则称该企业为外国投资者的子公司（subsidiary）；如果股权比例在10%～50%之间，则称该企业为外国投资者的联营公司（associate）；如果股权比例不足10%，则不属于直接投资企业。

在现实的投资活动中，企业之间常常形成较为复杂的投资链条，从而既有直接形成的直接投资关系，也有间接形成的直接投资关系。例如：

（1）图6—12中，A，B和C分别属于不同的国家，其中，A拥有B 80%的股权，B拥有C 80%的股权，虽然A对C并没有任何直接的投资，但是通过控制链的传递，A仍然对C有间接控制关系，二者属于直接投资关系。

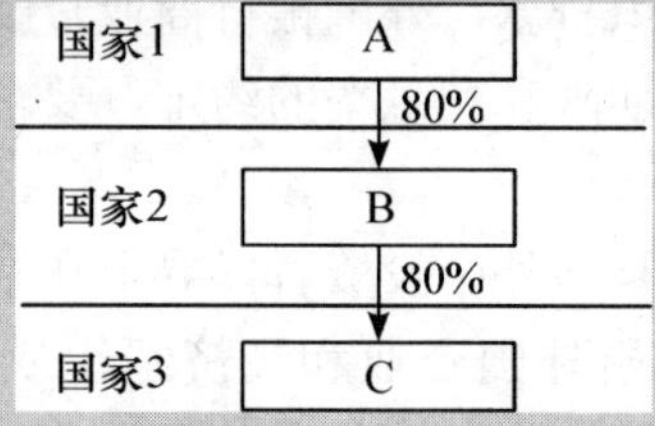


**图6—12 控制的传递**

（2）图6—13中，A，B和C分别属于不同的国家，其中，A拥有B 80%的股权，拥有C 20%的股权，虽然B对C并没有任何直接的投资，但是仍然视B与C之间存在直接投资关系。例如，B可能会筹集资金，然后由于受A的控制，将这笔资金以优惠利率借给C。B与C的这种关系称为“同母公司企业”（fellow enterprises）。

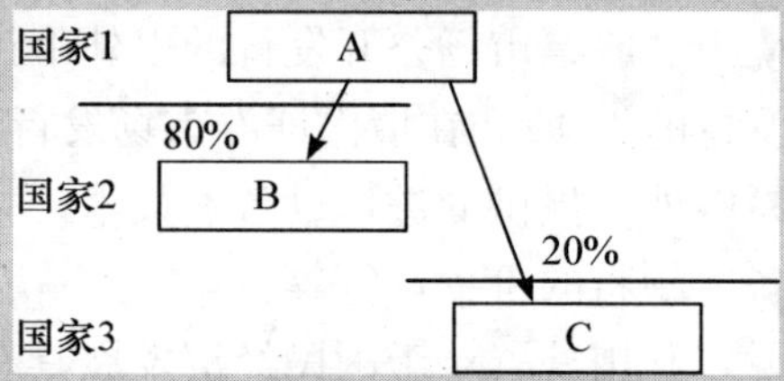


**图6—13 同母公司企业**

资料来源：OECD，*OECD Benchmark Definition of Foreign Direct Investment*，fourth edition，OECD，Paris，2008.

## 二、利用外资统计

对利用外资状况进行统计，首先是利用外资规模的统计，既应有报告期利用外资规模的流量统计，也应有截至报告期末外资规模的存量统计。前者反映报告期外资的流动状况，后者反映一定时点上沉淀在国内的外资规模。进而是外商投资企业经营状况统计，反映境内利用外资所形成的企业的经营状况，观察利用外资的使用效果以及对国民经济的综合影响。中国目前的利用外资统计主要是当年利用外资规模统计①，下面结合中国的实际情况对此加以介绍。

反映当年利用外资规模的统计指标主要有两个：利用外资项目数和利用外资总额。每一个指标都从两个角度统计，一是签订利用外资协议（合同）；二是实际利用外资。前者反映利用外资的意向；后者反映利用外资的实际规模。用实际利用外资额除以固定资产投资总额可以反映利用外资在一国国民经济中发挥的作用。

在统计过程中应体现不同分组，以反映利用外资的结构状况。针对利用外资总额，可以进行以下分组。一是按利用外资的方式分组，分别统计对外借款、外商直接投资、外商其他投资的数额，以观察一时期利用外资的主要方式；二是按利用外资的来源国分组，以观察主要资金来源；三是按利用外资的产业投向分组，观察外资使用的主要方向。

**例 6—3　　中国利用外资统计分析**

1985 年以来中国实际利用外资概况如图 6—14 和图 6—15 所示。

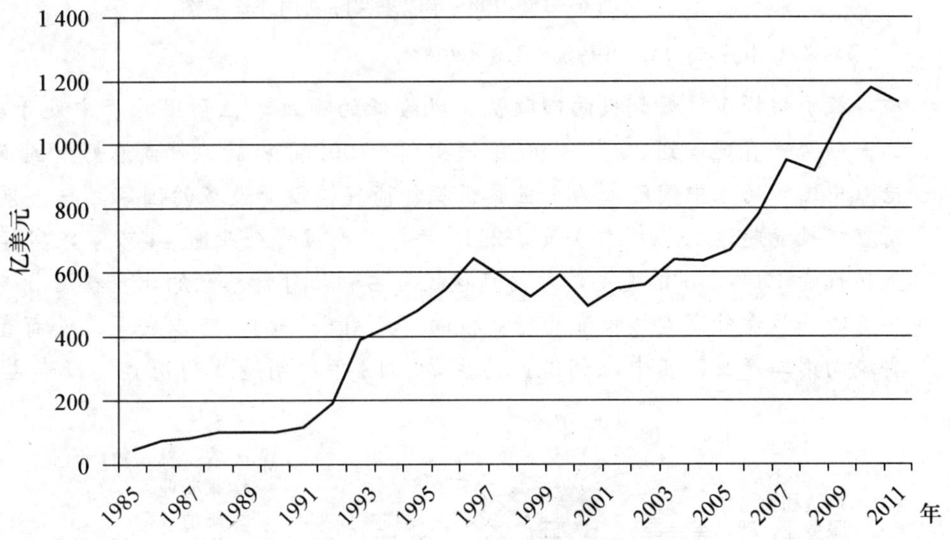


**图 6—14　1985 年以来实际利用外资总额**

资料来源：国家统计局：《中国统计年鉴（2013）》。

由图 6—14 可见，改革开放以来，中国利用外资经历了四个不同的阶段：1992 年以前，中国利用外资发展较为缓慢，每年利用外资额约为 100 亿美元；1992—1997 年，中国利用外资快速增长，1997 年利用外资迅速增加到 644 亿美元；1998—2001 年，受东南亚金融危机的影响，中国利用外资一度出现回落；2002 年以来，中国利用外资重新出现快速增长的态势。

由图 6—15 可以看到，改革开放以来，中国利用外资的方式结构发生了很大的变化。改革开放初期，中国利用外资以对外借款为主，当时利用外资主要是为了解决国内建设资金不足的问题，发展基础产业，外商直接投资明显带有投石问路的性

① 中国目前关于引进外国直接投资尚未进行存量统计，但是对外直接投资有存量统计。

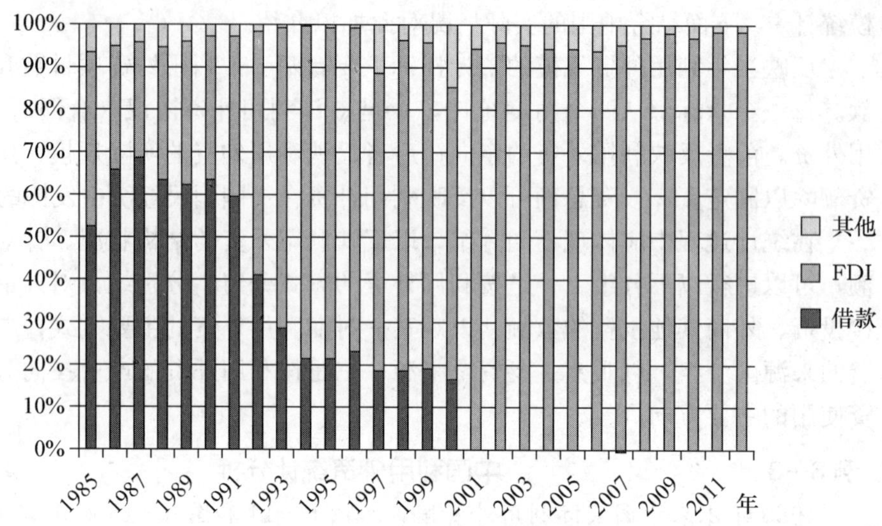


图 6—15 1985 年以来实际利用外资结构

资料来源：国家统计局：《中国统计年鉴（2013）》。

质，投资规模小，多数投向回收快、风险低的项目，在利用外资中处于次要地位，这一趋势一直延续到20年代90年代初期。1992年以后，外商看好中国市场，纷纷抢滩中国市场，中国已成为全世界吸收外商直接投资最多的国家之一，累计引进外商直接投资超过12 000亿美元。2012年，外商投资企业逾44万家，实际吸收外商直接投资1 117.16亿美元，外商直接投资占利用外资总额的比重接近99%。

进一步看外商直接投资的行业投向（见图6—16），可以发现，外商直接投资主要流向第二产业，其中以制造业为主，2012年，制造业利用直接投资占直接投资

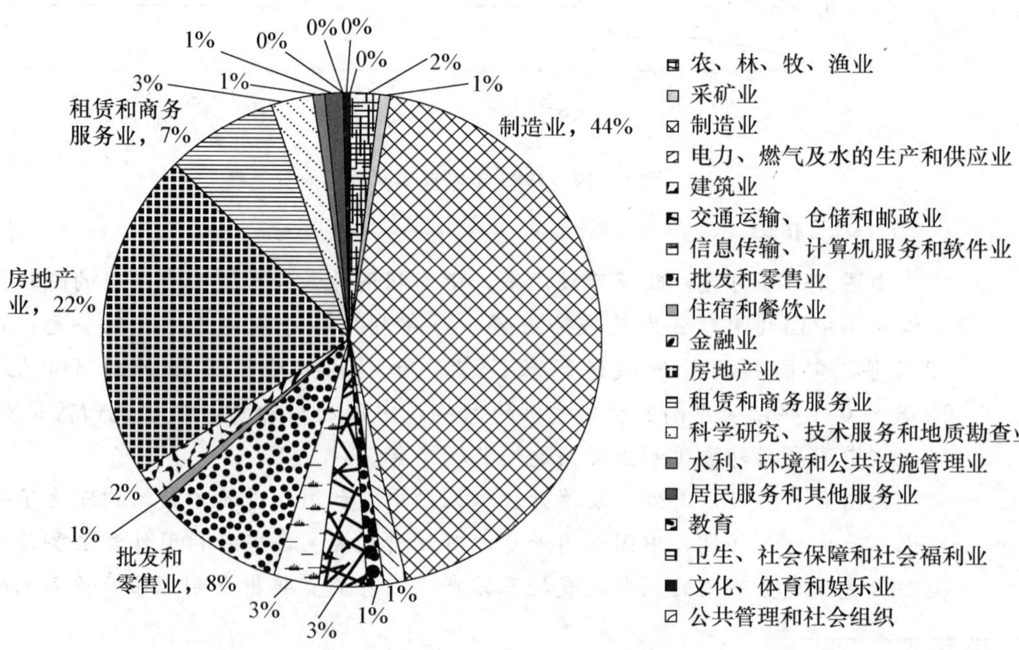


图 6—16 2012 年中国实际利用外商直接投资行业分布

总额的比重为 44%。事实上，在很长的时间里，中国引进的外国直接投资半数以上流向制造业。外商投资流向的变化与国家政策导向密切相关，如过去中国对服务业的外资准入限制较多，因此第三产业利用外资的比重较低，中国成功加入 WTO 以后，服务部门对外资开放的力度日益加大，因此中国利用外资的行业结构正在逐步向第三产业转移。

在利用外资来源地的多元化方面，中国也取得了很大突破。2012 年，中国引进外资的来源遍布世界五大洲的 130 多个国家和地区。2012 年在中国境内投资最多的国家（或地区）是中国香港，其次是维尔京群岛，日本名列第三。但是也要看到，中国的投资来源地集中度仍然偏高，仅来自中国香港的投资总额即占中国引进外资总额的一半以上，而投资额排前五位的国家和地区累计投资金额占中国吸引外资总额的 80%以上，因此，实现外资来源地的多元化、分散投资风险是中国引进外资的重要任务之一。

## 三、外债统计

在 20 世纪 80 年代初发展中国家爆发债务危机之后，国际债务问题成为困扰世界经济的主要问题之一。然而，多年来“没有任何一个单一的外债概念适用于所有的用途，因此，需要对外债的概念有一个统一的解释标准”①，这为正确分析和解决外债问题带来了不利影响。1984 年，国际货币基金组织、世界银行、OECD 和国际清算银行四大国际金融组织、经济组织组成工作组，专门对外债的定义、统计范围和统计方法进行研究，其研究成果发表在《外债定义、统计范围与方法》（以下简称《外债》）一书中，成为外债统计的基准。“20 世纪 90 年代末爆发的国际金融危机突出表明了可靠和及时的外债统计是至关重要的，它们是尽早发现各国对外脆弱性的关键因素。”② 同时，由于国民经济核算以及国际收支统计都进行了更新，而且国际资本流动发生了重大变化（如私人部门资金流动急剧增长，特别是流向私人部门债务人的资金增长迅猛），因此国际货币基金组织等八大机构适时地对《外债》进行了更新，于 2003 年出版了《外债统计：编制者和使用者指南》（以下简称《指南》）。

《指南》中给出了外债的核心定义，表述如下：“外债总额是指在任一个时点上的目前的实际（不是或有）负债余额，该负债要求债务人在未来某一时点偿还本金和/或利息，并且是某一经济体居民对非居民的欠债。”

理解这一定义应把握几个要点：第一，这个定义局限于债务总额，而不包括净额（债务流入减去债务流出），因为外债总额本身是一个重要概念，而且净额的定义与统计更为复杂；第二，确定某种类型的负债是否属于外债的标准是负债的契约性，这个标准显然把股本排除在外；第三，这一定义在确定某一种契约性债务是内债还是外债时，使用的是常住性原则，而不是国籍原则；第四，外债的定义不区分

① 世界银行等：《外债定义、统计范围与方法》，5 页，北京，中国金融出版社，1991。

② International Monetary Fund, External Debt Statistics: Guide for Compilers and Users, IMF, Washington DC, 2003.

偿还的是本金、利息或是本息都有，例如，虽然无息贷款不付利息，永久性债券不用偿还本金，但都属于债务；第五，外债统计的是已经存在的且尚未偿还的负债，不包括对未来提供经济价值的承诺；第六，外债统计的是实际发生的负债，不包括满足一定条件才成立的或有负债。

一般将外债归结为如下五种：

（1）国际金融组织贷款，是指由国际金融组织机构向借款人提供的贷款。这种贷款的条件比较优惠，以中长期贷款为主，每笔贷款的金额较大、期限较长、平均利率较低，是发展中国家的主要筹资渠道之一。

（2）外国政府贷款，是指由一国（债权国）政府利用本国资金向另一国（债务国）政府提供的优惠贷款。作为政府贷款，一般金额较大，利率较低，期限较长，附加费用较少，但附加条件较多。

（3）国际商业贷款，是借款人为了满足某一建设项目和其他用途资金的需要，在国际金融市场上向外国金融机构、企业或商人筹借的款项。这种贷款的借款手续简便，在资金使用上限制条件较少，但借款成本较高，风险比国际金融组织贷款和外国政府贷款要大。

（4）对外发行债券，是一国政府、金融机构、企业等在国际债券市场上以外国货币或境外货币面值所发行的债券。由于债券具有较好的流动性、安全性和收益性，以及筹资数额大等特点，目前已成为中国在国际金融市场上筹措资金的一种重要方式。

（5）国际金融租赁，又称为融资性租赁，它是商业信贷和银行信贷同时进行的一种新的筹资方式。承租人从国外出租人租用机器设备，以支付租金形式偿还使用费，到期退还机器设备或买下设备残值。这种业务比较灵活，金额可大可小，租赁期限可长可短，租金偿还可一次性清偿或分期清偿。

由外债的具体内容可知，外债的形成与利用外资有密切联系。但并不是所有的利用外资都会形成外债，因为有一部分利用外资无须资本输入国承担偿还本金的义务，比如外商直接投资，它会形成投资者的权益，却不是需偿还的债务。在前面讲述的三种利用外资的形式中，对外借款和外商其他投资中的一部分会形成外债。

外债统计的基本内容是以下几个相互联系的总量指标。

（1）外债余额，是指截至统计时点尚未偿还的契约性负债总额。可以按照债务期限，将外债总额划分为中长期外债和短期外债，其中偿还期在一年以上者可视为中长期外债。

（2）当年应偿还外债总额，是指外债总额中当年已到期应该偿还的外债本息额。

（3）实际偿还外债总额，是指当年实际偿还的外债本息额。

（4）当年形成的外债总额，是指当年利用外资总额中构成外债的部分。

这些总量指标之间的关系是：

$$\begin{matrix}\text{期末的}\\\text{外债总额}\end{matrix}=\begin{matrix}\text{期初外债}\\\text{总额}\end{matrix}+\begin{matrix}\text{当期形成}\\\text{外债总额}\end{matrix}-\begin{matrix}\text{当年实际}\\\text{偿还外债总额}\end{matrix} \tag{6—8}$$

外债的产生是经济活动的自然结果，在正常的经济运行过程中，总会有一些国家产生资金短缺，而另一些国家则有资金盈余，通过发生外债，两类国家都可以保证国内的经济增长，并更好地利用资金。但是，债务的产生以债务人履行债务合同为前提，如果债务人不能履行其偿债义务，则外债会使债务人和债权人都蒙受损失，严重的还会引发外债危机。因此，各国都要对外债进行风险管理，将外债保持在可持续的规模。总的来看，衡量外债的可持续性需要考虑债务国的外债偿还能力以及流动性问题①，国际上通常采用下列债务比率来衡量一国的外债可持续性。

(1) 债务率指标，是一国当年外债余额与当年出口（货物与服务出口）的比率，该比率可以衡量外债的可持续性，因为在既定的利率下，随着时间的推移，债务余额与出口的比率提高，意味着债务总额的增长快于该经济体对外收入基本来源的增长，表明债务国今后在偿还期债务方面可能会出现问题。一般国家的警戒线为 100%。

(2) 负债率指标，是一定时期一国的外债余额与其当年 GDP 的比率，该比率表明通过将资源从生产国内商品转向生产出口品来偿还外债的潜力。一般国家的警戒线为 20%。

(3) 偿债率指标，是一国当年应偿还外债总额与当年出口的比率，该比率可以衡量债务的可持续性，因为它表明一国的出口收入将有多少用于偿还债务，进而还表明履行偿债义务对出口收入意外下降的脆弱性。一般国家的警戒线为 20%。

(4) 快速偿债能力指标，是短期外债余额与外汇储备的比率，该比率可以衡量债务的流动性。一般国家的警戒线为 100%。

此外，还应该从其他角度来判断一国的外债风险，包括借款的主体、借款的工具、债务的期限结构、债务的币种结构以及借款的产业结构，等等。

**例 6—4　　中国外债统计分析**

1985 年以来中国外债的变化情况如图 6—17 所示。

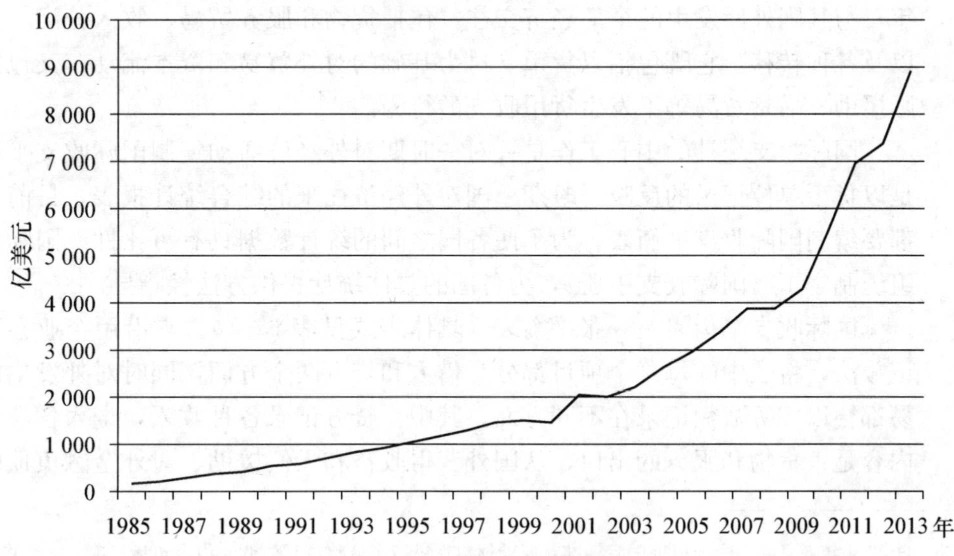


**图 6—17　中国外债余额**

① 所谓流动性问题，是指流动资产短缺影响一个经济体履行其目前对外义务的能力。

由图6—17可见，中国外债增长幅度较大，年均增长率为15.5%，外债规模不断扩大，截至2013年末，中国外债余额为8 931.7亿美元（不包括香港特区、澳门特区和台湾地区对外负债，下同），相当于1985年余额的56.4倍。但是中国的外债偿还能力较强，2013年我国外债偿债率为1.6%，债务率为32.8%，负债率为9%，短期外债与外汇储备的比率为17.71%，均在国际标准安全线之内，因此目前中国的外债风险较低。

此外，中国一向比较注重保持合理的外债期限结构，防止出现债务偿还的流动性风险。在中国的外债结构中，2000年以前，80%以上为中长期外债。但调整外债口径后①，短期外债比重上升，2013年末，中长期外债余额为1 865.4亿美元，占外债余额的21.61%；短期外债余额为6 766.3亿美元，占外债余额的78.39%。可见中国应注重对短期外债（尤其是非法资本流入）的控制和监管。

## 6.4 国际收支统计

对外贸易和利用外资是对外经济活动中最重要的内容，但不是对外经济活动的全部。按照6.1节所介绍的对外经济活动类别，还有对外收入分配和对外投资等。对一国的对外经济活动进行全面核算，是国际收支统计的任务。

### 一、国际收支与国际收支平衡表

目前国际收支一般做广义理解，是指一国（地区）在一定时期内（通常为一年）与其国外所发生的全部经济交往，包括货物和服务贸易、收入分配、资本流动以及各种转移。它既包括以货币支付为基础的对外贸易和资本流动，又包括无偿国际援助、易货贸易等不发生货币收支的行为。

国际收支统计的中心工作是针对一时期对外经济活动编制国际收支平衡表，它是以货币单位记录的反映一时期一国对外经济往来的综合统计报表。目前世界各国都要编制国际收支平衡表。为了使各国之间的统计数据具有可比性，国际货币基金组织制定了《国际收支手册》，为各国的具体统计提供方法性指导。

国际收支平衡表是一张平衡表（具体表式见表6—1）。它沿用企业会计的复式记账法，将表中的每一个项目都分为借方和贷方两个方面，同时对外发生的每笔交易都会以相等数额记录在不同方面。其中，贷方记录各种收入，记入各项目贷方的内容是：货物和服务的出口、从国外获得收益和无偿援助、对外金融负债的增加和

① 自2001年6月起，中国根据国际标准对原外债口径进行了调整，具体调整内容包括三项：一是将境内外资金融机构对外负债纳入我国外债统计范围，同时扣除境内机构对境内外资金融机构的负债；二是将所有贸易项下对外融资（包括三个月以下的贸易信贷）纳入我国外债统计；三是在期限结构方面，将未来一年内到期的中长期债务纳入短期债务，从而消除了我国外债数据范围（外债定义）、期限结构划分等方面与国际标准之间存在的差距。

对外金融资产的减少；借方记录各种支出，记入各项目借方的内容是：货物和服务的进口、对国外支付收益、对外提供无偿援助、对外金融资产的增加和对外金融负债的减少。记录的结果，在国际收支平衡表上，收入总计与支出总计相等，两方面保持平衡。

## 二、国际收支平衡表的内容

下面结合中国 2008 年国际收支平衡表的各项目来介绍国际收支平衡表的基本形式和主要内容（见表 6—1）。

**表 6—1　　2013 年中国国际收支平衡简表**　　单位：亿美元

| 项目 | 差额 | 贷方 | 借方 |
|---|---|---|---|
| 一、经常项目 | 1 828 | 26 637 | 24 809 |
| A. 货物和服务 | 2 354 | 24 250 | 21 896 |
| a. 货物 | 3 599 | 22 190 | 18 591 |
| b. 服务 | −1 245 | 2 060 | 3 305 |
| B. 收益 | −438 | 1 855 | 2 293 |
| C. 经常转移 | −87 | 532 | 619 |
| 二、资本和金融项目 | 3 262 | 17 271 | 14 009 |
| A. 资本项目 | 31 | 45 | 14 |
| B. 金融项目 | 3 232 | 17 226 | 13 995 |
| 1. 直接投资 | 1 850 | 3 478 | 1 629 |
| 1.1 我国在外直接投资 | −732 | 364 | 1 096 |
| 1.2 外国在华直接投资 | 2 582 | 3 114 | 532 |
| 2. 证券投资 | 605 | 1 041 | 436 |
| 2.1 资产 | −54 | 258 | 311 |
| 2.2 负债 | 659 | 784 | 125 |
| 3. 其他投资 | 776 | 12 707 | 11 930 |
| 3.1 资产 | −1 365 | 1 439 | 2 804 |
| 3.2 负债 | 2 142 | 11 268 | 9 126 |
| 三、储备资产 | −4 314 | 13 | 4 327 |
| 四、净误差与遗漏 | −776 | 0 | 776 |

（1）经常账户：包括货物和服务、收益和经常转移等三个组成部分。

货物，指通过中国海关的进出口货物。货物出口记在贷方，货物进口记在借方。具体数据来自海关进出口统计，但要根据国际收支统计口径加以调整。

服务，包括运输、旅游、通信、建筑、保险、金融、计算机和信息服务、专有权使用费和特许费、咨询、广告和宣传、电影和录像、其他商业服务以及政府服务。对外提供服务的收入记入贷方，使用国外服务的支出记入借方。

收益，包括劳动报酬和投资收益两部分。前者是指中国公民在国外工作（一年以下）得到并汇回的收入以及中国支付在华外籍员工（一年以下）的工资福利；后者包括因利用外资和对外投资而发生的利润利息收支和再投资收益。贷方记录所获得的收入，借方记录所形成的支出。

经常转移，包括侨汇、无偿捐赠和赔偿等项目。贷方记录中国获得的无偿转移，借方记录中国对国外的无偿转移。

**相关链接 6—4　国际收支统计的修订对贸易统计的影响**

目前，国际收支统计的国际规范是1993年颁布实施的《国际收支手册（第五版）》。由于其后世界经济出现了很多新变化，国际货币基金组织国际收支统计委员会决定对其进行修订，于2008年底确定并公布《国际收支和国际投资头寸手册（第六版）》。

与第五版相比，第六版发生了很大的变化，其中对中国影响较大的是关于加工贸易和转口贸易的统计方法。按照当前使用的《国际收支手册（第五版）》的标准，加工贸易统计在货物贸易项下；而在第六版中，加工贸易被定义为不涉及所有权转移的贸易，记入服务贸易项下。第五版将转口贸易归在服务贸易项下；而按照第六版，由于转口贸易中货物所有权发生了转移，将记入货物贸易中的一般贸易收入。

目前，根据海关货物贸易统计，中国加工贸易包括进料加工和来料加工两种方式。参照第六版的定义，中国的来料加工贸易由于所有权不发生转移，其加工费应归入服务贸易项下。而对于大部分进料加工贸易而言，其货物所有权发生了转移，与一般贸易没有本质区别，仍应记录在货物贸易项下。

加工贸易和转口贸易记录方法的变化将使得中国国际收支平衡表发生结构性变化。对中国2006年国际收支平衡表中的货物贸易和服务贸易项下数据进行测算，结果表明：如果只考虑来料加工贸易，则记录方法的调整将使中国货物贸易项下顺差减少244亿美元，服务贸易从逆差88亿美元转为顺差155亿美元（有误差）。但是，由于转口贸易将从服务贸易项下调整到货物贸易项下，这又会在一定程度上削弱来料加工贸易统计变化带来的影响。

资料来源：陈之为、韩健、周国林：《国际收支统计的修订及对我国的影响》，载《统计研究》，2008（6），16～19页。

（2）资本与金融账户：包括资本账户和金融账户两个部分。

资本账户上的发生额一般较小，主要涉及对外资本转移和对外无形资产买卖，如债务减免和移民转移等。

金融账户包括对外金融资产和负债变动的所有交易活动。按投资方式分为直接投资、证券投资和其他投资；按资金流向构成的债权债务分为资产、负债。其中，直接投资包括外商来华投资和中国对外直接投资两个方面；证券投资包括中国持有国外证券和中国对外发行证券两个方面；其他投资是除直接投资和证券投资以外的其他资产负债。

需要特别注意的是，国际收支平衡表记录的是这些资产负债的当期增减变化以及由此发生的资本输出和输入。其中，资本输出记入各项目的借方，包括对外金融资产的增加和负债的减少；资本输入记入各项目的贷方，包括对外金融资产的减少和负债的增加。

（3）储备资产变动：指中央银行拥有的对外资产的当期变化。对外资产具体包括外汇、货币黄金、特别提款权和在基金组织的储备头寸等。储备资产增加记入借方，减少记入贷方，因此如果储备资产变动为逆差，则表明储备资产有净增加。

（4）误差与遗漏：是为了使整个平衡表保持平衡所设计的项目。如前所述，按照复式记账法原理，国际收支平衡表的贷方合计应等于借方合计。但在实际中，由于种种原因（见相关链接6—5），往往借贷并不相等，为此需要设立“误差与遗漏”项，来平衡所出现的不平衡。如果借方总额大于贷方总额，其差额记入此项目的贷方，反之，记入借方。

**相关链接6—5 误差与遗漏形成的原因**

对于国际收支统计而言，国际收支平衡表中出现误差与遗漏是正常的。造成误差与遗漏的原因主要有：一是由于国际收支统计涉及一经济体的全部涉外交易，各国编制国际收支平衡表一般会使用多渠道多部门的多种数据来源，这些不同渠道、不同部门的数据往往在统计时点、统计口径上与国际收支统计原则存在一定差异；二是各部门各自采集的数据不可避免地存在一定的统计误差；三是各数据源在货币折算等方面的差异在一定程度上也会造成误差与遗漏。

一般而言，净误差与遗漏的绝对值过大会影响国际收支统计的可信度。通常国际上认为，净误差与遗漏规模占进出口贸易总值的5%以下是可以接受的。

资料来源：国家外汇管理局国际收支分析小组：《2008年中国国际收支报告》。

## 三、国际收支平衡状况分析

保持国际收支平衡是一国宏观经济管理的目标之一，运用国际收支平衡表可以计算和观察一定时期的国际收支平衡状况。

首先是就不同项目计算收支平衡差额。计算方法是：针对特定项目，以贷方数额减去借方数额，将所得差额记入“差额”一栏。差额为正，说明在该项目上收入大于支出，有顺差；差额为负，说明该项目的收入小于支出，有逆差。比如，2013年，中国货物贸易有顺差3 599亿美元（22 190－18 591），而服务贸易则是逆差1 245亿美元（2 060－3 305）。

进而是就经常项目、资本和金融项目分别计算收支差额，反映其收支平衡状况。该差额既是各该项目贷方合计额与借方合计额相减之差额，也是其所属各具体项目差额的合计。以经常项目为例，2013年，中国经常项目有顺差1 828亿美元，是贷方数额与借方数额相减的差额（26 637－24 809），也是货物服务贸易、收益和经常转移各项目差额的合计（2 354＋(－438)＋(－87)）（有误差）。

最后是将经常项目、资本和金融项目合起来计算综合收支差额，反映国际收支的综合平衡状况。2013 年，中国综合收支差额为 5 090 亿美元（1 828＋3 262）。需要说明的是，当国际收支综合差额为正（即有顺差）时，会引起储备资产的增加；该差额为负（即有逆差）时，储备资产会减少。2013 年，中国储备资产增加 4 314 亿美元。

由表 6—1 可以看到，2013 年，中国经常项目与资本和金融项目均为顺差，导致当期储备资产有较大增加，可见中国国际收支总体状况良好。但中国服务贸易项目都有较大的逆差，因此发展服务贸易、提升服务贸易的国际竞争力是改善中国国际收支的重要课题。

## 思考题

1. 对外经济活动的主要内容有哪些？

2. 对外贸易统计中进口和出口各采用何种价格？根据不同价格统计的进口与出口之间的差异反映了什么内容？

3. 中国海关统计的主要统计指标有哪些？

4. 请查找有关资料分析中国出口商品的比较优势。

5. 请查找有关国家的贸易条件指数数据，并简要归纳其类型。中国属于哪一类？

6. 利用外资的主要方式有哪些？

7. 请分析中国利用外资的产业分布和国别分布，简要解释你的结论。

8. 请查找中国对外直接投资的统计数据，分析中国近年来对外直接投资的特点。

9. 何谓外债？外债的主要种类有哪些？请指出不同种类外债的特点。

10. 何谓国际收支？请叙述国际收支平衡表的基本内容。

11. 请根据 1982 年至今的国际收支平衡表对中国国际收支变动状况进行统计分析。

# 第7章 Chapter 7 住户活动统计

经济社会系统是以人为中心的系统，住户是社会成员按照一定家庭或其他社会关系形成的经济社会基本单位，在很大程度上承载了以人为中心的经济社会特征。对一个国家来说，经济社会生活质量首先是在住户层面上形成的，包括住户的收入、消费、财富等物质生活水平，以及教育、保健、安全等人的发展水平，任何社会发展水平的评价都离不开住户生活水平评价，都要以住户生活水平评价为起点。因此，在经济社会统计中对住户活动予以统计具有重要意义。通过本章内容，读者应该把握以下方面的基本统计和分析方法：

- 住户收入、消费统计的内容与指标；
- 恩格尔系数及其应用；
- 用洛伦茨曲线和基尼系数描述住户收入和消费分布状况的统计方法；
- 着眼于居民教育、健康水平的各种活动及其结果统计；
- 生活时间统计的方法及其对反映居民生活质量的意义；
- 住户生活质量评价的思路与方法；
- 贫困统计的内容与常用指标；
- 小康的统计与评价方法。

## 7.1 住户活动及其统计内容

住户是指以家庭或其他社会关系为基础组成的微观经济社会单位，它与企业、政府构成了经济社会系统的最基本组成部分。在其他文献中，“住户”概念可能以其他方式表述，比如“居民”、“家庭”等，它们的基本含义近似[①]，但体现了不同场合的需要或者不同的表述习惯。

住户是自然人组成的经济社会活动单位，它在经济社会系统中的重要性源于人的基本特性，这可以由以下两个角度予以说明。第一，住户向经济社会系统提供了各种生产要素，尤其是提供了劳动这种最具有能动作用的要素，是经济社会系统的“建设者”和经济社会发展的推动者；第二，住户是消费活动的基本主体，承载了一个经济社会系统存在的基本目的，即满足其社会成员的各种需求，实现人自身的发展，这时，住户是经济社会发展的“受益者”。这两个方面又是相互联系的：由人推动的经济社会发展是实现人自身发展的前提，人的发展又反过来决定和推动着经济社会的发展进程。

住户的作用要通过其所参与的各种经济社会活动来体现。从经济意义上看，住户作为国民经济的一类基本经济单位参与了各种经济活动，包括就业和生产活动、收入分配活动、消费活动、投资活动；从社会意义上看，除了上述经济活动，住户所参与的活动还包括致力于提升人的素质的教育活动、保健活动，以及体现个人自由、家庭建设和社会参与的各种活动。将上述经济活动推广到社会层面加以认识，也就是将住户及其成员作为经济社会发展成果的接受者加以认识，就会产生以下问题：住户家庭的结构状况如何？是否所有住户成员都能获得就业机会参与经济生产，进而获得收入、实现消费？收入和消费的水平如何？在动态上能否不断提高？收入和财产在不同住户之间如何分配？是否体现了基本的社会公平？不同住户之间的消费水平、消费方式有无差别？住户成员能否通过教育、保健活动以及相应的时间安排获得自身发展，提升自身的人力资本？综合起来就是，住户的生活质量如何？不同住户之间的生活质量有多大差异？

要描述上面各种活动及其结果，住户活动统计应包括以下方面的内容：

（1）家庭结构状况和就业状况统计；

（2）住户收入、消费状况统计；

（3）住户教育、保健状况以及时间利用状况统计；

（4）对住户生活质量的综合统计评价。

上述统计内容中，有些与前面各章所讨论的内容重合或具有关联。比如，就业状况统计是人力资源统计的内容；住户直接经营活动属于产业活动的组成部分，因此是产业统计的对象；教育、保健活动也是公共部门统计的对象，在彼处，是从公共部门这个教育保健活动的实施者来予以统计，在住户活动统计中，则是从接受者角度进行统计。鉴于这种情况，下面将重点就以下方面介绍有关住户活动统计内容：住户收入、消费统计，住户教育与保健活动统计，住户生活时间统计，以及住户生活质量综合评价统计。

---

① 这里强调一般意义上的相近，但实际上存在细微的差别。比如，“居民”概念不仅有与住户相近的含义，还有一国常住单位的含义，非常住单位则称为“非居民”。此外，家庭与住户之间也并非完全一致。更详细的叙述可参见联合国：《国民经济核算体系 1993》。

住户不是一个笼统的概念，而是众多具体住户的集合。如果对住户的不同特征做具体考察，就会体现出各种差异。比如，农村住户与城镇住户，居于不同的地域环境；核心家庭与多代家庭，具有不同的规模和组成结构；低收入户与高收入户，具有不同的生活水平，等等。对住户活动及其状况进行统计，对象不仅是住户总体，还要考虑住户的不同类别；不仅要反映住户活动的总体水平状况，还要关注不同住户之间的差异状况。在中国现阶段，经济社会发展明显呈现出城镇、农村的二元结构。无论从事经济社会活动的方式还是所达到的生活质量水平，城镇住户与农村住户都存在巨大的差别，因此，关于住户活动统计与分析，应特别注意城镇与农村的分类研究。

## 7.2 居民收入统计

居民住户通过就业、经营等方式参与生产活动和收入分配活动，其结果是以住户为单位获得收入，通常称为居民收入；住户获得各种物品和服务以满足自身需求的过程就是所谓的居民消费。在市场经济结构中，实现消费的前提是获得收入，因此在居民收入与居民消费之间存在直接的联系。然而，在总体意义上，一时期的居民收入通常不会全部用于消费，其剩余部分构成了住户的投资：可能是实物投资，形成住户的实物资产，比如住房和个体经营用固定资产；也可能是金融性投资，形成住户的金融资产，比如持有现金、股票、债券或银行存款。所谓住户财产，就是这些资产的合计，它是各时期投资累积的结果；反过来，这些财产又构成住户获得收入的基础。

从目前中国的统计实践看，对居民住户经济状况的统计主要限于收入和消费两个方面，有关财产统计尚未形成系统的方法。有鉴于此，下面主要就居民收入统计和居民消费统计的有关方法及应用予以介绍，其中，7.2节是居民收入统计，7.3节是居民消费统计，7.4节则讨论收入、消费在居民住户间分配差异的统计问题。

### 一、居民收入的概念

居民收入是指经济总体内的住户成员当期从就业、个体经营以及其他各种分配渠道所获得的价值，可能是货币收入，即通常所说的现金收入，也可能是非货币性的实物收入，比如各种实物性劳动报酬。

按性质区分，居民收入大体来源于以下方面。

（1）工资性收入，指就业人员通过各种途径得到的全部劳动报酬和各种福利。具体来看，工资性收入包括：1）住户成员在其他经济单位就业所获得的劳动报酬，即第3章企业劳动投入所统计的劳动报酬；2）住户成员从事第二职业、兼职和零星劳动所取得的劳动报酬，比如稿费、讲课费、咨询调查费、商品推销费等；

3）住户成员获得的与劳动有关的其他收入，如因裁员得到的一次性辞退金，调动工作的安家费，股份制企业派发或奖励给员工的股票和期权，根据国务院发布的有关规定颁发的创造发明奖、自然科学奖和科学技术进步奖，以及支付给运动员与教练员的奖金等。那些以工资性收入为主要收入来源的住户可以统称为工薪阶层。

（2）经营性收入，指住户或住户成员从事农业、工业、建筑业以及贸易、餐饮和其他服务业等各种个体经营活动所获得的净收入，是全部经营收入扣除经营费用、生产性固定资产折旧和生产税净额（生产税减去生产补贴）之后得到的净收入。显然，经营净收入具有劳动报酬、财产回报和经营所得的混合性质。那些主要以个体经营为收入来源的住户可以统称为个体经营户，大量的农村家庭都属于这种性质。

（3）财产性收入，指住户或住户成员将其所拥有的金融资产和自然资源交由其他机构单位、住户或个人支配而获得的回报扣除相关费用之后得到的净收入。财产净收入包括利息净收入、红利收入、储蓄性保险净收益和转让承包土地经营权租金净收入等。需要注意的是，财产净收入不包括将非金融资产（如住房、生产经营用房、机械设备、专利、专有技术、商标商誉等）交由其他机构单位、住户或个人支配而获得的回报，此类收入应该计入“经营净收入”。财产净收入也不包括转让资产所有权的溢价所得，此类所得不属于收入范畴。以财产性收入为主要收入来源的住户具有食利阶层的性质。

（4）转移性收入，指政府、企业和社会团体对住户的各种经常性转移支付和住户之间的经常性收入转移。具体包括住户收到的养老金或退休金、社会救济和补助、政策性生活补贴、救灾款、经常性捐赠和赔偿以及报销的医疗费等；住户之间的赡养收入、经常性捐赠和赔偿以及农村地区在外工作的本住户非常住成员寄回带回的收入等。这些收入的获得不是直接参与经济生产的结果，而是来自相关单位的捐助和救济，故一般称为转移性收入。那些以转移性收入为主要收入来源的住户应属于接受社会救助的阶层。

需要注意的是，住户也可能对国家、单位、住户或个人承担经常性或义务性转移支付，例如缴纳的税款、各项社会保障支出、赡养支出、经常性捐赠和赔偿支出以及其他经常转移支出等。在住户收入统计中计算的是转移性收入减去转移性支出之后的转移性净收入。

此外，2012 年城乡一体化住户调查改革后，住户收入统计增加了一项新的内容，即自有住房折算净租金。所谓自有住房折算净租金，是指现住房产权为自有住房的住户为自身消费提供住房服务的折算价值扣除缴纳的各项税费后得到的净租金。自有住房折算净租金的计算方法是参照市场租金折算出租金收入后，扣除购建房年度分摊成本。购建房年度分摊成本按照购建房价格以及城乡相应的年折旧率计算。

将上述各类收入加总之后，即得到住户的可支配收入，它是可用于个人消费的收入总数。

## 二、居民收入统计

居民收入统计是要通过各种指标与分组对住户在当期所获得收入的状况予以定量描述，包括收入总量统计、人均收入水平及其变动统计、收入来源构成统计。

居民收入统计要以住户调查为基础。住户调查是以住户为单位、依照抽样调查方法进行的。首先按照一定抽样方式，确定一定数量的住户组成样本，作为调查对象；对选中的住户，则要按照统一设计的调查表予以登记，到期进行数据处理，获得样本住户的收入指标；然后在样本住户收入指标基础上进行统计处理，推算出住户总体的收入指标。与此相对应，有以下两点需要明确：

第一，居民收入是以家庭住户为单位进行统计的，统计结果首先是居民住户的户收入而不是家庭某个成员的个人收入，原因在于住户是一个整体，具有收入能力的成员对家庭中的其他成员具有抚养的责任。在此基础上可以统计住户的人均收入，以反映不同住户的人均收入水平，进而统计所有住户的人均收入。

第二，城镇居民住户和农村居民住户居住于不同类型的社区，从事经济社会活动的方式具有较大差异，形成居民收入的渠道有很大不同，因此，居民收入统计通常是就城镇居民与农村居民分别进行，从而便于观察比较二者在收入水平和收入构成上的差异状况。[①]

### （一）住户收入总量统计

2012 年以前，城镇住户收入总量统计包括住户总收入和住户可支配收入两个指标。

住户总收入，又称家庭总收入，是指住户所有成员在调查期内（通常是一年）得到的工薪收入、经营净收入、财产性收入、转移性收入的总和。即

$$\text{城镇住户总收入} = \text{工薪收入} + \text{经营净收入} + \text{财产性收入} + \text{转移性收入} \tag{7—1}$$

需要注意的是，城镇住户总收入不包括出售家庭财产所获收入，比如出售住房获得的价款，它们只是家庭财产的转化形式，不是真正的收入；也不包括各种借贷性收入，如提取银行存款或从银行贷款、向亲友借款或收回借出款，这些款项同样与家庭的财产和负债有关，是在偿还前提下获得的周转性收入。

住户可支配收入，又称家庭可支配收入，是在住户家庭总收入基础上，扣除所得税、社会保障费缴纳以及其他转移性支出后，可以由住户家庭自由支配于消费或投资的收入。其关系式如下：

$$\text{城镇住户可支配收入} = \text{住户总收入} - \text{所得税支付} - \text{社会保障支付} - \text{其他转移性支出} \tag{7—2}$$

① 在中国，城镇住户调查统计由城市调查队负责，农村住户调查统计由农村调查队负责。

2012年以前，农村住户收入统计主要包括总收入和纯收入两个指标。与城镇住户总收入的计算方法不同，计算农村住户总收入时，经营收入是按照经营总收入而不是净收入计算。纯收入则是从总收入中扣除了经营支出（含生产性固定资产折旧）、税费支出以及赠送农村亲友支出等之后的收入。容易看出，从概念上说，农村住户的纯收入概念类似于城镇住户的可支配收入。此外，由于农村居民经济活动的特殊性，存在大量自产自用的行为，一般其经营收入中只有一部分是现金收入，其余则为实物性收入，因此统计农村居民的现金收入也具有必要性。由此形成的收入指标及其关系如下：

$$\text{农村住户总收入}=\begin{matrix}\text{工资性}\\\text{收入}\end{matrix}+\begin{matrix}\text{经营}\\\text{总收入}\end{matrix}+\begin{matrix}\text{财产性}\\\text{收入}\end{matrix}+\begin{matrix}\text{转移性}\\\text{收入}\end{matrix} \tag{7—3}$$

$$\begin{matrix}\text{农村住户}\\\text{纯收入}\end{matrix}=\text{总收入}-\begin{matrix}\text{税费}\\\text{支出}\end{matrix}-\begin{matrix}\text{家庭经营}\\\text{费用支出}\end{matrix}-\begin{matrix}\text{生产性固定}\\\text{资产折旧}\end{matrix}-\begin{matrix}\text{赠送农村}\\\text{亲友支出}\end{matrix} \tag{7—4}$$

$$\begin{matrix}\text{农村住户}\\\text{现金收入}\end{matrix}=\begin{matrix}\text{工资性}\\\text{收入}\end{matrix}+\begin{matrix}\text{经营性收入中的}\\\text{现金收入}\end{matrix}+\begin{matrix}\text{财产性}\\\text{收入}\end{matrix}+\begin{matrix}\text{转移性}\\\text{收入}\end{matrix} \tag{7—5}$$

可以看到，2012年以前，中国城乡住户收入统计一体化程度不高，总收入概念同名不同义，可支配收入与纯收入同义却不同名，容易造成数据用户的误解。2012年对中国城乡住户调查实现了一体化，将纯收入改为可支配收入，淡化总收入指标。

### （二）居民收入水平及其变动统计

考察居民收入水平主要是计算人均收入。统计通常在两个层次上定义人均收入。一是就全部居民人口计算总体人均收入；二是在单个住户收入和人口数基础上计算户人均收入。总体人均收入反映全体居民的平均收入水平，在许多研究和分析中有广泛的应用；而户人均收入则可以反映不同住户收入水平差异，构成进一步进行住户分组的依据，为研究住户收入分配、消费和投资行为等问题提供更有力的数据基础。实际上，总体人均收入就是不同水平户人均收入的加权平均值，权数就是不同户人均收入水平上的人口数。具体计算公式为：

$$\text{总体人均收入}=\frac{\text{全部居民总收入(或可支配收入)}}{\text{全部常住人口数}} \tag{7—6}$$

$$\text{户人均收入}=\frac{\text{居民家庭总收入(或可支配收入)}}{\text{家庭常住人口数}} \tag{7—7}$$

以人均收入为基础可以进行各种横向和动态收入水平比较分析。在横向比较中，城镇人均收入与农村人均收入水平的比较最为引人注目，所计算的城乡收入比例常常作为反映城乡居民生活水平差异的主要指标。

考察不同时期收入水平变动时，需要区分名义收入与实际收入，按照实际收入计算收入变动率或编制时间序列。名义收入是指各时期分别统计的居民收入及人均收入，体现当期的价格水平；而实际收入则是在不同时期比较中形成的收入概念，是剔除价格变化影响之后的收入和人均收入，以此体现各时期在相同货币购买能力之下的收入水平。由于不存在与收入对应的价格指数，因此一般是按照收入主要用于消费的假设前提，用对应时期的消费物价指数对名义收入予以调整，获得实际收入，即

$$实际收入=\frac{名义收入}{消费物价指数} \tag{7—8}$$

**（三）居民收入结构统计**

居民收入状况不仅表现在收入水平及其变动上，还表现在不同的收入来源构成上。进行收入结构统计，主要是在收入来源分组统计基础上，计算不同来源收入在总收入中所占比重。由于生活环境和经济活动性质的差异，城镇居民和农村居民在收入来源结构上会表现出一定差异，比如，在中国现时发展水平上，城镇居民收入中工薪收入占较大比重，而农村居民收入则以个体经营收入为主要来源。此外，对应不同收入水平，收入的来源结构也会呈现出不同特点。

**例7—1　　中国城乡居民收入水平及其结构的统计分析**

表7—1提供了1990—2012年间中国城镇居民和农村居民收入水平以及收入结构的统计资料。对这些数据资料做进一步分析，可以发现以下基本特征。

**表7—1　　城乡居民收入及构成资料**

| 年份 | | | 1990 | 1995 | 2000 | 2005 | 2012 |
|---|---|---|---|---|---|---|---|
| 城镇居民 | 人均年总收入（元） | | 1 516.21 | 4 288.1 | 6 295.91 | 11 320.77 | 26 958.99 |
| | 收入构成(%) | 工资性收入 | 75.8 | 9.2 | 71.2 | 68.9 | 64.3 |
| | | 经营性收入 | 1.5 | 1.7 | 3.9 | 6.0 | 9.5 |
| | | 财产性收入 | 1.0 | 2.1 | 2.0 | 1.7 | 2.6 |
| | | 转移性收入 | 21.7 | 17.0 | 22.9 | 23.4 | 23.6 |
| | 人均年可支配收入（元） | | 1 510.16 | 4 282.95 | 6 279.98 | 10 493.03 | 24 564.72 |
| 农村居民 | 人均年总收入（元） | | 990.38 | 2 337.87 | 3 146.21 | 4 631.21 | 10 990.67 |
| | 收入构成(%) | 工资性收入 | 14.0 | 15.1 | 22.3 | 25.4 | 31.4 |
| | | 家庭经营收入 | 82.4 | 80.3 | 71.6 | 68.3 | 58.8 |
| | | 财产性收入 | 3.6 | 1.8 | 1.4 | 1.9 | 2.3 |
| | | 转移性收入 | — | 2.8 | 4.7 | 4.4 | 7.6 |
| | 人均年纯收入（元） | | 686.31 | 1 577.74 | 2 253.42 | 3 254.93 | 7 916.58 |

资料来源：国家统计局：《中国统计年鉴》（2006，2013），北京，中国统计出版社。

按名义收入计算，2012年城镇居民人均总收入和可支配收入水平都提高到1990年水平的近18倍，年均增长率达14%；扣除物价变动，实际收入水平的提高幅度为6倍，年均增长率为8.6%。就农村居民来说，按名义收入计算，2012年人均总收入和人均纯收入均约相当于1990年的11倍，年均增长率约为11%；扣除物价变动，实际收入水平的提高幅度为4倍，年均增长幅度仅为6%。这表明，我国居民收入的增长受价格上涨影响较大，扣除物价影响后的实际收入增长幅度并不很大。

伴随收入水平的提高，收入来源构成发生了较为明显的变化。对于城镇居民，虽然主要收入来源仍然是工资性收入，但所占比重有了明显下降，从1990年的75.8%降至2012年的64.3%；与此形成对比的是，经营性收入所占比重显著提高，由1.5%上升到9.5%。农村居民收入来源构成的变化则恰恰相反，主要体现在工资性收入比重的增加和家庭经营收入比重的下降上。尽管经营性收入依然是主要的收入来源，但它在总收入中所占的比重则有明显下降，从82.4%到58.8%，下降幅度超过20个百分点，相应地，工资性收入所占比重则有明显上升，从14%到31.4%，上升幅度接近20个百分点，填补了经营性收入所占比重下降的空间。这种情况的出现显然与改革开放以来乡镇企业发展以及农村劳动力向城市流动密切相关。这些变化表明，和过去相比，城镇和农村居民收入来源正在向多元化发展。此外，还可以看到，无论是城镇居民还是农村居民，财产性收入在居民收入中的比重都很低。

无论是人均收入水平还是收入来源结构，城镇居民与农村居民都表现出明显的差异。由表7—1可以看到，1990—2012年间，城镇居民收入水平一直明显高于农村，而且保持继续扩大的趋势，1990年城镇居民的人均可支配收入相当于农村居民人均纯收入的2倍，到2012年则扩大到3倍。如果考虑城镇居民生活中享受了高于农村居民的政府公共服务却未计入收入，实际的城乡收入差异将会更大。从收入来源构成看，城镇居民和农村居民之间的主要差别在于，前者以工资性收入为主要来源，这些工资性收入主要来自各种非农产业活动，同时通过政府社会保障所获得的转移性收入已占有一个显著的比重；而农村居民收入的主要来源则是家庭经营收入，这些收入主要来自农业活动，转移性收入所占比重远远低于城镇居民。显然，和城镇居民相比，农村居民的收入更多地来自收入的初次分配，从收入再分配中得到的实惠还非常有限。

## 7.3 居民消费统计

取得收入的目的是实现消费，满足居民自身的生活需求。因此，居民消费统计是对居民住户生活状况的直接描述。

### 一、居民消费及其统计定义

居民消费是指住户及其成员为满足自身生活需要而使用物品和服务的行为。居民消费统计就是要对特定时期消费数量、消费结构等进行统计，由此反映居民消费需求的满足状况以及在此方面所达到的生活水平。

关于居民消费统计，需要明确以下几点：

第一，居民消费需求的满足可以有两个渠道，一是居民住户直接消费；二是政府为住户提供的消费。前者一般称为居民个人消费；后者属于公共消费。理论上说，居民消费应该是所有个人消费和与住户有关的公共消费的总和，但从住户活动统计范围看，则主要以居民个人消费为对象。

第二，从字面上理解，消费就是对物品或服务的使用，但是，居民消费所确定的统计时点不是物品和服务的使用，而是物品或服务的获得。对物品来说，获得时间与实际消耗时间有可能不一致，尤其是具有耐用性的物品。这就是说，居民消费统计是对当期居民住户获得的物品和服务量的统计。

第三，在市场经济结构中，消费物的获得主要靠购买来实现，表现为购买消费物的支出，因此，一时期居民消费统计，除了主要消费品的实物量，消费总量统计常常要具体化为消费支出统计。

第四，在所有消费内容中，有些是住户成员自身的消费，比如服装、娱乐消费，有些则是所有成员共同的消费，比如住房和各种家具、耐用消费品。鉴于存在共同消费的内容，因此居民消费通常是以居民住户为单位进行统计。

第五，从消费内容看，居民消费包括各种耐用性消费品（如家用电器、汽车等）、非耐用消费品（如食品、服装等）和服务（如教育、保健、娱乐服务）。对住房，一般是按当期住房服务统计，住房购置则作为住户投资统计，不包括在消费之中。

第六，和收入统计一样，城镇居民和农村居民在消费内容和结构上均具有较大差异，因此，居民消费统计也要按城镇居民与农村居民分别统计。

## 二、居民消费总量及其水平统计

反映居民消费总量，一是就主要消费品统计消费的实物量；二是就所有消费内容进行消费支出统计，即居民最终消费支出。在实际中，首要的是住户的消费量和消费支出统计。在此基础上，可计算各户人均消费量和消费支出，进而计算全体居民的人均消费量和消费支出，以此反映居民消费水平。

（1）住户主要消费品消费量和人均消费量，指一定时期内（通常为一年）住户对特定消费品的消费总量，以及按人口平均计算的居民主要消费品的消费量，如人均粮食消费量、人均猪肉消费量等，可以按全部人口计算总体平均消费量，也可以按户人口计算户人均消费量。该指标通常只对粮食等主要的生活必需品进行统计。此外，也可计算人均住房面积、平均每百户拥有的各种耐用消费品等。这些指标是反映居民生活消费水平尤其是物质产品消费水平的最基本指标，简单明了，而且便于在不同时间和空间上进行对比分析。

$$\text{居民人均消费品消费量}=\frac{\text{当年居民某种消费品消费量}}{\text{平均人口数}} \qquad (7\text{—}9)$$

$$\text{户人均消费品消费量}=\frac{\text{当年某种消费品户消费量}}{\text{户人口数}} \qquad (7\text{—}10)$$

不同住户对特定消费品的消费量会表现出差异，其原因可能与地域、气候等外在因素有关，但更与不同收入水平有关，因此，这种差异在一定程度上构成了居民生活水平差异的具体表现。

(2) 居民消费支出总额与人均消费支出，指一定时期内居民住户用于生活消费的支出总额，以及按人口平均计算的居民个人消费支出额，是反映和研究居民住户家庭实际生活消费水平高低的重要指标。根据目前的统计制度，农村居民家庭生活消费支出指农村常住居民家庭用于日常生活的全部开支，分为物质生活消费支出和文化生活服务支出两个类别。在物质生活消费支出中，一部分是消费品购买支出，另一部分是自产自用的消费品价值。城镇居民家庭消费性支出指城镇居民家庭用于日常生活的全部支出，分为购买商品支出与非商品性支出两个类别，前者是消费品消费支出，后者是服务消费支出。

$$人均年消费支出=\frac{当年居民消费支出总额}{平均人口数} \tag{7—11}$$

$$户人均年消费支出=\frac{当年户消费支出总额}{户人口数} \tag{7—12}$$

不同住户人均消费支出之间总是存在差异，其差异大小直接体现了住户之间生活水平的差别。

和收入统计一样，按人均计算的消费量和消费支出构成各种比较的基础。在动态比较中，需要对各年按当年价格计算的人均消费支出做进一步处理，通过消费物价指数的调整，扣除其中包含的物价变动影响，以提高动态比较的可比性。

## 三、居民消费倾向与消费结构统计

### （一）居民消费倾向统计

实现消费的基础是获得收入，而消费代表了收入的主要使用方向。但是，从总体上看，住户当期收入并不会全部用于当期消费支出，出于各种目的（比如为大宗家庭购买支出、防范风险、在未来时期取得收入、未来子女教育，等等），会有一定份额的收入沉淀下来，以各种方式转化为投资，比如增加手持现金和银行存款，购买股票债券，购买住房，投保人寿保险，等等。所谓居民消费倾向，就是指居民住户收入使用向消费倾斜的程度。与消费倾向对应的就是居民储蓄倾向，即当期居民收入向非消费部分倾斜的程度，这里，储蓄代表收入用于消费后的节余，构成投资的资金来源。

统计反映居民消费倾向可以在两个层次上设置指标。一是就全部收入计算居民消费倾向，即居民平均消费倾向，是指当期居民可支配收入用于消费的比例；二是就当期收入较上期收入增加额计算居民消费倾向，即居民边际消费倾向。与消费倾向对应的指标就是储蓄倾向，包括平均储蓄倾向和边际储蓄倾向。

$$居民平均消费倾向=\frac{当期居民消费支出}{当期居民可支配收入} \tag{7—13}$$

$$居民边际消费倾向=\frac{居民消费支出增加额}{居民可支配收入增加额} \tag{7—14}$$

从动态来看，伴随收入的增减变化，消费支出通常会发生同方向的变化，但是消费增长的幅度会小于收入增长的幅度，因此边际消费倾向是递减的。对于平均消费倾向而言，很多研究表明，从长期来看，平均消费倾向相当稳定。

从横向来看，不同收入水平的居民往往具有不同的消费倾向。一般来说，在较低收入水平上，会有较高的份额用于消费，即消费倾向较高；与此相对比，在较高收入水平上，尽管会有较大数额的消费支出发生，但该消费支出在收入中所占的份额将会较小。如果用边际消费倾向来表现，其间差异会更加明显。

### （二）居民消费结构统计

消费结构统计的目的是通过分组对消费内部的组成状况予以统计。在不同的生活环境下，在不同的消费水平上，居民消费呈现出不同的消费结构。通常比较关注的消费结构包括：消费内容结构、消费方式结构、消费目的结构。一般是在消费支出基础上进行消费结构统计。

按照消费内容的属性，消费支出可分为物品消费和服务消费，据此可计算二者各自在消费支出中所占的比重。一般来说，伴随消费水平的提高，服务消费所占比重将不断提高，这种趋势与经济生产产业结构中第三产业所占比重不断提高的趋势具有高度一致性。

按照实现消费的方式，消费支出可以分为购买性商品消费和自给性实物消费两个类别，据此可计算二者各自所占比重。城镇居民消费基本上都是通过购买而发生实际消费支出，进行这种分组意义不大，但是，对于农村居民来说，由于存在自产自用和实物分配的情况，因此进行这种分组具有重要意义。一般来说，伴随市场化程度的加深和居民消费水平的提高，自给性消费在消费支出中的比重应该呈现出不断下降的趋势，这种趋势与农业生产水平提高以及农产品市场化程度不断提高的趋势具有高度相关性。

按照消费目的，居民消费支出可以区分为以下类别：(1) 食品支出，是指花费在粮油、肉禽蛋水产品、蔬菜、调味品、糖烟酒饮料、干鲜瓜果、糕点奶制品、其他食品及饮食服务上的支出；(2) 衣着支出，是指花费在服装、衣着材料、鞋、其他衣着用品及衣着加工服务上的支出；(3) 家庭设备用品及服务支出，包括花费在耐用消费品、室内装饰品、床上用品、家庭日用杂品、家具材料和家庭服务上的支出；(4) 医疗保健支出，是指用于医疗保健器具、药品保健品、医疗服务方面的支出；(5) 交通通信支出，包括用于交通工具、燃料及零配件、交通服务方面的交通支出和用于通信工具和通信服务方面的通信支出；(6) 教育文化娱乐服务支出，包括文化娱乐用品支出、文化娱乐服务支出和教育支出；(7) 居住支出，是指住户花费于住房租赁房租（包括实际房租支出和自有住房租金折算）、住房装潢维修、水电和居住服务等方面的支出；(8) 其他杂项商品与服务支出，如珠宝等贵重物品和各种收藏品的购买支出等。在此基础上，可分类计算各自所占比重，反映消费的目的结构。

## 例 7—2　　中国城乡居民消费水平、消费结构的统计分析

表 7—2 提供了中国 1990—2012 年间城镇居民和农村居民消费支出及其内容构成的统计数据。对这些数据以及表 7—1 的数据进行分析，可以看到中国居民消费的基本特征。

表 7—2　　中国城镇和农村居民消费支出及消费结构

| 年份 | | | 1990 | 1995 | 2000 | 2005 | 2012 |
|---|---|---|---|---|---|---|---|
| 城镇居民 | 人均消费支出（元） | | 1 278.89 | 3 537.57 | 4 998.00 | 7 942.88 | 16 674.32 |
| | 消费构成（%） | 食品 | 54.25 | 50.09 | 39.44 | 36.69 | 36.23 |
| | | 衣着 | 13.36 | 13.55 | 10.01 | 10.08 | 10.94 |
| | | 居住 | 6.98 | 8.02 | 11.31 | 10.18 | 8.90 |
| | | 家庭设备用品及服务 | 10.14 | 7.44 | 7.49 | 5.62 | 6.69 |
| | | 医疗保健 | 2.01 | 3.11 | 6.36 | 7.56 | 6.38 |
| | | 交通通信 | 1.20 | 5.18 | 8.54 | 12.55 | 14.73 |
| | | 教育文化娱乐服务 | 11.12 | 9.36 | 13.40 | 13.82 | 12.20 |
| | | 杂项商品与服务 | 0.94 | 3.25 | 3.44 | 3.50 | 3.94 |
| 农民居民 | 人均消费支出（元） | | 584.63 | 1 310.36 | 1 670.13 | 2 555.40 | 5 908.0 |
| | 消费构成（%） | 食品 | 58.80 | 58.62 | 49.13 | 45.48 | 39.33 |
| | | 衣着 | 7.77 | 6.85 | 5.75 | 5.81 | 6.71 |
| | | 居住 | 17.34 | 13.91 | 15.47 | 14.49 | 18.39 |
| | | 家庭设备用品及服务 | 5.29 | 5.23 | 4.52 | 4.36 | 5.78 |
| | | 交通通信 | 1.44 | 2.58 | 5.58 | 9.59 | 11.05 |
| | | 文教娱乐用品及服务 | 5.37 | 7.81 | 11.18 | 11.56 | 7.54 |
| | | 医疗保健 | 3.25 | 3.24 | 5.24 | 6.58 | 8.70 |
| | | 其他商品及服务 | 0.74 | 1.76 | 3.14 | 2.13 | 2.50 |

资料来源：同表 7—1。

22 年间，对于城镇居民，按名义支出数据计算，2012 年人均消费支出是 1990 年的 13 倍，扣除物价变化影响，消费水平提高到 4.5 倍，年均增长率为 7%；对于农村居民，2012 年人均消费支出是 1990 年的 10 倍，扣除物价变化影响，消费水平提高到 3.5 倍，年均增长率为 6%。显然。在此期间，尽管中国居民的名义消费水平提高幅度较大，但实际消费水平提高并不显著。

消费构成的变化也比较明显。尽管食品消费一直是消费的最基本组成部分，但其所占比重有明显下降，与 1990 年相比，2012 年城乡居民食品消费比重均下降了近 20 个百分点，已低于 40%。实际上，基本生活需求得到满足所带来的消费结构变化不仅表现在食品支出所占比重的下降上，衣着支出也具有同样的下降趋势。与此相对应的就是其他消费内容占有了更大的份额，表现出居民在生活消费中对教育、保健、娱乐、住房等方面所给予的关注更大，消费的多元化和消费层次的升级由此得到初步体现。

城乡居民生活水平的差异在消费水平和消费结构上得到了直接体现。由表 7—2 可知，城镇居民消费水平始终高于农村居民，而且该差异具有明显的扩大趋势，前者相当于后者的倍数由 1990 年的 2 倍扩大至 2012 年的近 3 倍。

进一步还可以观察消费水平提高与居民收入水平提高之间的关系。根据 22 年间的居民可支配收入和消费支出数据计算相关系数，可以发现，无论是城镇居民还是农村居民，相关系数均在 0.9 以上。进一步计算平均消费倾向（见表 7—3），可以看到，在此 22 年间，伴随收入的增长，城乡居民的平均消费倾向均呈现出下降趋势，尤其是城镇居民的下降幅度更大。平均消费倾向的不断走低意味着经济增长的消费拉动力不足，已经成为影响中国经济增长的不利因素，有必要深入分析其背后的原因，制定相应的政策刺激消费，为经济增长注入活力。

**表 7—3　　中国城镇和农村居民的平均消费倾向**

| 年份 | 1990 | 1995 | 2000 | 2005 | 2012 |
|---|---|---|---|---|---|
| 城镇居民 | 0.85 | 0.83 | 0.80 | 0.76 | 0.68 |
| 农村居民 | 0.85 | 0.83 | 0.74 | 0.79 | 0.75 |

资料来源：同表 7—1。

## 四、恩格尔系数及其应用

恩格尔系数 19 世纪中期由德国统计学家恩斯特·恩格尔提出，是指食品消费支出在居民消费支出总额中所占的比重。由于食品消费支出代表了居民消费的最基本的物质需求，在整个消费中呈现出明显的刚性，因此，对一个家庭而言，食品支出占其整个消费支出的比重就反映了其消费所达到的水平：在消费中有多大份额体现为基本生活需求的满足，反过来就是说，在食品消费之外还有多大能力进行其他方面的消费。此后，一些经济学家将恩格尔系数的计算基础从消费支出扩大到收入，即食品支出在其整个可用于消费的可支配收入中所占的比重。即

$$\text{恩格尔系数}=\frac{\text{食品支出总额}}{\text{居民消费支出总额}} \tag{7—15}$$

或

$$\text{恩格尔系数}=\frac{\text{食品支出总额}}{\text{居民可支配收入总额}} \tag{7—16}$$

统计学家将恩格尔系数的水平与相应的收入联系起来进行观察，得到恩格尔定律：收入越少，用于食物支出的比例就越大。此定律可以应用于不同收入人群的比较，也可以应用于同一人群不同时期的比较，即在不同收入水平的人群中，收入越高，其恩格尔系数越小；对同一人群来说，伴随收入水平的提高，恩格尔系数具有下降的趋势。进而，这样的比较可以上升到国家的层面：对一国而言，伴随收入水平的提高，该国居民消费的恩格尔系数会呈现出下降的趋势；对不同国家而言，与不同收入水平相对应，各国居民消费的恩格尔系数也不相同，收入越低，恩格尔系数越大。

应用恩格尔定律，即可判断居民生活富裕（或贫困）程度，即恩格尔系数越小，说明该居民群体的生活越富裕；反之，该系数越大，则说明其对应人群的生活水平越低。根据联合国粮农组织提出的标准，恩格尔系数在59%以上为贫困，50%～59%为温饱，40%～50%为小康，30%～40%为富裕，低于30%为最富裕。

恩格尔定律存在的前提是居民消费中食品消费的刚性。在较低收入水平上，居民消费将会把较大份额用于食品支出，以满足基本生活需求；伴随收入水平的提高，用于食品消费的支出会增加，但其增加速度会低于整个消费支出的增长速度以及收入增长速度，即增加的收入将有较大份额用于满足食品以外的其他消费需求。但需要指出的是，尽管恩格尔系数可以作为衡量居民收入水平和生活水平高低的一个重要指标，但不能作为唯一指标，不能绝对化。这是因为在人们最基本的食物消费得到满足之前，居民收入的增加有可能首先用于提高食品消费的数量和质量，结果可能是恩格尔系数上升而不是下降。也就是说，恩格尔定律发生作用有一个数量界限问题。此外，不同国家具有不同的消费习惯和不同的价格结构，这些都会影响恩格尔系数的应用和比较。因此，尽管恩格尔系数确实具有评价居民生活质量的功用，但要全面评价居民生活质量，不能仅仅依赖于恩格尔系数这样的单一指标，而是要进行更全面的统计评价，具体内容见本章7.5节。

**例7—3　　中国恩格尔系数的状况与趋势分析**

由图7—1可以看到，1990—2012年间，中国居民的恩格尔系数呈现下降趋势，其中，城镇居民恩格尔系数从54.2%下降到36.2%，农村居民恩格尔系数从58.8%下降到39.3%。按照粮农组织提出的标准，城乡居民的消费结构均出现了质的飞跃，总体上由温饱水平跨越了小康阶段，已进入富裕水平。

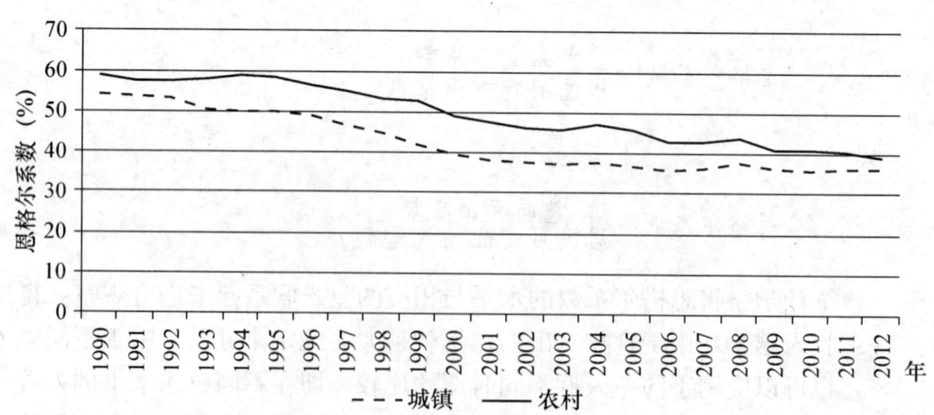


**图7—1　中国城乡居民家庭的恩格尔系数**

资料来源：国家统计局：《中国统计年鉴（2013）》。

此外，由图7—2可以看到，伴随收入水平的提高，中国城乡居民的恩格尔系数呈现下降趋势，与恩格尔定律相一致。

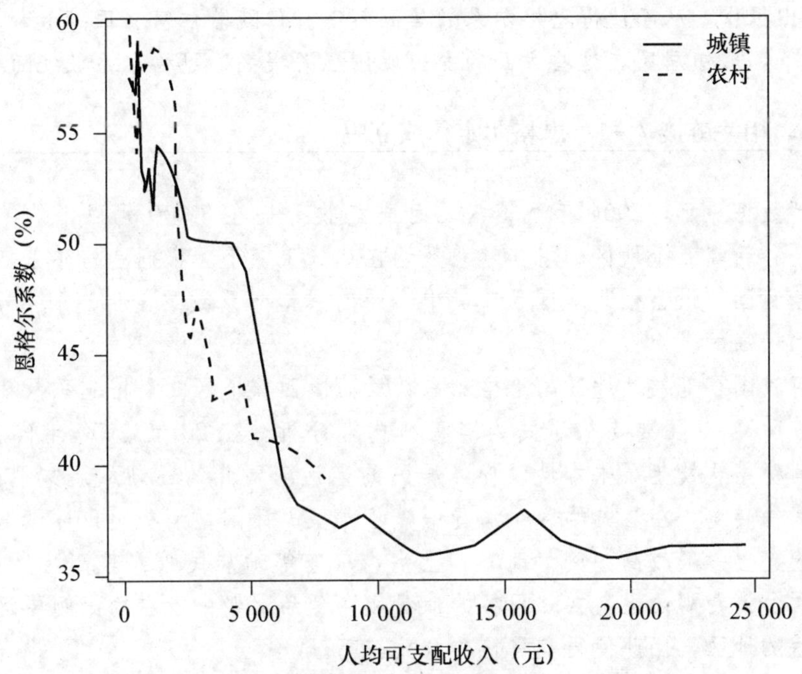


**图7—2 中国城乡居民家庭的恩格尔系数**

资料来源：同图7—1。

表7—4的数据是2012年中国处于不同收入水平的居民住户组别，据此可从横向观察居民消费结构的特征。

**表7—4 2012年中国城乡居民按收入分组的恩格尔系数（%）**

| | 最低收入 | 低收入 | 中等偏下 | 中等收入 | 中等偏上 | 高收入 | 最高收入 |
|---|---|---|---|---|---|---|---|
| 城镇 | 40.3 | 33.2 | 30.0 | 27.0 | 23.8 | 21.6 | 16.1 |
| 农村 | — | 70.0 | 39.6 | 31.2 | 26.4 | 19.1 | — |

说明：农村居民的收入分组是五等份分组；城镇居民的收入分组中，最低收入户、低收入户、高收入户和最高收入户所占比重为10%，其他组所占比重为20%。

资料来源：同图7—1。

由表7—4可以看到，无论是城镇住户还是农村住户，从最低收入层到最高收入层，随着收入的增加，恩格尔系数均递次下降。对于城镇居民，其最高收入户与最低收入户恩格尔系数之差为24.2个百分点，即使最低收入户已经接近“富裕”生活标准区间；对于农村居民，这一差距则几乎为50个百分点，低收入户还处于贫困状态，尚未解决温饱问题。

总的来看，恩格尔系数的演变趋势表明中国居民的生活水平得到了明显提高。但是，如果深入考察中国恩格尔系数下降的原因尤其是城镇居民恩格尔系数急速下降的原因，则可以看到，单纯根据恩格尔系数会高估生活水平的改善程度。事实上，20世纪90年代以来进行的住房、医疗和教育等领域的改革是导致中国恩格尔系数迅速下降的重要原因之一。20世纪90年代之前，中国绝大部分城镇居民的住房、医疗和教育等费用支出基本上属于社会福利性质的支出，居民在这方面的货币支出很少，从而使得恩格尔系数居高不下。但随着住房、医疗和教育等领域的制度改革，城镇居民在这些方面的支出比例显著提高，恩格尔系数也随之降低。

**相关链接 7—1　恩格尔定律成立吗**

统计数据显示，2004 年城镇人均可支配收入均在 8 000 元以下的陕西、甘肃、青海、宁夏和新疆五个地区的恩格尔系数均在 0.371 以下。根据恩格尔系数，这五个地区应该算是我国“最富裕”地区了！其中青海的恩格尔系数更是低达 0.357，低于人均可支配收入最高的上海！

为何我国东部发达地区的恩格尔系数反而比西部地区的恩格尔系数要高（尤其体现在城镇方面）？这主要要从居民的消费结构来分析。在 20 世纪 90 年代初经济转型后，居民的消费结构发生了根本性改变，居民的生活消费开始逐渐从温饱型消费向营养型、休闲型消费转变。在居民的食品消费中，营养型、休闲型消费比重逐渐增加，而这种食品消费的支出一般较高。例如北京、上海，广东等地居民收入较高，生活节奏也较快，因此在饮食消费观念上，在外用餐的消费额在食品消费中所占的比例要远远高于一些经济不发达的地区，因此使得其恩格尔系数较高。

资料来源：邓明：《恩格尔系数在我国应用中存在的问题》，载《中国统计》，2008（4），49～50 页。

## 7.4　居民收入、消费分布差异的统计与分析

在一个人口总体中，不同居民住户在收入、消费、财产水平上总是存在差异的，这就是经济学所致力探讨的经济分配问题。如何在经济分配上保持一定差别，以促进竞争和经济效率提高，同时又将经济分配差异控制在一定限度之内，以保证社会分配的公平性，是经济社会发展中的重要课题。统计的任务是要通过一定方法描述居民住户在收入、消费和财产上的分布差异，显示特定经济总体在特定时期的经济分配状况。

收入的占有水平决定了消费的实现水平，并通过对投资的决定在一定程度上决定了财产的拥有水平；反过来，财产的拥有水平又作为获得收入的手段之一影响到收入的占有。经济分配的差异具体体现在收入占有、消费实现和财产拥有等不同方面，而且经济分配在这些不同方面可能具有不同的差异程度。因此，有必要针对收入、消费、财产分别描述分布的差异状况，但以收入分布差异的描述为主。

### 一、洛伦茨曲线及其应用

洛伦茨曲线是国际上通常采用的整理住户家庭调查收入、消费资料以反映收入

分配不均等程度的统计方法。

绘制洛伦茨曲线的基础资料是住户家庭调查，其基本思路是：(1) 将所调查的住户按人均收入水平由低到高顺序排列，分成若干组；(2) 计算各组户数或人数所占比重，在此基础上计算截至本组的累计户数或人数比重，同时计算每组收入占总收入的比重以及截至本组的收入累计比重，显然，最后一组的累计比重为 1 或 100%；(3) 以户数或人数累计比重为 $X$ 轴，以收入累计比重为 $Y$ 轴，形成坐标图，按照各组实际户数（或人数）累计比重和收入累计比重数据一一对应，标识于图上，形成系列的点，将这些点连在一起所得到的平滑曲线即洛伦茨曲线。图 7—3 是洛伦茨曲线的常见形式。

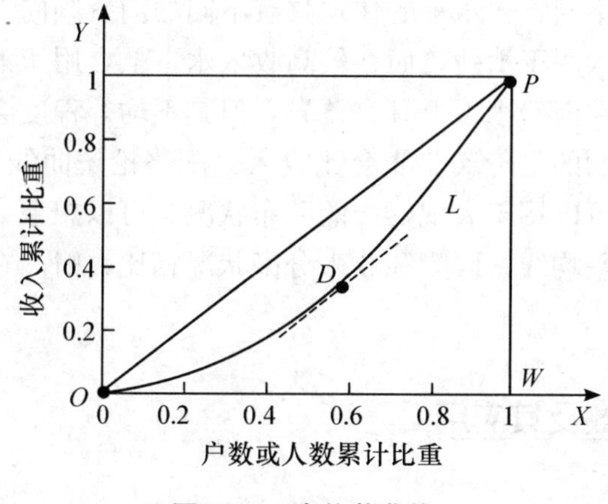


**图 7—3　洛伦茨曲线**

图 7—3 中，$L$ 为实际的洛伦茨曲线，曲线上的点分别对应 $X$ 轴和 $Y$ 轴上的一个特定数值，表示对于特定累计百分比的住户或个人总体，所持有收入累计占总收入的比重。洛伦茨曲线的构造方法决定了其总是呈向下凹的形态。与此相对应，对角线 $OP$ 为“绝对平均线”，上面的任何一点都满足 $Y=X$，即户数（或人数）的累计比重总是等于收入累计比重，说明等量比例的人持有等量比例的收入，即每个人持有同等的收入；折线 $OWP$ 则称为“绝对不平均线”，它表示收入都集中在最后一个人手中，其他人收入均为 0。显然，对一个实际的住户或人口总体而言，既不可能出现绝对平均的情况，也不可能由一个人持有全部收入，实际的收入分配情况总是介于这两条极端线之间。

洛伦茨曲线中包含了一个人口总体收入分配均等程度的大量信息，这些信息主要蕴涵于两处：第一是曲线与绝对平均线的接近程度，第二是由最大差异点位置决定的曲线形状。

显然，洛伦茨曲线越接近绝对平均线，或者说两者之间所围成的面积越小，说明收入在该总体的分配越均等，这是洛伦茨曲线的基本内涵。只要分配不是绝对平均的（即 $L$ 不与 $OP$ 重合），那么，在洛伦茨曲线上，有且仅有一个点，其与绝对平均线的垂直距离最大，我们称此点为最大差异点（即图 7—3 中的 $D$ 点，其切线的斜率等于绝对平均线的斜率）。该点的经济意义在于，它是住户户数（或人数）

累计比重与收入累计比重相差最大的位置，在此之前两者的距离逐渐增大，此后则逐渐缩小，这意味着在最大差异点以里，各组收入低于平均水平，而在此之外的各组，其收入高于平均水平。如果最大差异点的位置靠近$Y$轴，说明收入高于平均水平的户数（或人数）所占比重较大，所反映的收入分配状况是大部分人收入较为均等，但存在少数收入明显低于其他人的相对贫困人口；如果最大差异点的位置远离$Y$轴，说明收入高于平均水平的户数（或人数）所占比重较小，其对应的收入分配状况是收入集中于少数人手中，存在少数相对富裕人口。

以上是就收入分配来说明洛伦茨曲线的原理和应用。实际上，洛伦茨曲线不仅可以反映收入在住户之间的分配状况，也可以用于反映消费在不同住户间分布的差异状况。由于不同收入水平的住户具有不同的消费倾向，在较低收入水平上，会有较大份额的收入用于消费，而在较高收入水平上，用于消费的收入份额会较低，因此，不同住户在消费水平上具有差异，但其不均等程度会小于收入分配，即按照消费支出数据绘制的洛伦茨曲线会比收入分配洛伦茨曲线更接近绝对平均线。此外，洛伦茨曲线也可以用于表现财产的分布状况。可以想象，财产分布的洛伦茨曲线将更加远离绝对平均线，因为和收入分配状况相比，财产在不同住户间的分配更加不均等。

## 二、基尼系数及其应用

基尼系数是度量收入分配不均等程度的重要指标。基尼系数是20世纪初由意大利统计学家基尼根据洛伦兹曲线图提出的，结合该图可以获得基尼系数含义的直观理解：它是洛伦茨曲线$L$与绝对平均线$OP$围成的弓形面积$S$与三角形$OWP$的面积之比，其中$\triangle OWP$的面积等于1/2。基尼系数用$G$表示，则

$$G=S/\triangle OWP\text{ 面积}=2S \tag{7—17}$$

当洛伦茨曲线的数学模型$Y=f(x)$已知时，基尼系数可以采用积分的方法求得

$$\begin{aligned}G&=2S=2(\triangle OWP\text{ 面积}-\text{曲边 }\triangle OWP\text{ 面积})\\&=2\Big[\frac{1}{2}-\int_0^1 f(x)\mathrm{d}x\Big]=1-2\int_0^1 f(x)\mathrm{d}x\end{aligned} \tag{7—18}$$

若洛伦茨曲线的数学模型未知，则可采用分组计算法。此方法是按人均收入分组，再由低到高排列，通过各组人口比重和收入比重来计算基尼系数。计算公式为：

$$G=\sum_{i=1}^{n}X_iY_i+2\sum_{i=1}^{n-1}X_i(1-V_i)-1 \tag{7—19}$$

式中，$X_i$为各组人口占总人口比重；$Y_i$为各组收入占总收入比重；$i$为按收入由低到高顺序排列的组；$n$为按收入分组的总组数；$V_i$为各组累计收入比重。

由图 7—3 可知，洛伦茨曲线离绝对平均线越远，$S$ 的面积越大，相应基尼系数就越大，若 $S=\triangle OWP$ 面积，则 $G=1$；若洛伦茨曲线与绝对平均线重合，则 $S=0$，因此 $G=0$。所以，基尼系数值总是介于 0～1 之间，数值越大，表明收入分配越不均等。按照国际通行标准，基尼系数低于 0.2 表示收入绝对平均；0.2～0.3 表示比较平均；0.3～0.4 表示相对合理；0.4～0.5 表示收入差距较大；0.6 以上表示收入悬殊。国际上一般把 0.4 作为警戒线。

相比洛伦茨曲线，基尼系数能以一个数字度量收入分配的不均等程度，十分简明而又便于比较，这是基尼系数的主要优势。但这一优势同时也是基尼系数的根本问题所在：以一个数字概括一条曲线，必将损失相当数量的蕴涵在洛伦茨曲线中的信息。这种信息损失集中表现为，对不同收入分配状况下的洛伦茨曲线，有可能得到相同的基尼系数。

表 7—5 给出了两组收入分配数据，据此绘制的洛伦茨曲线如图 7—4 所示。

**表 7—5　　两组假设的收入分配数据（%）**

| 收入组别 | 第一种收入分配 | 第二种收入分配 |
|---|---|---|
| 最低的 25% | 7.5 | 13.3 |
| 第 2 个 25% | 7.5 | 13.3 |
| 第 3 个 25% | 42.5 | 13.3 |
| 最高的 25% | 42.5 | 60.0 |
| 基尼系数 | 0.35 | 0.35 |

资料来源：吉尔斯等：《发展经济学》，北京，中国人民大学出版社，1999。

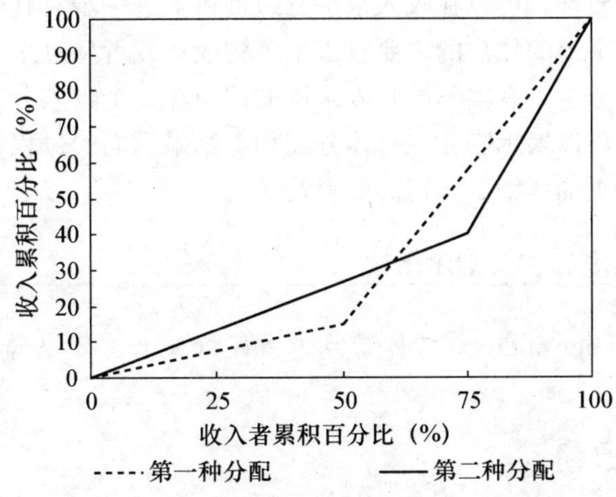


**图 7—4　两组假设的收入分配的洛伦茨曲线**

由图 7—4 可以看到，这两组收入分配状况的差异十分明显，对应不同形状的洛伦茨曲线，但据此计算的基尼系数相同，不能度量出这种差别。这就充分说明，基尼系数所蕴涵的信息量要小于洛伦茨曲线。

基尼系数的另一个主要问题在于它以绝对平均状态为计算的参照标准，这使得基尼系数对收入分配状况的变化不敏感，对于低收入组的收入变化尤其不敏感。

## 三、对居民收入、消费分布统计的补充

关于居民收入与消费分布统计，有以下两点补充。

第一，反映居民收入分配均等状况，除了洛伦茨曲线和基尼系数，还有其他一些方法。比如，计算泰尔指数（见相关链接 7—2），对居民收入（或消费）分组数据计算方差、标准差或离散系数。还可以对居民住户按五等份分组（即每一组户数或人数占总数的 20%），然后分别计算各组的平均收入（或消费）水平，最后计算最高组收入（或消费）水平与最低组收入（或消费）水平的比值，一般称为五等份高低收入（或消费）倍数。这些方法也是经济社会分析中经常应用的方法。

第二，用洛伦茨曲线和基尼系数测定的居民收入分配状况，只反映收入分配的结果，却不能说明收入分配的过程或形成该结果的原因，因为这样测度的居民收入分配状况，仅仅是就个人或住户的规模分配而言的，即仅仅考虑个人或住户所获得收入的多少，却不考虑获得收入的具体途径，比如是来自职业的劳动收入，还是来自诸如利润、利息等的财产收入，或者来自继承、救济或馈赠等转移收入，而且收入的地区以及行业来源也被忽略了。比如，两个家庭具有同等收入，但一个要每天工作 10 小时以上，而另一个则根本不用工作，是靠遗产的利息获得收入。这就是说，在同等收入水平上，不同收入来源构成体现了重要的经济和社会信息。

因此，在洛伦茨曲线和基尼系数基础上进一步开拓有关收入分配过程和原因的分析具有必要性。可以在收入水平分组资料上进一步对其收入来源实施追踪，观察不同收入水平上的住户的主要收入来源构成；或者反过来，按照不同主要收入来源对住户进行分组，观察不同收入来源的住户在整个收入分布上所处的位置。通过这样的分析，可以揭示隐含在总体分配均等结果后面的过程和原因，为研究收入分配均等性提供更加详细、丰富的资料信息。

**相关链接 7—2　泰尔指数**

泰尔指数（Theil index）是衡量收入差距（或者称不平等度）的指标，其计算公式为：

$$T \equiv \sum_{i=1}^{n} \underbrace{\left[\frac{x_i}{\sum\limits_{j=1}^{n} x_j}\right]}_{\text{权数：占总收入的比重}} \cdot \ln \underbrace{\left(\frac{x_i}{\bar{x}}\right)}_{\text{与平均收入的相对收入}}$$

式中，$T$ 为泰尔指数；$x_i$ 为第 $i$ 个人的收入；$\bar{x}$ 为总体的平均收入；$n$ 为总人数。

在绝对平均的收入分配状态下，有

$$T \equiv \sum_{i=1}^{n}\left[\frac{\overline{x}}{\sum_{j=1}^{n}\overline{x}}\right]\cdot \ln\left(\frac{\overline{x}}{\overline{x}}\right)=\sum_{i=1}^{n}\left[\frac{1}{n}\right]\cdot \ln(1)=0$$

在绝对不平均的收入分配状态下，有

$$T \equiv \underbrace{\lim_{x_i\to 0}\left\{\sum_{i=1}^{n-1}\left[\frac{x_i}{\sum_{j=1}^{n}\overline{x}}\right]\cdot \ln\left(\frac{x_i}{\overline{x}}\right)\right\}}_{=0}+\left[\frac{n\cdot\overline{x}}{n\cdot\overline{x}}\right]\cdot \ln\left(\frac{n\cdot\overline{x}}{\overline{x}}\right)=\ln(n)$$

显然，泰尔指数可用来衡量收入差距的大小。

通过对泰尔指数的分解，例如按性别、种族、地区或经济部门等进行分解，可以深入研究造成收入差距的原因。如果将总体分解为 $m$ 个组，分别计算各组内的泰尔指数，则总指数的分解结果如下：

$$T \equiv \underbrace{\left[\sum_{k=1}^{m}s^k T_k\right]}_{\text{组内泰尔指数的加权平均}}+\underbrace{\left[\sum_{k=1}^{m}s^k\cdot\ln\left(\frac{\overline{x}^k}{\overline{x}}\right)\right]}_{\text{仅使用组均值组间不平等程度}}$$

式中，$T_k$ 为第 $k$ 组内的泰尔指数；$\overline{x}^k$ 为第 $k$ 组的平均收入；$s^k=\dfrac{\sum_{j=1}^{n^k}x_j^k}{\sum_{i=1}^{n}x_i}$。

由上述分解可以清楚地看到组内差距和组间差距对收入分配总差距的贡献。

泰尔指数和基尼系数之间具有一定的互补性：基尼系数对中等收入水平的变化特别敏感，泰尔指数则对上层收入水平的变化很敏感。

### 例 7—4　用洛伦茨曲线描述中国城镇居民住户收入和消费的分布状况

依据中国城镇居民住户调查资料，可以绘制出收入分配的洛伦茨曲线。

首先，为了体现不同意义上的分布状况并进行比较，图 7—5 绘制了 2012 年收入分配和消费分布的洛伦茨曲线。

由图 7—5 可见以下基本特征。第一，将消费分布的洛伦茨曲线与收入分配洛伦茨曲线相比较，可以看到前者更接近绝对平均线，即与收入分配相比，城镇住户在消费支出上的差异较小，分布较为均等，符合一般的经济理论。第二，总收入分配的洛伦茨曲线和可支配收入分配的洛伦茨曲线十分接近，以至于重合在一起，这种状况意味着收入再分配手段在中国尚未起到有力的调节收入分配的作用。

其次，为了解收入和消费分配不均等程度的变化，可以就不同年份的收入或消费的基尼系数进行比较。2013 年，国家统计局首次公布了中国历年的基尼系数，如图7—6所示。由图7—6可见，1990年以来，中国居民收入分配的不均等程度不断加剧，目前基尼系数已经接近0.5的水平，收入分配差距较大，应引起重视。

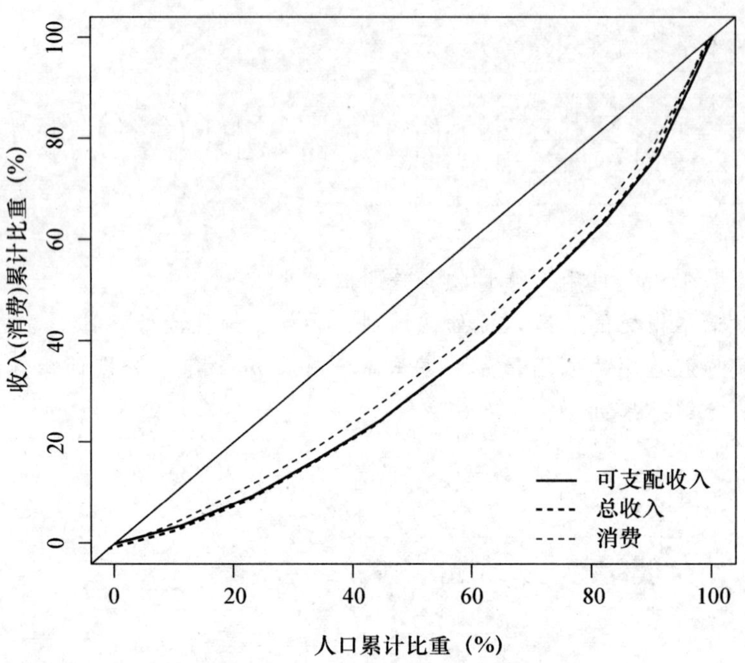


**图7—5　2012年收入分配和消费的洛伦茨曲线**

资料来源：同图7—1。

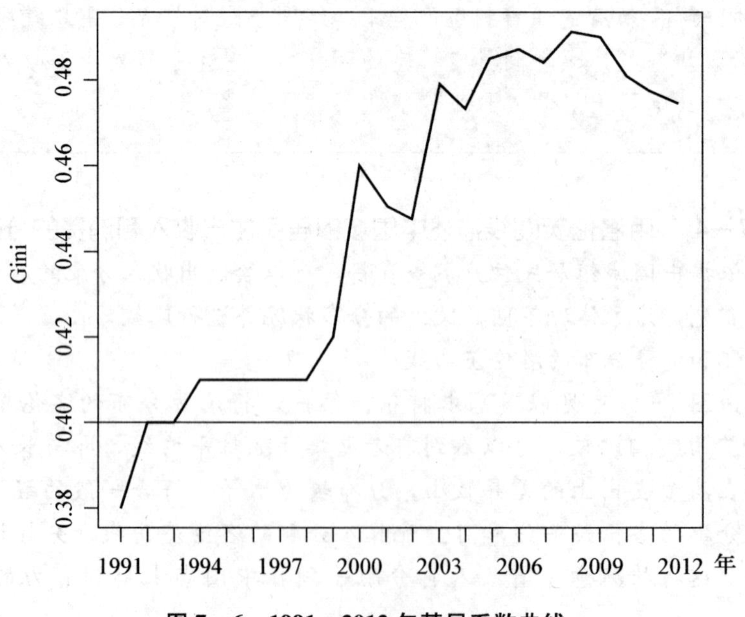


**图7—6　1991—2012年基尼系数曲线**

资料来源：http://news.cntv.cn/2013/01/18/ARTI1358486197956843.shtml.

### 例 7—5　应用基尼系数进行收入分配均等程度的国际比较

依据世界银行《世界发展指标》所提供的有关各个国家和地区收入分配的数据，可以得到各国的基尼系数，从而可以对收入分配的不均等程度进行国际比较。① 图 7—7 为根据各国基尼系数绘制的密度函数曲线。可以看到，半数以上国家的基尼系数在 0.4 以下，只有 1/4 的国家基尼系数超过了 0.45，因此由国际比较可知中国的基尼系数偏高。

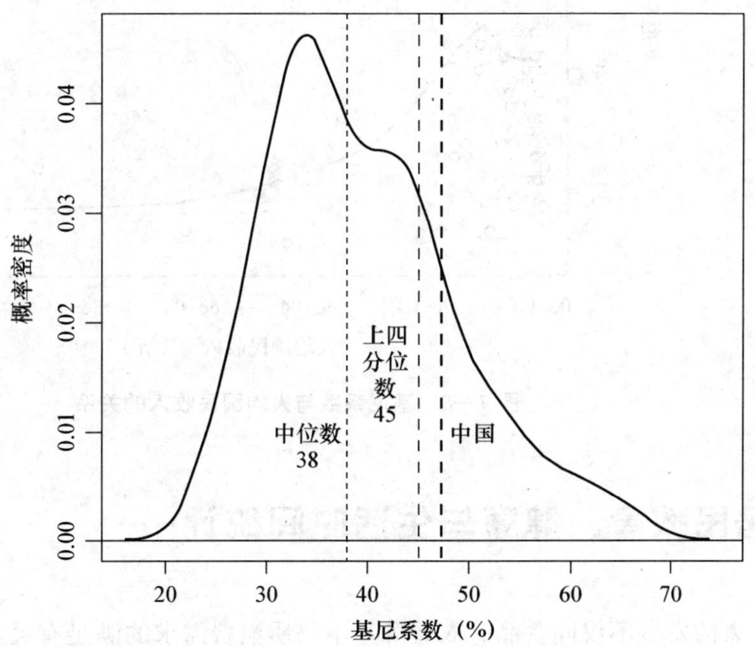


图 7—7　各国基尼系数的分布

除了国际比较，现实中可能还希望了解世界各国收入分配的均等状况是否与收入水平有关。图 7—8 是人均国民收入与基尼系数的散点图，图中曲线为 loess 曲线，表示国民收入与基尼系数的关系。可以看到，无论高收入国还是低收入国，均同时存在高基尼系数和低基尼系数的情况。但是 loess 曲线显示，在收入水平很低时，基尼系数较低，随着收入水平的提高，基尼系数迅速提高，当人均国民收入提高到 10 000 美元左右时，基尼系数达到最大值，随着收入进一步提高，基尼系数开始下降。这一现象表明，当收入提高到一定水平时，通过建立比较完善的收入分配机制，会使收入只集中于少数人手中的分配状况得到改善，收入分配的均等程度会有所提高。目前，中国的收入水平仍然处于较低的区间，基尼系数还处于上升态势，需要健全税收与社会保障等收入再分配机制对不断扩大的收入分配差距加以抑制。

---

① 各国基尼系数的统计年份不完全一致，不过多数国家是 2010 年以来的统计数据。

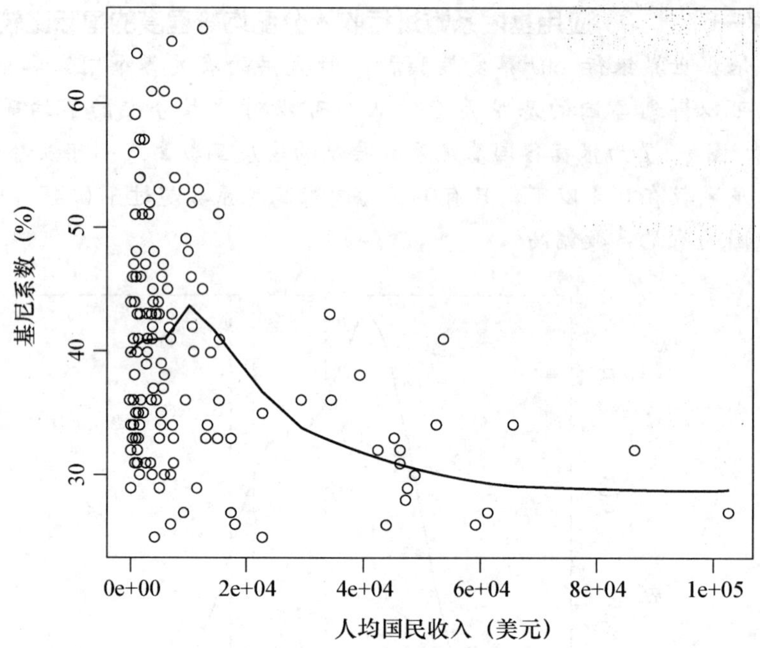


**图 7—8　基尼系数与人均国民收入的关系**

## 7.5　居民教育、健康与生活时间统计

人的发展不仅同食品、衣着等基本物质消费需求的满足有关，还取决于通过教育、保健等所达到的智力和健康水平，通过对生活时间的妥善安排得到体现。从另一方面看，经济社会发展也越来越依赖于具有更高水平的人力资源的参与，不仅是人力资源的数量，还要求人力资源的质量。时至今日，各个国家和地区的经济增长实践已经充分证明了人力资源质量在经济增长过程中的关键性作用，而决定人力资源质量的两个最重要因素就是人力资源的教育水平和健康状况。

鉴于以上原理，本节将讨论有关居民教育、保健和生活时间统计的内容。由于前面第 4 章中公共活动统计已经涉及反映提供教育、保健服务的统计指标，这里尽量避免重复，主要着眼于居民接受教育、保健服务所形成的结果，介绍有关统计指标。

### 一、居民受教育状况统计

在本质上，教育也是一个生产过程，有其投入和产出，所以度量教育活动的两个基本方面就是教育投入及其产出，后者一般称为教育成果。除投入与成果，对一国家或地区教育状况进行评价的第三个重要方面就在于教育的公平性，主要指正规教育的公平性，是否做到了有教无类，是否存在严重的教育歧视。

对教育的统计及分析也是从这三个方面选择指标进行的。在教育投入方面，统计主要应回答以下问题：教育投入的规模多大，教育投入的结构如何，形成了多大教育能力。在教育成果方面，应包括以下内容：一是居民接受教育的机会；二是所确定的人力资源质量，后者体现了教育活动的最终成果。教育的公平性是发生在教育对象这一层次的问题，在中国，教育是否公平主要从三个方面考察：男女之间是否公平；城乡之间是否公平；地区之间是否公平。关于教育投入以及教育服务活动等统计的内容，在第 4 章已有涉及，这里不予重复，以下主要从居民受教育机会、人力资源质量和教育公平性方面简述有关统计内容和方法。

**（一）居民受教育机会的评价指标**

居民可以在学校接受正规教育，也可以从各种途径接受非正规教育。

对居民接受正规教育机会的评价主要着眼于进入学校学习的机会，常用指标主要是各级学校的总入学率和净入学率，具体分为幼儿教育总（净）入学率、初等教育总（净）入学率、中等教育总（净）入学率和高等教育总入学率。某一教育阶段的总入学率是指在该阶段各种年龄的学生总数与官方规定的该教育阶段适龄人口的比例；净入学率是指在该教育阶段在官方规定的年龄范围内就读的学生数与全部适龄人口的比例。两者分母相同，分子不同，差别在于超龄学生。而造成超龄学生的一个主要原因是留级生的普遍存在，由于这一现象，总入学率可能出现大于 100% 的情况，而且即使总入学率大于 100%，也并不能说明所有适龄儿童都已入学，所以在评价适龄儿童入学机会时，净入学率是更为理想的指标。

需要说明，高等教育一般只计算总入学率，这一方面是由于在高等教育中留级现象大大少于初等、中等教育，另一方面是由于高等教育没有明确对应的适龄人口。一般，在没有适龄人口规定的情况下，高等教育总入学率的计算公式是：

$$\text{高等教育总入学率}=\frac{\text{高等教育中各种年龄的学生总数}}{\text{与中等教育年龄相距 5 年的年龄组总人口}} \qquad (7\text{—}20)$$

对成人教育，一般难以得到如入学率这样的评价指标，可以用成人教育学校数及其教育能力来粗略地评价接受教育的机会。

对居民接受非正规教育的机会予以评价，可以从居民接受非正规教育的不同途径或媒介来设置指标，反映居民通过这些媒介获取信息、接受教育的程度。具体可以区分为以下三个方面：一是传统的纸媒介，即主要是图书、报纸；二是电视、广播媒介；三是新兴网络媒介。

（1）万人拥有公共图书馆藏量和报纸流通量，前者是各类图书馆总藏书量除以人口数（以万人为单位）的平均数，反映居民住户从图书馆进行学习的机会；后者是报纸每日平均印数与人口数（以千人为单位）相除的平均值，反映报纸的普及程度。

（2）电视人口覆盖率和广播人口覆盖率，是电视、广播信号覆盖的人口占总人口的比例，反映有多大比重的人口有机会接收到电视广播信号、获得相应的信息和受教育机会。

(3) 每千人拥有计算机数量和每百人中的网民数，以此度量居民利用计算机上网获得信息和受教育的机会。

**(二) 人力资源质量的评价指标**

从教育方面对人力资源进行质量评价，主要是评价居民整体接受教育所达到的水平。最基本的指标是针对成人计算的文盲率和识字率、万人拥有大学毕业生数，进而可以计算成人的平均受教育年限。

1. 成人文盲率和成人识字率

文盲率是使用非常广泛的评价人力资源质量的指标。根据世界银行的定义，所谓文盲人口，是指15岁以上不能理解、阅读和写出有关其日常生活的简单陈述性短文的人口。在一个人口总体中，其全部15岁以上人口中文盲人口所占的比重就是该人口总体的文盲率。成人识字率是与成人文盲率对应存在的指标，指人口总体中15岁以上人口中具有基本读写能力的人口所占比重。即

$$\text{成人文盲率}=\frac{\text{15 岁以上的文盲人口数}}{\text{15 岁以上人口总数}} \qquad (7—21)$$

$$\text{成人识字率}=\frac{\text{15 岁以上的识字人口数}}{\text{15 岁以上人口总数}}=1-\text{成人文盲率} \qquad (7—22)$$

可以进一步就青年人口计算文盲率和识字率，即在15～24岁年龄段内文盲人口和识字人口各自所占的比重。据此，可以在一定程度上反映人力资源的未来状况，并通过青年文盲率和成人文盲率的比较，研究一个国家或地区教育水平的变化。如果前者大于后者，说明该国教育水平有所下降，教育投入不足；反之，则说明教育的进步。

2. 万人拥有大学毕业生数

大学毕业生（包括大学本专科毕业生）是完成高等教育第一阶段的人才，一般已经具备一定的创新能力和广泛的适应性，所以该指标也常用于比较各国的人力资源质量。万人拥有的大学毕业生越多，说明该国的教育成果越丰厚，人力资源的平均质量越高。

3. 平均受教育年限

上述指标都属于比例指标，是用某类受教育人口所占比重来局部地表示整个居民总体的教育水平。要综合计算一个居民人口总体所达到的教育水平，则需要计算居民平均受教育年限，即将人口按受教育程度分组，将各级受教育程度折合为相应的受教育年数（比如文盲人口受教育年数为零，小学文化人口的受教育年数为6年，以此类推），计算其平均达到的年限。公式为：

$$\begin{matrix}\text{平均受教育}\\\text{年限}\end{matrix}=\sum \text{各级受教育程度的教育年数}\times\begin{matrix}\text{受各级教育}\\\text{的人口数}\end{matrix} \qquad (7—23)$$

在中国，各级教育门类比较齐全，因此，要提高整个居民人口总体的受教育水平，关键是改变在各级教育水平上的人口分布，要减少或消除文盲人口和低教育程

度的人口数量及所占比重，使人口比例向中等和高等教育程度转化。

**(三) 教育公平性的统计评价**

教育公平性统计评价主要从三个方面着眼：一是性别与受教育机会；二是城乡与受教育机会；三是地区不同对受教育机会的影响。其基本方法是就不同群体的教育水平和机会进行比较，计算对应比例或差值，以反映其间的差异及差异程度。

(1) 小学净入学率的男女差异，是女性净入学率减去男性净入学率后的差值，以反映在儿童入学机会上的男女差别。一般比较关注女性儿童入学率是否显著低于男性儿童，判断是否存在教育的性别歧视问题。

(2) 成人文盲率的男女差异，是女性成人文盲率减去男性成人文盲率的差值。该指标从累积的角度反映长期以来男女获得受教育机会的差别。如果该指标显著大于 0，意味着存在明显的性别歧视。

(3) 文盲率的城乡差异，是城镇文盲率减去乡村文盲率的差值，反映城镇人口与农村人口在受教育机会上的长期差异结果。一般比较关注的是农村成人文盲率水平是否显著高于城镇，如果差异较大，说明存在城乡教育歧视。

(4) 不同地区高考录取率，是指被高等学校正式录取的考生人数与参加高考考生人数的比值在不同地区的差异，一般在省市行政区层次计算，以反映不同地区在获得受教育机会方面的差异。

**例 7—6　　中国居民受教育状况的评价与分析**

在为儿童和青少年提供入学机会方面，中国经过多年努力，已有很大进步。表 7—6 的数据显示，中国初等教育入学率已达到世界发达国家水平，中等教育总入学率由 1980 年的 46%提高到 2012 年的 89.0%，高等教育入学率也由 1980 年的 2%提高到 2012 年的 26.7%。但同时也应看到，中国与世界先进国家之间仍然存在差距，其中，幼儿教育入学率偏低；虽然自 1999 年以来，高校连年扩招，但是目前中国的高等教育入学率仍然与发达国家有巨大差距，与日本相差 35 个百分点，与美国相差 60 多个百分点。显然，为从本质上提高中国的人力资源质量，实现可持续发展，教育还需要政府、社会和居民更多的关注和投入。

表 7—6　　**2012 年中国、日本、美国入学率比较（%）**

| 国家 | 中国 | 日本 | 美国 |
|---|---|---|---|
| 总入学率 | | | |
| 幼儿教育 | 69.9 | 87.9 | 74.3 |
| 初等教育 | 127.9 | 102.3 | 98.1 |
| 中等教育 | 89.0 | 101.8 | 93.7 |
| 高等教育 | 26.7 | 61.5 | 94.3 |
| 净入学率 | | | |
| 初等教育 | — | 99.9 | 92.8 |
| 中等教育 | — | 99.1 | 86.9 |

资料来源：世界发展指标（2013）。

从非正规教育机会来看，2012 年，中国平均每人拥有 1 册公共藏书，处于较低水平；电视人口覆盖率和广播人口覆盖率分别为 98.2％和 97.5％，达到了较高的水平。从新兴的教育资源即手机和网络资源来看，2012 年，我国每百人中手机拥有量为 81.3 台，互联网用户为 42.3 人，与同期日本的 109.4 和 79.1 相比，还存在较大的差距。

从人力资源质量情况看，发达国家成人文盲率一般都十分接近 0，但统计数据表明，中国的成人文盲率约为 5％，这种状况是由过去在教育方面存在明显的性别歧视所导致的。值得欣喜的是，我国 15～24 岁青年的文盲率只有 0.3％，这反映出人力资源质量提高的趋势。

关于教育公平性的评价，根据《世界发展指标》的数据，2012 年，全国各个阶段教育的入学率都不存在明显差异，甚至女性的大学入学率还高出男性 1.7 个百分点，表明中国在消除教育的性别歧视上已经取得很大成就，可以说，目前我国基本不存在教育的性别歧视问题。此外，近年来我国各个省级行政区的高考录取率普遍上升，到 2012 年，大部分省级行政区的录取率都在 70％以上，但差别依然存在，例如 2012 年海南的录取率超过 90％，而西藏则不足 60％，若再考虑录取学校的层次问题，地区差异将更加明显。综合来看，中国目前不存在严重的教育歧视问题。

## 二、居民住户健康状况统计及分析

所谓健康，按照国际卫生组织的定义，是指“在身体上、精神上和社会适应上的良好状态”。从影响健康的因素和健康的影响效应考虑，居民健康状况与一个社会的经济社会发展状况可谓息息相关。一方面，经济的全面发展和良好的教育是保证健康的中心环节，它可以保障政府、社会和个人有充足的收入用于健康方面的投资，保障对居民健康问题的足够重视以及获得科学维护健康的手段。另一方面，“增进健康可以从四个不同方面促进经济增长，它可以减少工人生病而带来的生产损失；它可以促进利用那些因疾病而完全不能或几乎不能为人类所利用的自然资源；它可以增加儿童入学人数并使之更好学习；它可以解放用在疗病方面的资源，使之可以用在其他地方。”①

对健康进行统计和分析，可以从不同的角度进行。医学统计重在从诊疗角度对健康状况进行评价，一般以疾病统计为核心，但是，如果从经济社会发展角度进行分析，健康状况则不仅与医学诊疗活动有关，而且会涉及营养、卫生、保健、工作环境等更加广泛的方面，对健康的评价由此成为更具有综合意义的研究对象。关于卫生保健服务活动的统计在第 4 章已有介绍，这里则主要从居民作为承载者所达到的综合健康水平介绍相关统计指标和分析思路，将其作为居民生活状况的重要组成部分。

① 世界银行：《1993 年世界发展报告》，17 页，北京，中国财政经济出版社，1993。

**（一）疾病预防的评价指标**

疾病预防是保障健康的第一道防线，而疾病预防又是具备各种条件和进行各种活动的综合结果。一般利用下列指标来评价一个社会总体在消除疾病隐患方面所作出的努力和达到的效果。

（1）获得安全饮用水的人口所占百分比。安全饮用水包括处理后的水和未处理但未污染的水，如泉水、卫生井水、受保护的塘水等，获得的含义是居民住户不需要很长时间即可得到。水是人类生存所必需的物质，水的安全程度如何与居民住户的健康状况关系至密。该项指标越高，说明在水资源方面对居民健康的威胁越小。

（2）可享用卫生设施的人口所占百分比。该指标是指能获得至少具有恰当的排泄物处置设施的人口所占比重，这种设施能够有效防止人畜及蝇虫接触排泄物，以减少感染疾病的机会。

（3）儿童免疫率。世界银行将儿童免疫率定义为 1 岁以下儿童对 4 种疾病——麻疹、白喉、百日咳、破伤风接种预防疫苗的比率。儿童接种一次麻疹疫苗，即可获得对麻疹的足够免疫力；接种 2 或 3 次白、百、破疫苗即可对白、百、破有足够免疫力。这四种疾病对于未接种疫苗的儿童的健康状况具有致命威胁，死亡率极高。所以，较高的儿童免疫率意味着较高的儿童健康保障。

（4）获得必要药品的人口所占百分比。该指标指在公共或私人医疗机构以及步行 1 小时距离以内的药店能获得充足供应，并支付得起至少 20 种必备药的人口比例。这一指标反映居民住户及时获得药品的机会。许多疾病，如果能及时治疗，往往可以获得最佳的效果。所以该指标可以反映人们抵御疾病的能力。

**（二）健康状况的评价指标**

对健康状况进行统计评价，可以从微观个体、医学的角度来研究，主要是各种疾病的发病率、治愈率和有效率等；这里则是从宏观着手，以反映健康投入最终成果为目标来选择最具概括性的指标进行评价和分析。

（1）出生时预期寿命，是根据各年龄死亡率而计算的出生后一个人能生存的平均岁数。该指标被用来评价一个国家国民的综合健康状况，是评价社会发展的常用指标之一。较高的预期寿命意味着较高的居民健康水平。

（2）婴儿死亡率和 5 岁以下儿童死亡率，前者是指新生儿在未满 1 岁期间的死亡率，后者则是指按当时的特定年龄死亡率计算的新生儿在 5 岁以前死亡的比率，一般用‰表示，反映平均 1 000 名儿童中，在未满 1 岁和 5 岁以前死亡者所占比重。一国或地区的健康状况存在问题，往往首先反映在抵抗能力弱的儿童身上，所以该指标是极具概括性的反映健康状况的指标。

（3）成人死亡率，指年龄在 15～60 岁之间的人的死亡概率。该指标和出生时预期寿命指标呈高度的负相关关系，和婴儿死亡率以及 5 岁以下儿童死亡率等指标互相补充，共同反映营养、疾病等原因对人类的威胁程度和居民的健康状况。

**例 7—7　　在国际比较中分析评价中国居民的健康状况**

表 7—7 的统计资料表明，在反映疾病预防能力上，除可享用卫生设施的人口所占百分比指标外，中国其他几项指标都达到或接近发达国家的水平，尤其在儿童免疫方面，我国已经走在了世界前列。可享用卫生设施的人口所占百分比之所以只有 65%，主要是因为农村居民普遍缺乏现代的卫生设施。为提高农村居民预防疾病的能力，中国政府正在大力推行农村"改水改厕"工程。

**表 7—7　　2012 年各国疾病预防能力（%）**

| 国家 | 获得安全饮用水的人口所占百分比 | 可享用卫生设施的人口所占百分比 | 麻疹免疫率 | 白、百、破免疫率 |
|---|---|---|---|---|
| 中国 | 92 | 65 | 99 | 99 |
| 韩国 | 98 | 100 | 99 | 99 |
| 日本 | 100 | 100 | 96 | 99 |
| 印度 | 92 | 35 | 74 | 88 |
| 美国 | 100 | 100 | 93 | 99 |
| 加拿大 | 100 | 100 | 98 | 98 |
| 英国 | 100 | — | 93 | 99 |

资料来源：世界银行数据库，http://databank.worldbank.org/。

由表 7—8 可见，健康状况与收入水平在平均意义上存在密切关系。总的来看，收入水平越高的国家，其居民的健康状况越好：预期寿命随收入增加而增大，婴儿死亡率和成人死亡率则随收入增加而下降。

**表 7—8　　不同收入水平国家健康状况**

| | 出生时预期寿命（2011 年；岁） | | 婴儿死亡率（2013 年；‰） | 5 岁以下儿童死亡率（2013 年；‰） | 成人死亡率（2012 年；‰） | |
|---|---|---|---|---|---|---|
| | 男 | 女 | | | 男 | 女 |
| 高收入国家和地区 | 76 | 82 | 5 | 6 | 157 | 77 |
| 中等收入国家和地区 | 67 | 71 | 33 | 43 | 188 | 127 |
| 低中收入国家和地区 | 64 | 68 | 44 | 59 | 237 | 164 |
| 高中收入国家和地区 | 71 | 75 | 20 | 16 | 141 | 93 |
| 低收入国家和地区 | 58 | 61 | 53 | 76 | 265 | 225 |
| 中国 | 72 | 75 | 12 | 14 | 103 | 76 |
| 印度 | 64 | 67 | 43 | 55 | 239 | 158 |

资料来源：世界银行数据库，http://databank.worldbank.org/。

从表中各项指标来看，作为低中收入国家，中国居民的健康状况要高于中等收入国家的平均水平，并已远远领先于另一发展中大国印度，这表明中国在改善居民健康方面取得了巨大成果。当然，与高收入国家相比，中国还有较大的差距，因此仍然要加大健康投入，改善人民的健康状况。

## 三、居民生活时间分配统计

人的一切活动都离不开时间。在每一个时间点上，人们都进行着各种不同的活动；人们利用时间的不同方式取决于经济、社会、文化和个人等许多因素，比如时代特征、人的生命周期、经济生产力水平、家庭状况、性别、受教育程度等。由此，居民生活时间的分配和利用在一定意义上，可以说是对居民社会生活各个侧面的综合反映。对居民生活时间分配和利用状况进行统计，是从数量上综合反映和研究居民经济社会生活状况的重要内容。

居民生活时间统计所关注的中心是在一定生活状态下居民对生活时间的利用方式，其核心是闲暇时间数量及其分配。在闲暇时间里，个人所从事的活动既不是为了满足自己生理需要，也不是为了对别人承担某种义务强加的，而是为了自我实现和进一步发展而从事各种活动。因此，闲暇时间的多少以及如何安排，是居民生活状况的直接体现，正如爱因斯坦所说："人的差异在于闲暇时间。"

**（一）生活时间分配的概念**

生活时间分配是指"人们的时间资源在各项生活活动上的配置"①，也就是指人们在某一段时间内社会生活内容的时间构成。

对生活时间分配状况予以统计，首要的是确定所研究生活时间的周期。一种研究的对象是人一生的时间分配问题，比如接受教育时间、参加经济活动时间、老年健康时间和非健康时间；另一些研究则侧重于在更短的时间周期内研究更加具体的生活时间分配的问题，如每天生活时间分配、每周生活时间分配、每年生活时间分配。就一生生命周期进行时间分配研究具有重要意义，但并不直接反映从居民生活状态角度进行研究的目的。因此，以下关于居民生活时间分配的统计主要是指短周期的生活时间分配统计，一般是以"周"或"年"为研究时段，以小时、分钟为单位记录从事不同活动的时间。

划分生活时间分配的内容，是进行生活时间分配统计的第二个基本问题。以往的研究曾经出现过不同分法。其中，二分法将生活时间分为工作时间和非工作时间。三分法根据人们对时间需要的不同层次将社会时间分为三部分：一部分被人的自然功能占用，如睡觉、吃饭，称为一次活动时间；另一部分是被家庭和社会责任占用的时间，如工作、学习、出行、购物和家务劳动等，称为二次活动时间；最后一部分就是个人根据自身喜好自由选择支配的时间，即所谓三次活动时间。如果将家务劳动时间单独列示，其结果就是生活时间的四分法。从研究居民生活状态目的考虑，三分法或四分法更值得肯定，因为它明确分离出了闲暇时间的概念。

一次活动时间是个人生活必需时间，它存在一个自然生理界限，但在不同生活方式下也具有一定弹性；二次活动时间变化和差异最大，而且与三次活动时间之间常常存在明显的此消彼长关系。然而，实际上，各种时间之间的划分有时候并没有严格的界限，它不是简单地具体活动内容的划分，也不容易确定合适的时间标准。例如，有些人需要的睡眠时间超过其他人睡眠需要的平均时间；有些人只是喜欢躺

① 王琪延：《中国人的生活时间分配》，42页，北京，经济科学出版社，2000。以下叙述中有部分内容参考了该著作的成果。

在床上，其时间可能已超出其生理需要；有些人将在他们的花园里栽种作为一种享受，而另一些人却是为了补充其收入；有些人练习音乐作为其职业，而另一些人则是出于业余爱好。因此，不论在何种情况下，对居民的任何活动时间进行归类都不能忽视人们行为的准则和动机。此外，还应说明，在所有居民人口中，只有成年人才具有完整意义的时间分配，因此，除非特殊研究目的需要，一般进行居民生活时间分配统计的对象主要限于成年居民人口。

### （二）居民生活时间分配与利用统计的指标与分析思路

依据上述基本概念，生活时间分配统计的内容首先是通过一定统计指标描述居民生活时间分配的现状，而后在此基础上建立一定的分析框架，分析居民生活时间分配的规律和现实问题。

1. 居民生活时间分配统计指标

围绕生活时间分配统计，有以下统计指标可资利用。

一是时间总量指标，是针对特定人口总体进行的时间总量统计。其中，可以统计全体居民人口在一段时间（比如一年或者一周）内经过的时间总和，即各个个人生活时间的总和，在一国宏观层次上，该时间总量称为国民总时间；同时可按照上述从事不同活动的时间类别分别统计时间总量，包括工作时间总量、家务劳动时间总量、个人生活必需时间总量、自由支配时间总量等。

二是平均时间指标，是针对特定人口总体所计算的在特定时间段内每人从事某类活动的平均时间，比如按周或按年计算的平均工作时间、平均家务劳动时间、平均个人生活必需时间、平均自由支配时间。这类指标是相应时间总量指标和人口数指标的平均，是反映生活时间分配状况的基本描述指标。

在平均时间指标基础上，可以计算时间结构指标，以反映居民生活时间的分配方式和利用程度。可以以总时间为基础计算各类生活活动时间所占比重，也可以用不同类别活动时间直接比较计算比例，即工作时间占用率、个人生活时间占用率、家务劳动时间占用率、闲暇时间占用率。

2. 居民生活时间分配统计分析的基本思路

在基本统计基础上，可建立相应的分析框架，以进一步对居民生活时间分配状况以及相关问题展开深入分析。一般，分析所关注的问题包括以下方面。

首先是根据不同时间上的居民生活时间分配统计资料，分析居民生活时间分配和利用的变化趋势。大体上说，随着经济社会的发展，工作时间、家务劳动时间将趋向于不断减少，个人生活必需时间也会在一定限度内有所减少；与此相对应的，是由个人自由支配的闲暇时间趋于增加。也就是说，伴随经济社会发展进程，人类生活模式在总体趋势上是由被时间支配的状态朝自由支配时间状态的方向发展，人类自由支配时间的增多是社会进步和生活水平提高的重要标志之一。

第二方面是根据横截面资料进行对比分析，分析不同人群在生活时间分配利用上的差异。这种分析的前提是按照不同标识对居民人口的各种分组。通常比较关注的方面有：不同国家居民之间的差异、国内不同地区居民之间的差异、城镇居民和农村居民之间的差异、男性居民与女性居民之间的差异、不同收入水平的居民之间的差异、不同家庭规模居民之间的差异。进一步，还可就年龄、受教育程度、婚姻状况、个人身份等分组观察生活时间分配利用上的差异。一般来说，个人生活必需时间是人类生存（生理上）所必需的时间，在不同人群之间差异不会很大，差异主要表现在工作时间、家务活动时间和闲暇时间方面，形成程度不同的地区差异、城乡差异、性别差异等。这些差异的大小从特定角度反映了经济生活发展不平衡、不充分的程度。

在前两方面分析的基础上，可以进行居民生活时间分配利用水平及其差异状况的因素分析，确定居民生活时间分配利用状况动态变化和静态差异的主要因素；进而，可以将居民生活时间分配利用统计分析扩展到更广的方面，分析其对经济社会发展的影响效应，比如对人力资本形成的影响、对经济产业发展的影响等。

闲暇时间仍然有不同的利用方式，其间仍然反映了居民的不同生活状况。一般可以根据人们在闲暇时间里进行的活动，把闲暇时间分为业务学习时间、文体娱乐时间、社会活动时间、教育子女时间和其他闲暇活动时间等。如果就此进行更详细的统计和分析，有助于将居民生活时间分配利用统计推进到一个更加深入的层次。

### （三）居民生活时间分配利用统计与居民生活质量

一国国民拥有闲暇时间的多少，在一定程度上可以反映这个国家的经济社会发展程度。从历史上看，随着经济社会发展水平的提高和社会进步，闲暇活动时间经历了一个不断增加的过程。生产力越发展，劳动生产率越高，人们就越能用较少的时间创造更多的社会财富。所以，闲暇时间的增多是生活水平提高的标准之一。为此，联合国发展研究所曾在 1990 年提出了不同生活发展阶段的闲暇时间标准。以年为考察期间，具体标准为：如果每年人均闲暇时间在 3 600～6 400小时之间，说明生活水平尚处于贫困及温饱阶段；如果在 6 400～6 816 小时之间，则说明生活水平达到了小康阶段；如果在 6 816 小时以上，则可判定生活水平已达到了富裕阶段。按照上述标准，结合我国劳动就业情况，小康阶段城市职工每周制度内工作时间为 5 天，每年闲暇时间为 6 500～6 700 小时，可达到世界中等收入国家的一般水平。

但是，需要指出，利用生活时间尤其是闲暇时间来衡量居民生活质量，具有很大的局限性。一般来说，闲暇时间是个人主动从工作、学习和家务活动中解脱出来以自由支配的时间，它并不等于出于各种原因无法从事工作、学习而被动闲置的时间（或称剩余劳动时间）。对不同的居民群体，可能面临不同的情况，但在统计上可能难以在二者之间作出明确区分。总体来看，只有在收入达到较高水平时，才有追求闲暇和生活多样性的要求；而对那些处于低收入水平的居民人口来说，更迫切的要求可能是获得就业机会和受教育机会，更加充分地利用剩余劳动时间，以改善自身及其家庭物质生活状况。结合中国目前的情况看，以闲暇时间来衡量生活质量，主要限于城市居民，不太适用于农村居民；在城市居民中，比较适用于正在就业和就学的居民群体，不太适用于处于失业和失学状态的居民。

**例 7—8　　中国北京市居民生活时间分配利用统计与分析**

为了解城市居民生活方式的变化，中国人民大学休闲经济研究中心于 2006 年 8 月对北京市居民进行了生活时间分配的抽样调查，有效样本为 1 650 人。将该调查结果与北京市统计局 1986 年进行的北京市居民生活时间调查结果进行对比（见表 7—9）可以看到，随着经济增长和社会进步，北京市居民生活方式发生了巨大的变化。与 1986 年相比，2006 年北京市居民的工作（学习）时间和家务劳动时间有较大幅度的减少，节余出来的时间则用于生活必需和自由支配。

**表 7—9　　北京市居民 1986 年与 2006 年生活时间分配比较**　　单位：分钟

| 年份 | 生理活动时间 | 工作时间 | 家务时间 | 闲暇时间 |
|---|---|---|---|---|
| 2006 | 683 | 367 | 108 | 282 |
| 1986 | 586 | 467 | 148 | 239 |
| 增减 | 97 | −100 | −40 | 43 |

就性别差异而言，调查结果显示，无论是 1986 年还是 2006 年，男性的闲暇时间都多于女性：1986 年，男性为 4 小时 23 分，女性为 3 小时 27 分；2006 年，男性为 5 小时 5 分，女性为 4 小时 26 分。从变动趋势来看，男性闲暇时间的增加幅度小于女性，男性增加 42 分钟，而女性增加 59 分钟，表明男女在时间分配上的不平等程度在不断缩小。

下面通过表 7—10 来进一步分析闲暇时间的性别差异。表中数据为休闲协同度，是以男性某项休闲活动时间为分母，女性该项休闲活动时间为分子计算的，100%为完全协同，低于或高于 100%，都说明协同性降低。从表 7—10 可以看到，2006 年北京市居民平均的休闲协同度为 97.9%，比 1986 年提高了近20 个百分点，除交往活动，各项休闲活动的协同度都有不同程度的改善，因此总的来看，北京市居民男女在休闲活动上的平等程度不断提高。此外，一个引人注意的现象是，2006 年女性在学习研究活动方面的时间投入远高于男性，表明北京市女性越来越注重提升自我价值和追求自我实现。

**表 7—10　　1986 年和 2006 年北京市居民休闲协同度（%）**

| 年份 | 平均 | 电视、广播、报纸、杂志 | 休息 | 学习研究 | 游园散步 | 体育锻炼 | 交往 | 教育子女 |
|---|---|---|---|---|---|---|---|---|
| 2006 | 97.9 | 92.9 | 104.3 | 123.1 | 109.5 | 73.3 | 69.2 | 100.0 |
| 1986 | 78.0 | 75.6 | 86.8 | 87.5 | 77.7 | 33.3 | 100.0 | 120.0 |

资料来源：王琪延，《从时间分配看北京人 20 年生活的变迁》，载《北京社会科学》，2007（5），22～26 页。

## 7.6 居民生活质量统计与评价

以上各节立足住户范围内所发生的各种经济社会活动及其直接结果介绍有关统

计内容。实际上，住户从事各种经济社会活动的最终目的是要满足其成员的物质生活需求，以求得身体和精神的良好发展。因此，住户活动的最终结果是形成一定的生活水平，也就是居民生活质量。定量描述和评价一个居民总体在特定时间上所达到的生活质量水平，是居民生活质量统计的任务。

## 一、居民生活质量的基本定义和相关统计问题

居民生活质量问题是社会学、经济学、统计学等许多学科的研究对象。受研究目的和方法影响，不同学科对生活质量的解释也不尽相同。实际上，从理论上对生活质量作出精确定义是十分困难的，从统计学角度看，生活质量是指居民生活所达到的优劣程度，它既包括物质生活的满足程度，又包括精神生活的充实程度；既体现为居民的消费水平，又体现为居民所获得的社会福利程度和环境状况。统计学进行生活质量研究的基本任务，就是要通过一定方法对特定居民总体在特定时间上的生活质量水平予以评价和分析。有关问题包括以下方面。

第一，生活质量具有多重内涵，由此决定了统计进行生活质量评价所面临的任务，不是单一指标的计算，而是要在确定生活质量内涵基础上，设计相应的统计指标体系，以描述居民生活质量的不同方面，进而予以综合评价。在生活质量统计指标体系的设计中，要处理好经济指标与其他指标之间的关系。一方面，应重视生活质量的物质基础，充分考虑经济指标在衡量生活质量中的基础作用；同时又不能简单地将收入、消费等经济指标等同于生活质量的全部，而是要从不同角度设计指标，力争全方位地描述居民生活质量的不同方面。

第二，生活质量的描述评价一般包括居民个人生活和社会生活两个层次。居民生活在一定社会环境中，因此对居民生活质量的评价必然要包括其社会生活方面，但需要强调的是，居民生活质量评价比较侧重于居民个人生活方面，所涉及的社会生活方面也仅限于与居民个人生活直接相关的部分，而不是直接描述社会生活本身的质量，后者属于社会发展评价的内容（见第 9 章）。

第三，按照所达到的水平，可以将生活质量区分为不同层次，其中最常用的区分标准是所谓的贫困、温饱、小康、富裕四分法。鉴于这种区分，并根据中国所面临的实际情况，以下将首先介绍国际上通用的评价居民生活质量的一般方法，而后着重从贫困和小康两个层次来具体讨论生活质量评价问题。中国仍然属于发展中国家，摆脱贫困，实现温饱，并达到小康生活水平，是中国实施第一步和第二步发展战略所要达到的目标，因此，有关贫困和小康的统计测度和评价具有重要的现实意义。

## 二、居民生活质量的综合评价

自 20 世纪 60 年代以来，国际上为评价一时期的居民生活状况开发了各种方

法。以下介绍其中具有广泛影响的评价方法。

1. 物质生活质量指数

物质生活质量指数（physical quality of life index，PQLI）是1975年在大卫·摩里斯博士指导下，由美国海外发展开发署提出的，公布于1977年，其基本目的是衡量一国居民在营养、卫生保健、国民教育等方面所达到的生活质量水平，以反映其在满足人们基本需要方面所取得的成就。从基本目的可以看出，该指数主要针对发展中国家尤其是处于贫困状态的国家而编制。

物质生活质量指数由婴儿死亡率指数、1岁的预期寿命指数和成人识字率三项指标综合而成，计算公式为：

$$\text{PQLI}=\frac{\text{婴儿死亡率指数}+1\text{岁的预期寿命指数}+\text{成人识字率}}{3} \tag{7—24}$$

为了将婴儿死亡率、1岁的预期寿命指数和成人识字率都转化为在0～100之间取值的指数，需要将这些指标指数化。其中成人识字率以其原型出现，其他两项指标则按下式进行转换：

$$\text{婴儿死亡率指数}=\frac{229-\text{实际每千婴儿死亡数}}{2.22^{①}} \tag{7—25}$$

$$1\text{岁的预期寿命指数}=\frac{1\text{岁预期寿命}-38}{0.39^{②}} \tag{7—26}$$

2. ASHA指标

ASHA指标是美国社会卫生组织（American Social Health Association，ASHA）提出的一种综合评价指标，计算公式为：

$$\text{ASHA}=\frac{\text{就业率}\times\text{识字率}\times(\text{平均预期寿命}/70)\times\text{人均 GNP 增长率}}{\text{人口出生率}\times\text{婴儿死亡率}} \tag{7—27}$$

显然，在所考察的6项指标中，就业率、识字率、平均预期寿命、人均GNP增长率是影响生活质量的正指标，数值越大，说明生活水平越高；而人口出生率和婴儿死亡率则是反映生活质量的逆指标，对衡量居民生活质量具有负影响。进而，该组织还确定了各项指标的目标值：就业率达到85%，识字率达到85%，平均预期寿命达到70岁，人均GNP增长率达到3.5%，人口出生率达到2.5‰，婴儿死亡率达到5‰，这时ASHA为2 023，并以此作为发展中国家在2000年的目标水平。

联合国开发计划署1990年开发的人类发展指数也可以认为是对居民生活质量的评价，具体方法将在第9章社会发展评价部分予以介绍。此外，还可以采用主观

---

① 229‰是1950年以来最高的婴儿死亡率，7‰是当时估计将在2000年所达到的最低婴儿死亡率，以此作为0和100的尺度，可以计算出，婴儿死亡率每下降2.22个点（(229−7)/100），婴儿死亡率就会变动1个百分点。

② 38岁和77岁是第二次世界大战后出现的最低和最高的1岁预期寿命值，以此作为0和100的尺度，可以计算出，预期寿命每变动0.39岁（(77−38)/100），预期寿命指数就变动1个百分点。

评价法对住户生活质量进行评价，即通过专门调查，形成主观评价指标，以测量人们对生活的满意程度。

## 三、贫困的统计测度

进行贫困统计的目的主要是衡量一个居民人口总体的贫困程度和贫困状态。为此，需要定义贫困的概念，确定贫困的定量标准，并应用一定方法来测度贫困的程度以及摆脱贫困的进程。

### （一）贫困的概念

贫困的概念是在不断发展的。传统上理解的贫困主要是指由收入不足所导致的物质匮乏及低水平的教育和健康状况；此后，贫困中还包括居民面临风险的脆弱性，以及不能表达自身需求和缺乏影响力的状态。20 世纪 90 年代以来，以收入为中心的狭义贫困观正逐渐为以能力为中心的广义贫困观所替代。按照广义的贫困观念，可将贫困理解为缺乏维持最低标准正常生活的能力。目前，贫困统计还主要限于狭义贫困，关于广义贫困的统计测度有待进一步开发。

另一方面，贫困还有绝对贫困、相对贫困之分。绝对贫困通常是从人的基本需要方面界定的，表现为个人或家庭所获得的收入不能维持基本生存所需的福利和消费的状况，这样的贫困个人或家庭称为贫困人口或贫困户。相对贫困主要在不平等基础上定义，即相比较而言，一部分居民住户处于相对贫困的生活水平上。显然，由于收入分配不可能完全均等，因此相对贫困只能被减轻，而不能被消除。贫困问题在发展中国家是个普遍问题，既有绝对贫困现象又有相对贫困现象，在发达国家则主要具有相对贫困的性质。对贫困统计来说，绝对贫困和相对贫困的差异主要在于贫困线的不同确定方法。

### （二）贫困线的确定

对贫困进行统计，首先就要确定贫困线。贫困线，亦称贫困标准，是评判一个人口总体中是否存在贫困人口以及哪些人属于贫困人口的标准。

在狭义贫困概念下，贫困线的确定主要着眼于是否具有经济能力维持人的基本生存，一般用维持基本生存所需的最低生活费用来表示。该最低生活费用包括两个部分：人们为满足生存所需的最低食品费用和其他生活费用。其中，食品消费按照项目可分为粮食、副食、烟酒茶和其他食品等几类，其他生活消费主要包括衣着、住房、医疗、劳务及必要的教育等。这样的贫困标准实际上也就是绝对贫困的衡量标准。如果采用相对贫困的概念，则贫困线要参照某一收入水平来确定，例如在英国，贫困线是中等收入水平（即收入的中位数）的 60％。

由于城乡之间经济社会发展差异很大，经济结构、社会模式、居民生活方式等也不相同，因此一般要对城镇和乡村分别确定贫困线。对此加以推广不难理解，在不同国家，所确定的贫困线总是具有差异。为此，要进行贫困的国际比较，还需要确定国际贫困线。目前世界银行以每天收入 1.25 美元（按购买力平价计算）为标准定义贫困。

**相关链接 7—3　不同国家的贫困线**

**一、欧盟国家贫困线标准制定**

20 世纪 80 年代，欧共体为了确定成员国的贫困程度与社会保障标准，以便统一劳动力市场，由欧共体中央统计局于 1985 年对欧共体各国的贫困率进行测算比较，以便制定欧共体统一的贫困线标准。当时主要采用了两种方法：一是国别贫困率，即各成员国平均家庭消费支出的 50%为本国的贫困线标准；二是欧共体统一贫困率，即以欧共体平均家庭消费支出 50%为欧共体统一的贫困线标准。

随着《马斯特里赫特条约》的签订，欧洲一体化进入了新阶段，欧盟开始制定新的统一贫困线标准。

**二、美国贫困线标准制定**

美国于 1965 年首次制定全国统一贫困线标准，1965 年的贫困线标准是 3 317 美元。此后，参考当年的物价指数，确定该年的四口之家贫困线标准。随着物价不断上涨，美国贫困线标准也随之提升。2008 年，美国四口之家贫困线标准为 22 200 美元。

**三、发展中国家的国际贫困线标准制定**

发展中国家数量大，国情差异明显，统一贫困线标准制定，难度很大。国际社会对发展中国家扶贫援助需要较客观的依据，因此有必要制定统一的国际贫困线标准。世界银行率先制定了统一的国际援助贫困线标准，它以 1985 年的美元为基准，考虑各发展中国家平均购买力水平，提出贫困线标准是人均每天 1 美元生活费。

近年来，由于美元持续下跌，国际贸易产品物价水平普遍上涨，世界银行按 2005 年美元计价，贫困线标准由原来的人均每天 1 美元提高到 1.25 美元。

**四、中国政府的贫困线标准**

改革开放后，中国政府的贫困线标准包含绝对贫困线标准与低收入贫困线标准两部分。1985 年中国政府的贫困线标准是人均年纯收入 200 元，此后根据物价指数，逐年微调，并设置绝对贫困线标准，2008 年为 785 元。2008 年低收入贫困线标准为人均纯收入 786～1 067 元。

根据“十七大”报告中提出要逐步提高扶贫标准的要求，正在拟定新的贫困线标准，首先将绝对贫困线和低收入贫困线两个标准“合二为一”，统一称为贫困线；其次，新贫困线标准统一上调为 1 300 元。按购买力计算，将与世界银行人均每天 1 美元的标准接轨。

资料来源：周敏凯：《试析全球贫困问题与中国贫困线标准调整计划》，载《社会科学》，2008(10)，20～24 页。

### （三）贫困的测度

在确定贫困人口之后，统计的任务是要对一个居民人口总体的贫困状况予以测度，包括贫困程度、贫困深度，以及贫困状态的动态变化。

根据广义贫困的内涵，可以从以下四个方面对贫困进行测度：收入、教育和健康、脆弱性、发言权和影响力。目前贫困统计所开发的指标比较偏重于收入方面。

1. *从收入方面测度贫困*

从收入方面测度贫困，主要体现为从经济能力上测度贫困，其基本依据是居民住户所获得的收入以及实现的消费。在贫困线确定以后，测度贫困程度的指标主要有以下三种：贫困者比重、贫困深度、森贫困指数。

贫困者比重，也称为贫困发生率，是指收入在贫困线以下的家庭（或人口）数占全部家庭（或人口）数的比重。贫困者比重在测度贫困分布的广度方面有较好的效果，但却不能反映贫困者的贫困程度。比如，假设有 A，B 两个地区，贫困线均为年收入 1 000 元。A 地区有 10%的人年收入 900 元，1%的人年收入500 元；B 地区则有 10%的人年收入 500 元，1%的人年收入 900 元。显然，两个地区的贫困程度明显不同，但贫困者比重却相同。

贫困深度，也称为收入距，是进一步测度贫困程度的指标，其计算公式是：

$$P=1-\theta \tag{7—28}$$

式中，$P$ 为贫困深度；$\theta$ 为处于贫困线以下的家庭或个人的平均收入与贫困线水平之比的算术平均数。该指标可以反映贫困者的收入水平与贫困线之间的距离，反映贫困者的贫困程度，这就弥补了贫困者比重的不足。但由于贫困深度只是一个平均指标，其数值大小与贫困者的数量无关，因此该指标难以反映贫困的广度。比如，假设有 A 和 B 两个地区，贫困线均为年收入 1 000 元。A 地区有 10%的人年收入 500 元；B 地区则有 30%的人年收入 500 元，在这种情况下，两个地区的贫困广度有显著差别，但据此计算的贫困深度却相同。

此外，应用贫困深度指标还存在另一个问题，作为平均指标，算术平均数作为集中趋势测度的代表性特别受分布状况的影响。如果贫困人群的收入差异程度很大，收入分布很不均匀，贫困深度将难以准确反映贫困者的收入水平与贫困线之间的距离。比如，假设在收入低于贫困线的人口中，某地区有 10%的人的年收入与贫困线之比是 0.9，90%的人的年收入与贫困线之比是 0.1，则该地区的贫困深度是 0.82，这显然忽略了 90%的人的贫困状态，低估了该地区的贫困程度。

考虑到上述指标各自的优缺点以及可以互相弥补的特点，1998 年诺贝尔经济学奖得主阿玛蒂亚·森在 1992 年提出了如下贫困指数的概念，其计算公式如下：

$$S=H[P+(1-P)G] \tag{7—29}$$

式中，$S$ 为森贫困指数；$H$ 为贫困者比重；$G$ 为收入在贫困线以下的贫困者收入分配的基尼系数；$P$ 为贫困深度。该指数将贫困的广度、深度以基尼系数的信息综合起来，在一定程度上克服了各项指标的弱点，所以受到了广泛的重视和应用，被称为森贫困指数。

该指数的贡献不仅在于将贫困者比重和贫困深度这两个指标综合为一体，更在于引入了基尼系数这一衡量收入分配差异的指标。由式（7—29）可知，当贫困者收入分配差异增大时，基尼系数会增大，从而森贫困指数会增大。这样，通过基尼系数的自动调节，森指数能够尽量回避上述两项指标的弱点，得到更为客观的、可以同时反映贫困深度和广度的结果。

**相关链接 7—4　其他反映贫困的指标**

除了贫困发生率、贫困深度和森贫困指数，还有一些可用来反映贫困严重程度的指标。

1. 沃茨指数

这是由沃茨（Watts）于 1968 年提出的衡量贫困程度的指数，其计算公式为：

$$W=\frac{1}{N}\sum_{i=1}^{M}(\ln z-\ln y_i)I(y_i,z)n_i$$

式中，$W$ 为沃茨指数；$z$ 为按家庭收入制定的贫困线；$y_i$ 为第 $i$ 家庭的收入；$I$ 为指示函数，如果 $y_i\leqslant z$，则 $I=1$，否则 $I=0$；$n_i$ 为第 $i$ 个家庭的人口数；$M$ 为全部的家庭数；$N$ 为总人口数。

该指数使用对数来测量贫困，因此对低收入变动的敏感度大于对高收入变动的敏感度，即与向较为贫穷的人（仍属于贫困人口）提供等量补贴相比，向非常贫穷的人提供一定数量的转移支付对减轻贫困所作的贡献更大。

2. 贫困差距平方指标

这是由福斯特、吉尔和托尔贝克（Foster，Greer and Thorbecke）于 1984 年开发的衡量贫困程度的指标。其计算公式为：

$$S=\frac{1}{N}\sum_{i=1}^{M}\left(\frac{z-y_i}{z}\right)^{\alpha}I(y_i,z)n_i$$

式中，$S$ 为贫困差距平方指标；参数 $\alpha$ 决定了该指标对处于贫困线以下人群贫穷程度的敏感程度。如果 $\alpha=0$，则该指标即为贫困发生率；如果 $\alpha=1$，则该指标即为贫困深度。这两个指标对收入的分布都不敏感。但是如果 $\alpha>1$，则该指标对收入的分布非常敏感。特别是当 $\alpha=2$ 时，被称为贫困差距平方指标，是应用最广的分布敏感指标。

需要说明的是，目前中国扶贫工作中主要使用贫困发生率指标，而贫困深度和贫困差距平方指标多在研究中使用。

2. 从其他方面测度贫困

在教育方面，小学的总入学率和净入学率是合适的测度贫困的指标；在健康方面，婴儿死亡率以及儿童死亡率可用来反映贫困。

脆弱性是指“一个家庭或一个人在一段时间内将要经受的收入和健康贫困的风险”以及“面临许多风险（暴力、犯罪、自然灾害和被迫失学等）的可能性”。①这是一个动态概念，难以用一个指标予以度量，目前常用的测算指标主要是收入或消费的标准差或变异系数。

从发言权和影响力方面测度贫困，主要可以从选举权、加入工会及政党的权利和提意见的能力等方面进行，目前还没有得到广泛应用的指标。

为了更加全面地度量贫困，联合国开发计划署开发了多组贫困指数，具体内容见教材第 9 章 9.3 节。

**例 7—9　　中国的扶贫和发展的成就与挑战②**

在过去 25 年里，中国的扶贫工作取得的进展令人称羡。众多指标都表明，该领域的进展十分显著。从收入和消费的角度来衡量，贫困率均大幅度下降。在实现人类发展指标方面取得的成就也十分巨大。对于新千年发展目标而言，中国大多数都已达到，或者成绩斐然。由于这些已经取得的进步，与 20 世纪 80 年代初改革初期相比，中国现已步入了一个完全不同的发展阶段。

按照中国的官方贫困标准计算，中国农村的贫困者比重从 1981 年的 18.5%下降到了 2012 年的 10.2%，农村贫困人口的数量从 1.52 亿下降到 9 899 万。按照世界银行的贫困标准计算，中国的扶贫成就则更为显著。1990—2011 年，人均日消费低于 1.25 美元的人口所占的比例从 60.7%下降到了 6.3%，6 亿多人摆脱了贫困（见图 7—9）。

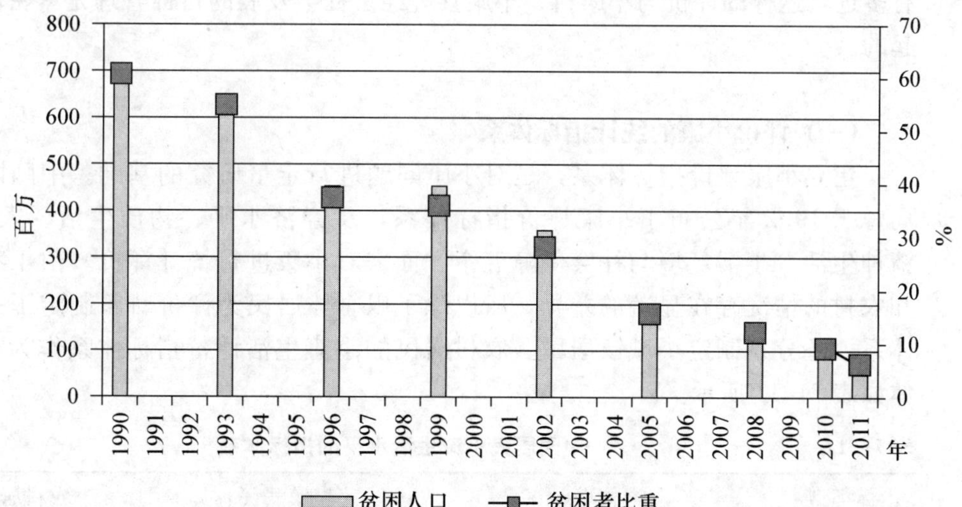


**图 7—9　中国的扶贫成就**

说明：左轴为贫困人口；右轴为贫困者比重。

① 世界银行：《2000/2001 世界发展报告——与贫困作斗争》。

② 全球贫困数据来自 http://www.worldbank.org/en/topic/poverty/overview；中国贫困数据来自 http://povertydata.worldbank.org/poverty/country/CHN。

在如此短的时间里使如此多的人摆脱了贫困，对于全人类来说都是史无前例的。1990—2011 年间，全部发展中国家生活在 1.25 美元标准下的贫困人口由 19.1 亿人减少到了 10 亿人，贫困者比重由 43%降至 17%。可见，如果没有中国的扶贫努力，过去 20 年发展中国家减贫成就会大打折扣。

然而，扶贫重任仍将存在，在某些方面，任务甚至更加艰巨。按照国际上划定和计算贫困人口数量的标准，中国的贫困人口依然庞大。由于中国庞大的人口基数，按照国际标准计算得出的中国消费贫困人口数占世界贫困人口的比重为 13%，在国际上仍排名第三，仅次于印度和撒哈拉以南非洲。

## 四、小康的统计测度

把小康作为一个发展阶段来研究生活质量，是中国所特有的课题。所谓小康，是指在温饱基础上，生活质量进一步提高所达到的丰衣足食的状态。在小康阶段，生活资料更加丰裕，消费结构趋于合理，居住条件明显改善，文化生活进一步丰富，健康水平继续提高，社会服务设施不断完善。它比温饱阶段有进一步提高，但离生活富裕尚存在一定差距。

通观中国目前关于小康的研究和管理实践，小康的统计测度在性质上与上述贫困测度有所区别，其主旨不是针对特定住户确定其生活水平是否达到小康，以及在特定人口群体中达到小康的住户或人口有多少或占有多大比重，而是针对一个特定区域的人口总体，评价其整体上是否达到小康水平，或者距离小康水平还有多远，这样的评价与小康村、小康县等经济社会发展的目标管理是紧密联系在一起的。①

### （一）评价小康的统计指标体系

建立小康评价指标体系，是对小康问题进行定量研究的基础。中国国家统计局曾于 1992 年公布了小康评价指标体系，从经济水平、物质生活、人口素质、精神生活、生活环境与社会保障五个方面来对小康进行统计评价。由于我国城镇和农村的情况存在显著的差异，所以除了以全体居民为评价对象制定了一套指标体系，还分别制定了城镇居民、农村居民的小康生活评价指标体系作为补充，具体如表 7—11 所示。

**表 7—11　　中国居民小康生活水平的指标体系**

| 指标类型 | 全体居民 | 城镇居民 | 农村居民 |
|---|---|---|---|
| 经济水平 | 人均 GDP | 人均 GDP<br>第三产业增加值比重 | |

① 也可以将同样的思路应用于测定特定区域人口总体的贫困状态，比如贫困县的确定。这实际与小康县的确定是一件事情的两个方面。

续前表

| 指标类型 | 全体居民 | 城镇居民 | 农村居民 |
|---|---|---|---|
| 物质生活 | 城镇人均可支配收入<br>农民人均纯收入<br>城镇人均住房使用面积<br>农民人均钢筋砖木结构住房面积<br>人均蛋白质摄入量<br>城市每人拥有铺路面积<br>农村通公路行政村比重<br>恩格尔系数 | 人均可支配收入<br>人均住房使用面积<br>人均日蛋白质摄入量<br>恩格尔系数 | 人均纯收入<br>基尼系数<br>钢筋砖木结构住房比重<br>蛋白质摄入量<br>衣着消费支出<br>恩格尔系数 |
| 人口素质 | 人均预期寿命<br>成人识字率<br>婴儿死亡率 | 人均预期寿命<br>中学入学率 | 人均预期寿命<br>劳动力平均受教育程度 |
| 精神生活 | 教育娱乐支出比重<br>电视机普及率 | 文教娱乐支出比重<br>电视机普及率 | 文化服务支出比重<br>电视机普及率 |
| 生活环境与社会保障 | 森林覆盖率<br>农村初级卫生保健基本合格以上县百分比 | 人均绿地面积<br>万人刑事案件立案数 | 已通公路的行政村比重<br>安全卫生水普及率<br>用电户比重<br>已通电话的行政村比重<br>万人刑事案件立案件数<br>享受社会五保人口比重 |

对城镇和农村，评价指标体系所考虑的基本方面是相近的，只是由于城镇、农村社区环境的差异，在具体指标选择上有所不同。例如，对于居民住房状况的评价指标，城镇所选择的是人均住房使用面积，而农村则使用钢筋砖木结构住房比重指标，这是因为中国城镇居民住房的主要问题在于住房的量而非质，而农村居民则在于质而非量；又如，农村居民在生活环境与社会保障方面所使用的已通公路的行政村比重、安全卫生水普及率、用电户比重、已通电话的行政村比重四项指标并不包括在城镇指标体系内，因为这些问题在城镇已经基本得到解决，再以此为标准进行城镇小康进程的横向比较和纵向比较，已无实际意义；同样，对于农田环绕的农村，人均绿地面积的多少也不能反映在生活环境方面的生活质量差异。

### （二）小康标准的确定

在建立小康生活评价指标体系以后，进一步需要确定各项指标达到一个什么样的数量值，才可以认为在这一方面已达到小康；整个指标体系达到一个什么样的综合水平，才可以认为进入了小康社会。这些都属于小康标准的确定问题。确定小康标准，主要是确定单项指标的数量界限，一般是先就其中的核心指标确定相应的临界值，而后依据指标间数量关系确定其他指标的具体标准。

表 7—12 列示了中国小康水平的各项基本标准，此标准是由原国家计划委员会与国家统计局联合提出并征求 12 个部委意见后，于 1995 年 1 月修改完成的。

表 7—12　　中国人民生活小康水平的基本标准

| 指标名称 | 单位 | 指标临界值 | | 权数 |
|---|---|---|---|---|
| | | 1980 年 | 小康值 | |
| 人均 GDP | 元 | 778 | 2 500 | 14 |
| 城镇人均可支配收入 | 元 | 974 | 2 400 | 6 |
| 农民人均纯收入 | 元 | 315 | 1 200 | 10 |
| 城镇人均住房使用面积 | 平方米 | 5.5 | 12 | 5 |
| 农民人均钢筋砖木结构住房面积 | 平方米 | 4.5 | 15 | 7 |
| 人均蛋白质摄入量 | 克 | 50 | 75 | 6 |
| 城市每人拥有铺路面积 | 平方米 | 2.8 | 8 | 3 |
| 农村通公路行政村比重 | % | 50 | 85 | 5 |
| 恩格尔系数 | % | 60 | 50 | 6 |
| 人均预期寿命 | 岁 | 68 | 70 | 6 |
| 成人识字率 | % | 68 | 85 | 4 |
| 婴儿死亡率 | ‰ | 34.7 | 31 | 4 |
| 教育娱乐支出比重 | % | 3 | 11 | 5 |
| 电视机普及率 | % | 11.9 | 100 | 5 |
| 森林覆盖率 | % | 12 | 15 | 7 |
| 农村初级卫生保健基本合格以上县百分比 | % | | 100 | 7 |

说明：表中价值量指标均按 1990 年价格计算。

### （三）综合评价的方法

在分指标确定小康标准以后，进一步可以通过对多项指标的综合化处理得到小康进程的综合测度，这需要使用统计中的综合评价方法。具体包括以下两个步骤。

第一，对各项指标进行无量纲化处理，以使各指标的计值达到综合划一。设有指标 $X_i$，其无量纲方法的一般公式为：

$$(X_i-\min X_i)/(\max X_i-\min X_i)\times(H-L)+L \qquad (7\text{—}30)$$

式中，$X_i$ 为该指标的实际值；$\min X_i$ 和 $\max X_i$ 分别为该指标的最小值和最大值；$H$ 为指标归一化后的最高值；$L$ 为归一化后的最低值。若 $H=1$，$L=0$，则上式为：

$$(X_i-\min X_i)/(\max X_i-\min X_i) \qquad (7\text{—}31)$$

鉴于小康是从贫困到富裕四个阶段中的第三个阶段，它的下限值应是温饱的上限值，进入小康就是达到小康的下限值，小康标准的测度就是对由温饱向小康过渡的进程的度量，这样，问题的实质即为温饱下限阈值和小康下限阈值的确定，以及在两阈值所构成的区间内具体计算各项指标的实现率。如果将表 7—12 提供的数据作为温饱阈值和小康阈值，则各项指标的实现率应按照以下规则计算。

$$\begin{aligned}S_i&=(A_i-L_{i温})/(L_{i康}-L_{i温})\times100\%\\&=\begin{cases}100\% & ,A_i\in[L_{i康},U_{i康})\\(A_i-L_{i温})/(L_{i康}-L_{i温})\times100\% & ,A_i\in(L_{i温},L_{i康})\\0 & ,A_i\in[L_{i贫},L_{i温}]\end{cases}\end{aligned} \qquad (7\text{—}32)$$

式中，$A_i$，$S_i$ 分别为第 $i$ 个指标的实际值和实现率；$L$，$U$ 分别为下限阈值和上限阈值。

第二，确定各指标相应的权重，综合计算小康实现率。这时，小康综合实现率是各指标实现率的加权平均值。其具体计算公式为：

$$S=W_1S_1+W_2S_2+\cdots+W_nS_n \tag{7—33}$$

式中，$W_i$ 为各指标的权重，代表各项指标在综合评价中的重要性，$\sum W_i$ 应等于 1。目前，国家统计局主要应用层次分析法来确定各指标的权重。

需要说明的是，以上计算方法是针对达到小康下限值来设计的，旨在度量接近小康水平的程度，它实际上是对温饱阶段全过程的刻画。达到小康，是指达到小康的下限值即刚刚进入小康阶段。要描述小康阶段由下限到上限的全部进程情况，需要重新调整实际值的区间范围和实现率的计算公式。

根据《全国小康生活水平基本标准》测算，到 2000 年底，中国总体上小康实现程度约为 96%。从小康建设进程看，以 1980 年实现温饱为起点，1990 年达到 48.3%，1997 年达到 85.6%，1998 年达到 90.6%，1999 年达到 94.6%，2000 年达到 96.6%。20 年间年均增加 4 个多百分点，这个进程是相当快的。但是中国小康进程存在明显的区域差异。分城乡看，农村小康实现程度低于城镇约 4 个百分点。分地区看，东部和中部大部分地区已基本实现小康，而西部大部分地区尚未实现小康。①

## 思考题

1. 全面衡量住户活动应包括哪些统计内容?
2. 就业统计与居民收入统计的关系如何?
3. 居民收入统计的不同指标有哪些? 城乡居民收入统计是否完全相同?
4. 居民收入结构变化与经济社会发展有何关系? 如何对此予以统计度量?
5. 如何统计居民消费? 恩格尔系数仅仅是一个反映消费结构的统计指标吗?
6. 列举统计反映居民收入、消费分布状况的不同方法，比较其优缺点。
7. 就同一人口总体进行统计，收入、消费、财产中哪一方面分布差异最大?
8. 居民教育和健康水平对衡量居民生活质量有何意义? 如何对此予以统计?
9. 测度贫困的常用指标有哪些? 它们是如何相互补充的?
10. 如何理解小康的含义并对此予以统计评价?

① 程晞：《小康的评价标准及实现程度》，载《科技术语研究》，2002 (4)，34～36 页。

# 第 8 章 Chapter 8 国民经济总体核算

以上各章分别从非金融企业、政府、金融机构、国外、住户不同角度，介绍了相关经济社会活动统计的内容，并分析其与经济社会发展的关系。在此基础上，需要进一步就经济社会整体予以统计和分析。本章就是将整个经济作为一个完整的对象和过程，讨论对其进行系统核算的方法，即国民经济核算的理论与方法；下一章将就整个社会系统和社会发展过程考虑其统计及分析评价的方法和应用。需要指出的是，系统介绍国民经济核算原理有专门的教材，这里只是着眼于国民经济总体核算的要求，对其基本框架、主要指标和主要应用专题做简要介绍。通过本章，读者应该掌握以下基本问题：

- 国民经济核算的整体功能；
- 国民经济核算的范围、对象和基本内容；
- GDP 的概念和不同计算方法；
- 不同收入指标及其统计方法；
- 财产总量的统计方法；
- 物价指数与经济增长率的计算方法；
- 利用 GDP 进行国际比较的方法。

## 8.1 国民经济核算概述

运用统计手段建立数据体系来系统描述一国国民经济整体的现实状况，这就是国民经济核算。本节从国民经济的内部组成入手，介绍国民经济核算的基本框架，使读者对国民经济核算的内容有一个整体把握。

## 一、国民经济核算的功能与性质

国民经济核算是以整个国民经济为对象的宏观核算。它采用统一的货币计量单位，借鉴来自工商会计的记录方法，运用一套相互有机联系在一起的数表，系统描述一时期国民经济发展的整体状况，所提供资料构成了宏观经济信息系统的中心内容，或者说支撑起了宏观经济信息系统的骨架。

围绕国民经济核算所形成的一套理论和方法，称为国民经济核算体系（system of national accounts，SNA)。在历史上，世界各国并行过不同的国民经济核算体系，但到 20 世纪末，该体系在全球范围内实现了一体化，由此使得国民经济核算及其主要指标成为世界各国的"通用语言"，为国际范围内的应用提供了极大的方便。中国的国民经济核算制度是新中国建立后从苏联引入的。20 世纪 80 年代，中国开始进行国民经济核算体系的改革，到 90 年代，开始推广应用与国际接轨的新国民经济核算体系。

从描述对象上看，国民经济核算主要就各种经济活动予以统计，或者说仅就各种经济社会活动的经济方面予以统计，不考虑这些活动的社会性质。而且，尽管国民经济整体是由各局部的经济活动构成，比如前述住户的经济活动、政府的经济活动、企业的经济活动，但是以经济整体为对象的国民经济核算超越了这样的局部统计，更强调国民经济的完整性和系统性。这样，在核算内容上，我们不能将国民经济核算等同于前面各章内容的简单加总，而是对前面各章内容的整合。

从方法上看，国民经济核算主要运用统计指标这种特有的手段，来达到描述现实经济状况的目的。但是，国民经济核算对经济现实所做的描述，不是统计指标的简单堆砌，而是自有其特点。第一，以宏观经济理论为基础，形成构造统计指标体系的基本线索；第二，以货币作为统一的计量单位，对国民经济进行统一核算；第三，引入工商会计的复式记账原理，使整个核算在数量上相互联系，形成有机完整的数据体系，而不是松散的指标体系。这样，在核算方法上，我们也不能将国民经济核算等同于前面各章内容的简单组合，而是在前面各章内容基础上按照特有的方法进行的系统核算。

国民经济核算首先是一套统计描述体系，该描述体系为进一步的应用分析提供了坚实的基础。第一，它将整个国民经济视为一个系统运行的过程，一个在不同环节上体现不同部门关系的过程，这样，宏观管理和分析所关注的基本经济关系都可以在核算中得到体现，为研究这些问题提供基本数据；第二，核算中所包含的有机联系的平衡关系，本身就体现了经济模型的基本要素，由此为建立宏观经济模型提供了极大的便利。

## 二、国民经济核算的对象

国民经济核算的对象是一国国民经济整体，它表现为该国经济领土上的常住单位所完成的各种经济活动。在此定义中包含三方面的要素需要予以说明：经济领土及其上的常住单位，各常住单位的进一步区分，各种经济活动的归纳。

### （一）经济领土及常住单位

所谓经济领土，是指由该国政府控制或管理的地理领土，该国公民及货物和资本可在其上自由流动。① 所谓常住单位，是指在一国经济领土上拥有一定的活动场所（住宅、厂房或其他建筑物），从事一定规模的经济活动，并超过一定时期（一般以一年为标准）的经济单位。如果不具备上述特征，就不是该国的常住单位，而应作为非常住单位即国外经济单位处理。

通过这样的定义，我们就可划定一国经济总体的边界，确定哪些属于国内发生的经济活动，哪些属于该国对外发生的经济活动，哪些活动不属于该国国民经济。

### （二）经济单位及经济部门分类

国民经济由千千万万个常住经济单位组成。国民经济核算是宏观统计，不会直接体现特定单位的经济活动，而是要按照一定标准将各经济单位区分为不同的部门，表现各部门之间的经济关系。国民经济核算中主要应用以下两种部门分类：以机构单位为基础的机构部门分类，以基层单位为基础的产业部门分类。

机构单位是指能以自己的名义拥有资产、发生负债、从事经济活动并与其他实体进行交易的经济实体，它体现独立的财务决策权。按照机构单位的经济行为性质，一般将其归纳为以下机构部门。

（1）非金融企业部门，由主要进行非金融活动的常住企业单位组成，包括内资企业单位和外资企业单位。其特征是，以营利为目的进行市场性经济活动，主要提供各种货物和非金融性服务，是国民经济中进行生产活动、提供产品的主要部门。

（2）金融机构部门，由所有主要从事金融活动的常住企业组成，包括中央银行、商业银行以及非货币金融机构。金融机构在性质上与非金融企业相似，不同之处在于，它的职能主要是为整个国民经济的资金活动提供金融中介服务，在整个国民经济资金运动过程中起着中转枢纽的作用。

（3）政府部门，由所有行使政府职能的各常住单位以及由政府资助的其他常住单位组成，包括中央政府和地方政府，也包括以国家财政拨款为主要资金来源的各种非营利事业单位和社会团体，如医院、学校、广播电视、科研机构、社团等。政府部门具有非营利性质，其职能之一是通过社会经济管理为居民和社会公众提供服务；职能之二是在全社会范围内对收入和财富进行再分配。

（4）住户部门或称居民部门，由所有常住住户组成，还包括为住户所拥有的个体经营单位。住户部门首先是实现消费的部门，以满足人的需要为目的的消费活动

---

① 经济领土必然以一国地理疆域为基础，但要加上该国政府因外交、军事、科研或其他目的而在国外拥有或控制的地域（如驻外使领馆、科研站、军事基地、新闻办事处及援助机构等），同时应扣除外国政府在该国地理领土上使用的上述性质的地域。

主要是在住户部门完成的；围绕消费，住户部门还参与了生产、收入分配、投资等各种经济活动。

此外，与上述国内机构部门相对应，还有一个国外部门，它概括了所有与该国常住单位发生经济往来的国外单位。

机构部门分类在国民经济核算中具有广泛的应用。比如，反映政府、企业和住户对收入的占有关系以及对资产的占有关系，反映各部门之间的资金流动，反映各部门对消费和积累的实现，都离不开机构部门分类。

关于产业部门分类，第 3 章介绍过，这里不予重复。需要指出的是，这样的分类是立足各基层单位生产活动的同一性所确定的，在同一部门内部，体现了各单位在产出性质、生产过程上的一致性；在不同部门之间，则体现了这些方面的差异性。国民经济核算对产业部门分类的应用主要在于货物与服务的核算，尤其是货物与服务的生产核算方面。具体来说，是要从当期产出以及投入角度，以产业部门分类为基础，描述生产过程中的产业结构，进而描述生产过程中部门之间的生产技术联系，这在投入产出表中得到了集中体现。

### （三）国民经济活动及其运行过程

国民经济是由各常住单位所从事的各种经济活动组成的，在市场经济条件下，这些活动以经济交易的方式来表现，不同活动之间和不同单位之间相互联系、相互作用，使整个国民经济形成一个周而复始的运行过程。

根据经济学原理的归纳，国民经济运行过程包括生产、分配、消费、积累几个环节。生产是国民经济运行过程的首要环节，通过各种生产要素的组合利用，生产过程将各种投入转化为具有新的使用价值的产出，提供了各种供人们消费使用的货物与服务，同时也创造了新的价值。分配过程是要将生产过程所创造的价值以各种收入形式对有关方面加以分配，分配可能是交换性的，以生产要素的投入为前提，也可能是出于社会公平等目的而进行的非交换性分配。消费与积累既是货物与服务的不同使用形式，又是各单位收入的最终支出形式，其中消费是用于满足人们生活需要的使用，积累则是用于增加资产的使用。通过积累，各单位所持有的资产得以增加，于是下一轮生产活动将在一个扩大的规模上进行，新一轮经济运行重新开始。在此过程中，既包括货物与服务从生产到使用的实物运动过程，又包括收入从生产到分配以及使用的价值运动过程，它们都属于非金融经济活动或称非金融交易。与非金融活动相对应，还存在各种金融活动或称金融交易，它们通过不同金融工具，表现了各单位之间借入和贷出的资金运动。

国民经济核算的目的就是要对一时期国民经济运行状况进行系统描述和说明，说明生产如何创造或转换货物与服务；说明新增价值如何通过分配形成可支配收入；说明收入如何用于消费和积累；说明经济中如何通过各种金融工具进行融资活动；说明一国与国外之间所发生的各种经济往来关系；说明国民财产的状况和变化。

## 三、国民经济核算体系的内容框架

国民经济核算体系的形成经历了一个演变过程，最新版本是由联合国主持制定的2008年版本。按照中国目前所执行的制度，国民经济核算体系包括中心框架和附属核算表两部分。

中心框架是国民经济核算体系的基本部分。在内容上，中心框架直接反映国民经济运行过程及其结果，国民经济分析中所应用的各主要经济总量和分量几乎都是由中心框架来提供的；在方法上，以对不同经济活动间内在联系的认识为基础，采用复式记账方法，使整个中心框架具有严密的逻辑一致性，不同核算部分保持了严格的数量联系。

中心框架由GDP核算、投入产出核算、资金流量核算、国际收支核算和资产负债核算五个子体系组成。GDP核算是整个中心框架的中心，每一个核算子体系都有其特定的核算对象，由此将国民经济划分为相互独立的若干个领域来组织核算，同时不同核算子体系之间又保持着概念上和数量上的联系。① 各子体系的基本核算内容如下。

(1) GDP及其使用核算，是对一时期国民经济最终产品生产、分配和使用总量的核算，以GDP为核心，一方面核算国民经济生产和初次分配状况，另一方面核算使用支出状况。

(2) 投入产出核算，是GDP核算向生产领域的延伸，一方面核算各产业部门当期生产的产品总量及其使用分配去向，另一方面核算各产业部门生产过程的产品投入及其来源，由此详细描述了不同产业部门之间相互提供和利用的中间产品流量，揭示出国民经济各产业部门之间的技术经济联系。

(3) 资金流量核算，是从分配和资金流动角度对GDP核算的补充，具体包括两部分内容。其一是实物交易核算，主要反映国民经济范围内的收入分配过程；其二是金融交易核算，主要反映各部门参与金融交易的状况，表现一时期的资金运动状况。

(4) 国际收支核算，以国际收支平衡表为中心，运用借贷记账法原理，集中反映一国的对外经济往来关系，表现一国对外经济活动的规模和收支平衡状况。

(5) 资产负债核算，是对一国和各部门经济存量的核算，一方面是非金融资产和金融资产的核算；另一方面是负债和资产净值的核算。

上述内容中，前四个子体系是关于经济流量的核算，反映核算期当期实际发生的经济活动总量；后一个子体系是关于存量的核算，反映在特定核算时点上一国或

① 对国民经济核算的内容，还可以按照国民经济账户体系来归纳，即在国民经济整体和部门两个层次上，按照国民经济运行过程的不同阶段，分别设置账户，形成账户体系。所设置的账户包括生产账户、收入分配账户、收入使用账户组成的经常账户，由资本账户、金融账户和其他积累账户组成的积累账户，以及期初、期末两个时点上的资产负债账户。具体内容可参考有关国民经济核算原理的教材。

一部门所拥有的经济资产总量。

附属核算表体现中心框架内容的扩展，通过对国民经济某一方面的进一步核算，或深化或补充中心框架的内容。在方法上，附属核算一方面要以中心框架的原理为基础，另一方面又在核算方法上具有灵活性。它与中心框架之间的联系有时可能仅仅是逻辑上的，不一定具有确定的数量关系。目前得到应用的主要是自然资源核算表、人口和人力资源核算表等。

上述国民经济核算内容中有些部分在前面已经介绍过，比如第 2 章涉及人口和人力资源核算，第 3 章对投入产出表已有简要介绍，第 6 章对国际收支核算也有所涉及；而另一些重要指标在前面已经多次出现，却没有予以系统说明，比如 GDP。下面将结合经济管理中经常应用的总量指标，着重介绍 GDP 核算、收入分配核算、资产负债核算等方面的有关内容。

## 8.2　国民经济核算的主要总量指标及其应用

本节以经济管理与经济分析中常用的一些总量指标为中心，说明国民经济核算的主要内容，这些指标包括 GDP、GNP、国民可支配收入、国民财产等，其中以 GDP 最为重要。可以说，这些总量涵盖了经济生活的基本方面，经济管理中经常关注的经济关系基本上可以由这些总量体现出来。

### 一、国内生产总值核算

国民经济活动总量在根本意义上就是生产活动总量，因此国民经济核算首先就是对一国在一定时期内生产活动的核算，其核心指标就是 GDP。

#### (一) 生产活动及其产品

生产，一般指经济生产，就是通过人类劳动将各种货物与服务投入转换为另一些货物与服务产出的过程。

在市场经济条件下，绝大多数生产属于市场化生产，其产品要通过市场交易提供给生产者以外的其他单位使用，但还有一些生产是非市场化的，比如，政府向居民和社会公众提供的社会管理和经济管理服务，农民自产自用的粮食，由家庭成员完成的家务劳动服务等。根据现行的统计制度，生产统计范围一般仅限于市场化生产和非市场化生产中的前两种情况，而不包括家务劳动。

产品是生产活动的成果。从形态看，产品包括货物与服务两种类型。其中，货物是有形的产出，其外形和使用价值相对于其投入具有明显不同，如家具不同于木材。而服务则是无形的产出，没有独立的可单独识别的实体，可能表现为对其他产品的改善，如运输服务、修理服务等；可能是对人直接提供的服务，如教育服务、医疗服务等；也可能是对各经济单位或社会共同提供的，如金融服务、治安与国防服务等。早期生产一般主要集中于货物的生产，但随着经济的发展，服务生产的作用越来越重要。

从使用方向看，产品被区分为中间产品和最终产品两大类。中间产品是指在一个生产过程中生产出来，然后又在本期的另一个生产过程中被完全消耗掉或形态被改变的产品，即被其他生产单位作为中间投入的产品。例如，服装厂制作服装所消耗的布料属于中间产品。所谓最终产品，是指没有被当期生产过程消耗的产品，具体包括用于最终消费、积累或出口等最终用途的产品。例如，仍以布料为例，如果布料被居民用作消费，或被服装厂用于增加原材料储备，或被用于出口，则属于最终产品。在国民经济核算中，区分中间产品和最终产品很重要，因为 GDP 在实物形态上就是对最终产品的计量。

### （二）国内生产总值的基本含义和核算方法

衡量一国经济总体在一时期的生产总量，最方便的做法是就当期所生产的所有货物与服务数量以价格作为同度量因素进行加总，这样得到的总量称为总产出。总产出指标的优点是直观，容易理解，但它包含了因简单加总所形成的重复计算，由此影响到该指标反映一时期产出总量的有效性。因此，衡量一时期国民经济生产总量的常用指标不是国民经济总产出，而是国内生产总值。

就一国经济总体而言，可以从两个意义上理解国内生产总值（gross domestic products，GDP）概念。

首先，从价值构成看，GDP 是一定时期内一国范围内各生产单位生产的增加值总和。如第 3 章所述，增加值是一定时期内各单位新创造的价值，避免了对中间产品的重复计算，代表了各单位对整个经济之 GDP 的贡献。以 GDP 为基础，计算各产业增加值所占比重，可以分析经济的产业结构。

另一方面，从实物构成上看，GDP 是一时期一国范围内各生产单位所生产的最终产品的价值总和。如上所述，最终产品是指用于最终消费、积累和出口的产品，因此，GDP 就是上述各部分的总和。以此为基础，可以计算消费、积累、出口各自在 GDP 中所占的比重，分析消费、积累这样一些重要的国民经济比例问题。

根据 GDP 的含义以及增加值的统计方法，GDP 可以通过以下三种方法予以核算。第一种，在生产部门，按照其产出和投入直接计算 GDP，通常称为生产法；第二种，通过初次分配过程产生的收入流量计算 GDP，通常称为收入法或分配法；第三种，通过使用产品形成的支出流量计算 GDP，通常称为支出法或最终使用法。一时期的生产成果在价值上必然通过分配形成各方面的收入，在使用价值上必然以一定方式投入使用，因此，从生产、分配、使用三方面计算的结果在量上应该相等，这就是 GDP 核算的生产、收入、支出三方等价原则。通过上述三个阶段上的计算，不仅可以在相互印证基础上计算出 GDP，更重要的是，可以通过 GDP 在不同角度上的构成，反映国民经济循环过程不同阶段的基本状况。

*1. 用生产法核算 GDP*

用生产法计算 GDP，就是将各部门增加值加总来获得 GDP，也可以认为是国民经济总产出价值减去各部门中间消耗价值的结果，它反映了GDP的形成过程。计算公式为：

$$\begin{aligned}\text{GDP} &= \text{各部门增加值之和} \\ &= \sum(\text{各部门总产出}-\text{各部门中间消耗}) \\ &= \sum \text{各部门总产出} - \sum \text{各部门中间消耗} \qquad (8\text{—}1)\end{aligned}$$

总产出是指各生产单位在一定时期内生产的全部货物和服务的总价值，既包括中间产品，也包括最终产品。

从价值形态看，总产出包括中间投入和最初投入两部分价值。所谓中间投入，又称中间消耗，是指在生产这些产品过程中所消耗的中间产品的价值，这些价值随着从投入到产出的转换过程一次性转移到了新产品的价值中；所谓最初投入，又称增加值，是指在生产过程中新创造的价值，它体现为各种生产要素包括劳动、土地和资本等运用于生产过程新创造的价值。

总产出可以反映一个生产单位生产的全部产品的价值量，因此，在企业微观统计中很有用。但是，如果上升到一个产业部门以及整个国民经济，通过加总各生产单位总产出而获得的部门总产出和国内总产出，则不太适合表现该部门或整个国民经济的产出成果，因为在加总过程中产生了中间产品价值的重复计算。为避免这种结果，得到宏观意义的GDP，需要从各生产单位总产出价值中扣除生产中发生的中间消耗，计算各单位生产过程中的增加值，以此反映该生产单位对国民经济所做的净贡献。

2. 用收入法计算GDP

一时期所生产的增加值被谁占有？从市场价值的角度看，它构成各种生产要素和政府管理的收入，具体包括以下四个部分：劳动报酬、生产税净额、固定资本消耗和营业盈余。将一时期所发生的这些收入项目加总起来，结果也是增加值。这就是收入法计算增加值的思路，也是宏观上用收入法计算GDP的方法，即

$$\text{GDP}=\begin{matrix}\text{各部门}\\ \text{劳动报酬}\end{matrix}+\begin{matrix}\text{各部门}\\ \text{生产税净额}\end{matrix}+\begin{matrix}\text{各部门固定}\\ \text{资本消耗}\end{matrix}+\begin{matrix}\text{各部门}\\ \text{营业盈余}\end{matrix} \qquad (8\text{—}2)$$

劳动报酬是指劳动者从其所在生产单位通过各种渠道得到的所有货币形式或实物形式的劳动收入。除了工资，劳动报酬还包括各种奖金、福利费用、补助和补贴，以及所在单位替劳动者缴纳的社会保险金等。劳动报酬代表了劳动这种生产要素从生产的价值中所获得的收入。

生产税净额，是生产税与生产补贴的差额，代表政府参与生产单位生产所获得的收入。其中，生产税是生产单位在生产、销售、购买、进口和使用货物或服务时向国家缴纳的税金，如产品税、销售税、营业税等，但不包含任何针对企业利润、盈余及其他收入所缴纳的税收；生产补贴是指国家针对货物或服务的生产或进口对生产单位所做的补贴，可以看做一种负的生产税。

固定资本消耗，即固定资产折旧，是指核算期内各生产单位为补偿生产活动中

耗用的固定资产而提取的价值，它代表了固定资产在生产过程中磨损的价值。

营业盈余，是生产单位的总产出扣除中间消耗、劳动报酬、生产税净额和固定资产消耗以后的余额，代表除劳动以外的土地、资本及管理等生产要素所得收入之和。

3. 用支出法计算 GDP

支出法是从最终使用的角度来计算 GDP。用公式表示为：

$$GDP=\begin{matrix}最终\\消费\end{matrix}+\begin{matrix}资本\\形成总额\end{matrix}+\left(\begin{matrix}货物和服务\\出口\end{matrix}-\begin{matrix}货物和服务\\进口\end{matrix}\right) \quad (8—3)$$

所谓最终消费，是指当期在非生产过程中使用的货物和服务价值，从消费者角度看，就是为获得这些货物与服务所花费的最终消费支出。它通常由两个部分构成。一是居民个人消费，指由居民个人当期对货物与服务的消费支出；二是政府消费，指由政府等部门代表整个社会进行公共消费而花费的支出。

资本形成总额反映经济过程中用于积累从而增加了资产的货物与服务价值，主要包括固定资本形成和存货增减变化两个部分，前者是用于增加固定资产所花费的投资支出，后者则体现因增加存货而花费的投资支出。

货物和服务出口减进口的差额称为货物和服务净出口。其中，出口是被国外使用的货物和服务价值，之所以要将当期货物与服务进口从中扣除，原因在于用于消费、积累以及出口的货物与服务中，有一部分是由国外进口的。只有将这部分进口扣除，才能推算出当期国内生产的最终产品价值。

从理论上讲，上述三种方法计算的结果应当是一致的，但由于不同方法核算的 GDP 涉及不同资料来源，而且都要进行一定的估算，因此，在实际中常常会形成一定差异。

将上述 GDP 的三种统计方法集中到一张表内，就得到 GDP 及其使用表（见表 8—1，表中为假设数据）。该表包括生产和使用两个方面。在生产方，反映了当期国民经济生产活动的成果，其中包括生产法和收入法的各项指标；在使用方，反映了生产成果的使用，包括支出法的各项指标。

**表 8—1** **GDP 核算表** 单位：亿元

| 生产 | 序号 | 金额 | 使用 | 序号 | 金额 |
|---|---|---|---|---|---|
| 生产法 GDP | 1 | 5 712 | 支出法 GDP | 1 | 5 712 |
| 总产出 | 2 | 12 832 | （一）最终消费 | 2 | 3 637 |
| 中间投入（一） | 3 | 7 120 | 居民消费 | 3 | 2 972 |
| 收入法 GDP | 4 | 5 712 | 政府消费 | 4 | 665 |
| 劳动者报酬 | 5 | 2 944 | （二）资本形成总额 | 5 | 2 187 |
| 生产税净额 | 6 | 401 | 固定资本形成 | 6 | 1 902 |
| 生产税 | 7 | | 存货增加 | 7 | 285 |
| 补贴（一） | 8 | | （三）净出口 | 8 | —109 |
| 固定资产折旧 | 9 | 601 | 出口 | 9 | 786 |
| 营业盈余 | 10 | 1 767 | 进口（一） | 10 | 895 |
| | | | 统计误差 | 11 | —3 |

**（三）国内生产总值指标的应用**

GDP 是一个应用极其广泛的指标，经常用于表述经济增长、经济效率和一些重要的经济比例，是经济管理和分析研究中的核心经济指标。总括而言，GDP 的应用可归纳为以下方面。

（1）以 GDP 为基础，计量一时期的经济增长。具体方法见下一节。

（2）计算各产业增加值占 GDP 的比重，以此反映产业结构状况。第 3 章产业统计就涉及这样的应用思路。

（3）利用收入法 GDP 的构成数据，计算各收入要素所占比重，比如劳动报酬所占比重、生产税所占比重，以此描述收入的最初分配结构。

（4）利用支出法 GDP 的构成数据，计算消费率和投资率等指标，反映当期消费与投资的比例关系。

（5）以 GDP 作为产出指标，结合各种投入指标，计量国民经济的生产效率。比如劳动生产率、资本产出率等。

（6）计算人均 GDP 指标，衡量一国经济发展水平。

**例 8—1**

根据表 8—1 和表 8—2 提供的假设数据，分别用生产法、收入法和支出法演示 GDP 的计算，并计算有关指标，分析说明该经济总体的基本特征。

**表 8—2**　　国民经济有关资料

| 项目 | 第一产业 | 第二产业 | 第三产业 | 合计 |
|---|---|---|---|---|
| GDP（亿元） | 908 | 2 906 | 1 898 | 5 712 |
| 年平均人口数（万人） | — | — | — | 12 658 |
| 年平均就业人数（万人） | 3 558 | 1 601 | 1 956 | 7 115 |

根据表中数据，GDP 可以按照下述方法计算。

（1）生产法：GDP＝总产出－中间消耗

＝12 832－7 120＝5 712（亿元）

（2）收入法：GDP＝劳动报酬＋生产税净额＋固定资本消耗＋营业盈余

＝2 944＋401＋601＋1 767＝5 712①（亿元）

（3）支出法：GDP＝最终消费＋资本形成总额＋出口－进口

＝3 637＋2 187＋786－895＝5 715（亿元）

其中，与生产法和收入法相比，用支出法计算的 GDP 高出 3 亿元，属统计误差。

依据表 8—1 和 8—2 的资料，可以计算各种经济指标，如表 8—3 所示。

---

① 此处计算结果受四舍五入的影响。

表 8—3

| | 第一产业 | 第二产业 | 第三产业 | 合计 |
|---|---|---|---|---|
| GDP 产业构成（%） | 15.9 | 50.9 | 33.2 | 100.0 |
| 就业人数产业构成（%） | 50.0 | 22.5 | 27.5 | 100.0 |
| 人均 GDP（元/人） | — | — | — | 4 512 |
| 劳动生产率（元/人） | 2 552 | 18 151 | 9 703 | 8 028 |
| 最终消费率（%） | — | — | — | 63.7 |
| 资本形成率（%） | — | — | — | 38.3 |

指标说明：GDP 产业构成＝各产业增加值/GDP
人均 GDP＝GDP/年平均人口数
各产业劳动生产率＝各产业增加值/各产业年平均就业人数
最终消费率＝最终消费支出/GDP
资本形成率＝资本形成总额/GDP

根据表 8—3 中的计算结果，该经济体的经济特征可概括为以下几点。第一，总体来看，人均 GDP 为 4 512 元，与世界各国相比，还处于中低收入水平。第二，GDP 中第二产业占 1/2，第三产业占三成多，农业则占一成半。由此可以看出，该总体产业结构基本上处于这样的阶段：工业化已达到一定水平，但服务业仍处于较低水平，整个产业结构水平还有待进一步提升。第三，半数劳动力仍然束缚在传统农业产业中，整个就业结构与产出结构之间具有明显的不平衡，结果是不同产业间劳动生产率的巨大差异，第二产业劳动生产率水平是第一产业的 8 倍多。由此表现出工业化过程中经济结构二元化的特征。第四，最终消费率为 63.7%，资本形成率为 38.3%，与其他国家比较，该总体具有较高的投资率，这将有利于未来生产能力的提高。

## 二、收入分配总量核算

各部门生产的 GDP 反映其当期创造的价值，但不等于其最终获得的收入。各部门最终收入是通过分配形成的，一般将此分配过程区分为收入初次分配和收入再分配两个阶段。

### （一）收入初次分配流量和初次分配总收入核算

收入初次分配是指与生产相关联的收入分配，也就是针对各生产单位当期生产的增加值的分配。参与收入初次分配的前提是对生产过程的参与，即对价值创造的参与，由此所产生的收入流量都与生产有关，是参与生产过程的结果，所得收入属于生产性收入。

在收入初次分配过程中发生的具体收支流量包括以下类别。

（1）劳动报酬，是劳动者在生产过程中付出劳动所获得的收入，是提供劳动的住户部门（或国外）的收入，企业、政府、住户（或国外）等使用劳动的不同部门的支出。

（2）生产税净额，是政府强制性地参与增加值的分配所获得的收入。支付生产税的是国内的各生产单位，而获得这部分收入的部门是政府。

（3）财产收入，是资产所有者通过将资产投入生产经营过程而获得的收入。具体内容包括：因资金借贷所产生的利息，因股票买卖而产生的红利，以及因土地等资产出租所形成的租金，等等。总体来看，财产收入产生于各种资产使用权的转让，它代表资产使用的报酬，由资产使用者支付，形成资产所有者的收入。在现实经济过程中，一个部门既可以将自己的资产转借给其他部门使用，也可能使用了其他部门提供的资产，因此，财产收入的获得和支付可以在国民经济各部门之间以及与国外之间交互发生。

以各部门增加值为起点，将上述收入初次分配收支流量考虑在内，即可计算出各部门经过收入初次分配以后所获得的收入总量，即初次分配总收入，它代表各部门当期所获得的生产性收入总量：

$$\begin{matrix}\text{各部门初次}\\\text{分配总收入}\end{matrix}=\begin{matrix}\text{各部门}\\\text{增加值}\end{matrix}+\begin{matrix}\text{初次}\\\text{分配收入}\end{matrix}-\begin{matrix}\text{初次}\\\text{分配支出}\end{matrix} \tag{8—4}$$

由于各种初次分配流量在各部门间具有特定的流向，如劳动报酬主要是住户部门的收入，其他部门的支出；生产税则是政府部门的收入，其他部门的支出，因此，各部门所获得的初次分配总收入与所生产的增加值在量上不会相等。与增加值的部门比例相比，企业部门占初次分配总收入的比例会大大减小，而住户和政府部门所占比例则会提高。

将各部门的初次分配总收入相加总，其结果是该国经济总体的国民总收入；同时该总收入也是在GDP基础上加减对国外的收入初次分配流量后的结果，即通常所说的GNP，其关系如下：

$$\begin{aligned}\text{国民总收入}&=\sum\text{国内各机构部门初次分配总收入}\\&=\text{GDP}+\begin{matrix}\text{来自国外的}\\\text{初次分配收入}\end{matrix}-\begin{matrix}\text{对国外初次}\\\text{分配支出}\end{matrix}\end{aligned} \tag{8—5}$$

### （二）收入再分配流量和可支配总收入核算

收入再分配是在收入初次分配基础上进一步发生的分配行为，其目的是要对收入初次分配所形成的收入占有格局做进一步调节，保证社会的公平和均衡发展。和初次分配相比，收入再分配的发生与生产的价值创造没有关系，而且收入分配发生的方式也完全不同。如果说收入初次分配中主要体现了以交换为基础的收入分配，比如以劳动换取收入报酬，以资产使用换取财产收入，那么，收入再分配中则更多地体现非交换式的收入分配，通常将这样一些收入分配方式称为转移。

转移是不同经济单位之间所发生的单方面收支，在收入分配过程中主要涉及经常性转移。通常包含以下具体收支流量。

（1）收入税，是以收入为基础所征收的税，主要包括企业所得税和个人所得税，此外还包括对财产征收的经常税和其他经常税。通过这种方式，政府从收入较高的单位和个人那里集中了一部分收入。

（2）社会保险，是围绕政府主持的社会保障计划所发生的收支，覆盖养老、失业、医疗等不同方面。其收支包括两个对应发生的流量，一是加入社会保险的住户当期对政府部门支付的社会保险缴款；二是政府部门对符合条件的住户支付的社会保障付款。在这样的收支过程中，以政府社会保障计划为中介，实现了收入在不同住户之间的再分配。

（3）社会补助，是在社会救济名义之下发生的由政府和企业支付给有关住户的转移款项，比如政府对生活在最低贫困线以下的家庭发放的救济金。它们是政府和企业部门的支出，是住户部门的收入。

（4）其他经常性转移，是除上述收支以外的再分配性收支，包括各种名目的经常性转移，比如捐赠和援助支出、会费缴纳支出、罚款支出、博彩引起的收支，还有商业保险中非人寿保险的保费和赔付收支等。这些收支是在各部门之间以及国内与国外之间交错发生的。

在初次分配总收入基础上，将收入再分配所发生的各项经常性转移收支考虑在内，即可计算各部门的可支配总收入和国民可支配总收入，它代表在整个收入分配过程之后由各部门和该国经济总体所拥有的可以用于消费和投资的收入总量。即

$$\begin{aligned}\begin{array}{c}\text{各部门}\\\text{可支配总收入}\end{array}&=\begin{array}{c}\text{各部门初次}\\\text{分配总收入}\end{array}+\begin{array}{c}\text{再分配}\\\text{收入}\end{array}-\begin{array}{c}\text{再分配}\\\text{支出}\end{array}\\&=\begin{array}{c}\text{各部门}\\\text{增加值}\end{array}+\begin{array}{c}\text{分配所得}\\\text{收入}\end{array}-\begin{array}{c}\text{分配所付}\\\text{支出}\end{array}\end{aligned}\tag{8—6}$$

国民可支配收入是经收入分配后由一国常住单位所拥有的收入总量，它既是国内各部门可支配收入的总和，又是在 GDP 基础上加减对国外收入分配流量后求得的收入总量，其关系式为：

$$\begin{aligned}\begin{array}{c}\text{国民可支配}\\\text{总收入}\end{array}&=\sum\text{国内各部门可支配总收入}\\&=\text{GDP}+\left(\begin{array}{c}\text{来自国外的}\\\text{要素收入}\end{array}-\begin{array}{c}\text{付给国外的}\\\text{要素支出}\end{array}\right)+\left(\begin{array}{c}\text{来自国外的}\\\text{转移收入}\end{array}-\begin{array}{c}\text{付给国外的}\\\text{转移支出}\end{array}\right)\\&=\text{GNP}+\left(\begin{array}{c}\text{来自国外的}\\\text{转移收入}\end{array}-\begin{array}{c}\text{付给国外的}\\\text{转移支出}\end{array}\right)\end{aligned}\tag{8—7}$$

从去向上看，可支配收入反映一部门拥有的可能用于消费的最大数额。从可支配收入中扣除实际用于消费的结余称为储蓄，它代表各部门可用于投资的自有资金。这样，可支配收入在去向上又可定义为总消费与总储蓄的总和。上述关系在国民经济层次上同样成立，即

$$\text{国民可支配收入}=\text{国内总消费}+\text{国内总储蓄}\tag{8—8}$$

上述收入统计的内容集中体现在资金流量表（实物交易）上（见表 8—4）。该表纵列标题按机构部门分列，在每一部门之下分设来源和运用两栏，以反映该部门在收入来源和运用上的两类总流量；横行标题分列各相关项目。可支配总收入是该表的中心，其形成过程由表的上半部分体现，其去向体现在表的下半部分。

表8—4 中国2011年资金流量表（实物交易） 单位：亿元

| 机构部门 | 非金融企业部门 | | 金融机构部门 | | 政府部门 | | 住户部门 | | 国内合计 | | 国外部门 | | 合计 | |
|---|---|---|---|---|---|---|---|---|---|---|---|---|---|---|
| 交易项目 | 运用 | 来源 | 运用 | 来源 | 运用 | 来源 | 运用 | 来源 | 运用 | 来源 | 运用 | 来源 | 运用 | 来源 |
| 1. 净出口 | | | | | | | | | | | | −12 163.3 | | −12 163.3 |
| 2. 增加值 | | 274 841.1 | | 24 958.3 | | 40 363.3 | | 132 941.4 | | 473 104.0 | | | | 473 104.0 |
| 3. 劳动者报酬 | 98 610.2 | | 8 062.5 | | 34 400.0 | | 80 385.5 | 222 423.8 | 221 458.2 | 222 423.8 | 1 070.1 | 104.5 | 222 528.4 | 222 528.4 |
| (1)工资及工资性收入 | | | | | | | | | | | | | | |
| (2)单位社会保险付款 | | | | | | | | | | | | | | |
| 4. 生产税净额 | 57 843.2 | | 2 906.3 | | 300.8 | 62 270.8 | 1 220.5 | | 62 270.8 | 62 270.8 | | | 62 270.8 | 62 270.8 |
| (1) 生产税 | | | | | | | | | | | | | | |
| (2) 生产补贴 | | | | | | | | | | | | | | |
| 5. 财产收入 | 44 709.3 | 21 175.5 | 40 060.0 | 43 429.2 | 6 788.9 | 10 922.6 | 8 329.6 | 18 853.2 | 98 930.2 | 93 422.9 | 8 247.8 | 13 755.1 | 107 178.0 | 107 178.0 |
| (1) 利息 | 23 905.6 | 19 571.9 | 37 656.3 | 42 808.7 | 6 156.0 | 4 135.4 | 8 287.3 | 15 913.6 | 76 005.1 | 82 429.6 | 6 706.1 | 281.7 | 82 711.2 | 82 711.2 |
| (2) 红利 | 16 449.8 | 1 541.7 | 1 145.8 | 620.4 | | 2 391.0 | | 1 110.8 | 16 638.0 | 4 706.3 | 1 541.7 | 13 473.4 | 18 179.7 | 18 179.7 |
| (3) 土地租金 | 3 033.2 | | | | | 3 075.5 | 42.3 | | 3 075.5 | 3 075.5 | | | 3 075.5 | 3 075.5 |
| (4) 其他 | 1 320.7 | 61.9 | 1 257.9 | | 632.9 | 1 320.7 | | 1 828.9 | 3 211.5 | 3 211.5 | | | 3 211.5 | 3 211.5 |
| 6. 初次分配总收入 | | 94 853.9 | | 17 358.6 | | 72 066.9 | | 284 282.9 | | 468 562.4 | | | | |
| 7. 经常转移 | 16 933.2 | 1 069.8 | 5 490.5 | 3 311.1 | 34 189.6 | 52 325.8 | 31 817.9 | 33 307.5 | 88 431.2 | 90 014.3 | 3 589.1 | 2 006.1 | 44 438.9 | 44 438.9 |
| (1) 收入税 | 13 367.0 | | 3 402.6 | | | 22 823.8 | 6 054.1 | | 22 823.8 | 22 823.8 | | | 22 823.8 | 22 823.8 |
| (2) 社会保险缴款 | | | | | 5 416.4 | 27 217.6 | 21 801.2 | | 27 217.6 | 27 217.6 | | | | |
| (3) 社会保险福利 | | | | | 20 363.9 | | | 20 363.9 | 20 363.9 | 20 363.9 | | | | |
| (4) 社会补助 | 144.7 | | | | 7 444.2 | | | 7 588.8 | 7 588.8 | 7 588.8 | | | 7 588.8 | 7 588.8 |
| (5) 其他经常转移 | 3 421.5 | 1 069.8 | 2 087.9 | 3 311.1 | 965.1 | 2 284.5 | 3 962.6 | 5 354.8 | 10 437.1 | 12 020.2 | 3 589.1 | 2 006.1 | 14 026.3 | 14 026.3 |

续前表

| 机构部门 | 非金融企业部门 | | 金融机构部门 | | 政府部门 | | 住户部门 | | 国内合计 | | 国外部门 | | 合计 | |
|---|---|---|---|---|---|---|---|---|---|---|---|---|---|---|
| 交易项目 | 运用 | 来源 | 运用 | 来源 | 运用 | 来源 | 运用 | 来源 | 运用 | 来源 | 运用 | 来源 | 运用 | 来源 |
| 8. 可支配总收入 | | 78 990.5 | | 15 179.2 | | 90 203.2 | | 285 772.6 | | 470 145.4 | | | | 470 145.4 |
| 9. 最终消费 | | | | | 63 154.9 | | 168 956.6 | | 232 111.5 | | | | 232 111.5 | |
| (1) 居民消费 | | | | | | | 168 956.6 | | 168 956.6 | | | | 168 956.6 | |
| (2) 政府消费 | | | | | 63 154.9 | | | | 63 154.9 | | | | 63 154.9 | |
| 10. 总储蓄 | | 78 990.5 | | 15 179.2 | | 27 048.3 | | 116 816.0 | | 238 033.9 | | −9 204.7 | | 228 829.2 |
| 11. 资本转移 | 2 005.3 | 6 219.4 | | | 6 230.7 | 2 425.6 | 57.3 | | 8 293.3 | 8 645.1 | 363.0 | 11.3 | 8 656.3 | 8 656.3 |
| (1) 投资性补助 | | 6 219.4 | | | 6 219.4 | | | | 6 219.4 | 6 219.4 | | | 6 219.4 | 6 219.4 |
| (2) 其他 | 2 005.3 | | | | 11.3 | 2 425.6 | 57.3 | | 2 073.9 | 2 425.6 | 363.0 | 11.3 | 2 436.9 | 2 436.9 |
| 12. 资本形成总额 | 147 080.4 | | 400.1 | | 23 868.4 | | 56 995.3 | | 228 344.3 | | | | 228 344.3 | |
| (1)固定资本形成总额 | 137 961.0 | | 400.1 | | 23 433.6 | | 53 887.3 | | 215 682.0 | | | | 215 682.0 | |
| (2) 存货增加 | 9 119.4 | | | | 434.8 | | 3 108.0 | | 12 662.3 | | | | 12 662.3 | |
| 13. 其他非金融资产获得减处置 | 23 626.2 | | | | −9 033.2 | | −14 593.0 | | | | | | | |
| 14. 净金融投资 | −87 502.0 | | 14 779.1 | | 8 408.1 | | 74 356.4 | | 10 041.4 | | −9 556.5 | | 484.9 | |

资料来源：国家统计局：《中国统计年鉴（2013）》。

### (三) 收入分配统计指标的应用

围绕收入分配的核算资料，可以分析以下问题。

第一，结合收入分配过程分析收入的部门占有结构，即分析每一部门获得了多少收入，占总收入的多大比例。具体方法是，先就 GDP 计算各部门在价值创造中所占有的份额；而后就初次分配总收入计算各部门在收入初次分配结束后所占有的收入份额；最后是就可支配收入计算各部门在整个收入分配完成之后所形成的收入份额。将上述计算结果结合起来，可以揭示收入分配过程的特点。分析过程中需要结合不同收入分配手段在收入分配过程中的作用。

第二，结合不同收入分配流量之间的比例分析收入分配中的经济利益关系以及这些收入分配流量对收入总量形成的影响。比如，计算收入初次分配中劳动报酬与营业盈余之间的比例，以反映劳动与其他生产要素在收入分配上的关系以及对初次分配总收入和可支配总收入形成的影响程度；计算生产税和所得税在相关收入总量中所占有的比重，以反映政府税负的高低和政府调节收入分配的力度。

第三，针对可支配总收入分析消费与储蓄的比例关系，即分析当期形成的收入是如何使用的，有多大比例被用于消费支出，多大比例被节余下来用于投资，这是经济管理中经常关注和分析的问题。具体方法是计算消费率和储蓄率，计算公式如下：

$$\text{消费率}=\frac{\text{最终消费支出}}{\text{可支配收入}} \tag{8—9}$$

$$\text{储蓄率}=\frac{\text{总储蓄}}{\text{可支配收入}} \tag{8—10}$$

此外，还可以将上述收入分配数据与其他数据结合进行分析应用。比如，将这些核算数据与第 7 章所介绍的住户内部收入分布均等程度统计结合起来，有助于将不同阶层对收入占有的均等状况与宏观经济分配过程结合起来，形成更丰富的认识；将这些核算数据与宏观管理中的各种调节工具如利率、税率、工资率等结合运用，可以分析各种工具应用的经济效果，如果以此为基础建立模型，还可进行各种政策效果的模拟和预测。

**例 8—2　结合表 8—4 中的核算资料，分析 2011 年中国收入分配及使用状况**

对表 8—4 的核算数据予以计算整理，可得有关收入占有结构和收入使用的各种比例指标，如表 8—5 和 8—6 所示。

**表 8—5**　　收入部门占有结构（%）

| 部门 | 非金融企业 | 金融机构 | 政府 | 住户 |
|---|---|---|---|---|
| 以增加值计 | 58.09 | 5.28 | 8.53 | 28.10 |
| 以初次分配总收入计 | 20.24 | 3.70 | 15.38 | 60.67 |
| 以可支配总收入计 | 16.80 | 3.23 | 19.19 | 60.78 |

表 8—6　　收入使用结构

| 部门 | 非金融企业 | 金融机构 | 政府 | 住户 | 国民经济 |
| --- | --- | --- | --- | --- | --- |
| 可支配总收入（亿元） | 78 990.5 | 15 179.2 | 90 203.2 | 285 772.6 | 470 145.4 |
| 消费率（%） | 0 | 0 | 70.01 | 59.12 | 49.37 |
| 储蓄率（%） | 100.00 | 100.00 | 29.99 | 40.88 | 50.63 |

从表 8—5 可知，增加值主要是在非金融企业部门创造的（占近 60%），住户部门对增加值的创造也有较大贡献（约 30%），而政府和金融机构则只占有较小的份额。经过各种生产要素和生产税等流量分配之后，各部门初次分配收入结构有很大的变化，主要体现为非金融企业增加值大部分转移到住户部门，比例骤减为 20%，而住户部门成为比例最大者（60%），政府所占比重也有所上升。经过再分配形成的可支配收入分配结构中，政府所占比重继续增加，提高了近 4 个百分点，住户部门基本持平，而非金融企业所占比重继续减少，最终，住户部门获得当期收入的大部分。

表 8—6 说明了 2011 年各部门收入使用结构。从国民经济整体看，收入在消费与储蓄之间的分配基本相当，但在各个部门之间则存在差异：住户和政府部门有更多部分的收入用于消费，消费率分别为 60%和 70%，而用于储蓄的比例相对较小；金融机构和非金融企业则由于自身没有消费职能，收入全部转化为储蓄，储蓄率为 100%。

## 三、资产总量统计

资产是一个经济存量概念。在市场经济条件下，一般将资产定义为被资本化的经济资源，用货币加以度量。从具体内容看，它包括以下部分：(1) 人工制造的资产，它们当初是由各时期经济过程生产出来，而后被积累起来形成的，如各种机器设备、各种建筑物，被称为生产资产；(2) 被资本化的自然资源和环境，如果某些自然资源和环境获得了市场价值，那么它就可以构成资产的组成部分，被称为非生产资产；(3) 金融资产，指在金融交易中由于资金借贷等行为而形成的资产。与金融资产对应，前两部分合称为非金融资产。其中，生产资产和非生产资产统称非金融资产。无论是生产资产还是非生产资产，既可以是有形资产，如建筑物和土地，也可以是无形资产，如计算机软件和商誉。

### （一）非金融资产总量统计

从性质上区分，非金融资产包括三部分内容：固定资产、存货、其他资产。从中国目前的统计内容看，主要是前两个类别。

1. 固定资产总量统计

固定资产是可以长期存在、反复使用的资产，具有耐用性，使用时间通常应在一年以上，单位价值较高。宏观上归纳，固定资产包括以下主要类别。一是各类房屋和其他建筑物，包括居住用房屋、非居住用房屋（比如厂房、库房），以及公路、铁路、桥梁、堤坝、机场、港口码头等构筑物；二是机器设备，由工业生产制造加工出来、在使用者手中发挥工具的作用，其中包括交通设备和加工用机器设备；三是种畜、役畜、果园、多年生经济林木等培育资产，在农业生产中发挥着工具作用。此外，固定资产也可以是无形的，例如计算机软件。

在长期反复使用过程中，固定资产的实物形态并不发生改变（至多是显得旧一些），也不会失去其使用价值，但其价值却要伴随使用磨损而逐步减少（即越来越不值钱），这些逐步减少的价值就是固定资产折旧。相应地，固定资产的实物替换是一次性发生的，要依赖于报废和出售，而价值的补偿却是在使用期各期分别发生的，要依赖于各期的折旧提取。上述特点决定了在统计固定资产总价值时，需要运用固定资产原值和固定资产净值两个指标。

（1）固定资产原值，是按照资产购置时的完整价格计算，将不同资产加总起来得到的固定资产总量，是用货币单位表示的固定资产实物总量。

（2）固定资产净值，是从固定资产原值中扣除各期累计已经提取的折旧数额而得到的，代表固定资产的现实价值总量。

2. *存货总量统计*

存货，又叫库存，是各经济单位出于各种目的储备的资产。和固定资产相比，这些资产具有较强的流动性，在经济过程中不断改变形态，常常作为生产的加工对象供一次性地使用消耗。

由于存货的具体内容种类繁多，这里无法列举。从所处的环节考虑，存货可以区分为以下类别。一是各生产单位的材料储备，包括各种原材料、辅助材料、燃料动力、种子、饲料、低值易耗品等；二是各生产单位处于加工过程中的存货，包括在制品、半成品；三是各生产单位的成品存货，是已经完成生产等待出售但尚未出售的产品；四是各批零贸易单位的商品存货，是这些单位已经购进但尚未售出的商品。此外，还应包括国家的物资储备。

存货总量统计就是要借助于价格，统计上述各环节的存货总额，它表现为各单位的存货总额和整个国家的存货总额。

### （二）金融资产与负债总量统计

金融资产和负债产生于各种金融活动累积形成的债权债务关系。金融资产是各种债权（出借资金）的体现，主要由以下三部分内容组成：货币黄金和特别提款权、各种金融债权、股票等产权，具体包括现金通货、存款、贷款、股票、债券、保险准备金、衍生金融工具以及各种应收应付款项。负债是各种债务（借入资金）的体现。

大部分金融资产与负债具有对称性。在一对金融关系中，一方是资金出借者，是债权人，拥有金融资产；另一方就是资金借入者，是负债人，承担着负债，这两方面是对应存在的。比如居民储蓄存款，是住户把钱借给了银行，因此体现为住户的金融资产和银行的负债；而住房贷款是银行把钱借给了购房住户，因此是银行的金融资产，住户的负债。

就特定经济单位来说，它可能一方面拥有金融资产，另一方面又承担负债。在上面的例子中，银行在贷款中是金融资产持有者，而在吸收存款时则变成了负债承担者；而住户正好相反。一个单位在特定时点上持有的金融资产和承担的负债在数额上并不相等，用金融资产减去负债，其结果就是该单位的金融净资产。这种关系可以放大到一个机构部门和一国经济总体，由此在国民经济核算中形成了下述三个总量指标。

（1）金融资产总量，是各部门所持有的全部金融资产总价值。

（2）负债总量，是各部门承担的全部负债总价值。

（3）金融净资产总量，是各部门负债与金融资产相抵后的净价值。

在一国经济总体意义上，国内各机构部门之间的金融资产与负债关系是可以抵消的，因此，一国经济总体的金融资产与负债实际上只是该国对国外持有的金融资产和对国外承担的负债。

### （三）净资产与国民财产总量统计

将各部门持有的非金融资产与金融净资产相加总，结果就是各该部门的净资产总量。从计算过程看，该净资产是各部门所持有的所有资产（包括非金融资产和金融资产）与所承担负债相抵的结果，因此，习惯上又称为资产负债差额或净值。即

资产负债差额＝非金融资产总量＋金融净资产

＝非金融资产总量＋金融资产总量－负债总量　　(8—11)

对一国经济总体来说，该净资产称为国民财产，它一方面是经济总体意义上的资产（包括金融资产和非金融资产）与负债相减的差额，另一方面是国内各部门净资产的合计。其关系可用下式表示：

国民财产＝各部门净值之和

＝非金融资产＋对外金融资产－对外负债　　(8—12)

上述核算内容可以通过国民资产负债表来予以系统描述（见表 8—7），表中，横行列示各种资产项目，纵列显示不同部门。在每一部门之下，运用栏记录所持有的资产，来源栏记录所承担的负债。通过这些核算数据，可以进行资产负债的结构分析，比如金融资产与非金融资产各自所占的比例，固定资产、存货等各自所占比例，不同金融工具所形成资产所占比例，等等；也可以进行资产与负债部门占有结构分析，即针对总资产或各重要的资产项目，计算非金融企业、金融机构、政府、住户各自所占比例；还可以与其他统计内容结合起来，在更广的意义上开展分析，比如，与人口统计资料、劳动力统计资料结合起来，分析人均资产水平以及资产对劳动力的装备水平，与当期经济活动成果统计资料结合起来，计算分析资产的使用效果。

表 8—7　　资产负债表

| | 非金融企业 | | 金融机构 | | 政府 | | 住户 | | 国内合计 | | 国外 | | 合计 | |
|---|---|---|---|---|---|---|---|---|---|---|---|---|---|---|
| | 运用 | 来源 | 运用 | 来源 | 运用 | 来源 | 运用 | 来源 | 运用 | 来源 | 运用 | 来源 | 运用 | 来源 |
| 一、非金融资产 | | | | | | | | | | | | | | |
| 二、金融资产与负债 | | | | | | | | | | | | | | |
| （一）金融资产 | | | | | | | | | | | | | | |
| （二）负债 | | | | | | | | | | | | | | |
| 三、资产负债差额 | | | | | | | | | | | | | | |
| 四、资产、负债与差额总计 | | | | | | | | | | | | | | |

## 8.3　基于国内生产总值的国民经济动态统计

对经济过程的描述和分析包含静态和动态两个方面。上一节主要涉及一时期经济总体状况的统计及其应用问题，本节将立足经济发展的动态介绍有关统计内容。

### 一、国民经济动态统计与经济指数

从动态上描述和分析国民经济状况，就是要就特定经济现象在不同时期的数量表现予以排列和比较，从中找出现象的动态特点和规律性。基于前述，各种经济现象在一时期的规模和结果是用各种统计指标描述的，因此，国民经济动态统计就是要借助于统计指数方法，对这些静态统计指标在不同时期的具体数值做进一步处理。可以说，所谓经济动态统计首先就是经济指数统计。

在经济统计中，最基本的统计指数包括两类：一是物量指数，反映各种经济活动实物量在不同时间上的动态变化程度，比如生产物量指数、消费物量指数、投资物量指数；二是物价指数，反映价格水平在不同时间上的动态变化程度，比如生产价格指数、消费物价指数、投资物价指数等。由于大量价值量指标都是物量与价格相乘的结果，因此，面对一个可以用价值量指标表现的现象，许多物量指数和价格指数是对应存在的，比如对应一时期的消费支出额，可以构造消费量指数和消费价格指数。

限于本章的内容，这里主要介绍基于 GDP 形成的指数。其中，基于 GDP 的物量指数反映国民经济生产总量的变化速度，借此即可反映经济增长率；基于 GDP 的物价指数反映国民经济综合价格变动程度，借此即可以反映国民经济的通货膨胀程度。

### 二、经济增长的测度与分析

经济增长是一国宏观管理的首要目标，围绕经济增长率的统计和分析总是十分引人注目。

### （一）经济增长率与经济总体物量指数

经济增长在理论上是指国民经济生产总量的增长。如前所述，衡量一时期经济产出总量的代表性指标是 GDP，因此经济增长率应该是报告期 GDP 增量与基期 GDP 的动态比率，即

$$经济增长率=\frac{报告期\ GDP-基期\ GDP}{基期\ GDP} \tag{8—13}$$

各时期 GDP 的大小是各该时期价格水平与生产物量水平两个因素的共同结果，因此，GDP 从基期水平到报告期水平，其间的动态变化可以归结为两方面的原因：价格水平的变化和生产物量的变化。从计算经济增长率的目的看，显然不能简单地用基期和报告期的 GDP 进行比较，因为我们只是想测度出生产物量的变化，价格变化不应该包含在内。这样，将式（8—13）予以更确切的表述，即可看出，经济增长率是在 GDP 的物量指数基础上获得的。所谓经济增长率的计算，本质上就是基于 GDP 的物量指数的计算问题，这样的物量指数可以称为经济总体物量指数。即

$$\begin{aligned}经济增长率&=\frac{报告期不含价格变化的\ GDP-基期\ GDP}{基期\ GDP}\\&=基于\ GDP\ 的物量指数-1\end{aligned} \tag{8—14}$$

需要注意的是，尽管我们在计算经济总体物量指数即经济增长率时，需要将价格变化剔除在外，但在具体编制该物量指数时，却又离不开价格的运用，原因在于：其一，没有价格，我们无法将不同产品的物量相加总，无法获得 GDP，这时，价格起着同度量因素的作用；其二，价格还具有权数的作用，表现不同产品之物量在总体物量指数中的重要程度。

### （二）经济总体物量指数的计算方法

根据统计学原理和日常应用实践，物量指数的理论公式通常采用拉氏指数形式，即以基期价格作为同度量因素反映物量从基期到报告期的综合动态变化，即

$$拉氏物量指数=\frac{\sum p_0q_1}{\sum p_0q_0} \tag{8—15}$$

式中，$p$ 为价格；$q$ 为物量；下标 1 为报告期；下标 0 为基期。就经济总体物量指数来说，分母就是基期的实际 GDP，分子则是以基期价格和报告期物量计算出来的 GDP，一般称为可比价 GDP，意指价格保持在基期水平上从而与基期可比的报告期 GDP。

实践中显然难以获得资料直接依据 $p_0$ 和 $q_1$ 计算可比价 GDP，或直接利用该理论公式编制经济总体物量指数，而是要采用变通的方法来解决问题。目前国际通用

的变通方法就是价格指数缩减法，即利用指数体系的数量关系，用价格指数来缩减报告期 GDP 中的价格变动影响，以此求得报告期可比价 GDP。所运用的公式是：

$$\sum p_0 q_1 = \sum p_1 q_1 \div \frac{\sum p_1 q_1}{\sum p_0 q_1} \tag{8—16}$$

由上一节的叙述可知，GDP 在宏观上有不同计算方法，其中能直接体现物量与价格关系的是生产法和支出法。① 无论哪一种方法，利用价格指数缩减法计算可比价 GDP，都不是一次性的缩减行为，而是从不同角度分别多次缩减的过程。

从生产法来看，组成 GDP 的各部门增加值是各部门总产出与中间投入相减的余值，从而价格对增加值的影响是双重的，既有产出价格变化的影响，又有中间投入价格变化的影响。因此，要求得可比价 GDP，必须针对总产出和中间投入分别作价格缩减，即

$$\begin{aligned}\text{可比价 GDP} &= \text{可比价总产出} - \text{可比价中间投入} \\ &= \frac{\text{现价总产出}}{\text{产出价格指数}} - \frac{\text{现价中间投入}}{\text{中间投入价格指数}}\end{aligned} \tag{8—17}$$

如果面对不同产业，需要就不同产业分别计算而后加总。

从支出法来看，GDP 是最终消费支出、资本形成总额和净出口的总和。这时，计算不变价 GDP 是按照支出的不同构成部分，选取相应的价格指数予以分别缩减而后加总。即

$$\begin{aligned}\text{可比价 GDP} &= \text{可比价最终消费支出} + \text{可比价资本形成总额} \\ &\quad + \text{可比价出口} - \text{可比价进口} \\ &= \frac{\text{现价最终消费}}{\text{消费价格指数}} + \frac{\text{现价资本形成总额}}{\text{投资价格指数}} \\ &\quad + \frac{\text{现价出口}}{\text{出口价格指数}} - \frac{\text{现价进口}}{\text{进口价格指数}}\end{aligned} \tag{8—18}$$

实际上，通过这样的价格缩减，并不是仅仅产生一个可比价的 GDP 以及一个经济增长率，而是可以获得与 GDP 有关的一组可比价经济总量指标以及相应的物量指数。显然，这样的可比价总量数据和物量指数数据对于经济分析是十分有用的。

如果能够按照上述公式实现全面的价格缩减，那当然是再好不过了。但上述价格缩减目标的实现，特别有赖于完善的价格指数体系，要求掌握比较详细的价格指数资料。如果现实中无法获得如此完备的基础资料，就必须采用一些近似的方法。比如，在生产法计算思路中，用总产出价格指数直接缩减各产业的现价增加值，求得近似的可比价增加值和 GDP；在支出法计算思路中，用消费物价指数直接缩减 GDP，求得近似的可比价 GDP。由于这种方法只考虑了一方面价格变化的影响，因此称为单缩减法，而前述多次缩减的方法被笼统地称为双缩减法。

① 收入法 GDP 不能直接体现为一组物量与其价格相乘的结果，除非假定收入将用于某个特定方面，比如消费。

单缩减法应用的前提，对生产法来说，是不变价增加值与现价增加值的比例等同于不变价总产出与现价总产出的比例；对支出法来说，是投资、进出口的价格变化等同于消费的价格变化。现实中这一点并不能满足，因此在方法原理上单缩减法不如双缩减法。但单缩减法的优点在于应用简便，资料容易取得，如果能掌握比较准确的现价增加值资料或支出法各项目的资料，单缩减法就具有应用的价值。尤其在短期监测比如按季度核算 GDP 时，单缩减法是常用的方法。

例 8—3

假设某地区基期 GDP 为 157.8 亿元，报告期有关 GDP 及其相关价格指数资料如表 8—8 所示，据此分别从生产和使用角度计算该经济总体的经济增长率。

表 8—8　　某地区 GDP 及价格指数资料　　单位：亿元

| | 报告期（亿元） | 价格指数（以基期为 100） |
|---|---|---|
| 总产出 | 561.3 | |
| 第一产业 | 167.5 | 112.7 |
| 第二产业 | 285.1 | 115.8 |
| 第三产业 | 108.7 | 116.5 |
| 中间投入 | 381.7 | |
| 第一产业 | 108.9 | 118.7 |
| 第二产业 | 198.1 | 120.2 |
| 第三产业 | 74.7 | 118.0 |
| GDP | 179.6 | |
| 总消费 | 125.1 | 107.4 |
| 总投资 | 52.4 | 106.7 |
| 出口 | 7.5 | 103.3 |
| 进口（一） | 4.6 | 104.5 |
| 统计误差 | 0.8 | |

（1）从生产角度计算：

可比价总产出＝167.5/1.127＋285.1/1.158＋108.7/1.165
＝488.1

可比价中间投入＝108.9/1.187＋198.1/1.202＋74.7/1.18
＝319.9

可比价 GDP＝488.1－319.9＝168.3

经济增长率＝168.3/157.8－1＝6.65％

（2）从使用角度计算：

可比价 GDP＝125.1/1.074＋52.4/1.067＋7.5/1.033－4.6/1.045
＝168.5

经济增长率＝168.5/157.8－1＝6.78％

### （三）经济增长率的分析

发展需要一定的经济增长率，但在现实经济管理中，经济增长率并非笼统地越高越好，而是要附之以一定的前提。总括来说就是，稳定的经济增长，总供给与总需求保持平衡的经济增长，结构不断优化的经济增长，生产率不断提高的经济增长。与此相配套，对一时期经济增长率的统计分析也总是围绕这些方面进行，具体包括：以经济增长率为中心的经济周期和景气状况的分析，以 GDP 为核心的总供求及其对经济增长影响的统计分析，经济增长与结构演化之间相互作用的分析，基于生产率的经济增长因素分析。在这样的分析中，将会以 GDP 及其经济增长率为对象，同时要应用各种统计分析方法。

**相关链接 8—1　经济景气指数**

经济景气指数是为了预测经济周期波动的转折点而设计的，其基本方法是在既有的统计指标基础之上，筛选出具有代表性的指标，建立一个经济监测指标体系，进而建立各种指数。

利用景气指数进行分析，就是用经济变量之间的时差关系指示景气动向。首先，确定时差关系的参照系，即基准循环，编制景气循环年表；其次，根据基准循环选择先行、一致、滞后指标；最后，编制合成指数来描述总体经济运行状况，预测转折点。

景气监测的第一步工作是编制景气循环年表。根据景气循环年表，可以把一系列监测指标划分为先行、一致、滞后指标。一致指标，也叫同步指标，这些指标峰与谷出现的时间同总体经济运行峰与谷出现的时间一致，可以综合地描述总体经济所处状态；先行指标，也叫领先指标，利用这些指标可以事先预测总体经济运行的峰和谷；滞后指标是对总体经济运行中已经出现的峰和谷的一种确认。这些指标共同构成了景气指标体系。

20 世纪 80 年代以来，中国一直在研究建立先行、一致和滞后指标体系，并在此基础上试算先行指数、一致指数、滞后指数和预警指数等。目前，中国经济景气监测中心采用的景气指标体系如表 8—9 所示。

**表 8—9　　中国景气指标体系**

| 先行指标 | 一致指标 | 滞后指标 |
|---|---|---|
| 先行六指标合成指数 | 工业生产指数 | 财政支出 |
| 　恒生内地流通股指数 | 工业从业人员数 | 工商业贷款 |
| 　产品销售率 | 社会收入指数 | 居民储蓄 |
| 　货币供应量 M2 | 其中：财政税收 | 居民消费价格指数 |
| 　新开工项目 | 　　　工业企业利润 | 工业企业产成品资金 |
| 　物流指数 | 　　　居民可支配收入 | |
| 　其中：全社会货运量 | 社会需求指数 | |
| 　　　　沿海港口货物吞吐量 | 其中：固定资产投资 | |
| 　房地产开发投资先行指数 | 　　　全社会商品零售 | |
| 　其中：房地产开发土地面积 | 　　　海关进出口 | |
| 　　　　商品房新开工面积 | | |
| 　消费者预期指数 | | |
| 　国债利差率 | | |

由工业生产、就业、社会需求和社会收入等4个方面合成一致指数，反映当前经济的基本走势；由一组领先于一致指数的先行指标合成先行指数，用于对经济未来的走势进行预测；由落后于一致指数的滞后指标合成滞后指数，用于对经济循环的峰与谷的一种确认。

由预警指标合成预警指数，根据预警指数的数值把经济运行的状态分为5个级别："红灯"表示经济过热，"黄灯"表示经济偏热，"绿灯"表示经济运行正常，"浅蓝灯"表示经济偏冷，"蓝灯"表示经济过冷。中国预警指标及其状态区域划分如表8—10所示。

**表8—10　　中国预警指标及其状态区域划分**

| 指标 | 过热≥ | | >趋热> | | ≥稳定≥ | | >偏低> | | >过冷 | 权重 |
|---|---|---|---|---|---|---|---|---|---|---|
| 工业生产指数 | | 18.3 | | 16.5 | | 10.8 | | 8.9 | | 1.2 |
| 固定资产投资完成额 | | 43 | | 30 | | 15.5 | | 11 | | 1.0 |
| 社会消费品零售总额 | | 27.5 | | 17 | | 9.5 | | 8.1 | | 1.2 |
| 外贸进出口总额 | | 34 | | 25 | | 12.5 | | 4 | | 0.8 |
| 财政收入 | | 28 | | 24.5 | | 13.5 | | 5.1 | | 0.8 |
| 工业企业利润总额 | | 206.5 | | 44.5 | | 2.7 | | −11.1 | | 1.0 |
| 城镇居民可支配收入 | | 17 | | 13.5 | | 8.8 | | 4.8 | | 1.2 |
| 金融机构各项贷款 | | 24 | | 22.5 | | 13 | | 11.2 | | 0.8 |
| 货币供应M2 | | 30 | | 21.5 | | 15.2 | | 14 | | 0.8 |
| 居民消费价格指数 | | 112.5 | | 106 | | 100.5 | | 99.2 | | 1.2 |
| 预警指数 | | 136.66 | | 116.66 | | 83.33 | | 63.33 | | 10.0 |

1993年6月以来中国的景气指数走势如图8—1所示。

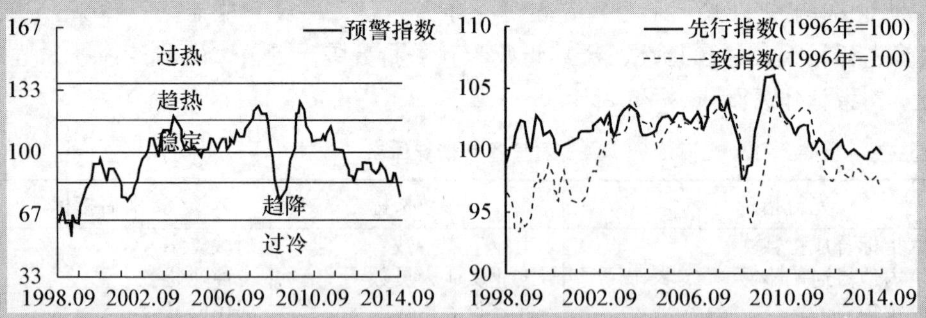


**图8—1　中国历年的景气指数走势**

资料来源：中国经济景气监测中心，http://www.cemac.org.cn/Azhdt.html。

## 三、物价指数与通货膨胀统计

保持物价稳定是国民经济宏观管理的另一个重要目标。要反映特定时间上的物价状况，需要编制物价指数。

### （一）常用物价指数及其编制方法

在日常经济实践中，编制物价指数的理论公式主要是派氏指数公式，即以报告期物量作为同度量因素构造指数，反映报告期物价水平相对于基期物价水平的变动程度，即

$$派氏价格指数=\frac{\sum p_1q_1}{\sum p_0q_1} \tag{8—19}$$

按照该理论公式编制价格指数在现实中很难做到，因为它要求同时掌握全部计量对象的价格和物量数据，而且涉及基期和报告期不同时期，而现实中很难满足这样的要求。因此，实际编制物价指数时需要对该理论公式予以变换，形成各种近似的指数公式。

下面结合不同的指数编制方法介绍管理中应用较多的几种物价指数。这些指数的功能可以概括为两个方面，一是反映特定经济类别的物价变动状况，比如消费物价指数反映消费品及服务价格的变动程度；二是作为宏观上计算总体物量指数和综合物价指数的基础，这在上一小节已有所体现。

*1. 居民消费物价指数与商品零售物价指数*

商品零售物价指数与居民消费物价指数的计量对象比较接近，都属于最终意义上的商品销售价格，而且指数编制的方法也大体相同。

商品零售价格是指工业、贸易业、餐饮业和其他单位以零售方式向城乡居民、机关团体出售生活消费品和办公用品的价格，而居民消费价格是指居民为购买生活消费品和获得服务而支付的价格。相应地，商品零售物价指数就是针对零售商品的价格而编制的指数，以反映其价格水平的变动程度；而消费物价指数则是要就居民购买消费品和服务的价格变化编制物价指数，反映其对应的价格水平变动程度。在方法上，这两种价格指数采用了大体一致的处理方法，即在众多计量对象中选择代表品，就这些代表品采集价格数据，计算平均价格和个体物价指数，而后运用加权算术平均方法逐级计算类别价格指数，直至总价格指数。

以中国商品零售价格指数为例，首先将所有零售商品区分为不同类别，在类内选择部分商品作为代表品，目前共包括 14 个类别、304 种必报商品；然后选择部分地区作为代表区域，就所选定的代表品收集价格数据。采集价格资料时，应区分不同市场选择若干个价格调查点，目前在全国共抽选出 226 个市县作为国家编制零售物价指数的价格调查点，其中城市 146 个，县 80 个；在所采集价格资料基础上，先计算该品种的平均价格，而后按“选中市县—省—全国”的顺序分级编制计算各单项商品的零售价格指数和类别指数，而后综合计算零售商品价格总指数。计算过程中运用加权算术平均法，即

$$零售物价指数=\frac{\sum \frac{p_1}{p_0}w}{\sum w} \tag{8—20}$$

式中，$p_1/p_0$ 为单项物价指数；$w/\sum w$ 为代表品所代表类别的零售额在总零售额中所占比重。

2. 工业品出厂价格指数和农产品收购价格指数

工业品出厂价格是工业企业向其他单位出售自身生产的工业产品的价格；农产品收购价格是农业生产单位向其他单位出售自身生产的农业产品的价格（站在购买者角度，就是“收购”）。二者都是生产产出的价格，体现产品进入流通领域最初形成的价格。编制工业品出厂价格指数和农产品收购价格指数，就是要反映该阶段价格水平的变动状况。

目前我国编制工业品出厂价格指数包括以下方法要点。第一，在全国选择1 140 种代表产品（包括 3 120 种规格），在全国各省、自治区、直辖市选择代表企业作为基层填报单位；第二，由各基层填报单位按照选定代表品填报有关价格、销售额、销售量资料；第三，计算单个产品的平均单价和价格指数；第四，对单个产品价格指数以算术平均方法予以平均，计算各类指数和工业品出厂价格总指数，所用权数是该产品所代表类别的销售额，计算公式与式（8—20）类似。

编制农产品收购价格指数按以下方法思路进行。第一，将农产品划分为 11 个大类，确定 276 种产品为代表品；第二，依照这些代表品，在主产区且收购量较大的地区确定价格调查点；第三，在调查区收集收购价格和收购额资料，计算各产品的当地平均收购价格及价格指数，进而形成省市层次的各产品平均收购价格和价格指数；第四，以各产品价格指数为基础，采用加权调和平均方法，在各省、自治区、直辖市和全国按年度编制收购价格总指数，其权数为各类产品报告期收购额。其公式为：

$$\text{农产品收购价格指数}=\frac{\sum p_1q_1}{\sum \frac{1}{k}p_1q_1} \tag{8—21}$$

式中，$k=\dfrac{p_1}{p_0}$。

**（二）国民经济综合物价指数**

国民经济综合物价指数是按照 GDP 的实物内容及其结构计算的物价指数，因此又称 GDP 物价指数。编制该指数有两方面的作用，一是综合反映国民经济整体的物价变动状况，它覆盖面较广，是任何其他单项物价指数如消费物价指数、投资物价指数等所不能比拟的；二是为计算国民经济增长率提供方便，国民经济物量指数（即经济增长率）可以直接通过综合物价指数对现价 GDP 指数的缩减来取得。

国民经济综合物价指数的表达式是：

$$\text{国民经济综合物价指数}=\frac{\text{报告期现价 GDP}}{\text{报告期可比价 GDP}} \tag{8—22}$$

所谓报告期可比价 GDP，是指按照基期价格水平计算的报告期 GDP。这样，整个算式实际上是以报告期 GDP 物量为权数计算的报告期价格水平与基期价格水平的比值，即报告期与基期相比的物价指数。显然，计算国民经济综合物价指数的关键在于报告期可比价 GDP 资料的取得，其计算方法如前所述，可分别生产法和支出法两种思路，运用价格指数缩减法剔除报告期 GDP 中所包含的价格变动影响，即可求得不含价格变动影响的可比价 GDP。比如，根据例 8—3 提供的资料，可以直接计算出国民经济综合物价指数：运用生产法核算资料计算，可比价 GDP 为 168.3，国民经济综合物价指数＝179.6/168.3＝106.7%；运用支出法资料计算，可比价 GDP 为 168.5，国民经济综合物价指数＝179.6/168.5＝106.59%。

**（三）价格指数的应用分析**

由经济增长率的计算过程可以看到，各类物价指数的编制是使用价格指数缩减法衡量经济增长所必需的，只有剔除了当期物价变动所引起的 GDP 变化，才能借助 GDP 综合反映一时期的经济产出规模的动态情况。如果掌握了国民经济综合物价指数，计算经济增长率的过程将更加简单，即可直接将该物价指数作为价格缩减因子使用，从报告期当年价 GDP 推算出报告期可比价 GDP，或从当年价 GDP 指数推算出 GDP 物量指数。仍然以例 8—3 提供的资料来演示，报告期可比价 GDP＝报告期现价 GDP/国民经济综合物价指数＝179.6/106.7%＝168.3，经济增长率＝现价 GDP 指数/国民经济综合物价指数/基期 GDP－1＝179.6/106.7%/157.8－1＝6.65%。

但是，编制物价指数的目的并不单是用于经济增长率计算，而是有其独立的应用功能，其中最主要的应用就是通过物价指数反映物价变动的方向和程度，以反映通货膨胀的情况。一般来说，通货膨胀被认为是价格持续上涨的一种过程，反过来也就是货币不断贬值的过程。因此，尽管测定一时期通货膨胀的程度有不同方法，但应用最普遍的就是物价指数方法，即以物价总水平上涨率（即物价指数减去基数 100%的结果）作为通货膨胀率。比如，上面计算的国民经济综合物价指数为 106.7%，即可认为当期通货膨胀率为 6.7%。在通行的通货膨胀统计和分析中，一般将 1%～3%的年度物价上涨率称为爬行的通货膨胀（creeping inflation）；将 3%～6%或 3%～10%的年度物价上涨率称为温和的通货膨胀（mild inflation）；而将在较长时期内发生的较大幅度的物价持续上涨称为飞奔的通货膨胀（galloping inflation）；如果物价水平在短期内有大幅度的上涨（比如每月超过 50%），那就是恶性通货膨胀（hyper inflation）。

哪些指数能反映总体物价水平从而测度通货膨胀？最理想的是国民经济综合物价指数，因为它覆盖的内容最完整，包括当期所有最终产品；其次是消费物价指数，尽管其仅限于供消费的货物和服务，但与居民生活息息相关，体现了最终消费品的物价变化情况。如果从数据资料可得性看，消费物价指数可以按较短的时间周期（比如季度甚至月度）编制，因而更能满足适时观测的需要。

**例 8—4　　运用各种价格指数反映中国近年的通货膨胀情况**

结合中国价格指数的编制状况，可以选择商品零售价格指数和居民消费价格指数来反映通货膨胀状况（见图 8—2）。图 8—2 显示出，商品零售价格指数与居民消费价格指数具有大致相同的变动趋势，居民消费价格指数略高于商品零售价格指数，其灵敏度更高。

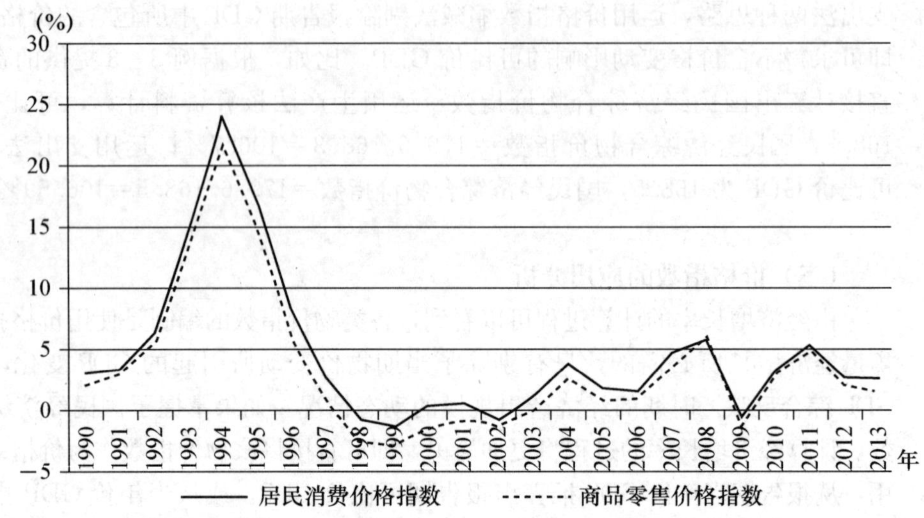


**图 8—2　中国 1990—2013 年间通货膨胀状况**

由数据可见，1990—2013 年间，中国物价指数的变化以 1994 年和 1998 年为界可以分为三个阶段。1990—1994 年，价格指数不断攀升，1994 年价格上涨幅度超过 20%，面临较为严重的通货膨胀问题；1994—1998 年，价格指数一路下滑，1998 年物价下跌，此前物价指数为正，经济进入通货紧缩状态；1999 年以后，价格指数开始缓慢上升，但是价格上涨幅度基本上处于 5%以内，物价处于较为合理的区间。

## 8.4 基于国内生产总值的国际比较统计

与上一节经济动态比较相对应，这一节的内容着眼于一国经济总体与其他国家经济总体之间的比较，称为一国经济的国际比较。通过比较，可以描述和分析该国经济与其他国家经济之间的差异。

### 一、国际比较的内容和实质

从一般意义上说，应用统计方法进行一国经济的国际比较，可以涵盖经济领域的所有方面，包括生产、收入、消费、投资、对外贸易、资产、人口、劳动力等；比较的对象并不仅限于总量指标、人均指标所达到的水平，还应该包括经济结构、经济增长速度、经济发展的能力等方面。但是，受本书内容及其篇幅的限制，这里所述并非一般意义上的国际比较，而是以 GDP 为基础的国际比较，比较的对象首先是 GDP 的总量，进而是人均 GDP 所达到的水平。

各国 GDP 的计算均采用本国货币为计量单位，因此，GDP 的国际比较肯定不是各国公布数据的直接对比，而是要考虑不同国家货币之间购买力的差别。只有消除了这样的差别，比较的结果才能真正体现出一国与他国之间在经济总量水平以及经济发展水平上的差异。

所谓货币购买力，是指单位货币所能购买的商品数量，它是商品价格的倒数。因此，在各国货币购买能力差别的背后，就是各国经济之价格水平和价格结构的差异。要消除国际比较中各国货币购买力的差异，本质上就是消除各国之间存在的价格差异，以实现各国之间 GDP 物量的比较。也就是说，各国按本国货币计量的名义 GDP 之间的差别可以归结为两个方面，一是经济规模和产出总量的差异；二是不同货币币值以及价格之间的差异。国际比较所关注的不是笼统的各国名义 GDP 之间的差异，而是 GDP 中所包含的经济规模与产出水平的差异。为达到此目的，必须设法消除各国名义 GDP 之中所包含的货币币值即价格差异。

如何消除这种差异，通过 GDP 实现有效的国际比较？从方法上看，这再一次归结到经济指数的编制上，只是这里的指数不是同一经济总体在不同时间上的动态比较，而是在同一时间上两个及以上经济总体之间的比较，所编制的指数属于静态比较指数。如果说不同国家之间按本国货币计算的名义 GDP 是一种总量指数的话，那么，其间不同国家币值的比较就相当于价格指数，产出总量的比较就相当于物量指数。

## 二、国际比较的基本方法

在各国统计中，GDP 具有大体统一的概念和统计方法。因此，基于 GDP 的国际比较基本上不存在指标选择及内容调整问题，我们讨论国际比较的方法，主要是如何消除不同币值即价格差异、实现各国产出物量之间比较的方法。这些方法首先基于两个国家之间的双边比较形成，进而还要考虑多国间多边比较的情况。

### （一）国际比较的不同方法

利用 GDP 进行国际经济比较，主要有两种方法，一是汇率法；二是购买力平价法。

#### 1. 汇率法

汇率法又称图表集法，其基本思路是：将各国用本国货币计算的 GDP 按汇率换算为共同货币单位（一般是美元），而后进行各国 GDP 或人均 GDP 的比较。由于汇率是两国间货币的兑换比例，比如 1 美元可兑换 6.27 元人民币，1 英镑可兑换 1.55 美元，用汇率对不同国家的 GDP 进行换算，即可解决国际比较中因不同货币单位而出现的 GDP 数据不可比问题。实际应用中可以直接采用官方汇率，也可以采用进口和出口汇率的平均数。如果希望消除汇率波动的影响，则可采用较长时间（比如 3 年）内汇率的平均数。

应用汇率法进行国际比较，最大的优点是操作简单，资料易于取得。但在应用中发现，使用汇率法对各国 GDP 予以换算进行国际比较存在诸多缺陷，由此影响到比较的效果。第一，汇率的水平及其变动可能受各种经济和非经济因素的影响，并不仅仅取决于国际市场上各国货币的供求关系和各国货币对产品的实际购买力，因此它对货币购买力差异的体现是有限的；第二，汇率更多地与各国经济中的对外经济活动相关联，而与大量的国内贸易产品无关或没有直接关联，以汇率作为反映各国货币购买力差异的一般指标使用，有以偏概全的问题。也就是说，汇率并非表达不同国家之间货币购买力差异从而价格差异的最好工具，以此为手段进行的 GDP 国际比较可能难以真正反映各国经济产出水平和经济发展程度的差异。于是出现了国际比较的其他方法。

2. 购买力平价法

早在 20 世纪 50 年代，国际经济学理论界就开始了购买力平价法的研究。所谓购买力平价（purchasing power parity，PPP），全称为购买力平价比率，是指在基准国一单位货币所能购买的商品数量在对比国购买时所需要花费的该国货币的数额，通俗来说，就是基准国单位货币相当于比较国货币的数量。比如，如果针对所选定货物，它在中国的价格为 10 元，在美国为 5 美元，也就是说，在美国，1 美元可以买到 0.2 个单位的商品，但这 0.2 个单位的商品在中国则需要花费 2 元。由此可以计算出，对应于所选定货物，人民币对美元的购买力平价为 2（即 2.00÷1.00=2）。就是说，对于所选定货物而言，2 元人民币与 1 美元的购买力是相同的。

针对上例，以两国价格水平的比率也可以计算出该购买力平价为 2（即 10 元人民币÷5 美元=2）。由此，我们可以将购买力平价看做由两国货币表示的价格比率（简称比价），即价格的静态比较指数。现实中面对多种货物和服务的情况下，价格水平难以用单一的价格表示（像上面的 10 元人民币或 5 美元），因此，该购买力平价的表述需要借助价格指数的形式，即

$$\mathrm{PPP}_{jk}=\sum Q_k P_j \Big/ \sum Q_k P_k \tag{8—23}$$

或

$$\mathrm{PPP}_{jk}=\sum Q_j P_j \Big/ \sum Q_j P_k \tag{8—24}$$

式中，$P$ 为价格，是计算比较的对象；$Q$ 为对应的物量，在其中起着同度量因素以及权数的作用；下标 $k$ 表示基准国，下标 $j$ 表示比较国。式（8—23）是以基准国物量为同度量因素而构造的价格指数，类似于通常所说的拉氏指数；式（8—24）则选择以比较国物量为同度量因素，类似于通常所说的派氏指数。在此基础上可以按照理想指数的做法对上述两个指数做几何平均。

在掌握了购买力平价比率的前提下，进行国际比较的过程实际上就是以购买力平价去缩减比较国 GDP 或各国名义 GDP 指数的过程。如果以 $E$ 表示两国名义 GDP 指数，则基于 GDP 进行国际比较所得可比价 GDP 和相应的物量指数为：

$$GDP_{PPP}=GDP/PPP_{jk} \tag{8—25}$$

$$Q_{jk}=E_{jk}/PPP_{jk} \tag{8—26}$$

### （二）不同范围的国际比较

进行国际比较的动机可以归结为两类。一类是从特定国家的需要出发进行国际比较，比如，中国研究者希望以本国为主体与其他国家进行比较，这样的比较常常是以双边比较的形式出现的；另一类是广泛意义上的国际比较，希望从全球或区域范围出发，针对各国或主要国家进行比较，形成整体认识，这样的比较常常由国际组织负责进行，其结果就是所谓的多边比较。

双边比较有两种具体方法。一是直接双边比较，即就基准国与比较国进行直接比较；二是间接双边比较，也称为桥梁国的双边比较，即要进行比较的两国先分别与一个第三国（即桥梁国）进行比较，而后利用各自与桥梁国的比较结果再进行比较，得出双边比较的结果。

多边比较是涉及三个及以上国家的比较。在这样的比较中，各个国家环环相扣，形成比较的链条。具体应用中也有不同的比较方法。一是建立在双边比较基础上的多边比较。比如“星”体系法，是先选定一个基准国作为体系的中心，然后用其他国家逐一与该基准国进行双边比较；又如 EKS 方法，是让所有参与比较的国家都做一次桥梁国进行比较，然后采用理想指数方法将各对比较国家的比较结果进行几何平均。二是直接进行的多边比较，针对参加比较的各个国家设法求得可应用于各国的购买力平价，直接形成多个国家的比较结果。①

需要指出的是，由于目前普遍应用购买力平价方法进行国际比较，其中最基本的问题就是购买力平价的计算，因此，所谓国际比较的不同范围问题在很大程度上就是购买力平价产生和适用范围的不同处理问题，上述不同方法实际上就是购买力平价的不同计算方法。

## 三、国际比较的实际操作与应用

鉴于日益明显的经济全球化趋势，各国均关注本国经济与他国经济的比较，同时，着眼于全球的经济比较也越来越重要。从 20 世纪中期开始，就有不少国家机构和区域性、国际性组织探索国际经济比较问题，并形成了具体的实施方法，其中，最有影响力的是由联合国统计机构组织实施的“国际比较项目”（International Comparison Project，ICP）。该项目从 1968 年开始实施，目前已进行了六个阶段的对比，参加国从最初的 10 个扩展到 120 多个，形成了较为完整的比较方法和具体实施方案，在国际上产生了较大影响。

如前所述，由于 GDP 可以在生产法和支出法两个方向上分解为物量与价格两

① 限于篇幅，对这些具体方法，这里不予介绍，读者可参阅有关著作和教材。

个因素，因此，围绕购买力平价的计算和经济活动的物量比较，也可分别以生产法思路和支出法思路进行。其中，生产法思路的国际比较，需要针对产品产出价格和中间投入购买价格收集资料，形成购买力平价，进而获得不同国家间的可比 GDP 和 GDP 比较；而支出法思路的国际比较，则是通过 GDP 支出类别资料的分解计算购买力平价，对各国 GDP 数据进行换算，进而实现比较。相比较而言，各国间在生产过程中的差异一般大于支出过程的差异，所需要的数据也更加复杂，因此，早期国际比较主要集中于支出法思路，而着眼于生产法思路的国际比较则是近年所关注的。下面就支出法思路结合联合国 ICP 的做法，介绍有关国际比较的具体方法和基本步骤。

第一，按照 GDP 的支出类别进行商品分类（ICP 把所有产品划分为 159 类），在每一类中选择一定的商品品种作为样本，由此确定用于计算购买力平价的“一揽子”商品。确定样本时应遵循以下两个原则：集中选择原则，要求选择最大支出额的商品；共同性原则，要求选择相互比较的国家共同使用的商品。

第二，就所选择的样本商品品种在不同国家收集价格、数量和支出额资料，分别计算各组、各类商品的价格比率，最后以支出额为权数综合形成相对于 GDP 的购买力平价比率。

第三，利用购买力平价比率换算各国 GDP 和人均 GDP，在不同国家之间进行比较。

相对而言，购买力平价方法比较准确地把握了国际经济比较的关键，取得了较好的效果。但是，该方法的复杂性在一定程度上限制了其应用。比如，它要求满足所选定样本在参加比较的国家之间应同时具有代表性；要求无论以哪个国家作为比较基准国，都应该有相同的计算结果，即所谓基准国不变性；要求两个国家直接比较的结果应该与分别通过第三国比较所得结果保持一致，即所谓传递性，等等。这些要求常常难以满足，或者说难以同时满足。因此，除了这样的基于 GDP 的系统比较，还存在其他比较方法，比如利用各种实物量指标进行的比较。

最后需要说明，本章所涉及的比较仅限于经济比较，而且是着眼于经济增长及其所达到水平的比较。实际上，国际比较常常不仅关心各国经济方面的差异，而且关注更广范围内经济社会发展及其结果的比较，这样的比较将涉及下一章的内容。

**例 8—5**

依据世界银行世界发展指标数据，演示应用图表集法和购买力平价法进行 GDP 国际比较的结果，并说明中国在此比较中的位置。

表 8—11 列示了世界银行按照图表集法和购买力平价法计算的世界各地区的人均国民总收入（GNI）数据。由表 8—11 可以看到，以图表集法衡量，2013 年全世界人均 GNI 为 10 584 美元，且人均 GNI 存在巨大的差异，高收入国家的人均 GNI 相当于低收入国家的 59 倍之多。应用购买力平价法进行比较，则全世界人均 GNI 提高到 14 233 美元，而且收入的国际差异大大缩小，高收入国家的人均 GNI 仅为低收入国家的 23 倍。

对比两种方法给出的人均 GNI 数据可以清楚地看到，收入水平越低的国家，其以购买力平价法计算的人均 GNI 高于其以图表集法所得结果的程度越大；对于高收入国家，其以购买力平价法计算的人均 GNI 低于其以图表集法所得结果。造成这种情况的原因在于，汇率仅涉及与外贸出口相关的产品，在国际市场上常常会偏向于贸易发达的国家，加上各种非经济因素的影响，结果使得在图表集法之下，高估了国家间的差距。

按照图表集法，中国人均 GNI 是 6 560 美元，而按照购买力平价法计算，中国人均 GNI 则提高到 11 850 美元。显然，作为一个主要依赖于国内需求而存在的经济体，仅仅依靠汇率来简单折算中国的经济指标，将会低估中国的实际经济发展水平。不过，从相对位次来看，无论应用哪一种比较方法，中国均处于中等收入水平。

**表 8—11　　2013 年世界各地区人均国民总收入**

| 地区分组 | 图表集法（美元） | 购买力平价法（美元） | 购买力平价法/图表集法 |
|---|---|---|---|
| 全世界 | 10 584 | 14 233 | 1.34 |
| 低收入 | 664 | 1 780 | 2.68 |
| 中等收入 | 4 745 | 9 548 | 2.01 |
| 中下收入 | 2 067 | 5 953 | 2.88 |
| 中上收入 | 7 494 | 13 402 | 1.79 |
| 高收入 | 39 344 | 40 335 | 1.03 |
| 欧元区 | 38 336 | 37 156 | 0.97 |
| 中国 | 6 560（109） | 11 850（109） | 1.81 |

说明：中国数据中括号里的数值是中国在全世界 213 个国家和地区中的排名。
资料来源：世界银行，http://siteresources. worldbank. org/DATASTATISTICS/Resources/GNIPC. pdf。

## 思考题

1. 为什么要进行国民经济核算？其基本内容有哪些？
2. 如何区别国民经济核算中的机构部门和产业部门？
3. 如何理解国内生产总值的含义，并从含义引申出不同计算方法？
4. 国内生产总值与国民生产总值的差别和关系是怎样的？
5. 利用国内生产总值可以进行哪些方面的经济分析？试举例说明。
6. 国民经济核算中反映收入分配的指标有哪些？这些指标与住户统计的居民收入有何关系？
7. 什么是国民财产？如何统计？
8. 经济增长率与经济指数是何关系？计算经济增长率的基本问题有哪些？
9. 常用物价指数有哪些？它们在编制方法上完全相同吗？
10. 用什么物价指数表现通货膨胀？
11. 国际比较中，汇率法与购买力平价法各有何优缺点？目前比较推崇的方法是哪种？

# 第9章 社会发展的统计描述与评价

Chapter 9

和经济系统相比，社会是一个更大的系统。从对一国经济的总体核算到对该国社会发展的统计描述与评价，其间具有内容上的连续性。在一个市场经济架构下，经济系统的总体描述找到了货币这样的统一计量单位，由此实现了完整统一的核算；相比之下，社会系统的总体测度则存在更多技术上的障碍。本章立足于社会发展这一主题，介绍描述其过程、评价其水平所涉及的统计问题。本章所涉及的主要内容包括：

- 社会发展内涵的演变过程及其对统计测度的影响；
- 社会指标的定义；
- 社会指标体系的功能及其组成；
- 社会发展综合评价中的福利测度；
- 社会发展多目标评价方法的基本思路；
- 可持续发展统计的总量测度方法；
- 可持续发展统计指标体系的构造。

## 9.1 社会发展的含义及其统计测度

### 一、社会发展观及其演变

社会发展是每一个社会系统所致力追求的目标，但什么是社会发展，却难以用一句话概括清楚。笼统地讲，可以将社会发展看做一个社会的变迁过程。具体来说，任何社会的根本目的都是要以其活动和特定方式满足其社会成员的物质和精神需求，以实现人的全面发展。因此，从目标考虑，社会发展应该是为更好地达到这一目标而实现的社会进步过程。在此过程中，社会系统应该得到不断完善，尽力达到协调运行的状态，因此，从组织方式考虑，社会发展还包含社会系统不断整合自身各构成部分之间的关系，使社会不断向高级形态演进的含义，或者如某些研究者所强调的，是社会现代化的过程。

自 20 世纪 50 年代以来，社会发展观经历了一系列转变。早期将社会发展仅仅作为一种经济现象看待。第二次世界大战以后，各国社会发展普遍以经济增长战略直接作为社会发展战略，认为以 GDP 为代表的经济增长目标的实现将会顺理成章地解决贫困、社会稳定、社会民主等各种问题，实现社会发展目标。然而发展结果表明，尽管在技术进步作用下，许多国家完成了其经济增长的预定目标，人民物质生活水平由此得到了相当大的改善，但同时也带来了一系列的社会问题，诸如资源过度消耗、环境污染和生态破坏、人口过度城市化、贫富悬殊、失业和犯罪等。于是导致社会发展观的转变。人们认识到，经济增长和科技发展本身只是创造良好生活条件的手段而不是社会发展的最终目的，人均收入的提高可以反映经济增长程度却不等同于生活质量的改善，社会发展不单单是一种经济现象，而是一个由人口、环境、政治、经济、科技以及其他相关系统之间协调运行的过程，在此过程中，经济发展起着重要的作用，但却不是它的全部。这就是所谓社会全面、多元发展观。此后，伴随环境问题的日益突出，如何处理经济与环境关系成为社会发展中的基本命题，其结果，社会发展观再一次扩展，形成了可持续发展战略。也就是说，社会发展要密切关注环境问题，处理好经济、社会与自然环境的关系，不仅要就当代社会要素之间实现协调，而且要解决代际关系，以保证实现人类社会的长期可持续的发展。应该说，可持续发展观将是 21 世纪所致力实现的发展目标。

从经济增长到可持续发展，社会发展观的转变主要体现在两个方面。一是发展所涉及的范围不断扩大，从单纯的经济系统到经济和社会系统，进而过渡到经济、社会和环境系统，发展就是这些系统不断相互协调的过程；另一个方面是发展的目标或核心的转变，从单纯追求经济增长本身，转化为以人的发展为中心，进而在可持续发展中将人的发展从关注当代人推广到未来几代人，是考虑代际关系的人的发展。

## 二、社会发展统计测度的内容与方法

伴随社会发展观的演变，社会发展统计测度的内容在不断扩展。其中，与经济增长发展观相对应，社会发展的测度主要集中于经济增长率的度量；为了修订单凭经济增长体现社会发展的片面性，出现了社会指标运动，即在更广（不仅是经济）、更深（不是仅仅对现象过程的描述）意义上，通过社会指标对社会发展的结果进行描述、监测和分析；进而将发展过程的统计测度与其成果的统计测度有机结合起来，对整个社会发展状况予以综合评价；最后是在可持续发展思想基础上进行社会发展的综合评价。可以说，在社会发展统计测度的演变过程中充分体现了社会发展思想的不断深化，是与社会发展主题思想的不断演变、深化相伴随的。

伴随统计测度内容的扩展，社会发展统计测度的方法也在不断变化。早期常常借助GDP及其增长率来评价社会发展的成果，于是在方法上出现了两个方向的进展。一是秉承单一总量指标的传统，在GDP基础上构造具有新内涵的总量指标，以此来评价社会发展的结果；另一是放弃单一总量指标，而是运用多个指标构成指标体系来描述社会发展所达到的水平以及实现发展的过程，进而对社会发展予以综合评价，这就是社会发展的多目标评价方法。

实际上，社会发展统计测度内容和方法的演化是一个连续的过程，后一阶段并非对前一阶段的完全否定，而是在前一阶段基础上的补充、丰富和扩展，前一阶段的成果构成了后一阶段的组成部分。比如，在后来的社会发展评价中，尽管不再将经济增长率作为唯一的指标，但它仍然作为社会发展的重要组成部分包含在社会发展评价之中；在可持续发展评价中，各种经济、社会指标仍然是其中的重要组成部分。有鉴于此，以下各节将按照社会发展统计测度的演变轨迹介绍有关内容：首先是社会指标及其应用；进而是国际、国内关于社会发展综合评价的研究应用成果；最后介绍可持续发展评价的基本思路。

## 9.2 社会指标及社会指标体系

社会指标的提法产生于20世纪60年代发轫的社会指标运动。在此基础上，研究者对社会指标和社会指标体系的开发与应用，构成了社会发展描述和评价的基础。

### 一、社会指标及其性质

20世纪60年代以前，社会发展观是以经济增长为中心的，相应地，在GDP（或GNP）基础上计算的经济增长率及其相关指标成为度量社会发展的中心指标。但是，伴随经济增长和科学技术发展所带来的社会问题日趋明显，人们逐渐认识到以经济增长替代社会发展的弊端，其中就包括用经济指标衡量社会发展的局限性。这构成了开展社会指标研究的直接动力和宏观背景。

什么是社会指标？不同研究者常常强调其不同侧面的特性，并没有形成完全统一的定义，以下仅从其基本内涵和规定性予以说明。

第一，社会指标描述的对象是社会现象。所谓社会现象，是指人类的一切社会生活现象，包括政治、经济、科技及与人类生活相关的其他现象。实际上，社会指标是在宏观层次上，以整个社会为对象，从社会现象间的相互联系入手，对整个社会现象进行的计量与评价。这样，经济方面的指标也属于社会指标，但只是其中的组成部分，不再是唯一的。比如，反映经济增长、人均收入的指标固然是社会指标，同时有关人的教育、健康水平的指标比如预期寿命、识字率等也是社会指标，而且是更重要的社会指标。

第二，社会指标在描述社会现象时包含一定的价值取向，对社会发展具有一定的评价意义。也就是说，不是所有的社会经济统计指标都可以作为社会指标，前者体现了社会指标的基础，是对社会指标的解释和内容延伸。因此，从一般意义的经济社会指标到描述、评价社会发展的社会指标，其间有一个指标筛选的过程。

第三，在某种程度上，可以将社会运行过程视为吸取各种投入因素而获得产出的过程，即所谓"投入—产出"过程，社会发展也就是该投入产出过程的变化。与此相对应，社会指标可以有"投入"指标和"产出"指标之分，其中，"投入"指标描述为实现各种社会目标所投入的资源量及其变化，比如为发展教育而投入的人员、资金、技术、物资等；"产出"指标则描述社会过程的发展结果，其数量和质量体现了社会目标的实现程度即社会发展所达到的水平，比如一时期适龄人口的入学率、成人识字率及受教育年限等。

从社会发展评价来看，一般更加重视具有产出性质的社会指标，因为这些指标常常可以直接表明社会发展所达到的水平，而将投入指标视为实现发展的解释性指标，体现为实现社会发展所作出的努力。比如，就健康问题而言，医生数、病床数、医疗保健支出数都属于为健康所付出的"投入"指标，说明为保证居民健康所作出的努力，并不说明健康本身如何，其数量大小及其增减变化不能直接说明居民健康状况是否得到了实际改善，而寿命、发病率、死亡率等指标才是直接描述健康状况的指标，即所谓"产出"指标。社会发展评价首要关注的就是这样的产出指标。

但是，在实际应用中，严格划分社会指标的投入和产出性质是十分困难的。因为，可以在不同层面上建立社会发展的"投入—产出"关系，一种活动的产出同时可以视为另一种活动的投入，比如，经济增长是经济活动的产出成果，但又是实现社会生活质量改善的投入，而且在许多时候，由于无法确切获得社会发展某些方面产出的指标，不得不用投入指标替代产出指标，即用描述为社会发展所作努力的指标替代直接描述社会发展成果的指标。

第四，社会指标可以是客观的，也可以是主观的。客观性指标的功能是对已发生的客观事实进行描述和反映，回答"是什么"、"发生了什么"等问题；而主观性指标则是要说明"觉得如何"，是建立在社会成员主观感受基础上的测度结果，体现了人们对其生活状况和周围环境之主观感受的自我评价。通常，通过经常性统计调查体系所获得的指标大多属于客观性指标，这样的指标具有"从外向里看"的性质。但是，对社会发展评价来说，不仅要依据各种描述现状的客观指标，直接反映社会成员社会意向、满意程度的主观指标也很重要，甚至有时要更加重要，它们具有"由里向外看"的功能。

## 二、社会指标体系

要描述和评价一时期特定社会的发展状况，最理想的是找到一个总括性社会指标，其测度结果能够包容社会发展的全部或大部分信息。统计学家曾经做过这样的尝试，比如采用 GDP、人均 GDP 及其增长率来衡量社会发展水平，如下面将要介绍的关于国民福利量、国内生态产出、国家财富的测度。但是，由于社会系统和社会发展的复杂性，一般来说，依靠单一指标常常难以很好地描述和评价社会发展的状况和水平。为弥补单一指标的有限性，常用的方法是根据社会发展的不同方面选择多个指标，构造社会指标体系。

面对社会发展这样一个复合性对象，社会指标体系的组成应该在以下原则之间予以权衡和协调：第一，全面性，指标体系应覆盖社会发展所涉及的不同方面；第二，有序性，不同指标间应该具有逻辑上的密切联系，构成有机的指标体系；第三，简约性，应尽量选择那些包含综合信息的指标，避免重复设置指标，以此控制指标体系的规模；第四，数据可得性，应尽量充分利用现有经济社会统计信息，并辅之以适当的专门调查，保证所选定指标数据的可得性。

上述原则解决的仅仅是指标体系构造的技术问题。实际上，决定一个社会发展描述和评价指标体系构成的最主要因素，是对社会发展的理解和特定的研究目的。在不同理解和目的之下，有的指标体系是描述体系，有的则更侧重于评价；有的侧重于特定的发展目标，有的则试图包括社会发展的过程。综观 20 世纪 60 年代以来国际上出现的社会指标体系，一般来说，对于社会发展的统计描述，大体都要包括人口、家庭、社会阶层或等级、收入消费与财富、环境、时间分配、社会保险和福利、学习与教育、谋生与就业、健康与保健、公共秩序与安全等方面，但是，如下面两节将要介绍的，关于社会发展统计评价的指标体系则形成了不同的研究应用成果。

需要指出的是，时至今日，社会发展仍然是一个处于变动发展中的概念，比如 20 世纪末所形成的可持续发展，其内涵仍然有待于进一步的研究与实践。因此，目前国际上关于社会发展的统计测度尚不能像国民经济核算体系一样，提出一个全球通用的指标体系或类似的测度方法，而是有不同的指标组成和指标综合方法，这就决定了我们应该以开放、发展的态度去对待关于社会发展统计测度的理论和方法及其对社会发展的描述和评价结果。

**例 9—1　　国际上出现过的社会指标体系内容梗概**

表 9—1 列示了 20 世纪 60 年代以来一些国际性组织、国家和地区的职能部门以及研究者曾经提出的社会指标体系。通过对不同社会指标体系组成之间共性和差异的了解，我们可以对社会指标体系的内容组成有一个较为具体的印象。表 9—2 是联合国较早时期曾经提出的八类社会指标的具体组成。通过这些具体指标，我们可以对社会指标的构造和体系的组成有进一步的了解。

表 9—1　　社会指标体系的内容组成

| 社会指标体系 | 社会指标体系的组成 | |
|---|---|---|
| 联合国社会指标体系 | 1. 人口<br>3. 学习及教育事业<br>5. 收入、消费、积蓄的分配<br>7. 健康、保健与营养<br>9. 公共秩序与安全<br>11. 业余时间及文化活动 | 2. 家族形成、家族、家庭<br>4. 有收益的活动及无收益的活动<br>6. 社会保障及福利事业<br>8. 住宅及居住环境<br>10. 时间的使用<br>12. 社会阶层及流动情况 |

续前表

| 社会指标体系 | 社会指标体系的组成 | |
|---|---|---|
| OECD 社会指标体系 | 1. 寿命<br>3. 教育设施的利用<br>5. 就业机会<br>7. 时间利用<br>9. 财富<br>11. 服务设施<br>13. 社会现象<br>15. 受到的威胁 | 2. 生活健康情况<br>4. 文化程度<br>6. 工作生活质量<br>8. 收入<br>10. 住房条件<br>12. 环境公害<br>14. 危险事故 |
| 美国社会指标体系 | 1. 人口和家庭<br>3. 住房与环境<br>5. 公共安全<br>7. 工作<br>9. 收入与生产率<br>11. 文化、闲暇和时间利用 | 2. 健康与营养<br>4. 交通运输<br>6. 教育与训练<br>8. 社会保险与福利<br>10. 参与社会活动 |
| 日本社会指标体系 | 1. 自然环境<br>3. 经济基础<br>5. 学校教育<br>7. 健康<br>9. 家计<br>11. 社会保障<br>13. 安全 | 2. 人口家庭<br>4. 财政<br>6. 医疗<br>8. 劳动<br>10. 居住环境<br>12. 社会教育、文化、体育<br>14. 生活时间的分配 |
| 中国社会统计指标体系 | 1. 自然环境<br>3. 人口与家庭<br>5. 居民收入与消费<br>7. 环境保护<br>9. 教育<br>11. 文化<br>13. 社会活动参与<br>15. 生活时间分配 | 2. 经济条件<br>4. 劳动<br>6. 住房与生活服务<br>8. 社会保障<br>10. 卫生<br>12. 体育<br>14. 社会秩序与安全 |

资料来源：根据朱庆芳、吴寒光：《社会指标体系》，23～25 页和 31 页内容整理。

**表 9—2　　具体社会指标的组成**

| 指标 | 具体指标 |
|---|---|
| 人口控制 | 人口增长率，粗出生率，粗死亡率，净移民率，育龄妇女生育率 |
| 健康 | 平均预期寿命，婴儿死亡率，患病率 |
| 住宅 | 城市住宅所有率，城乡住宅给水方式及比率，都市住宅每间使用人数 |
| 营养 | 每人消耗卡路里量、蛋白质量，入学儿童体重偏低人数比率，营养不足家庭户比率 |
| 文化教育 | 小学适龄儿童入学率，小学儿童中途辍学率，中学适龄儿童入学率，中学儿童中途辍学率，中学女生新生比例，大专适龄青年入学率，大专科技学生所占比例，成年人口的识字率，公立图书馆人均拥有图书册数，大众喜爱报纸人均发行量，收音机千人平均拥有量 |
| 就业与社会安全 | 城乡男女劳动年龄人口中有报酬工作者的比例，经济活动人口中 15～24 岁及 25 岁以上两组失业人口比例，完成中等以上教育者的失业比例，从事非农业工作者中妇女所占比例，经济活动人口中得到社会保障者的比例，经济活动人口中参加社会组织者的比例，实际工资指数 |

续前表

| 指标 | 具体指标 |
| --- | --- |
| 人身安全 | 每千人犯罪案件率，人身侵犯犯罪率，财产侵犯犯罪率 |
| 其他指标 | 收入仅能维持支出户比例，收入最高5%户与最低25%户的收入比，农户耕作不足当地认为合理面积标准者的比例，持有农地面积的5%人口拥有之土地在农地总量中所占比重，政府及民间机构社会福利支出人均额 |

资料来源：同表9—1。

观察这些指标，从现在的观点看很容易有这样的感受：有些指标已经明显过时，比如仅仅用收音机和报纸的拥有程度来描述社会发展的文化方面。这里之所以如此列示，目的就是要说明，社会指标体系的组成不是一成不变的，具体社会指标的设计也不是一成不变的，而是要伴随社会生活的演进而不断调整，以便有效地描述出现实社会发展的基本内容。如果将该指标体系与下面9.3节和9.4节所列示的指标体系予以比较，就可以明确地体现出这一点。

**例9—2　　千年发展目标监测指标**

2000年9月，在联合国千年峰会上，189个国家的元首和政府领导人共同签署了《联合国千年宣言》，该宣言反映了各国致力于发展权、和平与安全、两性平等、消除多层面贫穷以及人类可持续发展的坚定承诺，确定了已知的8项千年发展目标和18项限期的具体目标。

为监测逐步实现这些目标和具体目标的进展情况，联合国系统，包括世界银行、国际货币基金组织，以及OECD发展援助委员会，共同议定了48项定量指标（见表9—3）。

**表9—3　　千年目标及其测量指标**

| 目标1：消灭极端贫穷和饥饿 | |
| --- | --- |
| 具体目标1：1990—2015年，将每日收入低于1美元的人口比例减半 | 1. 每日收入低于1美元（购买力平价）的人口比例<br>1A. 贫穷人口比（国家贫困线以下人口百分比）<br>2. 贫穷差距比（发生率×贫困程度）<br>3. 最贫穷的1/5人口在国民消费中所占份额 |
| 具体目标2：在1990—2015年，将挨饿人口的比例减半 | 4. 5岁以下儿童体重不足发生率<br>5. 低于食物能量消耗最低水平的人口比例 |
| 目标2：普及初等教育 | |
| 具体目标3：确保到2015年，世界各地的儿童，不论男女，都能上完小学全部课程 | 6. 初等教育净入学率<br>7. 一年级学生读到五年级的比例<br>8. 15～24岁人口的识字率 |
| 目标3：促进男女平等并赋予妇女权利 | |
| 具体目标4：争取到2005年，消除初等和中等教育中的两性差距，最晚于2015年在各级教育中消除此种差距 | 9. 初等、中等和高等教育中男女学生的比例<br>10. 15～24岁的男女人口识字率<br>11. 妇女在非农业部门挣工资者中所占份额<br>12. 国家议会中妇女所占席位比例 |

续前表

| 目标 4：降低儿童死亡率 | |
|---|---|
| 具体目标 5：1990—2015 年将 5 岁以下儿童死亡率降低 2/3 | 13. 5 岁以下儿童死亡率<br>14. 婴儿死亡率<br>15. 接受麻疹免疫接种的 1 岁儿童比例 |
| 目标 5：改善产妇保健 | |
| 具体目标 6：1990—2005 年将产妇死亡率降低 3/4 | 16. 产妇死亡率<br>17. 由熟练保健人员接生的比例 |
| 目标 6：防治艾滋病毒/艾滋病、疟疾和其他疾病 | |
| 具体目标 7：到 2015 年制止并开始扭转艾滋病毒/艾滋病的蔓延 | 18. 15～24 岁孕妇的艾滋病毒感染率<br>19. 避孕普及率中保险套的使用率<br>19A. 上一次高风险性行为中保险套的使用率<br>19B. 全面正确了解艾滋病毒/艾滋病的 15～24 岁人口比例<br>19C. 避孕普及率<br>20. 10～14 岁孤儿与非孤儿的入学率 |
| 具体目标 8：到 2015 年制止并开始扭转疟疾和其他主要疾病的发病率增长 | 21. 疟疾发病率及与疟疾有关的死亡率<br>22. 疟疾风险区采用有效预防和治疗疟疾措施的人口比例<br>23. 肺结核发病率及与肺结核有关的死亡率<br>24. 短期直接观察治疗方案下查出和治愈的肺结核病例比例 |
| 目标 7：确保环境的可持续能力 | |
| 具体目标 9：将可持续发展原则纳入国家的政策和方案，并扭转环境资源的损失 | 25. 森林覆盖陆地面积所占的比例<br>26. 为保持生物多样性而加以保护的地带面积与表面积之比<br>27. 国内总产值每 1 美元（购买力平价）能源用量（千克石油当量）<br>28. 人均二氧化碳排放量和消耗臭氧氯氟化碳的消费量（ODP 吨）<br>29. 使用固体燃料的人口比例 |
| 具体目标 10：到 2015 年将无法持续获得安全饮用水和基本卫生条件的人口比例减半 | 30. 城市和农村可持续使用改良水源的人口比例<br>31. 环境卫生条件得到改善的城乡人口比例 |
| 具体目标 11：到 2020 年使至少 1 亿贫民窟居民的生活有明显改善 | 32. 享有可靠房地产保有权的住户比例 |
| 目标 8：全球合作促进发展 | |
| 具体目标 12：进一步发展开放的、有章可循的、可预测的、非歧视性的贸易和金融体制，包括在国家和国际两级致力于善政、发展和减贫 | 对于最不发达国家、非洲、内陆国和小岛屿发展中国家，下列一些指标将分别予以监测。<br>官方发展援助<br>33. 官方发展援助净额、总额和向最不发达国家提供的援助，在 OECD 发援委捐助国国民总收入中所占的百分比<br>34. OECD 发援委捐助国提供的、可在部门间分配的双边官方发展援助总额中用于基本社会服务（基础教育、初级保健、营养、安全饮水和环境卫生）的比例 |

续前表

| | |
|---|---|
| 具体目标13：满足最不发达国家的特殊需要，包括：对最不发达国家出口产品免除关税、不实行配额；加强重债穷国减债方案，注销官方双边债务；向致力于减贫的国家提供更为慷慨的官方发展援助 | 35. OECD发援委提供不附带条件的双边官方发展援助的比例<br>36. 内陆国家获得的官方发展援助在国民总收入中所占的比例<br>37. 小岛屿发展中国家获得的官方发展援助在国民总收入中所占的比例 |
| 具体目标14：满足内陆国家和小岛屿发展中国家的特殊需要（通过《小岛屿发展中国家可持续发展行动纲领》和大会第二十二届特别会议的结果） | 市场准入<br>38. 发达国家从发展中国家和最不发达国家免税进口的产品占进口产品总额的比例（按价值计算，不包括军火）<br>39. 发达国家对来自发展中国家的农产品、纺织品和服装平均征收的关税<br>40. OECD国家农业支助估计额占其国内总产值的百分比<br>41. 为帮助建立贸易能力而提供的官方发展援助比例 |
| 具体目标15：通过国家和国际措施全面解决发展中国家的债务问题，以使债务可长期持续承受 | 债务可长期持续承受<br>42. 达到重债穷国决定点的国家总数，达到重债穷国完成点的国家数目（累积）<br>43. 按照重债穷国倡议承诺减免的债务<br>44. 还本付息占商品和劳务出口的百分比 |
| 具体目标16：与发展中国家合作，拟订和实施为青年创造合适的生产性就业机会的战略 | 45. 15～24岁年轻人（男女和共计）的失业率 |
| 具体目标17：与制药公司合作，在发展中国家提供价格相宜的必需药品 | 46. 可持续获得价格相宜的必需药品的人口比例 |
| 具体目标18：与私营部门合作，普及新技术、特别是信息和通信技术的好处 | 47. 每100人中有多少条电话线和多少移动电话用户<br>48A. 每100人使用多少部个人电脑<br>48B. 每100人中有多少互联网用户 |

资料来源：联合国：《千年发展目标监测指标》，2004。

随着时间推移，千年发展目标进程已经过半，表9—4展示了千年发展目标在中国的实施情况。

**表9—4　千年发展目标在中国实施情况**

| 目标 | 情况 |
|---|---|
| 目标1 | 中国已经提前实现了绝对贫困人口减半的目标，具体数据见第7章例7—9。 |
| 目标2 | 1990—2012年，中国小学净入学率由97.8%上升至99.9%；2012年初等教育总入学率达到128%。 |
| 目标3 | 2012年，全国各个阶段教育的入学率都不存在明显差异。 |
| 目标4 | 20世纪90年代，报告的婴儿死亡率由50‰降低至30‰；而5岁以下儿童的死亡率由1991年的61‰降低至2012年的14‰。 |
| 目标5 | 产妇死亡率已从1990年的每10万人89例降至2013年的32例。 |
| 目标6 | 疫情仍在蔓延，但速度有所减缓。2011年，中国艾滋病发病20 450例，发病率为每10万中人1.53，死亡9 224例。艾滋病病毒感染者和艾滋病患者中女性约占30%。 |

续前表

| 目标 | 情况 |
|---|---|
| 目标 7 | 1998—2013 年，森林覆盖面积由 16.55%上升至 21.6%。截至 2012 年底，成功为 92%的人口提供安全饮用水。 |
| 目标 8 | 1999—2012 年，中非贸易额由 20 亿美元增长至接近 2 000 亿美元。中国已同非洲、亚洲、南美和大洋洲的 41 个国家签署债务减免协定。因特网的使用者从 1998 年的 210 万人增至 2014 年 6 月底的 6.32 亿人。 |

资料来源：艾滋病数据来自《中国卫生统计年鉴（2012)》；森林覆盖率数据来自国家统计局网站；其他数据来自世界银行数据库，http://data.worldbank.org。

由表 9—4 可以看到，中国在实现千年发展目标方面已经取得了重要进展，尤其是减少贫困的第一目标已经提前实现。但是也要看到，中国在社会发展方面仍面临一些艰巨的挑战：贫富差距加大，地区发展不平衡，艾滋病防治力度远远不够，环境问题严重。为此，中国应当在科学发展观的指导下，持续不懈地努力，才能全面实现千年发展目标。

## 9.3　社会发展的综合评价

本节立足于社会发展综合评价，介绍国际上所形成的研究成果。其基本内容包括两个部分，一是通过国民经济福利的测度来反映社会发展的结果；二是利用社会指标体系对社会发展进行多目标综合评价。

### 一、经济福利的测度

形成经济福利（economic welfare）概念并试图予以具体测度的动机，源于这样的认识：用 GDP 这样的总量指标不能很好地反映经济发展的成果，尤其不能以人的需求满足为中心，全面反映经济发展的成果。这是因为 GDP 是一个产品供应概念，是对当期生产的最终产品的度量，而这样的最终产品总量并不等同于人们从当期经济生活所获得的福利；后者是从需求角度定义的概念，是体现当期需求满足程度的总量度量。这就是说，在经济产品概念与经济福利概念之间存在一定程度的不匹配，其中最突出的问题是以下两个方面：有些产出不能带来经济福利，有些福利却又未能包含在产出之中，前者以环境损害为代表，后者主要与家务劳动和闲暇时间的利用有关。

经济福利的概念和测度的基本思路是，在 GDP 基础上对有关项目予以调整，补充那些可以带来福利但未包括在 GDP 中的内容，剔除那些虽包括在 GDP 之中但不会提高福利水平的内容。即

$$经济福利=GDP+补充项目的价值-扣除项目的价值 \qquad (9—1)$$

补充项目的内容主要包括两个方面。第一是家务劳动的生产成果。目前核算的

GDP 主要以市场化生产活动为对象，并不包括在家庭中发生的由家庭成员完成的生产活动产出，比如缝纫、烹调、清洁、照料婴儿和老人、教育等活动，但这部分活动却满足了家庭中的需求。如果忽略了这些活动的成果，就低估了人们所获得的福利，因此应该予以估算并包括在福利总量之内。第二方面涉及劳动与闲暇的关系。伴随经济发展，人们在生活方式上出现了下述选择：是通过劳动获得更多的收入从而实现更多的消费，还是放弃一定的劳动与收入以获得更多的闲暇时间用于自我享乐？GDP 只与劳动及其收入支出有关，却无法体现人们利用闲暇时间所获得的满足，但从满足需求实现自我发展角度看，这些活动无疑也代表了福利水平的提高，需要对其价值予以估算，包括在福利总量之内。

扣除项目的内容中，最引人注目的是关于环境损害的价值。任何生产单位进行生产都离不开对环境资源的利用，在获得经济产品的同时却减少或损害了资源环境的数量与质量，形成了环境成本。一般认为，GDP 在衡量经济产出的同时，并没有考虑环境损害成本，而这些受损害的环境肯定要减少人们所获得的福利。因此，在计算福利总量时，应该将这些环境损害价值从 GDP 中予以扣除。

依据经济福利总量，就可以进一步计算人均福利总量及其增长率，以此衡量经济社会发展所达到的水平及其变动速度。这样的计算结果将会修正仅仅依靠 GDP 计算经济增长率、人均 GDP 所带来的片面性，可以更好地反映社会发展。

可以看出，经济福利测度是在 GDP 基础上进行修正的结果。这样的关联意味着，尽管我们不能将社会发展等同于经济增长，不能将社会发展水平等同于经济产品产出的规模以及人均占有经济产品的规模，但经济产出水平及其增长仍然是度量社会发展成果及其进程的重要内容，对社会发展的测度并非是对经济测度的完全否定，而是在后者基础上的进一步扩展，是对经济测度结果的补充和修正。

但需要指出的是，到目前为止，经济福利在很大程度上还只是一个研究性的概念，而没有成为一个成熟的、具有统一测度方法的社会指标。原因首先在于，应该针对哪些内容予以扣除尚未形成统一的认识，除了上述环境损害价值，还有不同研究者提出了其他不同的内容，如国家防御性支出、城市化带来的不良后果，等等①，实际上，式（9—1）仅仅是从 GDP 到经济福利调整过程的粗略示意，而不是具体的计算公式；另一个原因是上述调整内容的价值估算还存在技术障碍，比如，如何度量家务劳动的产出价值和闲暇时间为人们所带来的福利，如何估算经济活动所引起的环境损害成本，都还没有形成较为统一的核算方法。正是这些问题的存在，极大地限制了经济福利作为一个总括性社会指标发挥作用。

---

① 具体内容的讨论可参见 Markos J. Mamalakis，Misuse and Use of National Accounts as a Welfare Indicator：Selected Analytical and Measurement Issues，Review of Income and Wealth，September 1996：293-320。

**相关链接 9—1　估算家务劳动产出的几种常用方法**

测量不付酬的家务劳动的产出时，由于不存在市场价格，只能进行大致的估计，常用估计方法有如下三种：

第一，机会成本法，该方法用家务劳动者因不到市场上从事有酬劳动而放弃的收入来估计家务劳动的价值。显然，其估计结果与家务劳动者的个人特征密切相关，例如一个有硕士学位的女性与一个有小学文化程度的女性，其机会成本是不同的。要使用这种方法，必须取得与家务劳动者相匹配的职业的工资数据，这给数据采集造成很大的困难。此外，该方法隐含地假定一个人总是有工作机会的，然而对于失业率较高的国家而言，这种方法很可能会造成家务劳动价值的高估。

第二，重置成本（专家）法，该方法用市场上从事同类活动的专家的收入来估计家务劳动的价值，例如烹饪活动的价值等于市场上有酬厨师的工资率乘以烹饪所花费的时间。应用这种方法需要对每种家务劳动单独估计价值，然后汇总得到总价值。该方法隐含地假定家务劳动者的服务质量与市场上同类专业服务人员的服务质量相同，但是该假定往往并不成立。

第三，重置成本（家政服务人员）法，该方法用付给家政服务人员的收入（工资率乘以花费的时间）来估计家务劳动的价值。这种方法需要采集家政服务行业的统计数据。

一般来说，第一种方法估计的结果最高，第三种方法估计的结果最低。

资料来源：Ann Chadeau，What is Household's Non-market Production Worth，OECD Economic Studies No. 18，1992.

## 二、社会发展多目标综合评价

### （一）社会发展多目标评价的思想

经济增长的度量是以 GDP 这一总量指标为基础进行的，即先计算出经济活动总量，而后以此为基础计算其动态变动率。这时，综合过程体现在总量加总环节上，而加总的关键是获得统一的计量单位和实现同度量的手段。在经济总量的度量中，由于与市场的联系，非常幸运地具有货币这样的统一度量单位，价格在其中充当了实现同度量的桥梁因素，由此保证了加总的可行性。

经济福利总量在方法上继承了上述思想。但是，和 GDP 及经济增长的度量不同，社会发展本身具有多维性质，这就决定了其衡量标准也是多维的，而且许多因素是在市场之外存在的，难以用货币度量，也没有相应的价格可以实施同度量。因此，经济福利试图包含的诸多内容无法在总量层次上实现加总和综合。福利总量无法得到广泛应用的根本原因即在于此。

要打破僵局，需要改变思路，由此导致多目标评价方法在社会发展评价中的应用。其基本思路是，不追求以总量加总形成单一总量指标，而是以社会发展的多目标为前提，针对不同目标分别设置相应的社会指标，而后运用统计方法将这些指标予以综合，形成一个综合指标数值，以表达社会发展所达到的水平。通过这样的评价，我们不是以一个总量表述社会发展的绝对成果，而是通过设定参照目标值来测定社会发展的相对水平：或者是与理想目标数值的距离，或者是在空间比较中的相对位置，或者是与基期比较的动态变化。

这样的社会发展评价在思路上很接近第 7 章的居民生活质量评价。实际上，由于整个经济社会系统是以人为中心的，社会发展要以人的发展为最终结果，因此，在居民生活质量评价与社会发展综合评价之间并不存在严格的界限。只是在居民生活质量评价中，比较重视居民自身的个人生活质量，而社会发展评价的内容则除了居民个人生活，还会关注整个社会生活质量；在关注居民生活质量这样的社会发展结果以外，还会包括对社会发展过程的评价。因此，可以认为，社会发展评价就是在更广意义上的居民生活质量评价。

### （二）人类发展指数

关于社会发展多目标综合评价，并没有国际公认的统一体系和方法。以下通过人类发展指数和社会进步指数这两个在国际上具有一定影响的应用案例，介绍社会发展多目标综合评价方法。

人类发展指数（human development index，HDI）又译作人文发展指数或人的发展指数，是由联合国开发计划署在其《1990 年人类发展报告》中提出的评价社会发展的方法，每年进行一次，对世界各国社会发展水平予以系统评价排序。该报告认为，20 世纪 90 年代是人的发展时代，社会发展以人的发展为具体体现，为此应建立测量人类发展的综合指标，这个指标就是人类发展指数。

根据该报告的思想，人的发展就是扩大人民各种选择的过程。无论在何种发展水平上，人们的选择都将取决于以下几方面的能力，缺乏这些能力，选择将无从谈起：首先是长寿和健康的生活；其次，生活应是知识性的；最后是能够获得达到体面生活而需要的资源。在此认识基础上，构造了一个简要的指标体系。其中，以出生时的预期寿命表现人类的健康长寿水平，以预期受教育年限和平均受教育年限两个指标度量人类达到的知识水平[①]；以按购买力平价（即 PPP＄）计算的人均 GDP 反映人类的物质生活水平。在此基础上，构造出了人类发展综合指数。

人类发展指数的编制包括以下步骤：

第一，确定每一指标的最大值和最小值：出生时的预期寿命的最小值和最大值分别为 20 岁和 85 岁；预期受教育年限的最小值和最大值分别为 0 和 18 年；平均受教育年限的最小值和最大值分别为 0 和 15 年；人均 GDP（PPP＄）的最小值和最大值为 100 美元和 75 000 美元。

---

① 平均受教育年限是指按 25 岁以上人口实际受教育年限计算的平均值；预期受教育年限是指对于一个达到入学年龄的儿童，如果按照现有各阶段入学率的分布接受教育，其一生的预期受教育年限。

第二，根据下述公式将各指标转化为在 0～1 之间取值的指数形式，即

$$I_{ij}=\frac{\text{实际值 }X_i-\text{最小值 }X_i}{\text{最大值 }X_i-\text{最小值 }X_i} \tag{9—2}$$

式中，对人均 GDP，要按照对数值予以折扣计算。

第三，计算两个反映受教育程度的指数的算术平均数，得到受教育程度指数。

第四，将预期寿命指数、受教育程度指数、调整后的人均 GDP（PPP $）指数作简单几何平均①，结果就是人类发展指数（HDI）。即

$$\text{HDI}=(\text{预期寿命指数}\times\text{受教育程度指数}\times\text{人均 GDP 指数})^{\frac{1}{3}} \tag{9—3}$$

由 HDI 的构造过程可知，某个国家在各项指标上越接近于最大值，其 HDI 评价值就越高，说明其社会发展水平越高；反之，HDI 就越低，说明其社会发展水平处于较低水平。同样道理，在两个时期上，如果后一时期各项指标水平更接近于最大值，则可说明该国家人类发展具有进步，否则就是人类发展的退步。这样，HDI 以一个简单的复合指数从最基本的能力方面反映了人类发展水平及其进步程度。

但是，从整个人类发展的丰富内涵加以考量，人类发展指数显然是一个比较粗略的指数，因为它包含的内容十分有限。为了克服简单化所带来的问题，并突出反映在人类发展中普遍存在的贫困、性别歧视等问题，联合国开发计划署又陆续开发了多维贫困指数、与性别相关的发展指数和性别不平等指数等，其结果对人类发展指数起到了很好的补充作用。②

多维贫困指数（multidimensional poverty index，MPI）在 2010 年人类发展报告中首次提出，用于衡量微观住户在人类发展指数的三个维度（健康、教育和生活标准）遭受的剥夺，按照该指标来衡量的贫困人口往往多于按照每天 1.25 美元国际贫困线衡量的贫困人口。

（1）健康维度的剥夺关系到生存，包括营养不良和死亡两个方面的脆弱性。对于成年家庭成员，以体重指数来测量其营养不良的程度；对于 5 岁以下儿童，用年龄身高的标准化值度量其营养不良的程度。用家里有 5 岁以下儿童的死亡来度量死亡的脆弱性。

（2）教育维度的剥夺关系到知识，是指被排除在阅读和交流世界之外的程度，由两个指标来度量：所有家庭成员都没有接受完 6 年制小学教育；家里有 8 岁以下学龄儿童尚未就学。

（3）生活标准维度的剥夺关系到就整体经济供应来说体面的生活标准，由六个指标来度量：没有通电；没有或很难获得清洁饮用水；没有改进的卫生设施或只能与人共用改进的卫生设施；使用不洁的燃料；住在土地板的屋子里；没有获取信息的资产（如收音机、电视机或电话），也没有交通工具（如自行车、电动车、汽车、

① 2010 年以前，HDI 等于三个分项指数的算术平均数。

② 2006 年人类发展报告首次开发了按收入分组（十分位数）的人类发展指数，具体内容参见《人类发展报告（2006）》的技术注释 2。

卡车、畜力车、机动船等）或谋生用资产（如冰箱、可耕地或牲畜）。

对于每个指标，如果住户存在被剥夺的情况，就赋值为 1，否则赋值为 0。三个维度各占 1/3 的权重，每个维度内的指标平分各维度的权重，例如健康维度的两个指标各占 1/6 的权重。将各项指标得分乘以相应权数得到每项指标的被剥夺分数，将各项被剥夺分数相加即得到住户的被剥夺分数。以 33.3%为界定多维贫困的标准，如果一个住户的被剥夺分数高于 33.3%，则认为该住户属于多维贫困，而且该住户中的所有人都被视为多维贫困人口。

计算多维贫困者比重 $H$，即处于多维贫困状态的人口在总人口中所占的比重，以及多维贫困深度 $A$，即所有多维贫困人口被剥夺分数的平均值，最后按照下述公式形成多维贫困指数：

$$\text{MPI}=HA \tag{9—4}$$

得到 MPI 之后，可以分析第 $j$ 个维度对多维贫困的“贡献”，即

$$\text{第 } j \text{ 个维度的贡献}=\frac{\sum_{i=1}^{q}c_{ij}}{n}\Bigg/\text{MPI} \tag{9—5}$$

式中，$c_{ij}$ 为第 $i$ 个人第 $j$ 个维度的被剥夺分数；$q$ 为多维贫困人数；$n$ 为总人口。

与性别相关的发展指数（GDI）使用了与 HDI 相同的变量，其不同在于，GDI 根据男性和女性在各项指标上取得的不同成就，调整了一个国家在预期寿命、受教育程度和收入方面所取得的平均成就。在调整过程中，要考虑一个国家的性别比，该国女性与男性的不同预期寿命、不同的收入水平、不同的就业水平和不同的受教育程度，计算相应的均等分布指数。显然，GDI 是在分别考量男性与女性人类发展状况基础上计算的人类发展指数，目的在于突出反映人类发展中的性别歧视问题。

性别不平等指数（GII）采用生殖健康、赋权和劳动力市场参与度这三个维度给出了一个用于衡量性别不平等的综合指标，目的是要衡量在政治经济活动中女性和男性的相对权利，从参与角度表现一个国家的性别差异水平。其中，生殖健康维度用孕产妇死亡率和未成年人生育率两个指标来衡量；赋权维度用女性和男性在国家议会中的席位比例及至少接受过中等教育的人口比例来衡量；劳动力市场维度用女性和男性的劳动力市场参与率来衡量。性别不平等指数越低，表明男女越平等；反之，相反。GII 的具体计算方法可参见《人类发展报告（2014）》的技术注释。①

除了计算上述补充指数，人类发展报告还提供了有关人类发展的详尽统计数据，这些数据在更广意义上反映了世界各国的人类发展状况。正如阿马蒂亚·森所指出的，HDI 只是一个粗略的指标，但它可以“引导人们对人类发展报告所提供的丰富信息产生兴趣”②，这也正是 HDI 作用的一种体现。

---

① 参见 http://hdr.undp.org/en/2014-report/download.

② 联合国计划开发署：《1999 年人类发展报告》，23 页，北京，中国财经出版社，2002。

**例 9—3　　　人类发展指数的计算和比较：以中国和挪威为例**

表 9—5 列示了中国和挪威 2014 年各项指标的具体数据。根据这些资料以及上面所给出的最大值和最小值标准，可以分步计算出两个国家的各项指标指数和人类发展指数，结果列示在表 9—6 中。

**表 9—5　　　挪威与中国：HDI 各项指标（2014 年）**

| 国家 | 预期寿命（岁） | 平均受教育年限（年） | 预期受教育年限（年） | 实际人均 GDP（PPP＄） |
|---|---|---|---|---|
| 挪威 | 81.5 | 12.6 | 17.6 | 63 909 |
| 中国 | 75.3 | 7.5 | 12.9 | 11 477 |

资料来源：联合国：《人类发展报告（2014）》。

预期寿命指数：

挪威＝(81.5－20)/(85－20)＝0.95

中国＝(75.3－20)/(85－20)＝0.85

平均受教育年限指数

挪威＝(12.6－0)/(15－0)＝0.84

中国＝(7.5－0)/(15－0)＝0.5

预期受教育年限指数

挪威＝(17.6－0)/(18－0)＝0.98　　中国＝(12.9－0)/(18－0)＝0.72

受教育程度指数

挪威＝(0.84＋0.98)/2＝0.91

中国＝(0.5＋0.72)/2＝0.61

调整后的实际人均 GDP（PPP＄）指数

挪威＝(ln63 909－ln100)/(ln75 000－ln100)＝0.98

中国＝(ln11 477－ln100)/(ln75 000－ln100)＝0.72

HDI

挪威＝$(0.95\times0.91\times0.98)^{1/3}$＝0.94

中国＝$(0.85\times0.61\times0.72)^{1/3}$＝0.72

**表 9—6　　　挪威和中国：各项指数和人类发展指数**

| | 预期寿命指数 | 受教育程度指数 | 人均 GDP 指数 | HDI |
|---|---|---|---|---|
| 挪威 | 0.946 | 0.909 | 0.976 | 0.944 |
| 中国 | 0.851 | 0.608 | 0.716 | 0.718 |
| 中国：挪威 | 0.899 | 0.669 | 0.734 | 0.762 |

挪威是发达工业国家，2014 年人类发展指数排名首位。中国属于发展中国家，由各项指标和人类发展指数计算结果可以看出，中国国民在寿命、知识、经济能力

各方面均落后于挪威，因此整个人类发展水平与挪威有较大差距。进一步观察可以发现，中国在寿命方面的成就接近挪威，而教育方面的成就差距最大，这意味着中国以较低的经济水平保证其国民在寿命方面取得了相对较高的成就，而教育的落后则是中国社会发展的主要瓶颈。

此外，由图 9—1 可以看到，中国的社会发展水平不断提升，人类发展指数由 1980 年的 0.41 提高到 2013 年的 0.72，排名也由 1990 年的第 105 位上升到第 91 位，已经进入人类发展水平较高的国家和地区行列。

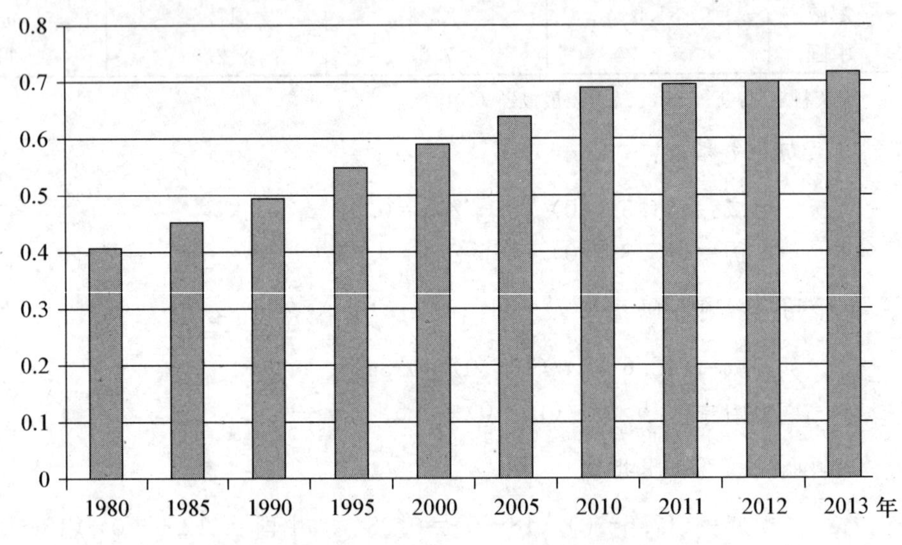


**图 9—1　1980—2013 年中国人类发展指数变动趋势**

### 例 9—4　　2013 与 1990 世界各国人类发展的比较与分析

根据《人类发展报告》提供的数据，与 1990 年相比，2013 年人类发展的进步可以概括为以下方面。第一，人类的健康状况显著改善，2013 年全世界预期寿命大于 70 岁的国家有 114 个，而 1990 年只有 62 个，预期寿命由 65.5 岁提高到 70.8 岁。第二，知识水平大幅提升，各收入组国家的预期受教育年限都提高了 3～4 年，平均受教育年限都提高了 2～3 年。第三，物质生活水平明显提高，实际人均 GDP 由 4 340 美元（1988 年美元）提高到 13 723 美元（2005 年美元）。第四，性别歧视得到缓解，女孩中学净入学率从 36%上升到 63%，妇女的经济活动率从 34%提高到 50.6%。

2013 年，各国人类发展水平之间的差异依然明显。其中，排名第一的挪威 HDI 值（0.944）是排名最后的尼日尔 HDI 值（0.337）的近 3 倍。此外，由表 9—7 可以看到，HDI 高的国家也是经济最为发达的国家，HDI 最高的 5 个国家的人均 GNI 都超过 40 000 美元，而 HDI 最低的 5 个国家的人均 GNI 只有不足 2 000 美元，相差 20 余倍。

表 9—7　　2013 年世界 HDI 水平最高与最低的国家

| | HDI | 预期寿命 | 平均受教育年限 | 预期受教育年限 | 人均 GNI |
|---|---|---|---|---|---|
| 挪威 | 0.944 | 81.5 | 12.6 | 17.6 | 63 909 |
| 澳大利亚 | 0.933 | 82.5 | 12.8 | 19.9 | 41 524 |
| 瑞士 | 0.917 | 82.6 | 12.2 | 15.7 | 53 762 |
| 荷兰 | 0.915 | 81.0 | 11.9 | 17.9 | 42 397 |
| 美国 | 0.914 | 78.9 | 12.9 | 16.5 | 52 308 |
| 塞拉利昂 | 0.374 | 45.6 | 2.9 | 7.5 | 1 815 |
| 乍得 | 0.372 | 51.2 | 1.5 | 7.4 | 1 622 |
| 中非共和国 | 0.341 | 50.2 | 3.5 | 7.2 | 588 |
| 刚果民主共和国 | 0.338 | 50.0 | 3.1 | 9.7 | 444 |
| 尼日尔 | 0.337 | 58.4 | 1.4 | 5.4 | 873 |

资料来源：《人类发展报告（2014）》。

### （三）社会进步指数

社会进步指数（index of social progress，ISP）是美国学者理查德・J・埃斯特思在 20 世纪 80 年代提出的，其基本思路是首先确定体现社会进步的各项指标，进而将这些指标浓缩为一个综合指数，以此评价一个国家社会发展进步状况。

ISP 选定的指标共 36 项，内容涉及社会发展的不同领域（具体见表 9—8）。在选定指标并取得数据基础上，运用下述方法构造出社会进步指数。

表 9—8　　社会进步指数的子领域与指标构成

| 子领域 | 指标 | 指标方向 |
|---|---|---|
| 1. 教育 | 1. 学生入学率 | + |
| | 2. 学生教师比 | − |
| | 3. 成人文盲率 | − |
| | 4. 教育经费占 GNP 百分比 | + |
| 2. 健康 | 1. 男性 1 岁的预期寿命 | + |
| | 2. 婴儿死亡率 | − |
| | 3. 每名医生负担的人口数 | − |
| | 4. 每日卡路里供给量占需要量的百分比 | + |
| 3. 妇女地位 | 1. 适龄女孩进入一流学校的百分比 | + |
| | 2. 成年妇女文盲率 | − |
| | 3. 保护妇女合法权利的立法年限 | + |
| 4. 国防 | 1. 军费开支占 GNP 的百分比 | − |
| 5. 经济 | 1. 人均 GNP | + |
| | 2. 人均 GNP 年增长率 | + |
| | 3. 年平均通货膨胀率 | − |
| | 4. 人均食品生产指数 | + |
| | 5. 外债占 GNP 的百分比 | − |
| 6. 人口 | 1. 总人口（百万） | − |
| | 2. 每千人口的粗出生率 | − |
| | 3. 每千人口的粗死亡率 | − |
| | 4. 15 岁以下人口的百分比 | − |

续前表

| 子领域 | 指标 | 指标方向 |
|---|---|---|
| 7. 地理 | 1. 耕地面积所占百分比<br>2. 自然灾害受灾指数<br>3. 每百万人中自然灾害年平均死亡人数 | +<br>−<br>− |
| 8. 政治参与 | 1. 侵犯政治权利指数<br>2. 侵犯公民自由指数<br>3. 侵犯人的自由综合指数 | −<br>−<br>− |
| 9. 文化 | 1. 讲同一国语言人口的最大百分比<br>2. 具有同一基本宗教信仰人口的最大百分比<br>3. 具有同一或类似种族血统人口的最大百分比 | +<br>+<br>+ |
| 10. 福利成就 | 1. 自第一部年老、丧失工作能力、死亡保护法公布以来的年限<br>2. 自第一部疾病和产妇保护法公布以来的年限<br>3. 自第一部工伤法公布以来的年限<br>4. 自第一部失业法公布以来的年限<br>5. 自第一部家庭补贴法公布以来的年限 | +<br>+<br>+<br>+<br>+ |

资料来源：袁方：《社会指标与社会发展评价》，185 页，北京，中国劳动经济出版社，1995。

第一，依据各国的指标取值，按照下述公式计算每一项指标的均值（$M_i$）和标准差（$SD_i$）：

$$M_i = \frac{\sum_{i=1}^{n} X_i}{n} \tag{9—6}$$

$$SD_i = \sqrt{\frac{\sum_{i=1}^{n} (X_i - M_i)^2}{n}} \tag{9—7}$$

第二，依照下述公式对各指标做标准化处理，并调整逆指标的方向，使其变化方向与社会进步方向一致：

$$Z_i = \frac{X_i - M_i}{SD_i} \tag{9—8}$$

第三，按各子领域，将标准化后的各指标值加以平均，计算出各国在各子领域的得分值。

第四，将各子领域得分相加，计算出各国社会进步综合指数，并根据数值的大小排列次序。

计算综合指数时，有加权和不加权两种处理。在不加权情况下，该指数就是各子领域得分数之和；在加权情况下，则要通过因子分析方法为各子领域指数确定一组统计权数，求取经过加权的子领域指数值之和。

将社会进步指数与人类发展指数进行比较，可以发现二者在评价对象和评价方法上的区别。相比较而言，人类发展指数侧重于社会发展的最终结果——人的发展状况，它集中选择了少量社会发展评价指标，使用了简单的指数构造方法；而社会进步指数的评价对象则覆盖了社会发展的各个侧面，更多体现了社会发展的过程，组成了较大规模的社会指标体系，包含子领域指数和综合指数两个层次的处理，还应用多元统计方法考虑了加权问题。应该说，上述二者分别代表了目前社会发展多目标综合评价的两种基本思路。实际上，除了人类发展指数和社会进步指数，国际上关于综合国力、社会现代化、国家竞争力等研究中的综合评价，在一定程度上也可以认为是对社会发展的综合评价。

**例 9—5　中国社会科学院关于中国社会发展综合评价的应用案例：中国社会发展的动态变化**

20 世纪 80 年代以来，社会发展评价方法在中国得到了应用。以中国社会科学院社会指标课题组的研究成果为例①，其综合评价涉及中国社会发展的国际比较、中国社会发展的动态比较、中国国内各省市社会发展水平及发展速度的综合评价排序、中国地级以上市的社会发展综合评价排序、若干重点县的社会发展和小康水平综合评价排序，等等。下面介绍其运用 37 项指标、6 个子指数所进行的中国社会发展速度综合评价结果，由此可对中国社会发展综合评价的应用有一个基本了解。从评价所采用的方法看，该项应用更接近于社会进步指数的思路。

表 9—9 列示了该项评价所确定的社会发展的 6 个方面和所选择的 37 项社会指标。对每一项指标，均可依据基期水平计算该指标的动态变动速度，同时就不同方面综合计算子指数的动态变动速度，最后是综合指数动态速度的计算。

**表 9—9　中国社会发展综合评价的指标组成**

| 指标 | 具体指标 |
|---|---|
| 社会结构 | 1. 第三产业从业人员占从业人员总计的比重<br>2. 非农业人员占从业人员总计的比重<br>3. 城镇人口占总人口的比重<br>4. 社会投资占总投资的比重<br>5. 预算内教育经费占 GDP 的比重<br>6. 出口总额占 GDP 的比重 |
| 人口素质 | 1. 人口自然增长率*<br>2. 初中以上文化程度人口占 6 岁以上人口比重<br>3. 每万人中的大学在校学生数<br>4. 每万人中的大中专毕业人数<br>5. 每万职工拥有的专业技术人员数<br>6. 每万人口医生数 |
| 经济效益 | 1. 人均 GDP<br>2. 社会劳动生产率<br>3. 人均财政收入<br>4. 工业企业资金利税率<br>5. 固定资产交付使用率<br>6. 每一农业生产者生产的粮食 |

① 本案例有关材料均引自朱庆芳、吴寒光：《社会指标体系》，143～152 页。

续前表

| 指标 | 具体指标 |
|---|---|
| 生活质量 | 1. 居民消费水平<br>2. 农民人均纯收入<br>3. 城镇居民人均可支配收入<br>4. 职工平均工资<br>5. 恩格尔系数（城乡平均）*<br>6. 人均居住面积（分城镇和农村）<br>7. 人均生活用电量 |
| 社会秩序 | 1. 每万人口警察数<br>2. 刑事案件立案率*<br>3. 经济案件立案率*<br>4. 治安案件发案率*<br>5. 交通事故死亡率*<br>6. 火灾事故死亡率* |
| 社会稳定 | 1. 通货膨胀率*<br>2. 城镇登记失业率*<br>3. 隐性失业率*<br>4. 社会保障覆盖面<br>5. 贫困人口比重（分城镇和农村）*<br>6. 贫富差距（五等分收入倍数，分城镇和农村）* |

* 该指标为逆指标，计算指数时需取其倒数。

表 9—10 列示了该项研究的综合评价结果，数据显示中国社会发展在动态上表现出了以下基本特征。第一，改革开放以后社会发展变革速度（综合指数年均增长 5.0%）明显快于改革开放前的 26 年（年均增长 2.7%），由此反映出，经济体制的变革对经济社会发展的重大作用，它导致社会结构快速变化（社会结构指数年均增长 3.7%），经济活力明显增强（经济效益指数年均增长 4.6%），人口素质大幅提高（人口素质指数年均增长 4.5%），最终结果是生活质量的大幅提高（生活质量指数年均增长 6.4%）。第二，在综合指数保持较高水平增长变动的同时，社会发展不同方面的指数变化呈现出明显的不平衡，一方面是社会结构、经济效益、生活质量这些物质方面指数的增长；另一方面则是社会秩序和社会稳定这些社会软环境指数的下滑（年均变动速度分别为−1.2%和−0.1%）。这显示出整个社会发展不同方面之间的不协调性。第三，如果以 1990 年为界，将改革开放后的 1978—1997 年分为两个时段，数据显示出社会发展进程逐渐放慢的迹象，后 7 年的综合指数变动速度（年均增长 4.5%或 2.7%）明显低于整个 19 年的变动速度（5.0%或 3.8%），由此肯定低于前 12 年的变动速度。不仅生活质量提高速度有所降低（年均增长 6.3%，低于 19 年间 6.4%的平均速度），更重要的是，社会秩序和社会稳定状况不但没有得到改善，而且呈现出进一步的下降（年均变动速度分别为−2.3%和−3.6%，下降速度快于整个 19 年间−1.2%和−0.1%的平均速度）。

表 9—10　　中国社会发展动态评价结果

| 项目 | 指数总变化率（%） | | | 年均增长率（%） | | |
|---|---|---|---|---|---|---|
| | 改革开放前 1952—1978 年 | 改革开放后 1978—1997 年 | 改革开放后 1990—1997 年 | 改革开放前 1952—1978 年平均 | 改革开放后 1978—1997 年平均 | 改革开放后 1990—1997 年平均 |
| 综合指数 | 199.0 | 250.7 (203.9) | 136.5 (120.6) | 2.7 | 5.0 (3.8) | 4.5 (2.7) |
| 社会结构指数 | 130.0 | 198.1 | 114.0 | 1.0 | 3.7 | 1.9 |
| 人口素质指数 | 287.3 | 229.2 | 139.2 | 4.1 | 4.5 | 4.8 |
| 经济效益指数 | 201.3 | 236.2 | 137.2 | 2.7 | 4.6 | 4.6 |
| 生活质量指数 | 189.2 | 326.1 | 152.9 | 2.5 | 6.4 | 6.3 |
| 社会秩序指数 | | 80.1 | 85.0 | | −1.2 | −2.3 |
| 社会稳定指数 | | 98.8 | 77.6 | | −0.1 | −3.6 |

说明：综合指数行括号内数字是包括第 5 和第 6 方面的指数，括号外数字则仅为第 1～4 方面的指数。

### （四）社会发展多目标综合评价方法的进一步认识

社会学家和统计学家对社会发展综合评价所做的努力是显而易见的。但到目前为止，关于社会发展多目标评价方法，仍然存在许多问题。

从方法上看，社会发展多目标综合评价主要是运用指数方法。这种方法简单、灵活，易于理解和实际操作，避免了总量基础上评价所面临的加总问题，可以把选定的多个指标合成为一个综合指数，达到了松散的指标体系所达不到的效果，不失为一种有效的综合评价方法。但这种方法也有其内在的局限性。第一，合成指数将若干指标压缩成一个综合数值，既损失了原有指标的大量信息，又使其结果变得更为抽象，有时难以据此解释其社会经济含义。第二，在指标选择上多取决于研究者对社会发展的主观认识，指标的多少、选择哪些指标，无不体现出较强的主观性。第三，在指数合成上，没有普遍认同的科学方法，尤其是关于指标是否加权以及权数如何分配，缺乏统一的方法和标准。后两点导致不同研究者针对同一评价对象会得出不同评价结果，由此严重影响了综合评价的客观性和对社会发展的认识。

确实，针对社会发展的丰富内涵，统计手段总是有限的，现实中不存在绝对完美的测度和评价方法，我们只能根据研究目的和可收集到的数据资料，尽可能选择科学的统计方法，以尽可能准确地描述出社会发展的状况。

## 9.4　可持续发展的统计描述和评价

20 世纪后 20 年里，可持续发展（sustainable development）思想日益得到普遍认同，可持续发展作为一种战略日益受到重视，成为各个层面所努力企及的发展模式。伴随这样的管理需求，如何对一时期的可持续发展状况进行量化测度成为当务之急。于是，可持续发展定量测度理论和方法的研究成为前沿性的热门课题。

可持续发展具有丰富的内涵。尽管人们对其具有多种理解，但普遍形成的共识是，可持续发展要求必须处理好两个关系，即当代与未来之间以及当代人之间在资源占有上的关系。在现实管理中，这两个关系具体化为经济、社会和环境三个系统之间的协调问题。沿此思路，可持续发展的测度在理论和方法上形成了不同的做法。

首先，可持续发展测度在覆盖面上形成了两种做法。一是集中于可持续发展最引人注目的经济与环境关系建立测度框架；二是在重视环境经济关系的同时，把社会方面引入其中，对可持续发展做更全面的量化测度。

其次，在测度方法上也形成了两类做法。一是沿袭经济核算传统，以国民经济核算为基础，以货币化为综合手段，计算相应的总量指标，实现可持续发展不同要素的综合；二是沿袭社会发展多目标综合评价的做法，按照可持续发展的内涵构造不同统计指标组成体系，以多元统计方法实现多指标的信息综合，达到综合测度可持续发展状况的目的。前者如环境经济核算体系、国家财富核算，后者如联合国可持续发展统计指标体系、环境统计指标体系等。

可持续发展测度是一个大课题，目前正处于探索阶段。以下将简要介绍目前国际研究领域在此方面所取得的成果。

## 一、环境经济核算以及“绿色 GDP”

传统国民经济核算遭到人们诟病的原因之一，就是它在进行经济核算时没有将环境因素纳入其中，既没有考虑环境对经济活动的贡献，也没有考虑经济活动对环境的影响。其结果是，在核算 GDP 时，只从产出中扣除了经济生产中消耗的经济投入价值，却没有扣除所消耗的环境投入价值。由此一般认为，GDP 过高估算了经济活动的产出成果，所引起的结果就是，人们可能以牺牲环境为代价而片面追求经济产出的高速增长，最终会因为受制于环境资源的约束而导致发展的不可持续。

环境经济核算的基本思路就是将环境因素引入传统国民经济核算，以便系统描述环境与经济的关系，其基本成果之一就是通过核算实现了对 GDP 的修正，获得了国内生态产出这样一个经济总量。

国内生态产出的全称是“经环境因素调整后的国内产出”（environmentally adjusted net domestic product，EDP），由于它是以环境因素对 GDP 予以调整后的结果，因此有时被形象地称为“绿色 GDP”。其核算关系式如下：

EDP＝总产出－中间投入－固定资本消耗－环境投入 (9—9)

EDP＝最终消费＋经济积累＋净出口 (9—10)

经济积累＝资本形成－固定资本消耗引起的资产价值减少－环境消耗引起的资产价值减少 (9—11)

上述式（9—9）反映了国内生态产出的形成过程，它是一时期经济产出扣除所有经济产品投入和环境投入以后的结果，体现了当期经济活动的真实成就；式（9—10）反映了国内生态产出的使用去向，被用于消费、积累或出口到国外，其中，积累一方面体现为当期产品积累引起的资产增加，另一方面体现为固定资产磨损和环境投入引起的资产价值减少。

可以看出，国内生态产出是仿照 GDP 来定义的，同时也是在 GDP 基础上定义的，无论式（9—9）还是式（9—10），EDP 与 GDP 之间的关系都可用下式体现：

$$\text{EDP}=\text{GDP}-\text{固定资本消耗}-\text{环境投入} \tag{9—12}$$

应该说，国内生态产出集中修正了 GDP 在反映环境—经济关系上存在的问题。因此，以此总量为基础，计算人均 EDP 所达到的水平以及经济活动的动态增长率，将是对传统人均 GDP 和经济增长率的重要改善，可以更好地刻画和描述可持续发展的状况。正因为如此，环境经济核算引起了人们的广泛关注，许多国家都进行了 EDP 估算的研究和试算。联合国对此予以理论和方法的整合，在国民经济核算中心框架基础上建立了综合环境经济核算体系（SEEA）作为 SNA 的附属账户（又称卫星账户），其最新版本是 SEEA2003。

但是，EDP 对于可持续发展测度只有局部的意义。其中的问题主要有二：一是环境经济核算的视角主要集中于经济与环境的关系，而忽略了可持续发展中经济、环境与社会系统的关系；二是 EDP 只是一个当期产出总量，却忽略了资产存量在反映可持续发展中的重要意义。因此，EDP 并不是唯一的可持续发展描述方法，在其外，研究者还开发了其他方法。

**例 9—6　　中国 EDP 估算结果[①]**

2004 年 3 月，国家环境保护总局和国家统计局联合启动了中国绿色国民经济核算（简称“绿色 GDP 核算”）研究项目，并于 2005 年开展了全国十个省市的绿色国民经济核算和污染损失评估调查试点工作。项目组的研究发现：

2004 年，全国行业合计 GDP 为 159 878 亿元，虚拟治理成本[②]为 2 874.4 亿元，GDP 污染扣减指数为 1.8%，即虚拟治理成本占整个 GDP 的比例为 1.8%。从环境污染治理投资的角度核算，如果在现有的治理技术水平下全部处理 2004 年排放到环境中的污染物，约需要一次性直接投资 10 800 亿元（不包括已经发生的投资），占当年 GDP 的 6.8%。

2004 年，从各地区 GDP 与 GDP 污染扣减指数排序来看，东部地区的 GDP 污染扣减指数最低，为 1.13%；其次为中部地区，GDP 污染扣减指数为 2.17%；GDP 污染扣减指数最高的是西部地区，高达 3.12%，说明西部地区的经济水平和污染治理水平都较低。

---

① 摘自国家环保总局：《中国绿色国民经济核算研究报告（2004）》，http://www.mep.gov.cn/plan/gongwen/200609/P020060908545859361774.pdf。

② 虚拟治理成本是指目前排放到环境中的污染物按照现行的治理技术和水平全部治理所需要的支出。

2004 年，从经环境污染调整的 GDP 产业部门核算结果来看，第一产业虚拟治理成本为 330.7 亿元，GDP 污染扣减指数为 1.58%；第二产业虚拟治理成本为 1 790.3 亿元，GDP 污染扣减指数为 2.42%；第三产业虚拟治理成本为 753.4 亿元，GDP 污染扣减指数为 1.16%。

## 二、国家财富的测度

国家财富（nation wealth）的概念是世界银行环境部在 20 世纪 90 年代提出的。所谓国家财富，是指一国所拥有的生产资产、自然资产、人力资源和社会资本的总和。生产资产，严格来讲应称为人造资产，是由人类生产活动所创造的物质财富，包括各种房屋、基础设施（如供水系统、公路、铁路、桥梁、机场、港口）、机器设备等。自然资产又称自然遗产，被视为大自然所赋予的财富，是天然生成的，或具有明显的自然生长过程，具体包括土地、空气、森林、水、地下矿产等。人力资源和社会资本的定义要更加抽象一些，前者是指人类通过自身教育、健康、营养等方面的投资而形成的为自己创造福利的能力；后者被视为联系生产资产、自然资产和人力资源三方面的纽带，是指促使整个社会以有效方式运用上述资源的社会体制和文化基础。即

$$国家财富=生产资产+自然资产+人力资源+社会资本 \qquad (9—13)$$

在概念定义基础上，为了获得国家财富总量，需先区分生产资产、自然资源、人力资源和社会资本四个部分估算其价值，而后加总求和。其中，生产资产价值估算沿用了国民经济核算的结果，根据永续盘存模型直接估算；自然资产和人力资源、社会资本则是借助各期的收入流量，运用未来收益现值法估算的。[①] 为了保证在不同国家之间具有可比性，测度时采用了统一的国际价格和统一的贴现率，并尽可能运用购买力平价来估算，目的是避免当地市场上的价格扭曲。通过这样的测度结果，可以对一国拥有的财富总量给出一般结论，同时还可通过不同部分的总量反映该国的财富组成情况。

国家财富概念及其估算对于可持续发展测度具有重要意义。根据一般所接受的定义，可持续发展包括两个并行的内涵：谋求当代福利提高；保护未来谋求进一步满足需求的能力。由此，测度可持续发展也常常体现在这两个方面：观察当期福利水平及其较以前时期的增长变化，应该计算当期的产出总量，并在此基础上计算人均产出量和产出增长率；而资产或财富量及其变动幅度则代表了未来可用于谋求福利提高的能力及其变化，因此计算一时期的资产或财富总量、人均财富量以及财富的实际变动率必不可少。

国家财富测度之所以引人注目，原因在于：第一，它以资产存量作为衡量可持续发展的视角，弥补了 EDP 仅仅以产出流量中心测度可持续发展所具有的局

① 具体计算方法可参见世界银行：《扩展衡量财富的手段》（北京，中国环境科学出版社，1999）有关章节。

限性；第二，它扩展了以往对财富的定义范围，不仅关注物质财富、经济财富，而且包容了经济、环境、社会不同方面，直接体现了可持续发展强调社会、经济、自然环境三个系统之间相互协调的内在含义。其内在含义是：发展的能力体现在不同层面上，自然禀赋的优劣、经济过程产出能力的高低、社会成员拥有知识的多少、社会组织运行状况的好坏，都会对可持续发展起到促进或抑制的作用。

然而，以国家财富来衡量可持续发展，还存在可供进一步讨论的方面。首先，不同资产之间的可加性意味着不同资产之间的可替换性，因此国家财富仅仅体现弱可持续性的概念。其次，如何对自然资产、人力资源和社会资本予以估价以便加总，在方法上还面临很大的障碍，而核算方法的不成熟则极大地制约了国家财富应用于可持续发展实践。

**相关链接 9—2 弱可持续与强可持续**

对各种形式资本之间的替代性存在不同认识，导致了对于可持续性的衡量有两种相异的标准，一种是弱可持续性标准；一种是强可持续性标准。前者又可称为“可替代的发展范式”；后者可称为“不可替代的发展范式”。两者最大的区别在于，在保持后代产出能力不低于当代的过程中是否需要考虑自然资源消耗的生态极限。

弱的可持续发展范式认为，只要当代人转移给后代人的资本总存量不少于现有存量，而不需要考虑资产结构和生态极限，从而可以通过建立绿色 GDP 或国民财富的统计指标来保证发展的代际公平。

但由于自然资本基本上不能与其他形式的资本相互替代，以及自然资本内部的各种形式间不能完全相互替代，因此，很多生态经济学家认为要实现真正可持续性的发展，自然资源（至少是关键的自然资源）的存量必须保持在一定的极限水平之上，否则就不是可持续的发展路径，此即为强可持续发展范式。

资料来源：李志青：《可持续发展的“强”与“弱”——从自然资源消耗的生态极限谈起》，载《中国人口·资源与环境》，2003 (5)，1～4 页。

**例 9—7 世界银行对世界各国国家财富的测度结果**

1995 年，世界银行环境部首次提出国家财富的概念，并据此对世界各国的国家财富水平予以估算，最近的一次是于 2006 年发布的对 2000 年估算的结果。

表 9—11 列示了世界不同地区的人均国家财富水平及其构成状况。可以看出，从总的财富水平看，随着收入水平的提高，国家人均财富水平也逐次提高，其中高收入国家和地区的人均财富水平约相当于低收入组的 60 倍。进一步从不同财富的构成来观察，可以发现，各地区的财富中，有形的生产资本并非国家财富的主要组成部分，由人力资源和社会资本组成的无形资本才是国家财富最重要的部分。

表 9—11　　2000 年世界不同地区国家财富水平及其构成　　单位：人均美元

| 国家组别 | 自然资本 | 生产资本 | 无形资本 | 总财富 | 自然资本比重（%） | 生产资本比重（%） | 无形资本比重（%） |
|---|---|---|---|---|---|---|---|
| 低收入国家和地区 | 1 925 | 1 174 | 4 434 | 7 532 | 26 | 16 | 59 |
| 中等收入国家和地区 | 3 496 | 5 347 | 18 773 | 27 616 | 13 | 19 | 68 |
| 高收入国家和地区 | 9 531 | 76 193 | 353 339 | 439 063 | 2 | 17 | 80 |
| 全世界 | 4 011 | 16 850 | 74 998 | 95 860 | 4 | 18 | 78 |
| 高收入地区相当于低收入地区的倍数 | 5.0 | 64.9 | 79.7 | 58.3 | — | — | — |

说明：不包括石油国家。
资料来源：世界银行：《国民财富在哪里》，北京，中国环境科学出版社，2006。

此外，还可以看到，一国的发展水平决定了其国民财富不同组成部分的作用：在发达国家，无形资本的支配地位尤其明显，占据了总财富的 80%，而自然资本在其总财富中的比重仅为 2%；相反，在发展中国家，自然资本在有形资产中仍占据支配地位，其比重比生产资本高出 10 个百分点。通过各类财富水平的地区差异比较可以看出，相对于发展中国家而言，发达国家在无形资本和生产资产上具有较明显的优势。由此表明，一个国家的财富水平固然取决于天然的资源禀赋，但更重要的，还取决于人类进一步创造的有形和无形的财富。

## 三、可持续发展统计指标体系

无论国内生态产出还是国家财富，都属于通过货币估价与加总获得相应总量指标以反映可持续发展成果的方法。这样的方法特别受制于能否实现货币估价。实际上，由于货币估价的基础是市场化，而环境和社会诸因素却常常是在市场之外存在的，要实现其货币估价面临着巨大的技术障碍，由此极大地制约了这些方法的实际应用。因此，和上一节社会发展综合评价一样，在可持续发展统计描述和评价中，除了这样的货币化总量指标，也可以应用多目标评价方法，即遵循可持续发展的整体思想，构建反映可持续发展的统计指标体系，而后应用统计方法把这些指标综合起来，最终形成表达一时期可持续发展水平的综合指数。从实际应用来看，和社会发展指标体系及多目标评价一样，可持续发展的描述和评价也面临以下问题：第一，如何根据可持续发展的内在含义构建统计指标体系；第二，应用何种方法进行多指标的综合。以下主要围绕可持续发展统计指标体系的构建介绍联合国的研究应用成果。

1996 年，联合国可持续发展委员会（UNCSD）公布了关于可持续发展指标体系的工作方案。该方案是应《21 世纪议程》对决策信息的号召而产生的，目标是为世界各国提供一个可普遍接受的反映可持续发展状况的统计指标框架，供各国统计部门和有关决策部门应用。为达到这一目标，以联合国可持续发展委员会为中心，开展了一场前所未有的国际合作，该方案就是这一合作的成果，其基础是各国和国际组织针对可持续发展统计指标体系的初创性研究。从方案所列出的长长的“牵头组织”名单，我们可以看到联合国的有关组织（如教科文组织、人类居住中心、儿童基金会、贸易和发展会议、工业发展组织、粮农组织、环境规划署、统计署、开发计划署）、世界银行、国际劳工组织、世界卫生组织、国际自然资源保护联盟、OECD、国际原子能组织、国际贸易联盟、自然资源基金会等国际组织和有关国家。

在该方案中，所有指标被囊括在一个矩阵式表格中（见表 9—12）。横行标题按可持续发展所涉及的主题排列，包括经济、社会、环境和制度四个方面，每一方面之下又区分为不同的具体主题，这些主题分别与《21 世纪议程》的有关章节相对应；纵列标题按照各指标将要刻画的可持续发展的数量特征排列，分为驱动力（driving force）指标、状态（state）指标和反应（response）指标。其中驱动力指标反映对可持续发展有影响的人类活动、过程和方式，状态指标描述可持续发展的状况，反应指标则指示出对可持续发展"状况"变化所作的政策选择和其他反应。比如就环境主题而言，驱动力指标反映人类对环境的影响程度（如污染排放率以及开采率、收获率），状态指标度量的是在这些压力下环境的情况（如周围的污染物浓度、未受干扰的自然区域的比例），反应指标则度量对普遍存在的环境问题的社会反应（如新的管理办法、污染治理费用等）。可以这样归纳：正是各种人类活动的影响使现实呈现出现有状态，现有状态促使人们做出进一步的反应，以其改变活动的方式进一步改变现实状况，因此在这三类指标之间存在以下至少是逻辑上的因果关系：驱动力—状态—反应。如果数据可得，按照这样的关系链，就可以建立综合分析的框架。

这个指标体系共包括 130 多个指标。整体来看，它是关于可持续发展的描述指标体系，如果要进行可持续发展的评价，还需要进行指标的进一步筛选。

**表 9—12　　联合国可持续发展统计指标体系**

| 主题 | | 《21 世纪议程》有关章节 | 驱动力指标 | 状态指标 | 反应指标 |
|---|---|---|---|---|---|
| 经济方面 | | 第 2 章　促进可持续发展的国际合作和国内政策 | | | |
| | | 第 4 章　改变消费方式 | | | |
| | | 第 33 章　金融资源与机制 | | | |
| | | 第 34 章　无害环境技术转让与合作 | | | |
| 环境方面 | 水 | 第 18 章　淡水供应和质量保护 | | | |
| | | 第 17 章　海洋及沿岸区域保护 | | | |
| | 土地 | 第 10 章　土地资源的规划与管理 | | | |
| | | 第 12 章　荒漠化防治和干旱 | | | |
| | | 第 13 章　可持续的高山发展 | | | |
| | | 第 14 章　促进可持续的农业和农村发展 | | | |
| | 其他自然资源 | 第 11 章　森林及砍伐 | | | |
| | | 第 15 章　生物多样性保护 | | | |
| | | 第 16 章　生态技术的无害化管理 | | | |
| | 大气 | 第 9 章　大气保护 | | | |
| | 废弃物 | 第 21 章　固体废料及有关问题的无害环境管理 | | | |
| | | 第 19 章　有毒化学品无害化管理 | | | |
| | | 第 20 章　危险废弃物无害化管理 | | | |
| | | 第 22 章　放射性废物的无害化管理 | | | |

续前表

| 主题 | 《21 世纪议程》有关章节 | 驱动力指标 | 状态指标 | 反应指标 |
|---|---|---|---|---|
| 社会方面 | 第 3 章　反贫困<br>第 5 章　人口动态与持续性<br>第 36 章　促进教育、公共意识和培训<br>第 6 章　保护和促进人类健康<br>第 7 章　促进可持续的人类安居发展 | | | |
| 制度方面 | 第 8 章　环境与发展决策<br>第 35 章　可持续发展的科学<br>第 39 章　国际条约和机制<br>第 40 章　决策信息<br>第 23～32 章　主要团体的作用 | | | |

资料来源：UN，Indicators of Sustainable Development Framework and Methodologies，1996.

## 思考题

1. 20 世纪中期以来社会发展观是如何演变的？这些演变对社会发展的描述与评价提出了什么要求？

2. 社会指标有哪些基本性质？构成社会指标体系的基本思路是什么？

3. 经济福利与国内生产总值的区别和联系是什么？

4. 多目标评价法的基本思路是怎样的？如何看待这些方法的有效性和局限性？

5. 人类发展指数的概念基础、指标组成、指数构造方法是怎样的？

6. 环境经济核算和国家财富核算对可持续发展统计测度的意义何在？两者在立意上有何区别？

7. 为什么将国内生态产出称为“绿色 GDP”？它与传统国内生产总值的关系如何？

8. 联合国可持续发展指标体系是如何构成的？它在设计思路上与过去的社会发展指标体系有何不同？

# 参考文献

[1] European Communities. EU Member State Experiences with Sustainable Development Indicators. 2003

[2] Markos J. Mamalakis. Misuse and Use of National Accounts as a Welfare Indicator: Selected Analytical and Measurement Issues. *Review of Income and Wealth*, September 1996, pp. 293-320

[3] UN. *Indicators of Sustainable Development Framework and Methodologies*. 1996

[4] 彼得·冯德利普．经济统计学．波恩：德国联邦统计局，1997

[5] 弗兰克·J·法博齐等．资本市场：机构与工具．北京：经济科学出版社，1998

[6] 克雷沙·G·帕利普．企业分析与估价．大连：东北财经大学出版社，1998

[7] 哈罗德·德姆塞茨．企业经济学．北京：中国社会科学出版社，1999

[8] 雷蒙德·W·戈德史密斯．金融结构与发展．北京：中国社会科学出版社，1993

[9] 迈克尔·托达罗．经济发展（第六版）．北京：中国经济出版社，1999

[10] 米什金．货币金融学．北京：中国人民大学出版社，2000

[11] 休·巴克纳尔．人力资源量化管理．北京：中信出版社，2007

[12] C. V. 布朗，P. M. 杰克逊．公共部门经济学．北京：中国人民大学出版社，2000

[13] 彼德·M·杰克逊．公共部门经济学前沿问题．北京：中国税务出版社，2001

[14] 约翰·希克斯．经济史理论．北京：商务印书馆，1999

[15] 联合国教科文组织．世界教育报告2000——教育的权利：走向全民终身教育．北京：中国对外翻译出版公司，2001

[16] 伊特韦尔．新帕尔格雷夫经济学大辞典．北京：经济科学出版社，1992

[17] 陈宪．国际服务贸易．上海：立信会计出版社，1995

[18] 陈向红. 解读数字：从数字分析到成功决策. 南昌：江西人民出版社，1998

[19] 褚时健，魏杰. 微观经济运行需求主体——居民经济行为分析. 北京：中国金融出版社，1992

[20] 丛树海. 公共支出分析. 上海：上海财经大学出版社，1999

[21] 董逢谷. 现代企业统计. 上海：东方出版中心，1998

[22] 杜金富. 货币与金融统计学. 北京：中国金融出版社，2003

[23] 高敏雪，李静萍，许健. 国民经济核算原理与中国实践（第二版）. 北京：中国人民大学出版社，2007

[24] 高敏雪，许健，周景博. 综合环境经济核算：基本理论与中国应用. 北京：经济科学出版社，2008

[25] 高敏雪. 国民经济统计. 北京：中国财政经济出版社，2002

[26] 高敏雪. 环境统计与环境经济核算. 北京：中国统计出版社，2000

[27] 高敏雪等. 对外直接投资统计基础读本. 北京：经济科学出版社，2004

[28] 高培勇，崔军. 公共部门经济学. 北京：中国人民大学出版社，2001

[29] 郭克莎. 结构优化与经济发展. 广州：广东经济出版社，2001

[30] 国际货币基金组织. 2001 年政府财政统计手册. http://www.imf.org/external/pubs/ft/gfs/manual/chi/index.htm

[31] 国际货币基金组织. 1986 年政府财政统计手册. 北京：中国金融出版社，1988

[32] International Monetary Fund. *Balance of Payments and International Investment Position Manual*. Sixth Edition. IMF，Washington DC，2008

[33] International Monetary Fund. *Financial Soundness Indicators*: *Compilation Guide*. IMF，Washington DC，2006

[34] International Monetary Fund. *External Debt Statistics*: *Guide for Compilers and Users*. IMF，Washington DC，2003

[35] 国家统计局. 国家统计调查制度（2008）. 北京：中国统计出版社，2008

[36] 国家统计局. 中国国民经济核算. 北京：中国统计出版社，2004

[37] 国家统计局国民经济核算司. 中国季度国内生产总值计算方法. 北京：中国统计出版社，1997

[38] 韩嘉骏等. 社会统计学. 北京：电子工业出版社，1988

[39] 何秀菊. 利用外资统计实务. 北京：中信出版社，1994

[40] 黄达. 宏观调控与货币供给. 北京：中国人民大学出版社，1997

[41] 江其务. 银行信贷管理学教程. 北京：中国人民大学出版社，1993

[42] 姜宁. 金融统计分析导论. 南京：南京大学出版社，1995

[43] 蒋萍. 社会统计学. 北京：中国统计出版社，2001

[44] 李实等. 中国居民收入分配实证分析. 北京：社会科学文献出版社，2000

[45] 联合国. 国际服务贸易统计手册. 2002

[46] 联合国. 国民经济核算体系（1993）. 北京：中国统计出版社，1995

[47] 联合国．综合环境和经济核算（2003）．国家统计局内部刊印
[48] 联合国经济与社会事务部统计处．社会和人口统计体系．北京：中国财政经济出版社，1985
[49] 联合国开发计划署．1999年人类发展报告：富于人性的全球化．北京：中国财政经济出版社，2002
[50] United Nations Development Programme. *Human Development Report (2007/2008)*. New York，Palgrave Macmillan，2007
[51] 马丁·瑞沃林．贫困的比较．北京：北京大学出版社，2005
[52] 盛松成等．现代货币经济学．北京：中国金融出版社，1992
[53] World Economic Forum. *Financial Development Report*，2008
[54] World Economic Forum. *The Global Competitiveness Report (2008—2009)*
[55] 世界银行．1993年世界发展报告：投资于健康．北京：中国财政经济出版社，1993
[56] 世界银行．1997年世界发展报告：变革世界中的政府．北京：中国财政经济出版社，1997
[57] 世界银行．2000/2001世界发展报告——与贫困作斗争．北京：中国财政经济出版社，2001
[58] World Bank. *World Development Indicators 2008*. Washington，DC：World Bank，2008
[59] 世界银行．国民财富在哪里．北京：中国环境科学出版社，2007
[60] 世界银行．扩展衡量财富的手段．北京：中国环境科学出版社，1999
[61] 世界银行．转换中的中国统计体系．内部印行，1994
[62] 谈儒勇．金融发展理论与中国金融发展．北京：中国经济出版社，2000
[63] 王松齐等．金融学．北京：中国金融出版社，1997
[64] 谢文杰．国际贸易发展趋势．成都：电子科技大学出版社，1994
[65] 许成钢．SSDS社会和人口统计体系．北京：中国财政经济出版社，1985
[66] 杨治．产业经济学导论．北京：中国人民大学出版社，1985
[67] 易丹辉等．居民消费统计学．北京：中国人民大学出版社，1994
[68] 袁方．社会指标与社会发展评价．北京：中国劳动出版社，1995
[69] 袁方．社会发展与社会评价．北京：中国劳动出版社，1995
[70] 臧旭恒等．产业经济学．北京：经济科学出版社，2002
[71] 曾满超等．教育政策的经济分析．北京：人民教育出版社，2000
[72] 张政．现代对外贸易统计．上海：知识出版社，1993
[73] 赵彦云．宏观经济统计分析．北京：中国人民大学出版社，2000
[74] 赵彦云．金融统计分析．北京：中国金融出版社，2000
[75] 中国人民银行．中国货币政策执行报告（二○○九第一季度）
[76] 中国人民银行．中国金融稳定报告（2009）．北京：中国金融出版社，2009
[77] 朱庆芳，吴寒光．社会指标体系．北京：中国社会科学出版社，2001

# 教师教学服务说明

中国人民大学出版社工商管理分社以出版经典、高品质的工商管理、财务会计、统计、市场营销、人力资源管理、运营管理、物流管理、旅游管理等领域的各层次教材为宗旨。

为了更好地为一线教师服务，近年来工商管理分社着力建设了一批数字化、立体化的网络教学资源。教师可以通过以下方式获得免费下载教学资源的权限：

在"人大经管图书在线"（www. rdjg. com. cn）注册，下载"教师服务登记表"，或直接填写下面的"教师服务登记表"，加盖院系公章，然后邮寄或传真给我们。我们收到表格后将在一个工作日内为您开通相关资源的下载权限。

如您需要帮助，请随时与我们联络：

中国人民大学出版社工商管理分社

联系电话：010－62515735，62515749，62515987

传　　真：010－62515732，62514775　　　　电子邮箱：rdcbsjg@crup. com. cn

通讯地址：北京市海淀区中关村大街甲 59 号文化大厦 1501 室（100872）

---

**教师服务登记表**

| 姓 名 | | □先生　□女士 | 职　　称 | | |
|---|---|---|---|---|---|
| 座机/手机 | | | 电子邮箱 | | |
| 通讯地址 | | | 邮　　编 | | |
| 任教学校 | | | 所在院系 | | |
| 所授课程 | 课程名称 | 现用教材名称 | 出版社 | 对象（本科生/研究生/MBA/其他） | 学生人数 |
| | | | | | |
| | | | | | |
| 需要哪本教材的配套资源 | | | | | |
| 人大经管图书在线用户名 | | | | | |

院/系领导（签字）：

院/系办公室盖章